AF874216

GERD NEUMANN

Die ökonomischen Entwicklungsbedingungen des RGW

Band 1

FORSCHUNGEN ZUR WIRSCHAFTSGESCHICHTE

herausgegeben von

Jürgen Kuczynski und Hans Mottek

Band 13/1

GERD NEUMANN

Die ökonomischen Entwicklungsbedingungen des RGW

Versuch einer wirtschaftshistorischen Analyse

Band 1: 1945–1958

GERD NEUMANN

Die ökonomischen Entwicklungsbedingungen des RGW

Versuch einer wirtschaftshistorischen Analyse

Band 1: 1945–1958

AKADEMIE-VERLAG · BERLIN
1980

Erschienen im Akademie-Verlag, DDR - 1080 Berlin, Leipziger Straße 3—4
Lektor: Günter Hertel
© Akademie-Verlag Berlin 1980
Lizenznummer: 202 · 100/100/80
Einband und Schutzumschlag: Nina Striewski
Gesamtherstellung: IV/2/14 VEB Druckerei »Gottfried Wilhelm Leibniz«, 4450 Gräfenhainichen · 5552
Bestellnummer: 753 193 3 (2140/13/1) · LSV 0305
Printed in GDR
DDR 22,– M

Inhaltsverzeichnis

Vorwort

In der Einführung zu einer Arbeit von Marx über die Revolution von 1848 in Frankreich bemerkte Engels, daß der klare Überblick über die ökonomische Geschichte einer gegebenen Periode nie gleichzeitig, sondern nur nachträglich, nach erfolgter Sammlung und Sichtung des Stoffes, zu gewinnen ist.[1] Die Geschichte des RGW umfaßt jetzt drei Jahrzehnte. Im Januar 1979 konnte die sozialistische Wirtschaftsgemeinschaft den 30. Jahrestag ihrer Gründung begehen. Das vorliegende Buch soll zur Aufbereitung des Materials über diese Geschichte beitragen. Es handelt sich um den ersten Band einer Darstellung der ökonomischen Entwicklungsbedingungen des RGW von den Anfängen bis zur Gegenwart. Als erster Teil der Arbeit bezieht er sich auf die Vorgeschichte des RGW und die Entwicklung in den fünfziger Jahren. Die Zäsur bildet das Jahr 1958, als mit den Beschlüssen der Moskauer Konferenz von Vertretern kommunistischer und Arbeiterparteien der Mitgliedsländer eine neue Etappe der wirtschaftlichen Zusammenarbeit eingeleitet wurde. Im zweiten Band werden die Untersuchungen für den Zeitraum der sechziger Jahre fortgesetzt.

Mit der Ausarbeitung des Komplexprogramms,[2] das die XXV. Ratstagung 1971 annahm, wurde um die Wende zu den siebziger Jahren ein weiterer Entwicklungsabschnitt der Geschichte des RGW eingeleitet. Er wird durch den Übergang zur internationalen sozialistischen Wirtschaftsintegration gekennzeichnet. Die KPdSU schätzte diese Integration als einen neuen und komplizierten Prozeß ein, der ein umfassenderes Herangehen an viele ökonomische Fragen voraussetzt.[3] Hieraus leiten sich auch neue Aufgaben für die Wirtschaftsgeschichte ab, da die Kenntnis des zurückgelegten Entwicklungsprozesses auch für das Erkennen von Problemen seines gegenwärtigen Verlaufs nötig ist. So erklärt sich, daß mit fortschreitender Integration das Interesse an der Geschichte des RGW allgemein und besonders seitens der politischen Ökonomie zunimmt und der Bedarf an wirtschaftshistorischen Untersuchungen wächst.

Bisher wurden jedoch die Wirtschaftsgeschichte sozialistischer Länder von der marxistischen wirtschaftshistorischen Forschung vorwiegend mit dem Ziel untersucht, die Ent-

[1] *Engels, Friedrich,* Einleitung zu „Die Klassenkämpfe in Frankreich 1848 bis 1850" von Karl Marx (Ausgabe 1895). In: Marx/Engels, Bd. 7, Berlin 1973, S. 511.

[2] Komplexprogramm für die weitere Vertiefung und Vervollkommnung der Zusammenarbeit und Entwicklung der sozialistischen ökonomischen Integration der Mitgliedsländer des RGW. In: Dokumente RGW, Berlin 1971.

[3] Rechenschaftsbericht des ZK der KPdSU an den XXIV. Parteitag. Referat Leonid Iljitsch Breshnews, Moskau-Berlin 1971, S. 14.

wicklung einzelner Volkswirtschaften darzustellen. Die ersten Forschungsergebnisse über den Entwicklungsprozeß internationaler sozialistischer Wirtschaftsbeziehungen wurden nicht von Wirtschaftshistorikern, sondern von solchen Ökonomen erarbeitet, die sich vornehmlich mit aktuellen wirtschaftlichen Problemen beschäftigen. Soweit es sich nicht um Detailuntersuchungen über einzelne Fragen der Zusammenarbeit handelt, konzentrieren sich die Aussagen meistens auf die zweite Hälfte der fünfziger und sechziger Jahre, während die Vorgeschichte des RGW und die frühen fünfziger Jahre in der Regel weniger belegt sind und oft nur verbal eingeschätzt werden. Eine wirtschaftshistorische Analyse dieser Zeit ist aber für komplexe Einschätzungen der Gesamtentwicklung der internationalen sozialistischen Arbeitsteilung und Zusammenarbeit wichtig, soll die Dialektik der Herausbildung sozialistischer Volkswirtschaftskomplexe und – mit fortschreitender Industrialisierung – ihre allmähliche integrale Verflechtung erfaßt werden.

Die Klassiker des Marxismus-Leninismus arbeiteten grundlegende theoretische Ausgangspunkte für die Lösung dieser Forschungsaufgabe heraus. Lenin, der wie Marx in der Internationalisierung der Produktivkräfte und der Produktion eine objektive Gesetzmäßigkeit sah, hob hervor: „Das Ziel des Sozialismus ist nicht nur Aufhebung der Kleinstaaterei und jeder Absonderung von Nationen, nicht nur Annäherung der Nationen, sondern auch ihre Verschmelzung.“[4] Lenin verwies damit auf das angestrebte Ergebnis des Prozesses und gleichzeitig aber auch auf den Umstand, daß einer Verschmelzung notwendigerweise die Annäherung vorausgehen muß. Dieser Gesichtspunkt ist von außerordentlicher Bedeutung für die Einschätzung der Zusammenarbeit der sozialistischen Länder vor und beim Übergang zur Integration.

Mit der vorliegenden Arbeit wird versucht, die Wirtschaftsbeziehungen der RGW-Länder als Entwicklungsprozeß unter Analyse seiner historischen Bedingungen darzustellen. Zu berücksichtigen waren hierbei Erfordernisse, Entwicklungsmöglichkeiten und Ziele, die aus der Entfaltung der sozialistischen Produktionsverhältnisse und des Überbaus, der Entwicklung der Produktivkräfte und den Gegebenheiten der jeweiligen politischen Situation im internationalen Klassenkampf resultierten. Zum Gegenstand der Untersuchung gehören die wirtschaftlichen Beziehungen innerhalb des RGW-Bereichs sowie auch zwischen den RGW-Staaten und kapitalistischen Ländern. Den Schwerpunkt bildet jedoch die wirtschaftliche Zusammenarbeit der RGW-Länder, und im Vordergrund stehen bei Beachtung politischer Zusammenhänge die wirtschaftlichen Entwicklungsbedingungen dieses Zusammenwirkens.

Es ist mein Anliegen, mittels der wirtschaftshistorischen Analyse die Herausbildung und Entwicklung des sozialistischen Wesens der wirtschaftlichen Zusammenarbeit im RGW an Hand historischer Fakten nachzuweisen und darzustellen; einer Zusammenarbeit, die einen neuen Typ zwischenstaatlicher Wirtschaftsbeziehungen verkörpert. Hierbei wurde von den auf dem XXIV. und XXV. Parteitag der KPdSU und dem VIII. und IX. Parteitag der SED getroffenen Einschätzungen des sozialistischen Staatenbündnisses ausgegangen. In ihnen wurden die gleichartigen sozialökonomischen und politischen Grundlagen, die einheitliche marxistisch-leninistische Ideologie, die gemeinsamen kommunistischen Ziele und der sozialistische Internationalismus als Handlungsprinzip hervorgehoben.

Ich war bestrebt, bei der Analyse nicht nur das Potential, die Bedingungen und Be-

[4] *Lenin, W. I.*, Die sozialistische Revolution und das Selbstbestimmungsrecht der Nationen. In: Werke, Bd. 22, Berlin 1960, S. 148.

dürfnisse einzelner Länder, sondern vor allem das Gesamtpotential der Gemeinschaft und die jeweilige Situation des RGW-Bereichs als Ganzes zu berücksichtigen. Besondere Bedeutung wurde dem Zusammenhang zwischen Produktion und Außenhandel beigemessen. Hierbei wurden für den Zeitraum der fünfziger Jahre vor allem Probleme verfolgt, die sich aus dem Industrialisierungsprozeß und den mit der sozialistischen Industrialisierung komplementär auftretenden Fragen für die wirtschaftliche Zusammenarbeit der RGW-Länder ergaben.

Herzlich bedanke ich mich bei meiner Frau Zofia Neumann, die mir konstruktiv und kritisch zur Seite stand und durch ihre aufopferungsvolle Unterstützung mein Vorhaben sehr erleichterte. Mein besonderer Dank gilt Professor Dr. Dr. hc. Hans Mottek, der meiner Arbeit stets ein warmherziges Interesse entgegenbrachte und sie durch wertvolle Hinweise anregte. Förderlich waren die während des Arbeitsprozesses geführten Diskussionen mit meinem langjährigen Freund Dr. sc. Jörg Roesler vom Institut für Wirtschaftsgeschichte der Akademie der Wissenschaften der DDR und mit meinen Kollegen im Bereich Wirtschaftsgeschichte der Hochschule für Ökonomie „Bruno Leuschner".

Eine fruchtbare und angenehme Zusammenarbeit entwickelte sich mit Günter Hertel, Lektor im Akademie-Verlag, dem ich für seine Bemühungen herzlich danke.

Berlin, September 1978

Gerd Neumann

I. KAPITEL

Zur Vorgeschichte des Rates für Gegenseitige Wirtschaftshilfe

1. Die Herausbildung neuer zwischenstaatlicher Wirtschaftsbeziehungen der europäischen volksdemokratischen Länder und der UdSSR nach dem zweiten Weltkrieg und die Gründung des RGW

Innerhalb eines Vierteljahrhunderts entwickelte sich der RGW-Bereich zu einer wichtigen sozialistischen Industrieregion der Weltwirtschaft. Während sich sein Anteil an der Weltproduktion von Elektroenergie von 13,6 Prozent (1950) auf 17,6 Prozent (1960) und 20,4 Prozent (1972) erhöhte, steigerte sich sein Anteil an der Weltstahlerzeugung von 18,9 Prozent (1950) auf 24,8 Prozent (1960) und 28,6 Prozent (1972). Gegenwärtig erzeugen die RGW-Länder etwa ein Drittel der Weltindustrieproduktion. Im Jahre 1950 hatten die RGW-Länder Waren im Umfang von 4,5 Milliarden Rubel miteinander ausgetauscht. Demgegenüber erreichte der Warenumsatz im Intra-RGW-Handel des Jahres 1973 den Umfang von 47,5 Milliarden Rubel. Das entspricht einer Erhöhung des mengenmäßigen Volumens auf etwa das Neunfache.[1] Bei dynamischem Wachstum ihrer Industrieproduktion gelang es den RGW-Ländern, ihren Bedarf an Rohmaterial, Brennstoffen und Energie hauptsächlich aus dem Aufkommen der Wirtschaftsgemeinschaft zu decken. An den politischen, wirtschaftlichen und kulturellen Erfolgen der Mitgliedsländer hatte die im RGW organisierte internationale Zusammenarbeit einen maßgeblichen Anteil. Dieses Zusammenwirken war von Anfang an durch gegenseitige Hilfe gekennzeichnet, die nach dem Grundsatz des sozialistischen Internationalismus geleistet wurde. Hervorzuheben ist hierbei die Unterstützung, die die UdSSR, der Initiator der Wirtschaftsgemeinschaft, den anderen RGW-Ländern gewährte.

Auf ihre Initiative fand vom 5. bis 8. Januar 1949 eine Wirtschaftskonferenz in Moskau statt, an der Vertreter der UdSSR, Polens, Bulgariens, Ungarns, Rumäniens und der Tschechoslowakei teilnahmen.[2]

Gegenstand der Konferenz war die Erörterung von Möglichkeiten für eine engere wirtschaftliche Zusammenarbeit zwischen den volksdemokratischen Ländern Europas und der UdSSR. Im Ergebnis der Verhandlungen wurde vereinbart, auf der Grundlage einer gleichberechtigten Vertretung der an der Konferenz teilnehmenden Länder einen Rat für Gegenseitige Wirtschaftshilfe zu bilden.[3] Der Beschluß über die Gründung des

[1] Vgl. hierzu *Bogomolow, O. T.*, Zwei Typen der internationalen ökonomischen Integration. In: Sowjetwissenschaft, Gesellschaftswissenschaftliche Beiträge, Heft 2/1975, S. 122.

[2] *Faddejew, N.*, Vorwort zu Tokareva, P. A./Kurjašov, M. D./Morosov, B. I.; Mnogostoronnel ekonomiceskoe sotrudničestvo socialističeskich gosudarstv, Moskau 1967, S. 4. Hierzu auch: *Dorota, T./Reutt, B.*, RWPG geneza działalność perspektywy, Warszawa 1972, S. 6. poln.

[3] Vgl. Neues Deutschland, Ausg. B (im folgenden: ND), 26. 1. 1949, S. 1; Amtliche Verlautbarung über die Gründung des RGW, in: Für dauerhaften Frieden, für Volksdemokratie, Nr. 3/1949 – Ein Statut gab sich der RGW erst Ende der fünfziger Jahre. Es wurde am 14. 12. 1959 angenommen und trat am 13. 4. 1960 nach Unterzeichnung durch die Mitgliedsländer in Kraft. Zu diesem

RGW wurde mit der Annahme des Gründungsdokuments am 8. Januar 1949 gefaßt.[4] Die Veröffentlichung des Beschlusses erfolgte am 25. Januar 1949. Der Rat wurde als offene Organisation deklariert. Der Beitritt weiterer Länder wurde von der Anerkennung der Prinzipien des RGW und dem Interesse an einer weitgehenden wirtschaftlichen Zusammenarbeit abhängig gemacht.[5] Es wurde jedoch zum Ausdruck gebracht, daß der RGW „nicht für eine gewöhnliche wirtschaftliche Zusammenarbeit" geschaffen worden sei, „wie sie bspw. zwischen der UdSSR und Belgien oder Holland auf dem Gebiet des Handels besteht."[6] Und es wurde betont, daß der Rat mit dem Ziel gegründet worden sei, auf breiter Grundlage eine wirtschaftliche Zusammenarbeit derjenigen Länder zu entwickeln, die gegeneinander eine ehrliche und freundschaftliche Politik betreiben.[7]

Die Aufgabe des Rates sollte darin bestehen, „wirtschaftliche Erfahrungen auszutauschen, gegenseitige technische Hilfe und die gegenseitige Hilfe durch Rohstoffe, Lebensmittel, Maschinen, Anlagen usw. zu leisten".[8] Faddejew nennt außerdem die Abstimmung der Entwicklungspläne der Volkswirtschaften, die Ausarbeitung von Hilfsmaßnahmen bei Naturkatastrophen sowie die Abwehr diskriminierender Akte kapitalistischer Länder gegenüber den Mitgliedsstaaten des Rates.[9]

Nach der am 8. Januar 1949 angenommenen Satzung ernannten die Regierungen der RGW-Länder jeweils zwei Vertreter mit einem Beratungsstab für die Zusammenarbeit im Rat. Als ständiges Organ der Wirtschaftsgemeinschaft wurde ein Büro mit einem Arbeitsapparat – dem Sekretariat – gebildet, das seinen ständigen Sitz in Moskau erhielt. Mit der Leitung des Sekretariats war ein Sekretär betraut, der vom Büro ernannt wurde.[10]

Zum Zeitpunkt der RGW-Gründung gehörten die Erstmitglieder in der Mehrzahl zu den wirtschaftlich schwach entwickelten Agrar-Industrie-Staaten Europas. Sie befanden sich an einer politischen und wirtschaftlichen Wende ihrer Entwicklung. Sie standen am Schnittpunkt zwischen antiimperialistisch-demokratischer und sozialistischer Phase der Revolution. Den Wiederaufbau ihrer im zweiten Weltkrieg schwer zerstörten Wirtschaft hatten sie abgeschlossen und standen am Beginn des Neuaufbaus von Volkswirtschaftskomplexen. Sie waren unmittelbar vor dem Start zu einer Entwicklung, in deren Verlauf sie sich zu modernen sozialistischen Industriestaaten wandeln sollten. Wichtige Motive für die Intensivierung ihrer Zusammenarbeit ergaben sich aus dieser Ausgangssituation, die von neuen gesellschaftlichen Entwicklungsbedingungen und entsprechenden Zielstellungen bestimmt wurde. Unter der Voraussetzung des Sieges, den die Sowjetunion im zweiten Weltkrieg über den Hitlerfaschismus errang, bildeten sich in den osteuropäischen Ländern mit dem Erstarken der Arbeiterbewegung und in Verbindung mit dem anti-

Zeitpunkt erhielt der Rat durch die Konvention über die Rechtsfähigkeit, Privilegien und Immunitäten des RGW den Status einer juristischen Person. Vgl. Der Rat für Gegenseitige Wirtschaftshilfe. Kleine Dokumentensammlung, herausgegeben von Karl Bittel, Berlin 1960, S. 19 bis 40. – Das Statut trat an die Stelle der 1949 angenommenen Satzung. Vgl. *Bogomolow, O. T.*, Theorie und Methodologie der internationalen sozialistischen Arbeitsteilung, Berlin 1967, S. 76.

[4] *Faddejew, N. W.*, Der Rat für Gegenseitige Wirtschaftshilfe, Berlin 1975, S. 55.

[5] ND vom 26. 1. 1949, S. 1.

[6] Ebenda, 13. 2. 1949, S. 2.

[7] Ebenda.

[8] Vgl. Amtliche Verlautbarung über die Gründung des RGW, a. a O.

[9] *Faddejew, N. W.*, Der Rat für Gegenseitige Wirtschaftshilfe, a. a. O., S. 41.

[10] *Faddejew., N. W.*, a. a. O., S. 41 und S. 67.

faschistischen Widerstandskampf neue politische und sozialökonomische Verhältnisse heraus. Volksfrontbündnisse, die auf Initiative der kommunistischen Parteien während des Befreiungskampfes in den Jahren 1941 bis 1944 zustande gekommen waren, wurden die Grundlage für die Bildung antiimperialistisch-demokratischer Regierungen.[11]

Zu den ersten Maßnahmen dieser Regierungen gehörte die Durchführung von Bodenreformen bzw. die gesetzliche Sanktionierung der Landaufteilung, die in Polen, Rumänien und Ungarn bereits 1944 und 1945, in Bulgarien 1944 bis 1946 und in der Tschechoslowakei in drei Etappen von 1946 bis 1949 erfolgte. Damit waren den kapitalistischen Großagrariern, die in all diesen Ländern wichtige Machtpositionen in Politik und Wirtschaft eingenommen hatten, die ökonomischen Grundlagen ihrer Existenz als Klasse entzogen worden.

Auch die Verstaatlichung der Industrie, der Banken und Versicherungsanstalten, des Verkehrswesens und des Großhandels konnte in allen fünf Volksdemokratien 1948 abgeschlossen werden. Während dieser Prozeß in Bulgarien und Polen bereits 1944 und 1945 eingesetzt hatte und 1946 beendet wurde, vollzog er sich in der Tschechoslowakei schrittweise von 1945 bis 1948 und in Rumänien und Ungarn in den Jahren 1946 bis 1948. Ende der vierziger Jahre hatte der staatliche Sektor in der Industrie dieser Ländergruppen entscheidende Bedeutung erlangt.

Tabelle 1

Anteil des sozialistischen Sektors an der Bruttoproduktion der Industrie (in Prozent)

	1949	1950
Polen	94,9	96,7
Tschechoslowakei	87,8	96,0
Ungarn	92,0	97,0
Rumänien	...	95,0
Bulgarien	94,9	97,9

Quelle: Die Länder der Volksdemokratie. Zahlen über die Entwicklung der Industrieproduktion in den europäischen Ländern der Volksdemokratie, o. O. o. J. S. 3.

Die Einnahme der volkswirtschaftlichen Schlüsselpositionen bot die Grundlage für die Errichtung des staatlichen Außenhandelsmonopols.

Die sozialökonomischen Konsequenzen, die sich aus der Durchsetzung der volksdemokratischen Politik ergaben, hatten zu Klassenauseinandersetzungen geführt, in deren Verlauf in allen Volksdemokratien politische Entscheidungssituationen heranreiften. In *Bulgarien* war bereits 1945 in den Novemberwahlen zur Volksversammlung eine wichtige Entscheidung zugunsten der Kräfte der Vaterländischen Front gefallen, die volksdemokratische Verhältnisse anstrebten. Unter maßgeblicher Beteiligung von Georgi Dimitroff gelang es, die Spaltung der Front zu verhindern und die politische Reaktion zu isolieren. Als zwei Jahre darauf nach einem erneuten Wahlsieg der Vaterländischen Front und der Erringung der Stimmenmehrheit durch die BAP(K) die Oppositionsgruppe um Petkow ausgeschaltet werden konnte, hatte sich die Hoffnung der restaurativen politischen Kräfte auf die Zurückgewinnung ihres politischen Einflusses endgültig zerschlagen.

11 Hierzu auch: Der revolutionäre Umwälzungsprozeß in Mittel- und Südosteuropa nach dem zweiten Weltkrieg, Autorenkollektiv. In: Zeitschrift für Geschichtswissenschaft, Heft 5, 1977, S. 517 ff.

1947 fielen in *Rumänien* wichtige Entscheidungen für den volksdemokratischen Kurs. Mit dem Ausschluß Tartarescus und seiner Anhänger aus der Regierung verlor die Großbourgeoisie ihre letzten politischen Positionen. Die Monarchie wurde beseitigt und die Volksrepublik proklamiert.

In *Ungarn* bahnte sich 1946 mit der Gründung des Linksblocks eine Wende an. Als die Kommunistische Partei Ungarns 1947 bei den Wahlen zur Nationalversammlung die meisten Stimmen erhielt und der Linksblock die Stimmenmehrheit gewann, war auch hier der Widerstand gegen die volksdemokratische Politik gebrochen.

Auch in *Polen* wurde das Jahr 1947 zum Kulminationspunkt in der Auseinandersetzung zwischen Fortschritt und Reaktion. Auf der politischen Bühne fiel die Entscheidung durch den Ausgang der Sejmwahlen, in denen die Nationale Einheitsfront die Stimmenmehrheit errang. Die neue Regierung unter Cyrankiewicz sicherte die Ergebnisse der volksdemokratischen Nachkriegspolitik durch den Gesetzerlaß der „kleinen Konstitution". Mikołajczyk, dessen Oppositionspartei eine eindeutige Wahlniederlage erlitten hatte, floh nach London.

Die zweite Entscheidung fiel Ende des Jahres mit dem militärischen Sieg über die konterrevolutionären Banden, der den Bürgerkrieg beendete.

In der *Tschechoslowakei* war es 1947 ebenfalls zur Zuspitzung der politischen Auseinandersetzung gekommen. Eine entscheidende Situation trat dann im Februar 1948 ein, als zwölf bürgerliche Minister demissionierten, um eine Regierungskrise auszulösen. Massenstreiks und Demonstrationen der durch die KPČ mobilisierten Arbeiter und die nachhaltigen Forderungen des in Prag tagenden Betriebsrätekongresses nach Verwirklichung des Aktionsprogramms der KPČ vereitelten diesen Versuch. Mit der Regierungsumbildung – der Berufung progressiver Politiker aus den Parteien, denen die Demissionäre angehört hatten, in das Kabinett Gottwald – endete nicht nur die Regierungskrise, sondern auch eine ganze Periode der Auseinandersetzung um die Macht.

Wie in der Tschechoslowakei waren auch in Polen, Ungarn, Rumänien und Bulgarien die kommunistischen Parteien als Initiatoren der volksdemokratischen Politik gestärkt aus den politischen Auseinandersetzungen hervorgegangen. In all diesen Ländern vereinigten sich 1948 die Kommunisten mit den linken Sozialdemokraten in Parteien, die ihre Ziele in marxistischen Programmen fixiert hatten und die sich in der Folgezeit zu Parteien neuen Typus entwickeln sollten. Mit der Klärung der Machtfrage, der Schaffung der Arbeitereinheit und den Fortschritten im Demokratisierungsprozeß zeichnete sich der Übergang zur Diktatur des Proletariats ab. Sowohl die politischen als auch die sozialökonomischen Veränderungen lassen den Schluß zu, daß in dieser Ländergruppe die volksdemokratische Etappe der Revolution 1948 im wesentlichen abgeschlossen war.

Damit waren dem mittel- und osteuropäischen Wirtschaftsgebiet Möglichkeiten für längst ausstehende wirtschaftliche Lösungen im Rahmen sozialistischer Zielstellungen erschlossen, für die die Sowjetunion in vielen Fällen Modelle geliefert hatte. Der Austausch von Erfahrungen mußte unter diesen Bedingungen besondere Bedeutung erhalten. Er wurde zu einer wichtigen Aufgabe der 1949 gegründeten Wirtschaftsgemeinschaft.

Darüber hinaus stellten die neuen politischen und wirtschaftlichen Ziele der in einem geographischen Raum konzentrierten Nachbarländer der Sowjetunion generell neue Anforderungen an die Gestaltung ihrer zwischenstaatlichen Wirtschaftsbeziehungen. Hieraus ergaben sich neue Probleme für die sozialistische Wirtschaftspraxis. War die sozialistische Entwicklung bis dahin im Rahmen des multinationalen Staatsverbandes der UdSSR erfolgt – die baltischen Republiken waren im August 1940 in die Union aufgenommen worden[12] – und lediglich die Mongolei hatte als erster volksdemokratischer Staat hinsichtlich ihrer Eigenstaatlichkeit zunächst eine Ausnahmestellung eingenommen,[13] so existierte nunmehr eine Gruppe von Ländern, deren Wirtschaft unter sozialistischer Orientierung nach eigenen nationalen Plänen mit nationalen Fonds rekonstruiert wurde.[14]

Bereits in den ersten Nachkriegsjahren hatte sich gezeigt, daß die unter großen Schwierigkeiten zu lösenden wirtschaftlichen Aufgaben eine gegenseitige Unterstützung der osteuropäischen Länder erforderten. Und schon in dieser Zeit waren die politischen und wirtschaftlichen Beziehungen der Sowjetunion zu den Volksdemokratien, aber auch zwischen den volksdemokratischen Ländern enger geworden.

Im Bereich der Außenpolitik zeugte hiervon dann die Warschauer Außenministerkonferenz vom 24. Juni 1948, die bereits ein multilaterales Zusammenwirken dieser Staaten erkennen ließ.[15] An der Konferenz, auf welcher die politische Situation in Europa eingeschätzt wurde, beteiligten sich die UdSSR, Albanien, Bulgarien, die Tschechoslowakei, Jugoslawien, Polen, Rumänien und Ungarn.

Eine wichtige Rolle für die Herausbildung neuer zwischenstaatlicher Beziehungen spielten die Bündnisverträge, die unter den Ländern dieser Gruppe vereinbart wurden. Noch während des Krieges hatte die Sowjetunion mit der Tschechoslowakei, Jugoslawien und Polen Verträge über Freundschaft, gegenseitige Hilfe und Zusammenarbeit für die Nachkriegszeit abgeschlossen. 1948 ging die Sowjetunion, nachdem ein Jahr zuvor die Friedensverträge mit Ungarn, Rumänien und Bulgarien in Paris unterzeichnet worden waren, auch mit diesen Ländern Freundschaftsverträge ein. In den Jahren 1946 bis 1949 kam es zum Abschluß von Freundschaftsverträgen zwischen den osteuropäischen Volksdemokratien. Diese Verträge, die in der Regel für einen Zeitraum von 20 Jahren vereinbart wurden, bildeten auch die Grundlage für den Ausbau der Wirtschaftsbeziehungen.[16]

In Anlehnung an die Freundschaftsverträge schlossen die UdSSR und die Volksdemo-

[12] Hierzu auch *Silivask, Karl,* Die bürgerlich-nationalistische Diktatur in Estland 1920–1940, in: Zeitschrift für Geschichtswissenschaft, 1974, Heft 8, S. 801 ff.

[13] Die Mongolei, im Ergebnis der 1921 begonnenen antiimperialistischen, antifeudalen Volksrevolution 1924 zur Volksrepublik proklamiert, ging 1940 zum Aufbau des Sozialismus über.

[14] Senin, M. W., führt im Zusammenhang mit der Frage, warum sich die sozialistische Entwicklung in den nach dem zweiten Weltkrieg gegründeten Volksdemokratien im Rahmen nationaler Eigenstaatlichkeit vollzog, mehrere Gründe an. Er verweist darauf, daß die zum Sozialismus übergehenden Völker ihre besondere Geschichte, eine besondere nationale Staatlichkeit, Ökonomie und Geographie aufwiesen, während die Sowjetunion von Völkern gegründet wurde, die trotz Unterschieden in Wirtschaft und Kultur bereits eine staatliche Gemeinsamkeit besaßen und zu einem annähernd gleichen Zeitpunkt zum Sozialismus übergingen. Beim Fehlen gemeinsamer historischer Bindungen würde nach Senins Meinung die unverzügliche Vereinigung von Ländern mit großen wirtschaftlichen Niveauunterschieden das Risiko des Verlusts sozialistischer Errungenschaften einschließen. Probleme für eine rasche Vereinigung ergeben sich nach Senin auch aus dem Umstand, daß die einzelnen Völker zu unterschiedlichen Zeitpunkten die Entwicklung zum Sozialismus einschlagen. Zu berücksichtigen sei auch die Kompliziertheit, die eine zentrale Leitung und Planung der Wirtschaft mehrerer Nationen bei gegebenem Entwicklungsstand der Produktivkräfte mit sich bringt. Vgl. „Sozialistische Integration", Berlin 1972, S. 37 ff. Ähnlich argumentiert *Usenko, E. T.*, Sozialistische internationale Arbeitsteilung und ihre rechtliche Regelung, Berlin 1966, S. 40.

[15] Ausführlich hierzu *Hegemann, Margot,* Die Anfänge der multilateralen Zusammenarbeit der europäischen sozialistischen Staaten (1948–1954). In: Jahrbuch für Geschichte der sozialistischen Länder Europas, Band 16/2, S. 91 ff.

[16] Hierzu auch *Usenko, E. T.*, a. a. O., S. 144 ff.

kratien Handels- und Schiffahrtsverträge ab. Einer der ersten Handelsverträge der Nachkriegszeit war der sowjetisch-polnische vom 7. August 1945. Es folgten der sowjetisch-rumänische vom 20. Februar 1947, der Handelsvertrag zwischen Polen und der Tschechoslowakei vom 4. Juli 1947, der sowjetisch-ungarische vom 15. Juli 1947, der sowjetisch-tschechoslowakische vom 11. Dezember 1947 und der sowjetisch-bulgarische vom 1. April 1948.[17]

In den Handelsverträgen wurden Prinzipien für die Gestaltung der Wirtschaftsbeziehungen als Normen fixiert,[18] die später in Grundsatzdokumente des RGW Eingang fanden. So wurde in den meisten Handelsverträgen die Gleichberechtigung der Partner als Grundsatz verankert.[19] Das Prinzip des gegenseitigen Vorteils wurde zum ersten Mal im sowjetisch-bulgarischen Handelsvertrag formuliert und von dieser Zeit ab in alle Wirtschaftsverträge aufgenommen, die sozialistische Länder miteinander eingingen.[20] In einigen Handelsverträgen, so im sowjetisch-polnischen und im sowjetisch-bulgarischen, wurde vereinbart, Verhandlungen zum Abschluß von Verträgen über den Güter- und Personen-Verkehr aufzunehmen.[21]

Von einer langfristigen Organisation der Außenwirtschaft durch die Organe der volksdemokratischen Regierungen konnte in den ersten Nachkriegsjahren vielfach noch nicht die Rede sein. Der kurzfristige Warenaustausch stellte in dieser Zeit die Hauptform der Wirtschaftsbeziehungen dar. Der Warenverkehr beschränkte sich meist auf traditionelle Landesprodukte, die jedoch nicht in jedem Fall als Überschußerzeugnisse aufzufassen sind. Das erste Handelsabkommen wurde zwischen der UdSSR und Polen noch vor Beendigung der Kriegshandlungen am 20. Oktober 1944 abgeschlossen. Es sicherte den befreiten Gebieten Polens die Lieferung von Kohle, Erdölerzeugnissen und Bedarfsgütern, wie Mehl, Salz und Streichhölzern zu.[22] Von Seiten Rumäniens, Bulgariens und Ungarns erfolgten Warenlieferungen in die UdSSR zunächst auf der Grundlage der Festlegungen, die in den Waffenstillstandsverträgen getroffen worden waren.[23] Erste Verträge über gegenseitige Warenlieferungen nach Beendigung des Krieges wurden als Clearingabkommen 1945 zwischen der UdSSR und Rumänien (8. Mai), zwischen der UdSSR und Polen (7. Juli) und der UdSSR und Ungarn (27. August) vereinbart.[24]

Auch in den folgenden Jahren beruhte der Warenaustausch überwiegend auf zweiseitigen Abkommen, die in der Regel für ein Jahr getroffen wurden und konkrete Festlegungen über die auszutauschenden Warenkontingente enthielten.[25] Zu ihnen gehörte das am 12. April 1946 vereinbarte Abkommen zwischen der UdSSR und Polen, das sowjetisch-tschechoslowakische gleichen Datums und das sowjetisch-rumänische vom 18. Februar 1948.[26]

17 Ebenda, S. 187.

18 Ebenda, S. 188 ff.

19 Ebenda, S. 188 ff.

20 Ebenda, S. 189.

21 Ebenda, S. 226.

22 *Syzr, Eugenusz,* Über die wirtschaftliche Zusammenarbeit der Länder für Volksdemokratie und der UdSSR. In: Für dauerhaften Frieden, für Volksdemokratie, vom 1. 2. 1949, S. 3.

23 *Hegemann, Margot/Möschner, Günter,* Die DDR als Wirtschaftspartner der sozialistischen Staaten in den ersten Jahren des RGW. In: Jahrbuch für Geschichte, Berlin 1974, S. 248.

24 *Usenko, E. T.,* a. a. O., S. 301.

25 Ebenda, S. 235.

26 Ebenda.

Überwog in dieser Zeit der kurzfristige Warenaustausch, so zeigten sich dennoch in den Wirtschaftsbeziehungen zwischen der Sowjetunion und den Volksdemokratien auch neue Momente, in denen Ansatzpunkte für die dann folgende Zusammenarbeit im RGW zu sehen sind und die als Formen des wirtschaftlichen Zusammenwirkens der sozialistischen Länder in den fünfziger Jahren weiterentwickelt wurden.

So wurden bereits in den vierziger Jahren vereinzelt längerfristige Abkommen über gegenseitige Lieferungen getroffen, die die Grundlage für einen jährlich zu präzisierenden und in der Regel auch zu bilanzierenden Warenaustausch bildeten.

Die UdSSR schloß mit den Volksdemokratien einige solcher Verträge ab, in denen sie sich zur Lieferung dringend benötigter Waren verpflichtete, um ihre Partnerländer zu unterstützen. Die sowjetischen Lieferungen umfaßten neben Rohmaterialien wie Eisenerz, Mangan, Chemikalien und Baumwolle auch Industrieausrüstungen, Traktoren und Getreide.[27] Besonders günstig hatte sich der Handel zwischen der Sowjetunion und der Tschechoslowakei entwickelt. Mit dem im April 1946 abgeschlossenen Handelsvertrag wurde die Sowjetunion zu einem der größten Rohstofflieferanten der Tschechoslowakei. Diesem Vertrag folgte 1947 ein weiterer, der eine Laufzeit von fünf Jahren hatte. Neben den sowjetischen Erzen, agrarischen Rohstoffen, Düngemitteln und Mineralöl waren es vor allem die Getreidelieferungen, die der Tschechoslowakei halfen, die wirtschaftlichen Schwierigkeiten der Nachkriegszeit zu überwinden. Die UdSSR bezog aus der Tschechoslowakei Lokomotiven, Eisenbahnschienen, Bagger, Rohrleitungen für die Erdölindustrie, Ausrüstungen für Elektrizitätswerke, Textil- und Schuhfabriken, Elektromotoren und industrielle Konsumgüter.[28]

Obwohl die UdSSR enorme Kriegsschäden beseitigen mußte und ihre Industrieproduktion 1947 gegenüber dem Vorjahr um 17 Prozent zurückgegangen war – eine Folge der komplizierten Umstellung von Kriegs- auf Friedensproduktion –,[29] gewährte sie bereits in der Nachkriegszeit Warenkredite. Wie die schon erwähnten Warensendungen nach Polen aus dem Jahre 1944 wurden auch die im August 1945 einsetzenden sowjetischen Erzlieferungen in die Tschechoslowakei kreditiert.[30] Trotz eigener Schwierigkeiten und des durch die Mißernten von 1946 und 1947 verursachten starken Getreidemangels lieferte die UdSSR Polen nach den Verträgen vom 8. Februar 1946, vom 7. August 1947 und vom 26. Januar 1948 Getreide auf Kredit (es handelte sich dabei um jeweils 200 000, 300 000 und 200 000 Tonnen).[31] Im Jahre 1947 gewährte die UdSSR der Tschechoslowakei einen kurzfristigen Warenkredit, zu dem ebenfalls Getreidelieferungen gehörten, die einen Umfang von 600 000 Tonnen erreichten.[32] Rumänien gehörte gleichfalls in der Nachkriegszeit zu den Importeuren sowjetischen Getreides und konnte Kredit aus der UdSSR in Anspruch nehmen.[33] In einem Abkommen vom 20. Februar 1947 sicherte die UdSSR Rumänien einen Warenkredit in Höhe von 10 Millionen Dol-

27 Economic Survey of Europe in 1948, Genf 1949, S. 146.

28 Die Wirtschaft, 1947, Heft 8, S. 279 ff. und ND vom 8. 2. 1949, S. 3.

29 *Berchin, I. B.*, Geschichte der UdSSR, Berlin 1971, S. 587.

30 *Kohlmey, Gunther*, Der demokratische Weltmarkt, Berlin 1955, S. 272.

31 *Szyr, Eugeniusz*, Über die wirtschaftliche Zusammenarbeit der Länder der Volksdemokratie und der UdSSR, a. a. O.

32 *Kohlmey, Gunther*, Der demokratische Weltmarkt, a. a. O.

33 *Hegemann, Margot/Möschner, Günter*, Die DDR als Wirtschaftspartner der sozialistischen Staaten in den ersten Jahren des RGW, a. a. O., S. 249.

lar zu.[34] Am 5. März 1947 nahm Polen bei der UdSSR eine Anleihe von 28 Millionen Dollar zu einer Tilgungsfrist von zehn Jahren auf.[35] Schließlich wurde Polen im Abkommen vom 26. Januar 1948 von der Sowjetunion ein Kredit in Höhe von 450 Millionen Dollar für den Ausbau seiner Industrie – vor allem der Stahlproduktion – zugesichert.[36] Das damit verbundene sowjetisch-polnische Handelsabkommen – es wurde für den Zeitraum von 1948 bis 1952 abgeschlossen – sah die Lieferung sowjetischer Ausrüstungen für Metallbetriebe, Kraftwerke und Chemiefabriken gegen Kohle, Koks, Stahlerzeugnisse, Eisenbahnwagen, Zement und Textilien vor.[37] Auch Bulgarien räumte die UdSSR 1948 einen Industrialisierungskredit für die Jahre 1949 bis 1952 ein.[38]

Neben der Sowjetunion trat die Tschechoslowakei als Lieferant von Industrieausrüstungen im osteuropäischen Wirtschaftsraum in Erscheinung. Beispielsweise setzte schon in den vierziger Jahren die Ausstattung der polnischen Lederindustrie mit tschechischen Maschinen ein.[39] Auch Ungarn begann 1948 mit der Lieferung von Maschinen nach Bulgarien.[40] Entsprechend dem sowjetisch-ungarischen Handels- und Zahlungsabkommen vom 2. Oktober 1948 steigerte Ungarn seine Exporte an industriellen Fertigprodukten (Lokomotiven, Krähne, Kompressoren, Elektromotoren, Werkzeugmaschinen, Kühleinrichtungen, medizinische Apparate und industrielle Konsumgüter) in die Sowjetunion im Austausch gegen Industrierohstoffe, aber auch Textilmaschinen, Werkzeuge und Kugellager.[41]

Erzeugnisse der ungarischen Schwerindustrie, die vorher zu den Reparationslieferungen gehörten, bildeten jetzt, nachdem die UdSSR die Wiedergutmachungsverpflichtungen herabgesetzt hatte, einen Bestandteil des regulären ungarischen Exports in die Sowjetunion.[42] Wiedergutmachungsleistungen im RGW-Bereich bildeten auch in anderen Fällen Ansatzpunkte für die spätere Ausweitung des Handels.

Für Bulgariens Wirtschaftsentwicklung hatten die Handelsbeziehungen zur UdSSR schon 1947 an Bedeutung gewonnen. Bereits zu dieser Zeit wurden 60 Prozent der bulgarischen Importe aus der UdSSR bezogen. Neben Rohstoffen waren es vor allem Maschinen und Werkzeuge, die Bulgarien aus der Sowjetunion importierte.[43] In die Jahre 1947 und 1948 fallen auch die Anfänge juristischer Regelungen der wissenschaftlich-technischen Zusammenarbeit zwischen den späteren RGW-Ländern. Entsprechende Abkommen wurden 1947 von der UdSSR mit Polen und der Tschechoslowakei sowie 1948 zwischen Polen und Rumänien vereinbart.[44]

Teilweise wurden auch in Zusatzabkommen Vereinbarungen über den Austausch von Wissenschaftlern und Spezialisten sowie über technische Zusammenarbeit getroffen. Beispielsweise sicherte die Sowjetunion Bulgarien in einem Ergänzungsabkommen zum

[34] Ebenda.
[35] *Szyr, Eugeniusz,* a. a. O.
[36] Ebenda sowie Economic Survey of Europe in 1948, a. a. O., S. 147.
[37] ND vom 28. 1. 1948 sowie *Szyr, Eugeniusz,* a. a. O.
[38] *Kohlmey, Gunther,* Der demokratische Weltmarkt, a. a. O.
[39] ND (B) vom 5. 12. 1947, S. 4.
[40] Ebenda vom 8. 1. 1948, S. 3.
[41] Die Wirtschaft, 1949, Heft 2, S. 64.
[42] Ebenda.
[43] Die Wirtschaft, 1948, Heft 13, S. 434.
[44] Vgl. *Hegemann, Margot/Möschner, Günter,* Die DDR als Wirtschaftspartner der sozialistischen Staaten in den ersten Jahren des RGW. A. a. O., S. 250.

Handelsvertrag von 1948 die Hilfe sowjetischer Experten für die Erschließung von Rohstoffvorkommen zu.[45]

Die Belebung der Wirtschaftsbeziehungen zwischen den osteuropäischen Ländern konnte kurzfristig noch nicht mit entscheidenden Veränderungen ihres Warenangebotes verbunden sein. Hieraus erklärt sich der zunächst noch geringe Anteil von Ausrüstungsgegenständen an ihren Außenhandelsumsätzen. Doch waren der in den vierziger Jahren einsetzende Handel mit Investitionsgütern zwischen diesen Ländern wie die technische und kreditgebundene Hilfe neue Erscheinungen, die als Beachtung gegenseitiger Bedürfnisse zu werten sind.

Wechselseitige Bedürfnisse, die sich in der Nachkriegszeit zunächst aus dem Wiederaufbau der kriegszerstörten Wirtschaft ergaben, führten in der zweiten Hälfte der vierziger Jahre auch zur Aufnahme von Handelsbeziehungen zwischen dem Territorium der DDR, der damaligen Sowjetischen Besatzungszone Deutschlands[46], und den Ländern Mittel- und Osteuropas.

„Auf dem Gebiet der DDR war ... historisch eine Volkswirtschaft gewachsen, die überwiegend verarbeitenden Charakter trug und die damit in hohem Maße rohstoffabhängig war."[47] Die erheblichen Disproportionen in der Produktionsstruktur der SBZ[48] konnten infolge mangelnder Lieferfähigkeit und -bereitschaft der Westzonen[49] nicht ausgeglichen werden.[50] Besonders große Schwierigkeiten für den Wiederaufbau der Wirtschaft in der SBZ entstanden aus dem Mangel an Steinkohle[51], besonders Steinkohlenkoks, Eisen und Stahl[52].

Die Verwaltung für Außenhandel der sowjetischen Militäradministration[53], die schon

[45] ND vom 7. 4. 1948, S. 3.

[46] Im folgenden mit SBZ abgekürzt.

[47] *Baar, Lothar,* Zur Problematik der Ausgangs- und Entwicklungsbedingungen der Volkswirtschaft der Deutschen Demokratischen Republik, Material für das Habilitationsverfahren vom 14. 4. 1967 an der Hochschule für Ökonomie, Berlin-Karlshorst, S. 32.

[48] Ausführlich behandelt ebenda, S. 32.

[49] Die Wirtschaft, 1947, Heft 6, S. 211 f. Hierzu auch *Barthel, Horst,* Probleme der wirtschaftlichen Entwicklung der Deutschen Demokratischen Republik in der Nachkriegsperiode (1945–1949/50), Habilitationsschrift der Humboldt-Universität Berlin, 1968, S. 59, 73 und 74.

[50] Auch der Handel zwischen der SBZ und westeuropäischen Ländern entwickelte sich infolge von Handelseinschränkungen der westlichen Seite besonders seit 1948 nicht gemäß den Erfordernissen der SBZ. Hierzu *Hofmann, Leopold,* Die Entwicklung des Außenhandels der sowjetischen Besatzungszone Deutschlands und die Problematik der Herausbildung des sozialistischen Außenhandelsmonopols als wirtschaftlicher Kommandohöhe der Arbeiterklasse. Dissertation Humboldt-Universität Berlin, 1972, S. 139 f.

[51] Der Steinkohlenmangel konnte auch durch eine forcierte Braunkohlenförderung nicht kompensiert werden. Vgl. *Baar, Lothar,* a. a. O., S. 38, zumal die im Eisenbahnverkehr vorgenommene Umstellung der Lokomotivfeuerung von Stein- auf Braunkohle einen zweieinhalb- bis dreifachen Kohlebedarf mit sich brachte. Hierzu und zu den Auswirkungen des Kohlemangels auf das Transportwesen: *Kühne, Otto,* Transport im Dienste der Wirtschaft. In: Die Wirtschaft, 1947, Heft 2, Seite 38, Zum Kohleengpaß auch *Barthel, Horst,* a. a. O., S. 56.

[52] So blieb beispielsweise der Kohlebedarf der SBZ im Jahre 1948 zu über 30 Prozent ungedeckt und bei Stahl entstand sogar eine Bedarfslücke in Höhe von 50 Prozent, die nicht geschlossen werden konnte. Die Wirtschaft,Nr. 2, 1947, S. 34.

[53] Im folgenden mit SMAD abgekürzt. Die Bildung der SMAD, die ihren Sitz in Berlin hatte, wurde am 6. Juni 1945 auf Beschluß des Rates der Volkskommissare bestätigt und am 9. Juni durch den

1945 Maßnahmen zur Aufnahme des Außenhandels eingeleitet hatte,[54] verstärkte 1948 angesichts der komplizierten Rohstofflage und Ernährungssituation ihre Bemühungen, neue Außenhandelsbeziehungen für die SBZ anzubahnen. Diesen Bestrebungen kam zudem auch entgegen, daß die osteuropäischen Staaten der Aufnahme von Wirtschaftsbeziehungen zur SBZ nicht ablehnend gegenüber standen und sich ihr Interesse an der Entwicklung dieser Beziehungen in den folgenden Jahren erhöhte. Berücksichtigt man den Bedarf der osteuropäischen Länder an industriellen Fertigerzeugnissen und besonders an Investitionsgütern, so erklärt sich, daß die SBZ in dem Maße, wie der Aufbau ihrer Industriekapazität voranschritt, zu einem attraktiven Handelspartner Osteuropas wurde. Verfügte sie doch über einen erfahrenen Stamm an industriellen Facharbeitern und ingenieurtechnischem Potential sowie über Erfahrungen in der Industrieproduktion. Deshalb lag der Aufnahme von Außenhandelsbeziehungen der SBZ schon in den ersten Nachkriegsjahren das Prinzip zugrunde, den Austausch von industriellen Fertigerzeugnissen gegen die so dringend benötigten Rohstoffe und Lebensmittel[55] in Gang zu bringen.

Davon zeugt auch die Warenstruktur des Außenhandels der SBZ, die sich im Jahre 1947 wie folgt gestaltete:

Tabelle 2

Warenstruktur des Außenhandels der SBZ 1947 (in Prozent)*

	Export	Import
Rohstoffe	17,6	89,2
Halbfabrikate	2,1	1,7
Fertigerzeugnisse der Grundstoffindustrie	57,9	2,1
Fertigerzeugnisse der Schwer- und Leichtindustrie	22,4	7,0

* Korrigiert vom Verfasser
Quelle: Die Wirtschaft, 1948, Heft 3, S. 72.

Auch der Gesichtspunkt, den Außenhandel der SBZ zunächst mit den Ländern zu entwickeln, zu denen gute Transportverbindungen bzw. günstige Bedingungen für die Wie-

Obersten Chef der Sowjetischen Militärverwaltung und Oberbefehlshaber der sowjetischen Besatzungstruppen in Deutschland, Marshall G. K. Shukow bekanntgegeben. Die Aufgaben der SMAD bestanden in der Kontrolle der Einhaltung der Kapitulationsbedingungen, in der Verwaltung der SBZ und der Durchsetzung der Kontrollratsbeschlüsse. Nach der Gründung der DDR übertrug die sowjetische Regierung entsprechend einer Verlautbarung vom 10. 10. 1949 die Verwaltungsfunktionen der SMAD an die Provisiorische Regierung der DDR. *Tjulpanow, S. I./Rehbein, Elfriede/ Rehbein, Gerhard,* Grundlagen der Arbeit der SMAD und ihre Entwicklung. In: Wissenschaftliche Zeitschrift der Hochschule für Verkehrswesen „Friedrich List" in Dresden, Heft 2, 1975, S. 375 und 380. Ferner *Tjulpanow, S. I.,* Die Rolle der SMAD bei der Demokratisierung Deutschlands. In: Zeitschrift für Geschichtswissenschaft, Heft 2, 1967, S. 240 ff. Hierzu auch: Schöneburg, K.-H./ Mand, R./Leichtfuß, H./Urban, K.: Vom Werden unseres Staates, Band 1, 1945 bis 1949, Berlin 1966, S. 46.

54 *Hofmann, Leopold,* a. a. O., S. 63 f.

55 Außenwirtschaftsinformationen über die sozialistischen Länder, Länderteil DDR, Kammer für Außenhandel der Deutschen Demokratischen Republik, o. O., o. J., S. 34.

deraufnahme des Gütertransports bestanden, spielte eine Rolle.[56] Unter den gegebenen Voraussetzungen bot das benachbarte Polen mit seinen reichen Steinkohlenvorkommen besonders günstige Möglichkeiten für den Warenaustausch.[57] Polen war dann auch das erste Land, das über die SMAD ein Handelsabkommen mit der SBZ abschloß.[58] Das erste Abkommen vom 2. 2. 1946 sah einen Jahresumsatz in Höhe von 14 Millionen Dollar vor. Nach den getroffenen Vereinbarungen lieferte Polen 1946 500 000 Tonnen Kohle und Koks in die SBZ.[59] Weitere Abkommen folgten im März 1947 über 26 Millionen und im März 1948 über 56 Millionen Dollar Jahresumsatz.[60] Infolge eines am 2. September 1948 abgeschlossenen Zusatzabkommens erreichte der Warenaustausch zwischen Polen und der SBZ 1948 einen Umfang von 96 Millionen Dollar.[61]

Der Aufschwung, den der Warenaustausch zwischen beiden Ländern 1948 nahm, war sowohl hinsichtlich seiner quantitativen Ausdehnung als auch seiner qualitativen Seite im Hinblick auf die gegenseitige Bedarfsdeckung bemerkenswert. Quantitativ übertraf er bei weitem die Austauschbeziehungen der SBZ zu anderen Volksdemokratien. Die erst im Laufe des Jahres 1948 abgeschlossenen Verträge der SBZ mit Ungarn (6 Millionen Dollar Jahresumsatz) und der Tschechoslowakei (18,5 Millionen Dollar Jahresumsatz) sowie Bulgarien (3 Millionen Dollar Jahresumsatz) machen die Unterschiede im Umfang zum Handel mit Polen deutlich.[62] Neben dem Umfang ist die Warenstruktur zu beachten. Im Austausch gegen polnische Kohle, aber auch Koks und – allerdings in geringem Umfang – auch Roh- und Walzeisen sowie Benzol, Naphtalin, Buntmetalle und Lebensmittel lieferte die SBZ Textilmaschinen, Ersatzteile für Werkzeugmaschinen, Kali, Schrott, synthetische Farbstoffe, Benzin und Chemikalien.[63]

Zwar konnte 1948 auch durch die mehrfach erhöhten polnischen Lieferungen das Steinkohlendefizit der SBZ noch nicht abgedeckt werden,[64] dennoch trugen diese Lieferun-

[56] *Moldenhauer, Kurt,* Interzonen- und Außenhandel. In: Die Wirtschaft, 1947, Heft 8, S. 252.

[57] Allerdings lieferte Polen noch 1946 nur an die Länder Kohle, die Waggons zur Verfügung stellten. Die Wirtschaft, 1947, Heft 2, S. 60. Auf Transportschwierigkeiten Polens verweist auch *Baar, Lothar,* indem er schreibt, daß der Außenhandel der SBZ mit der UdSSR anfangs „auf die Kapazitätsschranke des polnischen Schienenstranges zwischen Brest und Frankfurt" stieß, a. a. O., S. 72. Andererseits wurden in Polen 1946–1949 umfangreiche Mittel für den Ausbau des Verkehrswesens aufgewendet, was den Güterverkehr zwischen der SBZ und Polen, aber auch den Transitverkehr zur UdSSR begünstigt haben dürfte. Beispielsweise sah der polnische Investplan 1948 für das Verkehrswesen Investionen in Höhe von 34 Milliarden Złoty vor, während im Vergleich dazu für Industrie und Handel insgesamt 66 Milliarden Złoty geplant waren. *Klepper, J.,* Polens demokratische Wirtschaft im dritten Planjahr. In: Die Wirtschaft 1948, Heft 9, S. 300. 1946–1949 wendete Polen für das Transport- und Fernmeldewesen 15,8 Milliarden Złoty auf (gerechnet in heutiger Währung zu Preisen von 1961). Das war drei Viertel dessen, was der Industrie (20,6 Milliarden Złoty) zur Verfügung gestellt wurde. Kleines statistisches Jahrbuch Polens für 1970, Warszawa 1970, S. 73.

[58] Es handelte sich um das erste von 18 Waren- und Zahlungsabkommen die die SMAD für die SBZ 1946 und 1947 mit ausländischen Staaten abschloß. Die Wirtschaft, 1947, Heft 12, S. 408.

[59] Ebenda, 1947, Heft 2, S. 60.

[60] Ebenda, 1948, Heft 5, S. 143.

[61] Ebenda, 1948, Heft 14, S. 468.

[62] ND vom 27. 11. 1948, S. 3. Die Wirtschaft, 1948, Heft 13, S. 434.

[63] Die Wirtschaft, 1948, Heft 5, S. 143 und 1947, Heft 5, S. 157.

[64] *Barthel, Horst,* a. a. O., S. 59.

gen – nicht zuletzt durch das Entgegenkommen der polnischen Seite[65] zur Überwindung wirtschaftlicher Schwierigkeiten in der SBZ bei.

Das gilt auch für die Rohstoffeinfuhr aus der Sowjetunion. Anfangs dominierte der Veredlungsverkehr im Rahmen der Reparationslieferungen. So wurde beispielsweise sowjetische Baumwolle in der SBZ zu Textilien verarbeitet, die dann an die UdSSR geliefert wurden.[66] Bereits 1947 lieferte die UdSSR jedoch außer Textilrohstoffen auch Eisenguß, Walzeisen und Buntmetalle in die SBZ.[67] Seit dem Frühjahr 1948 traten neben die Wiedergutmachungsverpflichtungen in stärkerem Maße Außenhandelsbeziehungen in Form des Warenaustauschs.[68] Neben Rohstoffen, Lebensmitteln und Traktoren lieferte die UdSSR 1949 der SBZ auch komplette Walzstraßen[69], mit deren Hilfe im Rahmen des Zweijahresplans Engpässe auf dem Stahlsektor gemildert werden konnten. Die SBZ exportierte in die UdSSR neben Textil-, Büro- und Metallbearbeitungsmaschinen auch optische Geräte, Elektrogeräte, Textilien und Chemikalien.[70]

1948 trat auch eine Belebung des Außenhandels zwischen der SBZ und den südosteuropäischen Ländern ein. In diesem Jahr konnten erstmals Handelsabkommen mit Jugoslawien[71] und Bulgarien[72] von den Organen der SBZ eigenverantwortlich abgeschlossen werden,[73] die die Einfuhr von Roheisen, Walzstahl und Agrarerzeugnissen aus Jugoslawien sowie bulgarischer Lebensmittel und Agrarrohstoffe im Austausch gegen Maschinen vorsahen.

Im Gegensatz zu den Wirtschaftsbeziehungen zwischen Bulgarien und Jugoslawien, die sich ausschließlich auf den Austausch von Ausrüstungsgütern gegen Rohstoffe erstreckten, kam es im Handel der SBZ mit Ungarn bereits zur gegenseitigen Belieferung

65 Über die Verhandlungen, die 1948 zwischen der SBZ und Polen über die Ausweitung der Handelsbeziehungen in Berlin geführt wurden, schrieb *J. Klepper:* „Als Beweis dafür, daß nicht nur rechnerische Überlegungen ... maßgebend sind, möge die Tatsache dienen, daß ein immerhin beträchtlicher Handelsaustauschsaldo zu lasten der Ostzone für die Polen kein Anlaß war, die Lieferungen an die Ostzone zu beschneiden oder gar zu stoppen. Und wenn jetzt im Ostsektor Berlins die Stromversorgung reibungslos erfolgen kann, obwohl die Ruhrkohlenlieferungen unterbunden wurden, so vor allem dank der Lieferung polnischer Steinkohle ... (Sie) sind um so höher zu bewerten, als Kohle in allen Ländern Europas stark gefragt ist und Polen gegenüber der Ostzone damit bewußt in Vorlage tritt und somit zur Verwirklichung des Zweijahresplanes ... wesentlich beiträgt." A. a. O.

66 Die Wirtschaft, 1947, Heft 12, S. 407.

67 ND vom 13. 11. 1947, S. 1.

68 Vgl. *Barthel, H.,* a. a. O., S. 82. Eine Wende in der Entwicklung der Handelsbeziehungen begann dann mit einem 1948 von der sowjetischen Regierung gefaßten Beschluß, 40 000 t Getreide und 40 000 t Apatitkonzentrat an die SBZ auf kurzfristigen Kredit zu liefern. Dieser Warenkredit sollte durch Gegenlieferungen von Industrieerzeugnissen beglichen werden. Die Wirtschaft, 1948, Heft 11, S. 369.

69 Mit Hilfe der sowjetischen Lieferungen konnten Walzstraßen in Gröditz, Kirchmöser, Henningsdorf und Riesa mit einer Kapazität von insgesamt 67 600 t erreicht werden. Vgl. Die Wirtschaft, 1949, Heft 16, S. 573.

70 Ebenda.

71 Ebenda, 1948, Heft 7, S. 224.

72 Ebenda, 1948, Heft 4, S. 127 und Heft 5, 1948, S. 166.

73 Der Deutschen Verwaltung für Interzonen- und Außenhandel – sie war der Deutschen Wirtschaftskommission unterstellt – erteilte die SMAD 1948 das Recht, bis zu einer bestimmten Umsatzhöhe Außenhandelsabkommen abzuschließen. *Hegemann, Margot/Möschner, Günter,* Die DDR als Wirtschaftspartner der sozialistischen Staaten in den ersten Jahren des RGW. A. a. O., S. 246.

mit Maschinen. Die seit 1946 bestehenden Wirtschaftsbeziehungen zwischen Ungarn und der SBZ wurden mit dem Vertrag vom 30. Juni 1948 ausgebaut.[74]

Die SBZ verpflichtete sich zur Lieferung von Chemikalien, Werkzeugmaschinen, Ausrüstungen für die Chemieindustrie, Kraftfahrzeug-Ersatzteilen und Präzisionsgeräten im Austausch gegen schwere Werkzeugmaschinen, Walzwerkserzeugnisse, Erze, Saatgut und Agrarrohstoffe.[75] Auch im Handel zwischen der Tschechoslowakei und der SBZ zeichnete sich 1948 eine Aufwärtsentwicklung ab. Das am 17. Juli 1948 getroffene Abkommen schuf die Grundlage für den Warenaustausch zwischen beiden Industrieländern, in dem Rohstoffe und auch Investitionsgüter neben vielfältigen Industrieerzeugnissen Bedeutung gewannen. Neben der UdSSR, Jugoslawien und Polen gehörte die Tschechoslowakei zu den Eisen- und Stahllieferanten der SBZ. Eisen und Stahl, hauptsächlich geschmiedet, gezogen und gewalzt, nahmen mit anderen Eisen- und Stahlerzeugnissen sogar zeitweilig vor dem Abkommen von 1948 die Spitzenposition der tschechoslowakischen Exporte in die SBZ ein.[76] Dann, besonders 1949, dominierte Steinkohlenkoks unter den von der SBZ aus der Tschechoslowakei bezogenen Gütern.[77]

Während der Handel der SBZ mit der UdSSR und den Volksdemokratien noch 1947 einen geringen Umfang hatte, setzte 1948 eine stärkere Aufwärtsentwicklung ein.

Tabelle 3

Außenhandelsumsatz der SBZ mit der UdSSR und den Volksdemokratien (in Millionen Mark)

	1947	1948
UdSSR	0,8	259,3
Volksdemokratien	55,8	253,5
Insgesamt	56,6	512,8

Quelle: Hofmann, Leopold, Die Entwicklung des Außenhandels in der Sowjetischen Besatzungszone Deutschlands . . ., Diss. Berlin 1972, S. 143.

Auch der Anteil, den die Umsätze mit diesen Ländern am Gesamtumsatz des Außenhandels der SBZ hatten, erhöhte sich.

Tabelle 4

Anteil des Umsatzes der UdSSR und der Volksdemokratien am Außenhandel der SBZ (in Prozent)

	1947	1948
UdSSR	–	38
Volksdemokratien	28	37
Insgesamt	28	75

Quelle: Hofmann, Leopold, a. a. O.

74 Ebenda, 1948, Heft 11, S. 371 und ND vom 2. Juli 1948, S. 1.

75 ND vom 2. 7. 1948, S. 1.

76 Die Wirtschaft, 1948, Heft 11, S. 370.

77 So machten diese Produkte im ersten Quartal 1948 nahezu drei Viertel des wertmäßigen Umfangs der in die SBZ gelieferten tschechoslowakischen Waren aus. Ebenda.

Es kann folglich für das Territorium der DDR für die Zeit ab 1948 von einer zunehmenden Bedeutung der Handelsbeziehungen zur UdSSR und den osteuropäischen Volksdemokratien ausgegangen werden. Hinsichtlich der 1948 erfolgten Erhöhung der Handelsumsätze mit den Staaten Osteuropas bildete das Territorium der DDR unter den späteren RGW-Ländern keinesfalls eine Ausnahme.

Die quantitative Ausdehnung, die der gegenseitige Warenaustausch der osteuropäischen Länder in dieser Zeit erfuhr, zeugt von einer Vertiefung ihrer Wirtschaftsbeziehungen. Das Volumen des Warenverkehrs stieg vor allem von 1947 zu 1948 an, wobei der Handel zwischen der UdSSR und den Volksdemokratien den größten Umfang annahm.

Tabelle 5

Handel zwischen den Ländern Osteuropas (Millionen Dollar in laufenden Preisen)

Export \ Import		Tschechoslowakei	Polen	Rumän.	Ungarn	Jugoslawien	Bulgarien	UdSSR	Gesamt
Tschechoslowakei	1947		10	8	16	35	13	29	111
	1948		53	24	22	52	15	120	286
Polen	1947	14		1	4	6	3	70	98
	1948	40		7	4	22	6	97	176
Rumänien	1947	5	1		3	1	2	17	29
	1948	27	5		4	–	2	15	53
Ungarn	1947	11	4	2		7	1	13	38
	1948	20	4	2		13	1	23	63
Jugoslawien	1947	25	4	1	11		3	..	44
	1948	44	27	–	24		5	..	100
Bulgarien	1947	16	7	1	1	4		44	73
	1948	12	8	–	1	10		40	71
UdSSR	1947	25	79	30	15	..	43		192
	1948	117	114	30	24	..	70		355
Gesamt	1947	96	105	43	50	53	65	173	585
	1948	260	211	63	79	97	99	295	1104

Quelle: Economic Survey of Europe in 1948, Genf 1949, S. 146.

Die Sowjetunion steigerte ihre Exporte in die Volksdemokratien von 1947 zu 1948 um 85 Prozent, während sich ihre Importe aus diesen Ländern im gleichen Zeitraum um 70,5 Prozent erhöhten. Der Hauptanteil des sowjetischen Warenaustauschs mit den europäischen Nachbarländern entfiel auf die Tschechoslowakei und Polen. Aber auch gegenüber Bulgarien und Ungarn fand eine Ausdehnung des sowjetischen Exports statt. Ungünstig gestalteten sich dagegen die sowjetisch-jugoslawischen Wirtschaftsbeziehungen infolge politischer Unstimmigkeiten. Jugoslawien wurde dann auch 1949 nicht zur Gründungskonferenz des RGW eingeladen und nahm lange Zeit nicht an der Arbeit der Wirtschaftsgemeinschaft teil. In der Zeit von 1949 bis 1954 hatte Jugoslawien fast keinerlei Wirtschaftsbeziehungen zu den übrigen sozialistischen Ländern.[78]

[78] Sozialistisches Weltwirtschaftssystem Band 1, Berlin 1967, S. 154.

Die Tschechoslowakei, das einzige industriell entwickelte Land unter den osteuropäischen Volksdemokratien, erzielte 1948 gegenüber 1947 export- wie importseitig die größten Steigerungsraten im gegenseitigen Handel der Ländergruppe. Ihre Exporte erhöhten sich um 158 Prozent, die Importe um 171 Prozent. Mit Ausnahme Bulgariens hatten auch die übrigen osteuropäischen Volksdemokratien ihre Exporte in die Ländergruppe ausdehnen können. Allerdings war das Volumen des Warenaustauschs der Agrarländer noch gering.

Von einer Intensivierung des gegenseitigen Warenaustauschs der osteuropäischen Ländergruppe zeugt schließlich eine Gegenüberstellung seines Gesamtvolumens mit vergleichbaren Zahlen der Vorkriegszeit.

Tabelle 6

Außenhandel osteuropäischer Länder in Millionen Dollar zu Preisen des Jahres 1938*

Jahr	Mill. Dollar	Index
1938	168	100
1947	259	154
1948	483	288

* UdSSR, Tschechoslowakei, Polen, Rumänien, Ungarn, Jugoslawien, Bulgarien
Quelle: Economic Survey of Europe in 1948, a. a. O., S. 134.

Danach war das Volumen des Handels zwischen den osteuropäischen Ländern 1948 fast zweimal so groß wie 1947. Gegenüber dem Vorkriegsstand hatte sich der Handelsaustausch der Länder dieser Gruppe auf das Dreifache gesteigert.

Ohne Zweifel hatte der nach dem Krieg erfolgte Ausbau der gegenseitigen Wirtschaftsbeziehungen im osteuropäischen Wirtschaftsraum zur Korrektur der traditionellen Handelsbeziehungen – was den Anteil der jeweiligen Partnerländer betraf – beigetragen. Dennoch wäre es falsch, in der Veränderung der prozentualen Umsatz-Anteile allein das Ergebnis einer Umorientierung in der Außenwirtschaft der osteuropäischen Länder zu sehen und bereits für die Jahre vor der RGW-Gründung eine generelle Umstellung ihres Außenhandels anzunehmen.

Zu berücksichtigen ist neben dem oft noch geringen Umfang der Handelsvolumina außerdem, daß Verschiebungen in den Anteilen der Länder auch durch die ungenügende Handelsbereitschaft der traditionellen Haupthandelspartner eintraten, worauf im folgenden noch eingegangen wird.

Die Vertiefung der Wirtschaftsbeziehungen zwischen den Gründerländern des RGW kam in den vierziger Jahren jedoch nicht nur in der Intensivierung ihres gegenseitigen Handels zum Ausdruck. Gemeinsame Bedürfnisse auf dem Gebiet des Verkehrswesens führten bereits frühzeitig zu internationalen Absprachen und Vereinbarungen. Das betraf die Schiffahrt und vor allem den Eisenbahnverkehr. Der gegenseitige Verkehr zwischen den Ländern Osteuropas war historisch bedingt wegen der früheren außenwirtschaftlichen Hauptorientierung auf Westeuropa nur relativ wenig gefördert worden[79] und mußte nun ausgebaut werden. Eine besondere Bedeutung kam hierbei der Ausnutzung

[79] *Rehbein, Elfriede,* Zur Bedeutung der Zusammenarbeit der sozialistischen Staaten auf dem Gebiet des Verkehrswesens. Unveröffentlichtes Manuskript.

der Kapazitäten im Eisenbahnverkehr zu. Elfriede Rehbein verweist auf zwei Gründe: Einmal existierten hier bereits einige durchgehende Verkehrsverbindungen, wobei allerdings im Verkehr mit der UdSSR die unterschiedliche Spurbreite der Eisenbahnlinien spezifische Lösungen forderte. Zum anderen erwies sich gerade die Eisenbahn im Zusammenhang mit dem Ausbau der Grundstoffindustrien als ein Verkehrsträger, der für die Befriedigung der Transportbedürfnisse der späteren RGW-Länder – der Beförderung von Rohstoffen über große Entfernungen – besonders geeignet war.[80]

Im Oktober 1947 fand die erste internationale Eisenbahnkonferenz der osteuropäischen Länder in Belgrad statt, auf der Fragen des Passagier- und Güterverkehrs beraten wurden.[81]

Die erste multilaterale Regelung von Verkehrsfragen erfolgte allerdings erst später mit den Abkommen über den internationalen Eisenbahngüterverkehr und über den internationalen Eisenbahnpersonenverkehr, die am 1. November 1951 in Kraft traten.[82] Bis zu diesem Zeitpunkt bildeten bilaterale Abkommen die Grundlage für die Lösung von Transport- und Verkehrsproblemen. Polen räumte beispielsweise Ungarn 1948 in einem Zusatzprotokoll, das den ein Jahr zuvor zwischen beiden Ländern abgeschlossenen Handelsvertrag ergänzte, die Nutzung polnischer Häfen ein.[83]

Die meisten bilateralen Verträge bezogen sich auf den Eisenbahnverkehr und regelten meist Fragen des Transportrechts, der Tarife, der Frachtbeschaffenheit und ähnliches.[84]

Sie hatten lokalen Charkter, unterschieden sich in Form und Inhalt[85] und sind als Behelfslösung anzusehen. Besonders auf dem Gebiet des Verkehrs- und Transportwesens zeigte sich die Unvollkommenheit bilateraler Regelungen bereits in dieser Zeit, da die uneinheitliche Verfahrensweise zu zahlreichen technischen und wirtschaftlichen Schwierigkeiten führte.[86]

Tendenzen zur internationalen Zusammenarbeit zeigten sich jedoch nicht nur im Verkehrswesen. Beachtung verdienen erste Bestrebungen zur Koordinierung wirtschaftlicher Vorhaben, die 1948 einsetzten. Zu dieser Zeit entstanden in Osteuropa, übrigens auch in den kapitalistischen Ländern Westeuropas, eine Reihe bilateraler Projekte europäischer Staaten zur Gewinnung und zum Austausch von Elektroenergie. Generell wurde dem zwischenstaatlichen Energieaustausch in Europa nach Beendigung des Krieges erhöhte Bedeutung beigemessen. Traditionelle Energieexporteure wie die Schweiz, die gemeinsam mit Italien ein Kraftwerk für das italienische Elektrizitätsnetz errichtete, aber auch Österreich und besonders die skandinavischen Länder erhöhten ihre Energieausfuhr.[87]

Auch in den osteuropäischen Ländern gewannen gemeinsame Vorhaben zur Sicherung der Energieversorgung Bedeutung. Ein Beispiel dafür ist die Zusammenarbeit zwischen Rumänien und Bulgarien, die mit der Elektrifizierung der Dobrutscha begann. Ein 1948

[80] Ebenda.

[81] ND vom 28. 10. 1947, S. 3.

[82] *Usenko, E. T.*, Sozialistische internationale Arbeitsteilung und ihre rechtliche Regelung, a. a. O., S. 227.

[83] ND vom 3. 3. 1948, S. 3.

[84] Sozialistisches Weltwirtschaftssystem, Band 3, Berlin 1968, S. 394.

[85] Ebenda.

[86] Ebenda.

[87] Dänemark importierte in größerem Umfang Elektronergie aus Schweden. Aufsehen erregte auch ein norwegisches Projekt, England mittels Hochseekabeln mit Strom zu beliefern. Vgl. Die Wirtschaft, 1948, Heft, 10, S. 338.

abgeschlossenes Abkommen über den Austausch von Elektroenergie wurde zur Grundlage einer Reihe gemeinsamer Projekte. Zu ihnen gehörte der Bau einer beide Länder verbindenden Hochspannungsleitung, der mit einer Koordinierung des Ausbaus der Elektrizitätsnetze verbunden werden sollte, sowie der gemeinsame Bau einer Donaubrücke.[88]

Verhandlungen über den Austausch von Elektroenergie wurden auch in Polen und Jugoslawien sowie zwischen Jugoslawien und Bulgarien aufgenommen.[89]

Bilaterale Absprachen über ein gemeinsames Vorgehen auf dem Elektrizitätssektor trafen auch Polen und die Tschechoslowakei. Es entstanden Pläne für die Errichtung eines polnischen Großkraftwerkes bei Oświęcim, dessen Ausrüstung die Tschechoslowakei gegen spätere Stromlieferungen (sie sollten in einem Zeitraum von 20 Jahren erfolgen) übernehmen wollte. Das Wrocławer Elektrizitätsnetz sollte über einen geplanten „Schlesischen Ring" an das tschechoslowakische Energieverbundsystem angeschlossen werden.[90]

Die Bestrebungen zur Intensivierung der polnisch-tschechoslowakischen Zusammenarbeit beschränkten sich jedoch nicht auf den Energiesektor. Sie erstreckten sich darüber hinaus auf die verschiedensten Wirtschaftsbereiche. Am 4. Juli 1947 war die „Übereinkunft zur Sicherung der wirtschaftlichen Zusammenarbeit zwischen der Tschechoslowakei und Polen" in Prag unterzeichnet worden.

Sie sah nicht nur Regelungen für den Warenaustausch vor, sondern sie sollte gleichzeitig zum Ausgangspunkt werden für Vereinbarungen über die Organisation der wirtschaftlichen Zusammenarbeit im Finanzwesen, in der Industrie, in der Land-, Forst- und Ernährungswirtschaft, in wissenschaftlich-technischen Fragen sowie auf dem Gebiet der Planung und Statistik.[91]

Auf der Grundlage dieser Vertragswerke bildeten Polen und die Tschechoslowakei ein Organ zur Koordinierung ihrer wirtschaftlichen Entwicklung. Der polnisch-tschechoslowakische Wirtschaftsrat konstituierte sich am 29. März 1948 in Prag. Beide Länder schlossen ein Investitionsabkommen ab, das neben den bereits erwähnten Ausrüstungsleistungen für die Energiewirtschaft tschechische Lieferungen für Eisenhütten, Bergwerke und Chemiefabriken gegen Rohstoffe und Fertigprodukte an Polen vorsah. Der Wirtschaftsrat sollte außerdem die Aufbaupläne für ein polnisch-tschechoslowakisches Steinkohlenrevier im Raum Katowice-Ostrawa koordinieren.[92] Die im Zusammenhang mit diesen Projekten entstandenen Vorstellungen über die wirtschaftliche Zusammenarbeit reichten von der gemeinsamen Ausarbeitung von Produktionsprogrammen, eingeschlossen die Spezialisierung der Industrieproduktion, bis zur Normung und Typisierung der Erzeugnisse.[93] Bereits zu diesem Zeitpunkt wurde daran gedacht, Betriebe nicht nur gemeinsam zu errichten, sondern auch als gemeinsames Eigentum zu nutzen[94] – ein Vorhaben, das jedoch damals nicht im Rahmen der Zusammenarbeit dieser Länder zur Ausführung kam.

Für die wirtschaftshistorische Analyse sind die frühen Versuche zur Entwicklung neuer

88 ND vom 11. 8. 1948, S. 3.

89 Die Wrtschaft, 1948, Heft 10, S. 338.

90 Ebenda.

91 *Simunek, Rudolf,* Polnisch-tschechoslowakische Zusammenarbeit. In: Die Wirtschaft, 1948, Heft 17, S. 558.

92 Ebenda, sowie ND vom 1. 4. 1948, S. 3 und vom 28. 3. 1949, S. 7.

93 *Simunek, Rudolf,* a. a. O.

94 Ebenda.

Formen der wirtschaftlichen Zusammenarbeit äußerst interessant. Finden wir in ihnen doch einen Ansatz zu Lösungen, die in späteren Jahren auf bi- und multilateraler Ebene im RGW angestrebt wurden. Der tschechische Wirtschaftshistoriker Vaclav Prucha sieht in diesen Versuchen eine Antizipation der sozialistischen Integration;[95] mit Recht, zumal nur ein geringer Teil der damals konzipierten Projekte in die Praxis umgesetzt werden konnte.

Weitreichende Pläne einer wirtschaftlichen Zusammenarbeit zwischen Jugoslawien und Albanien – der 1946 gegründeten Zollunion sollte die Einführung einer gemeinsamen Währung folgen, und auch die Bildung einer Reihe gemischter Gesellschaften wurde in Erwägung gezogen – scheiterten infolge der albanischen Bedenken bereits 1947. Auch ein bulgarisch-jugoslawisches Projekt bilateraler Zusammenarbeit, das sich auf die Industrie, die Energieversorgung, den Bergbau, den Verkehr und den Außenhandel erstrecken sollte, kam nicht zur Ausführung.

Auf ein weiteres Beispiel der Vorwegnahme späterer Zielstellungen verweist Usenko. Er führt den Anfang 1948 zwischen Bulgarien und Rumänien abgeschlossenen Freundschaftsvertrag an, in dem „erstmals in der Vertragspraxis sozialistischer Staaten die Aufgabe der Koordinierung der Volkswirtschaftspläne gestellt" (wurde).[96] „Die Realisierung der Verpflichtung . . .", wertete Usenko, „konnte allerdings erst zehn Jahre später erfolgen, als dazu die entsprechenden materiellen und organisatorischen Voraussetzungen herangereift waren, aber allein die Tatsache der Fixierung dieser Verpflichtung bereits im Jahre 1948 offenbart die der sozialistischen Wirtschaft eigene Tendenz zur planmäßigen Organisierung der internationalen Wirtschaftsbeziehungen."[97]

Die Ursachen für das Scheitern der frühen Integrationsversuche sind noch ungenügend erforscht. Sowohl für die polnisch-tschechoslowakischen Projekte als auch das bulgarisch-rumänische und ähnliche Vorhaben gilt, daß die gestellten Ziele mit den gegebenen Voraussetzungen für ihre Realisierung divergierten. Die angeführten Beispiele belegen jedoch, daß sich bis 1948 Tendenzen zur Neugestaltung der zwischenstaatlichen Wirtschaftsbeziehungen in der osteuropäischen Staatengruppe verstärkten. Das zeugt von einem erhöhten Bedürfnis zum Ausbau dieser Beziehungen.

Den ersten, einen längeren Zeitraum umfassenden Wirtschaftsplänen, die in den Volksdemokratien in der Folge aufgestellt wurden, lagen sozialistische Industrialisierungskonzeptionen zugrunde. Die gegenseitige Hilfe bei ihrer Verwirklichung stellte neue Anforderungen an die wirtschaftliche Zusammenarbeit. Die Frage wurde Ende 1948 auch in der Presse der SBZ diskutiert. Im „Neuen Deutshland" vom 26. November 1948 hieß es dazu:

„Die durch den Krieg gestörten Außenhandelsbeziehungen der Länder der neuen Volksdemokratien haben in letzter Zeit untereinander und mit der Sowjetunion einen Aufschwung genommen, der die Feststellung zuläßt, daß diese Beziehungen gegenüber dem Handel mit der übrigen kapitalistischen Welt in Zukunft mehr Bedeutung als in der Vergangenheit haben werden." Und in der Fortsetzung des Artikels in der Ausgabe vom 27. November hieß es weiter: „Die gesellschaftlichen und politischen Veränderungen, die sowohl in den südosteuropäischen Volksdemokratien als auch in der Ostzone vor sich gehen, haben auch den Außenhandel vor neue Aufgaben gestellt . . . Für die

95 Hospodářske dějiny Československa V: 19. A 20. stoleti, Praha 1974, S. 264, (tschech.).
96 *Usenko, E. T.*, a. a. O., S. 175.
97 Ebenda.

Zukunft werden die neuen Volksdemokratien gerade von der Ostzone erwarten, daß sie Maschinen und andere Produktionsmittel liefert, da Deutschland in der Vergangenheit einer der Hauptlieferanten für industrielle Erzeugnisse war."

Hier wurde ein wichtiger Gesichtspunkt der künftigen wirtschaftlichen Zusammenarbeit im RGW hervorgehoben: die Unterstützung des Industrialisierungsprozesses der Agrarländer Osteuropas durch die Länder, die bereits ein höheres Industrieniveau hatten. Beispielsweise erfolgte die Umstrukturierung der tschechoslowakischen Industrie mit dem Ausbau der Schwerindustrie und besonders des Maschinenbaus unter anderem auch im Hinblick auf den Bedarf an Investitionsgütern ihrer Wirtschaftspartner.[98]

Gezielte Industrialisierungshilfe bedeutete für die Länder der Wirtschaftsgemeinschaft an der Wende von den vierziger zu den fünfziger Jahren gegenseitige Berücksichtigung von Bedürfnissen, die sich aus einer geplanten Entwicklung nationaler Volkswirtschaftskomplexe ableiteten.

Sie bedeutete zu diesem Zeitpunkt noch keine multilaterale Koordinierung der Pläne unter dem Aspekt der Priorität einer zukünftigen internationalen Arbeitsteilungsstruktur.

Mehrseitige Absprachen über spezielle Produktionsaufgaben einzelner Länder – wie beispielsweise über den Bau von Hochseeschiffen und den damit verbundenen Aufbau der Werften in Polen, der DDR und Rumänien – wurden zwar getroffen, doch bildeten sie in der Anfangsphase der wirtschaftlichen Zusammenarbeit die Ausnahme, im Gegensatz zur bilateralen Abstimmung.

Die frühen Integrationstendenzen fanden zunächst keine Fortsetzung im RGW. Eine sozialistische Wirtschaftsintegration hätte integrationsfähige Partnerländer vorausgesetzt. Zudem fehlten zu einem Zeitpunkt, da in den Volksdemokratien auf dem Gebiet der sozialistischen Wirtschaftsplanung Neuland beschritten wurde, für die multilaterale planmäßige Beherrschung internationaler wirtschaftlicher Prozesse die Voraussetzungen. Wie sich in der Folgezeit erwies, konnten sie nur schrittweise mit allmählicher Qualifizierung der Zusammenarbeit im RGW gewonnen werden. Die Gründung des RGW kann deshalb schwerlich als Integrationsaktion bezeichnet werden, wie das zuweilen in der Literatur geschieht.[99]

Die Schaffung der materiellen Grundlagen für den Sozialismus in Osteuropa, das Aufholen des Industrialisierungsrückstandes und die Beseitigung der wirtschaftlichen Niveauunterschiede zwischen den Staaten der osteuropäischen Ländergruppe – all das stellte neue Anforderungen an ihre wirtschaftliche Zusammenarbeit. Diese Anforderungen bestanden neben der Erfahrungsvermittlung

- in der Verstärkung eines planmäßigen gegenseitigen Warenaustauschs besonders durch gezielte Lieferung von Investgütern,
- in der Sicherung der Rohstoffbedürfnisse des osteuropäischen Wirtschaftsraumes durch forcierte Erschließung der Vorkommen in gegenseitiger Hilfe und Unterstützung,
- im Austausch von technischen Dokumentationen und Lizenzen zur beschleunigten Schaffung von Produktionskapazitäten
- und in der gegenseitigen Hilfe mit Wirtschaftsexperten und technischem Fachpersonal sowie bei der Ausbildung von Kadern.

In diesen Fragen waren bis 1949 erste Erfahrungen gesammelt und Fortschritte erzielt worden. In der Verlautbarung über die Gründung des RGW hieß es hierzu:

[98] Sozialistisches Weltwirtschaftssystem, Bd. 1, a. a. O., S. 152.

[99] Vgl. *Senin, M. W.*, Sozialistische Integration, a. a. O., S. 214.

„Die Beratung stellte bedeutende Erfolge in der Entwicklung der Wirtschaftsbeziehungen zwischen den genannten Ländern (UdSSR, Bulgarien, Ungarn, Polen, Rumänien, Tschechoslowakei. G. N.) fest, die vor allem in einem starken Anwachsen des Warenumsatzes zum Ausdruck kamen. Dank der Herstellung dieser Wirtschaftsbeziehungen und der Durchführung einer Politik der wirtschaftlichen Zusammenarbeit wurde es den volksdemokratischen Ländern und der UdSSR möglich, die Wiederherstellung und Entwicklung ihrer Wirtschaft zu beschleunigen.“[100]

Neben den bisher dargelegten Gründen, die im Januar 1949 zur Bildung des RGW führten, ist jedoch noch ein weiterer zu berücksichtigen: die Zuspitzung der politischen Lage im Weltmaßstab während der Nachkriegsjahre und die Folgen, die daraus für die Wirtschaftsbeziehungen zwischen der UdSSR und den Volksdemokratien einerseits und den kapitalistischen Industrieländern andererseits entstanden.

2. Der Marshallplan und der Beginn des Wirtschaftskrieges gegen die UdSSR und die volksdemokratischen Länder

Bereits im Frühjahr 1945, kurz vor der Beendigung des zweiten Weltkrieges, hatte die Truman-Regierung einen Kurswechsel in ihrer Politik gegenüber der Sowjetunion vollzogen. Die im Rahmen der Anti-Hitlerkoalition vereinbarten Lieferungen an die UdSSR wurden eingestellt. Damit standen Warenlieferungen in Höhe von 16,7 Millionen Dollar aus, die die USA der sowjetischen Regierung im Zusammenhang mit dem Land-Lease-Abkommen zugesichert hatte.[101]

Hier zeigten sich Symptome einer Politik, die für die Haltung der USA zur UdSSR, aber dann auch zu den volksdemokratischen Staaten typisch werden sollte.

Befürworter eines solchen Kurswechsels waren schon in der Roosevelt-Ära aktiv geworden, so beispielsweise der amerikanische Diplomat George Kennan, der neben Churchill als Initiator des kalten Krieges gilt. Während der Amtsperiode Roosevelts in der USA-Botschaft in Moskau eingesetzt, wurde Kennan später unter Truman Hauptexperte des State-Department für die Realisierung des Marshallplans. Kennan hatte schon zu einem Zeitpunkt, als die Alliierten in Jalta konferierten, Roosevelt in einem Memorandum von einer Übereinkunft mit der UdSSR im Interesse der „atlantischen Gemeinschaft“ abgeraten.[102] Blieben Kennans Vorstellungen zu Lebzeiten Roosevelts ohne Bedeutung für die amerikanische Außenpolitik, so änderte sich das, als im April 1945 mit Truman eine neue Führungsequipe ins Weiße Haus einzog.[103]

Von der Herausbildung einer neuen politischen Strategie der Westmächte zeugte dann die Rede Winston Churchills, die im März 1946 im Westminster College in Fulton (USA) gehalten wurde. Die Fultonrede, in der ein Bündnis der USA und Großbritanniens als Grundlage für eine Politik der Stärke gegenüber dem „östlichen Kommunismus“ gefordert wurde, ging in die Geschichte als Auftakt zum kalten Krieg ein. Die Formel von den „Vereinigten Staaten von Europa“ (sprich Westeuropa) als Bündnispartner der USA

[100] Vgl. Amtliche Verlautbarung über die Gründung des RGW, a. a. O.

[101] ND vom 20. 4. 1947, S. 1.

[102] Siehe hierzu auch *Bershkow, V. M.*, Kennan lernt die Weltprozesse begreifen. Zur Entwicklung der sowjetisch-amerikanischen Beziehungen. In: Horizont, Nr. 24/1975, S. 8.

[103] Ebenda.

sollte in der Folge zum unentbehrlichen Vokabular für die Restauration und Stabilisierung imperialistischer Verhältnisse in Westeuropa werden. Nicht zufällig wurde auch der Terminus „kalter Krieg" in dieser Zeit in der amerikanischen Presse zum gängigen Begriff. Kreiert wurde er übrigens von Bernard Baruch, der auch dem Plan zur Sicherung des amerikanischen Atomwaffenmonopols den Namen gab. Mit der Kongreßbotschaft Trumans im März 1947, der Trumandoktrin, wurde die Strategie der antikommunistischen Militärbündnispolitik offiziell zum außenpolitischen Prinzip der USA erklärt. Damit waren die Weichen für die amerikanische Außenpolitik der Nachkriegszeit gestellt. Nur wenige Monate später, am 26. Mai 1947, gab Truman eine programmatische Erklärung über die Bereitschaft der USA zur militärischen Zusammenarbeit mit den Ländern der westlichen Hemisphäre ab.

Mit der Gründung des Nordatlantikpaktes erfolgte dann im April 1949 ein wichtiger Schritt zur Umsetzung dieser Politik in die Praxis.

Aber schon im Jahre 1947, zu einer Zeit, als in den Volksdemokratien wichtige politische Entscheidungen fielen oder heranreiften, begannen sich die Umrisse der Konzeption des kalten Krieges abzuzeichnen. Wurden aber zu diesem Zeitpunkt auch schon die außenwirtschaftlichen Konsequenzen dieser Politik erkennbar? Vieles spricht dafür. Wurde doch im Zusammenhang mit der Trumandoktrin nicht nur militärische, sondern auch wirtschaftliche Unterstützung solchen reaktionären Regierungen wie dem griechischen Tsaldaris-Regime und dem türkischen Inönü-Regime angekündigt. Im Mai 1947 nahm das amerikanische Repräsentantenhaus das Anleiheprogramm Trumans für Griechenland und die Türkei an.

Griechenland erhielt eine Anleihe in Höhe von 300 Millionen Dollar. Der Inönü-Regierung wurde nach Abschluß des amerikanisch-türkischen Abkommens zunächst mit einem 100 Millionen-Dollar-Kredit unter die Arme gegriffen.

Dieses Vorgehen stieß sowohl im Ausland als auch in den USA auf Kritik. Henry Wallace,[104] ehemaliger Handelsminister der USA und politischer Gegner Trumans, bezeichnete dessen Anleiheprojekt als ein Programm zur Niederhaltung des Kommunismus mit Hilfe des amerikanischen Geldes.[105] Er erklärte: „Früher oder später wird Trumans Programm der bedingungslosen Hilfe für antisowjetisch eingestellte Regierungen die Welt gegen die Vereinigten Staaten einnehmen und Amerika zu seinem eigenen Nachteil spalten. Wenn wir erst einmal den undemokratischen Regierungen Griechenlands und der Türkei Anleihen gewähren, dann wird jeder faschistische Diktator wissen, daß er bei unserer Bank Kredit hat, auch wenn wir den Kredit im Namen der Freiheit geben. Heute handelt es sich um die Regierungen Griechenlands und der Türkei, morgen kann es Peron oder Tschiang Kaischek sein. Unsere Banken werden Dollars zur Verfügung stellen, und wenn das nicht genügt, wird unser Volk aufgefordert werden, seine Söhne herzugeben."[106]

Bereits 1947 wurde durch die Kritik erster Ansatzpunkte Trumanscher Politik eine Entwicklung vorausgesehen, die bis zum Koreakrieg und später zur Eskalation in Vietnam führen sollte.

[104] Wallace, engster politischer Mitarbeiter und Freund Roosevelts, war in dessen Kabinett ab 1933 Landwirtschaftsminister und später in der ersten Zeit der Truman-Administration eineinhalb Jahre Handelsminister. Er gründete zur Formierung einer Opposition gegen die Politik des kalten Krieges um die Wende der Jahre 1947/1948 eine neue Partei, die sich ab Juli 1948 als Fortschrittspartei bezeichnete.

[105] ND vom 12. 4. 1947, S. 1.

[106] Ebenda, 3. 4. 1947, S. 1.

Doch die Kredite für Griechenland und die Türkei waren keinesfalls die einzigen Anzeichen einer expansiven politisch motivierten Außenwirtschaftspolitik der USA. Denn schließlich trug die Einflußnahme des State Department auch auf westeuropäische Länder wie Frankreich, Belgien und Italien – verbunden mit Versprechungen zur Leistung von Wirtschaftshilfe – dazu bei, daß in diesen Ländern von März bis Mai 1947 die den kommunistischen Parteien angehörenden Minister aus den Regierungen ausgeschlossen wurden. Gleichzeitig wurden die Bestrebungen zur Bildung einer Bizone und zur Spaltung Deutschlands immer offensichtlicher.

Es mag auf den ersten Blick verwirren, daß zum gleichen Zeitpunkt von seiten der USA, aber auch Englands einige, wenn auch spärliche, aber immerhin doch wirtschaftspolitisch freundliche Gesten gegenüber der UdSSR und den volksdemokratischen Staaten gemacht wurden. Es scheint nicht in das bisher umrissene Bild zu passen, daß das amerikanische Außenministerium plötzlich im April 1947 den Kongreß aufforderte, die der UdSSR im Rahmen des Pacht- und Leihabkommens zugesicherten Lieferungen nicht länger zu verzögern.[107] Und ungefähr zwei Wochen später eröffnete der britische Außenminister Bevin dem Unterhaus den Beschluß seiner Regierung, nunmehr ein Finanzabkommen zwischen Großbritannien und Polen zu ratifizieren, was die Wiederaufnahme des Handels mit Polen erleichtern würde.[108] Andererseits hatten sowohl die UdSSR als auch die Regierungen der volksdemokratischen Staaten ihre Bereitschaft bekundet, ihre Wirtschaftsbeziehungen mit den Ländern des Westens auszubauen. In diesem Zusammenhang erregte Stassen, der damalige Präsidentschaftskandidat der Republikanischen Partei, die Aufmerksamkeit der Öffentlichkeit durch die Bekanntgabe seiner Aufzeichnungen über Gespräche, die er anläßlich eines Moskaubesuchs mit Stalin geführt hatte.[109] Stassen hatte erklärt, „daß Stalin ungeachtet der Verschiedenheit der Wirtschaftssysteme in den USA und in der Sowjetunion eine Zusammenarbeit der beiden Länder für möglich und wünschenswert hält."[110] Bahnten sich günstige Möglichkeiten für die Entwicklung des Ost-West-Handels, für die friedliche Koexistenz an? Einen Monat, nachdem Stassen auf die Bereitschaft der UdSSR zur wirtschaftlichen Zusammenarbeit mit den USA aufmerksam gemacht hatte, lancierte die Trumanregierung erste Andeutungen über ein Außenwirtschaftsobjekt für Europa. George C. Marshall, zu dieser Zeit Außenminister der USA, hielt am 5. Juni 1947 in der Harvard-Universität eine Rede, in der er auf wirtschaftliche Nachkriegsschwierigkeiten der Länder Europas Bezug nahm. Er verwies auf die hohen Bevölkerungsverluste, die zerstörten Städte, Fabriken, Bergwerke und Eisenbahnverbindungen, die Abnutzung des Maschinenparks und den Mangel an Lebensmitteln und Brennstoffen.[111] Wörtlich sagte Marshall: „In Wahrheit liegt die Sache so, daß Europas Bedarf an ausländischen Nahrungsmitteln und anderen wichtigen Gütern – hauptsächlich aus Amerika – während der nächsten drei oder vier Jahre um soviel höher liegt als seine gegenwärtige Zahlungsfähigkeit, daß beträchtliche zusätzliche Hilfeleistungen notwendig sind, wenn es nicht in einen wirtschaftlichen, sozialen und politischen

[107] Ebenda, 20. 4. 1947, S. 1.

[108] Ebenda, 6. 5. 1947, S. 1.

[109] Stassen war im April 1947 in die Sowjetunion gereist. Das Gespräch hatte am 4. 4. 1947 stattgefunden. Die Nachricht Stassens wurde am 3. 5. 1947 aus Washington übernommen. ND vom 4. 5. 1947, S. 1.

[110] Ebenda.

[111] Europa-Archiv, August 1947, S. 821.

Verfall sehr ernster Art geraten soll."[112] Und er erklärte ferner: „Es ist nur logisch, daß die Vereinigten Staaten alles tun, was in ihrer Macht steht, um die Wiederherstellung gesunder wirtschaftlicher Verhältnisse in der Welt zu fördern, ohne die es keine politische Stabilität und keinen sicheren Frieden geben kann. Unsere Politik richtet sich nicht gegen irgendein Land oder irgendeine Doktrin, sondern gegen Hunger, Armut, Verzweiflung und Chaos. Ihr Zweck ist die Wiederbelebung einer funktionierenden Weltwirtschaft, damit die Entstehung politischer und sozialer Bedingungen ermöglicht wird, unter denen freie Institutionen existieren können."[113] Marshall appellierte an die Staaten Europas, ihre Erfordernisse selbst festzustellen, sich darüber zu einigen und die Initiative zu ergreifen, da die Ausarbeitung eines europäischen Programms Angelegenheit der europäischen Länder sei. Hinsichtlich des amerikanischen Beitrages sagte Marshall: „Unsere Rolle sollte darin bestehen, den Entwurf eines europäischen Programms freundschaftlich zu fördern . . ." Er versprach die weitere Unterstützung des Programms und setzte hinzu: „. . . soweit das für uns praktisch ist."[114]

In einer TASS-Erklärung zur Pariser Außenministerkonferenz wurde der Zusatz treffender übersetzt „soweit das für uns nützlich sein kann".[115] Schließlich bemerkte er über den Umfang des Programms: „Es sollte ein gemeinsames Programm entworfen werden, hinter dem, wenn nicht alle, so doch eine Anzahl von europäischen Nationen stehen."[116]

Was war mit der Wiederherstellung gesunder wirtschaftlicher Verhältnisse in der Welt gemeint, was wurde unter wirtschaftlichem, sozialem und politischem Verfall verstanden und was sollte im Zusammenhang mit einer eventuellen amerikanischen Europa-Anleihe nützlich werden für die USA? Verbanden sich mit der Andeutung eines Hilfsangebots politische Bedingungen im Sinne der Trumandoktrin, oder wurde das Nützliche für die USA lediglich in günstigen Möglichkeiten für den Abbau amerikanischer Warenüberhänge gesehen? Erstreckte sich das Warenangebot lediglich auf Westeuropa, oder schloß es die UdSSR und Osteuropa ein? All diese Fragen hatte die Rede, die Marshall im Verein ehemaliger Studenten der Harvard-Universität gehalten hatte und die in der Presse und später auch von der Historiographie als Verkündung des Marshallplanes aufgefaßt wurde, offengelassen. Treffend schrieb Henri Claude: „Marshall begann damit, daß er Dollars schillern ließ, ohne Ziffern oder Bedingungen festzulegen."[117]

Etwas offenherziger allerdings äußerte sich dann Truman anläßlich eines Staatsbesuchs in Kanada. In seiner Rede, die er am 11. Juni in Ottawa hielt, hob er hervor, daß die USA und Kanada im zweiten Weltkrieg ihre Produktionskapazitäten erheblich erweitert hatten und daß sie von den Kriegsschäden, die andere Länder betroffen hatten, verschont geblieben waren. „Das Ergebnis dieses Glücksumstandes ist", sagte Truman weiter, „daß Kanada und die Vereinigten Staaten aus dem Krieg als die einzigen größeren Lieferanten für industrielle Erzeugnisse und Nahrungsmittel hervorgingen, von denen viele Teile der Welt abhängig sind, wenn sie die Zeit überleben wollen."[118] Hier wurde der Hebel

[112] Ebenda.

[113] Ebenda.

[114] Ebenda.

[115] TASS-Erklärung zur Außenministerkonferenz in Paris vom 30. 6. 1947, In: ND vom 1. 7. 1947, S. 1.

[116] Europa-Archiv, a. a. O.

[117] *Claude, Henri,* Der Marshallplan, Berlin 1949, S. 54.

[118] Vgl. ND vom 12. 6. 1947, S. 1.

sichtbar – die Abhängigkeit von den amerikanischen Warenlieferungen – und an seinem längeren Arm sah sich Truman.

Aber abgesehen von diesen etwas direkteren Andeutungen äußerte man sich von amerikanischer Seite vorsichtig und behutsam. Und es ist in diesem Zusammenhang nicht ohne Interesse, daß der Washingtoner Korrespondent des britischen „Observer" unmittelbar nach dem Start des griechisch-türkischen Anleiheprojektes zu berichten wußte: „Es wird allerdings erwartet, daß die nächste Phase des Versuchs, Amerika eine aktive und führende weltpolitische Rolle spielen zu lassen, sehr erheblich schwieriger sein dürfte . . ."[119]

Konkreter wurde man dann lediglich zu den Vorstellungen über den Teilnehmerkreis für das neue Anleiheprojekt. Einen Tag nach Trumans Rede in Ottawa forderte Marshall auf einer Pressekonferenz die europäischen Staaten erneut zur gemeinsamen Aufstellung eines Programms des wirtschaftlichen Wiederaufbaus auf und bezog „ ‚ganz Europa', das westlich Asiens liegt, die Sowjetunion und England mit einbegriffen, und auch die anderen Europaländer . . ." in seine Aufforderung ein.[120]

Die Äußerungen führender amerikanischer Politiker zu einem etwaigen wirtschaftlichen Engagement der USA in Europa lösten in der Weltpresse vielfältige Erörterungen aus. Die „Humanite" vermutete in Marshalls Ideen eine Weiterführung der Trumandoktrin. Am 18. 6. 1947 schrieb sie: „Angesichts der Mißerfolge Tschiang Kaischeks in China wendeten sich jetzt die USA auf der Suche nach neuen Märkten für ihre wirtschaftliche Expansion Europa zu. Dies sei der Grund, weshalb sich die Amerikaner ‚beeilten', Europa zu ‚retten' und zu ‚vereinen' ".[121]

Auch die „Prawda" äußerte sich am 16. 6. 1947 kritisch, indem sie den Marshallplan zwar als äußerlich „neu", doch im wesentlichen als „Trumanplan eines politischen Drucks mit Hilfe des Dollars", als Plan „der Einmischung in die inneren Angelegenheiten fremder Staaten" wertete. Sie verwies auf den Widerspruch zwischen der Haltung der USA gegenüber der UdSSR sowie den Ländern Osteuropas und der Zusatzerklärung, die Marshall in der Pressekonferenz am 12. Juni gemacht hatte, und führte aus: „Es sieht ganz so aus, als wenn man dem amerikanischen Volk die Angelegenheit so hinzustellen versucht, daß Marshall angeblich bereit wäre, sich am wirtschaftlichen Wiederaufbau des gesamten Europas zu ‚beteiligen', während die UdSSR und die Länder Osteuropas sich aus Europa ‚selber ausschalten', da die Bedingungen der amerikanischen ‚Hilfe' ihnen unannehmbar scheinen." Indes wurde von sowjetischer Seite zu diesem Zeitpunkt noch keine offizielle Stellungnahme zum Marshallplan gegeben.

Die Londoner „Times" hingegen äußerte am 20. 6. 1947 Besorgnis darüber, daß Europa durch eine eventuelle Marshallplan-Hilfe gespalten werden könnte. Sie vergaß auch

[119] Ebenda, 17. 5. 1947, S. 1.

[120] Vgl. ebenda, 17. 6. 1947, S. 1; Europa-Archiv, Oktober 1947, S. 913.

[121] Daß die Entwicklung in China für das wirtschaftspolitische Engagement der USA in Europa auch in anderer Hinsicht von Bedeutung war, erwähnt Hinkel. Er schreibt: „Schließlich waren der Verlauf und die erfolgreiche Entwicklung der chinesischen Volksbefreiungsrevolution für die USA ein wichtiges Studienobjekt, insbesondere für die Sammlung von ersten Erfahrungen in bezug auf Form, Anlage und detaillierte Ausgestaltung der amerikanischen Hilfsprogramme. Marshall selbst kannte China, er war von 1945–1947 Botschafter der USA dort und konnte unmittelbar die differenzierte Wirksamkeit der amerikanischen Auslandshilfe studieren. Die dort gesammelten Erfahrungen für das State Department haben sicherlich zur Konzipierung und Ausgestaltung des European Recovery Program beigetragen." *Hinkel Günter,* Die „Auslandshilfe" der USA, a. a. O., S. 24. Siehe hierzu auch Claude, Henri, a. a. O., S. 13 f.

nicht, darauf zu verweisen, daß wirtschaftliche Hilfe auch für Osteuropa nötig sei, und erinnerte an die „verwüsteten Dörfer der Ukraine, die ausgebrannte Einöde der jugoslawischen Gebirge, die Ruinen von Warschau und die umfassende Zerstörung von Leben und Eigentum überhaupt, die von den Deutschen hinterlassen wurden."

Die konservative englische Zeitung „Daily Telegraph" vom 20. Juni 1947 knüpfte an den Marshall-Plan sogar die Hoffnung, daß sich durch eine wirtschaftliche Zusammenarbeit zwischen Ost und West auch die politische Atmosphäre verbessern würde, zumal beide Seiten auf wirtschaftlichem Gebiet gemeinsame Bedürfnisse und Interessen hätten. Keine Rede also von der Churchillschen Westeuropahilfe, vom Bündnis des Westens gegen den Kommunismus. Die große amerikanische Europahilfe würde alle europäischen Länder untereinander vereinen. Der Marshallplan war, noch ehe Konkretes über ihn verlautbart worden war, zu einem erstrangigen Politikum geworden. Während bürgerliche Blätter Europas die Vorstellungen Marshalls begrüßten und lediglich eine Schwierigkeit für ihre Realisierung sahen: die Gewinnung der Sowjetunion für das Anleiheprojekt – der Pariser „Figaro" vom 20. Juni 1947 hatte sogar geraten, „alles zu vermeiden, was möglicherweise in Moskau verstimmend wirkte" –, äußerten linke Zeitungen von Anfang an Vorbehalte.

Insbesondere in der prinzipiellen Frage, ob es sich bei den Vorschlägen Marshalls um eine Ergänzung bzw. Fortsetzung der Trumandoktrin oder um eine Abkehr von ihr handle, gingen die Meinungen auseinander. Unter diesem Aspekt mußte die Furcht, die sowjetische Regierung könnte „verstimmt" werden, Kritiker des Anleiheprojekts in ihren Vorbehalten bestärken. Hatte doch die Sowjetregierung Mitte Juni in einem Antrag an den UN-Wirtschaftsausschuß eindeutig ihre Haltung zur Frage der Anleihen im internationalen Wirtschaftsverkehr fixiert. In diesem Antrag, der übrigens am 17. Juni 1947 abgelehnt worden war, hatte sie solche Anleihen befürwortet, „die dem Nutzen der Bevölkerung der Empfängerstaaten, der wirtschaftlichen Stabilisierung und dem Wiederaufbau dienen". Sie hatte sich gegen Anleihen gewandt, „die militärischen Zwecken dienen, oder der Unabhängigkeit der Empfängerstaaten abträglich sind, desgleichen Anleihen, die den kreditgewährenden Staaten politische oder sonstige Vorteile verschaffen."[122]

Und der hier vertretene Standpunkt war dementsprechend auch bezüglich der sowjetischen Haltung zu der durch Marshall ins Gespräch gebrachten Europa-Anleihe zu erwarten. Auch die prinzipielle Bereitschaft sowohl der Sowjetunion, aber auch der osteuropäischen Volksdemokratien zur wirtschaftlichen Zusammenarbeit mit dem Westen war bekannt. Diese Länder hätten folglich von den Vorteilen wirtschaftlicher Anleihen nicht erst überzeugt zu werden brauchen. Vorausgesetzt, es handelte sich um Anleihen, die nicht mit politisch negativen Bedingungen für das in der Herausbildung begriffene neue Gesellschaftssystem verbunden waren.

Während also die großbürgerliche englische Presse ihren Lesern die Notwendigkeit vor Augen hielt, die Sowjetunion für das Anleiheprojekt zu gewinnen – der europäische Kontinent könnte sonst zerstückelt werden, was die politische Teilung Europas in konkurrierende Einflußsphären bedeuten würde (so die „Times" vom 20. 6. 1947) –, entwickelten die Regierungen Großbritanniens und Frankreichs in der zweiten Junihälfte diplomatische Aktivitäten.[123]

122 ND vom 25. 6. 1947, S. 1.

123 Europa-Archiv, Oktober 1947, S. 913.

Bevin reiste nach Paris und traf sich mit seinem französischen Kollegen Bidault zu Gesprächen über die Vorschläge Marshalls. In einem Kommuniqué über diese Besprechungen teilte das französische Auswärtige Amt den Beschluß mit, Außenminister Molotow ein Treffen der Außenminister Großbritanniens. Frankreichs und der UdSSR zur Erörterung eines von Marshall angeregten europäischen Wirtschaftsprogramms vorzuschlagen. Eine entsprechende französische Note wurde von der Sowjetregierung am 19. Juni entgegengenommen. Unterdessen waren Peterson und Charpentier, der britische und der französische Botschafter in der UdSSR, bei Molotow und Malik vorstellig geworden.

In New York konferierten britische und sowjetische Diplomaten mit UNO-Beamten über den Marshallplan. An diesen Gesprächen nahm auch der sowjetische Chefdelegierte bei der UNO, Gromyko, teil. Am 23. Juni teilte die sowjetische Nachrichtenagentur TASS mit, daß die UdSSR den Regierungen Großbritanniens und Frankreichs in gleichlautenden Antwortnoten ihre Bereitschaft zur Teilnahme an einer Außenministerkonferenz in Paris erklärt habe. Als Zeitpunkt für ein solches Treffen hatte die UdSSR den 28. Juni vorgeschlagen. Ihre Meinung zum Gegenstand der Konferenz legte die Sowjetregierung in den Noten wie folgt dar:

„Die sowjetische Regierung ist der Ansicht, daß die Hauptaufgabe der europäischen Länder zur Zeit darin besteht, ihre nationale Wirtschaft, die durch den Krieg zerstört worden ist, so schnell wie möglich wiederaufzubauen und weiterzuentwickeln. Es versteht sich von selbst, daß die Erfüllung dieser Aufgabe erleichtert werden könnte, wenn die Vereinigten Staaten von Amerika, deren Produktionsmöglichkeiten sich während des Krieges nicht nur nicht verringert, sondern sogar vermehrt haben, eine den oben erwähnten Zielen entsprechende Hilfe erweisen würden. Obwohl die sowjetische Regierung zur Zeit über keine Angaben bezüglich des Charakters und der Bedingungen der möglichen wirtschaftlichen Hilfe für die europäischen Länder von seiten der Vereinigten Staaten sowie auch über keine Angaben bezüglich der Maßnahmen verfügt, über welche die britische und französische Regierung während der kürzlichen Verhandlungen in Paris beratschlagten, ist die sowjetische Regierung bereit, an einer Beratung der drei Außenminister teilzunehmen."[124]

Mußte die Rede, die Marshall am 5. Juni gehalten hatte, selbst von wohlmeinenden Betrachtern hinsichtlich ihres Aussagegehalts als reichlich nebulös bezeichnet werden, so waren die von westlicher Seite bis zum 23. Juni, dem Zeitpunkt der Annahme der Einladung nach Paris durch die UdSSR, gemachten Angaben spärlich und nicht allzu aufschlußreich. Auf diesen Sachverhalt hatte die UdSSR bereits in einer Erklärung verwiesen, die zwei Tage zuvor von TASS zu der Unterredung Molotows mit Peterson verbreitet worden war. Peterson hatte Molotows Frage, ob die britische Regierung über umfangreiches Material zu dem amerikanischen Vorschlag verfüge, verneint.[125]

Im Hinblick darauf mutete die Nachricht, Marshall hätte in einer vertraulichen Note an die britische Regierung gefordert, daß der wirtschaftliche Wiederaufbau Westdeutschlands eine Grundlage des Europaplans der USA bildete, wie eine gezielte Indiskretion an. Es war die Pariser Zeitung „Franc Tireur", die die Nachricht aus London erhalten haben wollte, und gemeldet wurde sie am gleichen Tag, an dem die Zusage zum Dreiertreffen aus Moskau erfolgte, am 23. Juni. Nach den Angaben dieser Zeitung hatte

[124] ND vom 24. 6. 1947, S. 1.
[125] Ebenda, 22. 6. 1947, S. 1.

Marshall seine Forderung damit begründet: „... daß die Angelegenheiten Westdeutschlands diejenigen der USA seien und der Europa-Plan der Vereinigten Staaten darauf abziele, dem Dollarmangel in Europa, ganz besonders jedoch in Westdeutschland, zu begegnen". Angesichts dieser Meldung, deren Glaubwürdigkeit durch die später tatsächlich erfolgte Separierung Westdeutschlands und seine Liierung mit den USA so etwas wie eine nachträgliche Bestätigung fand, fällt es schwer, sich vorzustellen, die Trumanregierung hätte jemals mit dieser Prämisse ernsthaft eine Beteiligung der UdSSR am Marshallplan in Rechnug gestellt.

Da von westlicher Seite offensichtlich nicht mit offenen Karten gespielt wurde, mußte es der Sowjetunion darum gehen, „den eigentlichen Sinn der Marshallerklärung klarzustellen".[126] Die Konferenz der Außenminister Frankreichs, Großbritanniens und der UdSSR wurde am 27. Juni 1947 in Paris eröffnet. Auf ihr sollten die Vorschläge Marshalls überprüft und Möglichkeiten zu ihrer Realisierung erwogen werden. Der Konferenz lag ein von französischer Seite aufgestellter Arbeitsplan vor, dem die britische Regierung zugestimmt hatte. Er sah vor, die Anforderungen der europäischen Länder für eine eventuelle amerikanische Wirtschaftshilfe zu ermitteln und die Aufstellung eines Wirtschaftsprogramms für Europa zu besprechen.

Die Sowjetunion vertrat den Standpunkt, „daß die Beratung die Aufgabe hat, die Zusammenarbeit zwischen den Europaländern bei der Aufstellung der Anforderungen dieser Länder an die amerikanische Wirtschaftshilfe, deren sie bedürfen, herzustellen und die Möglichkeiten dieser Wirtschaftshilfe der Vereinigten Staaten zu klären, (um) zur Erlangung dieser Hilfe für die Europaländer beizutragen."[127]

Unter dem Gesichtspunkt, daß die Feststellung der Anforderungen nicht lediglich die Angelegenheit der drei Teilnehmerstaaten der Konferenz sein könne, forderte sie jedoch die Hinzuziehung anderer Länder, insbesondere solcher, die unter der Besatzung des faschistischen Deutschlands gelitten und im Kampf gegen die faschistische Unterdrückung Opfer gebracht hatten. Fragen, die das Deutschlandproblem betrafen, sollten nicht auf der Dreierkonferenz, sondern im dafür zuständigen Rat der Außenminister - dem auch die USA angehörten – behandelt werden.[128]

Wich damit die UdSSR, die im Prinzip der Erörterung des Bedarfs an amerikanischer Wirtschaftshilfe zustimmte – bereits in den konkreten Vorstellungen über die Realisierung von den Auffassungen sowohl der französischen als auch der englischen Delegation ab, so bestand der Hauptgegensatz in einer anderen Frage: der Aufstellung des von Frankreich und England geforderten umfassenden gesamteuropäischen Wirtschaftsprogramms. Insbesondere diese Forderung war es, gegen die die sowjetische Delegation bereits zu Beginn der Konferenz ernste Bedenken geäußert hatte. Zur Aufstellung dieses Wirtschaftsprogramms sollte nach einem von Bevin vorgebrachten Vorschlag ein Planungsausschuß gebildet werden. Den anglo-französischen Vorschlägen entsprechend sollte das erarbeitete Programm dann der amerikanischen Regierung zur Überprüfung und Begutachtung vorgelegt werden.

Der von Bevin am 30. Juni präzisierte Vorschlag sah vor:

„1. Sofortige Errichtung eines übergeordneten Ausschusses, der ein Vierjahrespro-

[126] Ebenda, 28. 7. 1947, S. 1.

[127] TASS-Erklärung zur Beratung der Außenminister in Paris vom 30. Juni 1947. In: ND vom 1. Juli 1947, S. 1.

[128] Ebenda.

gramm für den Wiederaufbau Europas zur Vorlage bei den europäischen Regierungen aufstellen soll.

2. In diesem Programm ist aufzuführen:

a) inwieweit es durch Produktionssteigerung in den europäischen Ländern selbst und durch gegenseitigen Austausch der vorhandenen Hilfsquellen erfüllt werden kann;

b) welche Hilfe von außen die europäischen Länder brauchen, zum Beispiel Industrieanlagen, um die Produktionssteigerung zu ermöglichen, oder Rohstoffe, wie Nahrungsmittel und Kohlen, zur Aufrechterhaltung des europäischen Wirtschaftslebens bei gleichzeitiger Steigerung der einheimischen Produktion.

3. Der übergeordnete Ausschuß soll sich aus Vertretern Frankreichs, Großbritanniens, der Sowjetunion und nicht mehr als vier weiterer Länder zusammensetzen. Er soll Verbindung mit den Regierungen aller europäischen Länder außer Spanien, mit den Vereinten Nationen und mit anderen zuständigen zwischenstaatlichen Organisationen unterhalten. Alle Deutschland betreffenden Beratungen sollen mit den einzelnen Oberbefehlshabern erfolgen.

4. Der übergeordnete Ausschuß wird bei dem Entwurf des Programms, wie es von Marshall vorgeschlagen wurde, die freundschaftliche Hilfe der Vereinigten Staaten erbitten."[129]

TASS verwies in einem Kommentar zur Dreierkonferenz in Paris darauf, daß Großbritannien oder Frankreich ihre Wirtschaft doch gewiß nicht unter die Kontrolle anderer europäischer Länder zu stellen wünschen. „Offenbar sind sie jedoch nicht abgeneigt, sich hinsichtlich der Einführung einer Kontrolle über andere europäische Länder sowie auch hinsichtlich des Versuchs zu einigen, mit Hilfe des sogenannten Planungsausschusses die Wirtschaft dieser Länder ihren eigenen Erfordernissen und Wünschen sowie den in dieser Hinsicht von den USA vorgebrachten Ansprüchen anzupassen."[130]

Die Schaffung eines Planungsausschusses bedeute, hieß es weiter, „die europäischen Staaten zur Angabe ihrer wirtschaftlichen Hilfsquellen zu zwingen, um diese Staaten zu einer Wirtschaftspolitik zu nötigen, die Großbritannien und Frankreich sowie den Vereinigten Staaten zugute komme, selbst wenn diese vielleicht nicht im Interesse der volkswirtschaftlichen Entwicklung der betreffenden Staaten liegt vor." Die sowjetische Delegation beschränkte sich jedoch nicht auf die Ablehnung des von der Gegenseite beharrlich ins Feld geführten umfassenden Wirtschaftsplanes und der damit verknüpften Idee der Schaffung eines Planausschusses. Am 1. Juli unterbreitete sie der Konferenz einen eigenen Vorschlag.[131] Darin hieß es: „Die Konferenz der Außenminister Frankreichs, Großbritanniens und der UdSSR erkennt die Wichtigkeit einer Beschleunigung der Wiederherstellung und der weiteren Entwicklung der nationalen Wirtschaften der von dem Kriege heimgesuchten europäischen Länder an. Sie ist der Ansicht, daß die Durchführung dieser Aufgabe durch eine Wirtschaftshilfe der Vereinigten Staaten von Amerika erleichtert würde, über die der Staatssekretär der USA, Mr. Marshall, am 5. Juni eine Erklärung abgab.

Die Konferenz ist der Ansicht, daß es nicht ihre Aufgabe ist, ein alles umfassendes Wirtschaftsprogramm für die europäischen Länder aufzustellen, da der Entwurf eines derartigen Wirtschaftsprogramms für ganz Europa, sogar bei der Beteiligung gewisser anderer Länder, unvermeidlicherweise dazu führen würde, daß die starken europäischen

[129] Europa-Archiv, Oktober 1947, S. 914.

[130] ND vom 2. 7. 1947, S. 1.

[131] Ebenda.

Mächte den anderen europäischen Ländern ihren Willen aufzwingen würden, was eine Einmischung in die inneren Angelegenheiten jener Staaten und eine Verletzung ihrer Souveränität bedeuten würde ..."[132]

Der sowjetische Vorschlag sah die Bildung eines Unterstützungsausschusses vor, dem außer den Konferenzteilnehmern auch Vertreter anderer europäischer Länder angehören sollten. Die Aufgabe dieses Ausschusses sollte darin bestehen, Schätzungen über die benötigten Hilfsleistungen von europäischen Ländern entgegenzunehmen und auf dieser Grundlage ein freies Programm aufzustellen. Er sollte außerdem Kontakte zur Regierung der USA zwecks Ermittlung der amerikanischen Kreditmöglichkeiten aufnehmen und Beziehungen zur europäischen Wirtschaftskommission der UNO herstellen.

Dieser konstruktive Vorschlag wurde von der englischen und der französischen Delegation abgelehnt. In einer Abschlußerklärung erläuterte Molotow den Standpunkt der sowjetischen Regierung nochmals, indem er ausführte: „Die Sowjetregierung ist der Ansicht, daß der anglo-französische Plan der Bildung einer Spezialorganisation für die Koordinierung der Wirtschaften der europäischen Staaten zu einer Einmischung in die inneren Angelegenheiten der europäischen Staaten führt, besonders derjenigen, die eine Hilfe von außen besonders benötigen, und daß dies die Beziehungen unter den Staaten Europas nur komplizieren und die Zusammenarbeit unter ihnen schwierig machen würde. Die Sowjetregierung lehnt daher diesen Plan ab, da er unbefriedigend ist und keine positiven Ergebnisse zeitigen kann. Andererseits befürwortet die Sowjetunion eine ausgedehnte Entwicklung der wirtschaftlichen Zusammenarbeit unter den europäischen Ländern auf der gesunden Grundlage der Gleichberechtigung und der gegenseitigen Achtung der nationalen Interessen. Die Sowjetregierung hat dazu stets durch die Ausweitung der Handelsbeziehungen zu anderen Ländern beigetragen und wird dies auch weiterhin tun."[133] Am 2. Juli wurde die Konferenz beendet, ohne daß ein Übereinkommen erzielt werden konnte. Das gesamteuropäische Wirtschaftsprogramm hatte sich als Grundbedingung erwiesen, von der die USA ihre Wirtschaftshilfe abhängig machten. Denn noch während der Konferenz hatte das offizielle Nachrichtenblatt der USA-Botschaft in Paris die ultimative Forderung gestellt, Europa sollte im Sinne eines solchen Programms alle Hilfsquellen und Reserven zusammenlegen, die wirtschaftlichen Schranken niederreißen und seine Bedürfnisse auf allgemeineuropäischer Grundlage ausrechnen", um dann das darauf aufbauende Programm den USA zur Begutachtung vorzulegen.[134] Das war die Sprache der Ottawarede Trumans, der die Überlebenschancen der vom Krieg heimgesuchten Länder von der amerikanischen Hilfe abhängen sah und ob dieses Glücksumstandes frohlockte. Das bankrotte „Europa" war zu sanieren, und dementsprechend wurde nach guter alter Unternehmertradition das Vorzeigen der Geschäftsbücher zwecks Kontrolle gefordert. Doch der Vergleich ist zu einfach. Daß die Sowjetunion ihre Wirtschaft den imperialistischen Westmächten auch unter verlockenden Kreditangeboten keinerlei Kontrollen aussetzen würde, war von vornherein sicher. Fest stand auch, daß sie als Siegermacht über das faschistische Deutschland niemals eine ökonomisch zementierte politische Bindung Westdeutschlands an die USA widerspruchslos hingenommen hätte. Auch eine offene Realisierung der Churchill'schen Idee eines vereinigten Westeuropa, dessen wirtschaftliche Unterstützung das vom Krieg wesentlich härter betroffene Ost-

132 Ebenda.
133 Europa-Archiv, August 1947, S. 822.
134 ND vom 3. 7. 1947, S. 1.

europa von vornherein ausgeschlossen hätte, wäre vielerorts auf Widerstand gestoßen, denn die mit Beginn des „kalten Krieges“ einsetzende Manipulierung in den USA und Westeuropa befand sich noch im Anfangsstadium.

Das hatte der Widerstand gegen das griechisch-türkische Anleihe-Unternehmen gezeigt. Und obwohl im Zusammenhang mit der Unterstützung Griechenlands und der Türkei auf die politischen Motive deutlich verwiesen wurde, hielt man sich beim Angebot an „Europa“ – was die politischen Bedingungen betraf – wohlweislich zurück. Erinnern wir uns der in diesem Zusammenhang vom „Observer“ vermittelten Einschätzung, der allgemeinen Erwartung, daß die nächste Phase des Versuches, Amerika eine aktive und führende Rolle spielen zu lassen, sehr erheblich schwieriger sein dürfte. Und rufen wir uns Marshalls Aussage in seiner Rede vor der Harvard-Universität zurück, seine Bemerkung, daß die Rolle der USA darin bestehen soll, freundschaftliche Hilfe bei der Ausarbeitung eines europäischen Programms zu leisten.

Unter diesem Blickwinkel wird verständlich, warum der freundliche Helfer so beharrlich auf die Programmbedingung pochte. Eine Einbeziehung der Sowjetunion in den Marshallplan hätte das Angebot einer unpolitischen Anleihe vorausgesetzt. Eine Einbeziehung der Sowjetunion hätte eine Europa-Anleihe nach griechisch-türkischem Muster im Sinne der Trumandoktrin ausgeschlossen, als die man den Marshallplan so ungerne vorzeitig aufgefaßt wissen wollte. Die Sowjetunion, aber auch osteuropäische Länder wie Ungarn, Polen und die Tschechoslowakei hatten ihre Bereitschaft zur wirtschaftlichen Zusammenarbeit mit dem Westen bekanntlich mehrmals zum Ausdruck gebracht. Noch mehr, die UdSSR hatte, obwohl einem US-amerikanischen Anleiheprojekt für Europa skeptisch gegenüberstehend, ihre Mitarbeit von vornherein nicht ausgeschlossen. Da sie nicht offen zurückgewiesen werden konnte, wurde sie eingeladen, und um sie auszubooten, wurden ihr unannehmbare Forderungen gestellt. Denn welche ernsthaft zu erwägenden Gründe hätten es erfordert, für die Gewährung einer Anleihe als Voraussetzung ein gesamteuropäisches Planungsgefüge mit einer überstaatlichen, Ost und West übergeordneten Planungsinstitution zur Bedingung zu machen?

In diesem Zusammenhang bezeichnete es der unabhängige britische Parlamentsabgeordnete D. N. Pritt in einem Brief an die „Times“ (vom 5. Juli 1947) als fraglich, ob jemals beabsichtigt war, die UdSSR und die übrigen osteuropäischen Länder in das von Marshall angeregte Programm einzubeziehen.

Unter diesen Umständen sei es seitens der sowjetischen Delegation nur natürlich gewesen, zu ermitteln, welche Absichten mit dem Kongreß verfolgt würden, „bevor man irgendeinen Apparat in Europa einrichtet, der den Großmächten die Möglichkeit geben würde, die deutsche Industrie mit amerikanischen Dollars zu entwickeln.“[135]

Zwar wies Pritt damit nur auf einen, wenn auch wesentlichen Aspekt hin, der die Haltung der Delegationen in Paris unter anderem bestimmte, doch zeigte seine Äußerung, daß politische Sachzwänge des amerikanischen Angebots als eigentliches Hindernis für die wirtschaftliche Zusammenarbeit auch von kritischen Beobachtern in Westeuropa erkannt wurden. Bezeichnend waren die Gründe, die Pritt für sein Schreiben angab. Die britische Presse hätte, so kritisierte er, nicht alle Gründe für die Ablehnung der britischen und französischen Vorschläge durch die sowjetische Delegation mitgeteilt.

Pritts Zweifel an der Absicht, die UdSSR in das Projekt einzubeziehen, war meines Erachtens berechtigt. Hinsichtlich der anderen osteuropäischen Länder teile ich diese

[135] ND vom 6. 7. 1947, S. 1.

Ansicht nicht. Wahrscheinlich ist, daß die Truman-Administration ursprünglich mit dem Marshallplan die Hoffnung verband, die UdSSR isolieren zu könen, um nicht nur die Entwicklung in Westeuropa, sondern auch in den osteuropäischen Volksdemokratien unter ihre Kontrolle zu bringen.[136] Nicht zufällig kam der Marshallplan 1947 in die Diskussion, als sich in den osteuropäischen Ländern im Ringen um eine demokratische, antiimperialistische Politik der Klassenkampf verschärfte. Der Zeitpunkt, zu dem das Projekt zum Politikum wurde, die Art und Weise, wie es lanciert, aber auch, wie es dann in seiner Beschränkung auf Westeuropa schließlich verwirklicht wurde – all das läßt darauf schließen, daß die USA den Marshallplan auch für die kleinen und mittleren Länder Osteuropas konzipiert hatten.

Das Treffen der drei Außenminister in Paris hatte zu keinem Ergebnis geführt. Doch kaum war die sowjetische Delegation abgereist, lud die französische Regierung zweiundzwanzig europäische Staaten zu einer Konferenz über die wirtschaftliche Zusammenarbeit Europas für den 12. Juli 1947 nach Paris ein, auf der die Vorschläge Marshalls erneut erörtert werden sollten.

Außer der Tschechoslowakei lehnten alle osteuropäischen Staaten die Teilnahme an der Konferenz ab. Sie brachten zum Ausdruck, daß sie zwar an Krediten interessiert seien, jedoch unter der Voraussetzung, daß diese ohne Auflage besonderer Bedingungen auf der Grundlage zweiseitiger Verhandlungen vereinbart würden. Die Tschechoslowakei zog angesichts der Haltung der übrigen osteuropäischen Länder und nach Konsultation der sowjetischen Regierung – in der eine Ausdehnung der beiderseitigen Handelsbeziehungen avisiert worden war – ihre Zusage zur Konferenzteilnahme zurück. Der Einladung folgten vierzehn west- und nordeuropäische Länder sowie Griechenland und die Türkei. Im Ergebnis der Konferenz, die später offiziell als „Marshallplankonferenz" bezeichnet wurde, kamen diese Länder überein, gemeinsam im Rahmen eines Programms gemäß den Vorschlägen Marshalls amerikanische Kredite in Anspruch zu nehmen. (Westdeutschland wurde später nach Abschluß eines Abkommens zwischen den USA und der BRD vom 15. Dezember 1949 als 17. Staat in den Kreis der Marshallplanländer einbezogen).

Nun, da die Beschränkung des Marshallplans auf Westeuropa beschlossene Sache war, äußerte man sich von amerikanischer Seite auch etwas offener über die politischen Ziele, die mit dem Projekt verfolgt wurden. So erklärte Marshall am 14. Februar 1948 in einer Rede in Des Moines: „Wir können feststellen, daß die Schwierigkeiten und Risiken des europäischen Hilfsprogramms zu groß sind, und können uns entschließen, nichts zu tun. In diesem Falle glaube ich, daß wir darauf gefaßt sein müßten, daß die entsprechenden Gebiete Westeuropas mit ihrem Industriepotential und ihrer technischen Geschicklichkeit und Energie unter dieselbe Kontrolle geraten würden wie die Satellitenstaaten Osteuropas. Selbst das britische Commonwealth, dessen Einfluß auf die Weltsicherheit und den Welthandel bedeutend ist, würde erschüttert."[137]

Stützten sich die Vorstellungen vom Marshallplan 1947 im Grunde lediglich auf vage Andeutungen, die die Truman-Administration zu dem Projekt gemacht hatte, ließen die ersten Schritte zu seiner Realisierung im Jahre 1948 das Ausmaß der Abhängigkeit erkennen, in die Westeuropa durch seine eilig eingeholte Zustimmung zu geraten drohte. Am 2. April 1948 verabschiedete der amerikanische Kongreß ein Auslandshilfegesetz, ein

136 Siehe hierzu auch *Claude, Henri*, a. a. O., S. 105 f.

137 Zitiert bei *Hinkel, Günter*, Die „Auslandshilfe" der USA, a. a. O., S. 27.

„Gesetz zur Förderung ... der nationalen Interessen und der auswärtigen Politik der Vereinigten Staaten", wie es in der Präambel hieß, „... durch wirtschaftliche, finanzielle und andere Maßnahmen, die zur Aufrechterhaltung der Verhältnisse im Ausland notwendig sind, wo freiheitliche Einrichtungen weiter bestehen sollen ...". Und um alle Zweifel an der eigentlichen Bestimmung des Gesetzes zu beseitigen, wurde hinzugesetzt, daß diese Maßnahmen„ ... der Erhaltung der Macht und Stabilität der Vereinigten Staaten entsprechen".[138]

Das Auslandshilfegesetz bildete die juristische Grundlage des Marshallplans, der nun offiziell als Europäisches Wiederaufbauprogramm (European Recovery Program – ERP) bezeichnet wurde. Der Grundgedanke des ERP beruhte auf einer Kombination von Warenkrediten und Kapitalexport. Das ursprünglich für vier Jahre berechnete Programm sah vor, Kredite in Höhe von 15,7 bis 17,8 Milliarden Dollar[139] vorwiegend in Form von Überschußprodukten der amerikanischen Wirtschaft an Westeuropa zu erteilen. Diese Lieferungen sollten infolge der westeuropäischen „Dollarlücke" von den Importeuren in ihrer Landeswährung ausgeglichen werden. Die Tilgungsbeträge wurden deshalb als Gegenwert auf eigens dafür eingerichtete Sonderkonten, den Conterpart Funds, eingezahlt. Sie konnten gegen wirtschaftliche und politische Zugeständnisse als Grants behandelt, d. h. gestundet werden. Meist wurden sie in die Wirtschaft der Marshallplanländer investiert, verwandelten sich also in Anlagekapital. Die sich ständig erneuernden Gegenwertfonds bildeten somit eine Grundlage für den zunehmenden Einfluß des amerikanischen Kapitals in den westeuropäischen Ländern.[140]

Nach einem Abkommen vom 16. 4. 1948 bildeten die Marshallplanländer eine internationale Wirtschaftsbehörde, die Organisation für Europäische Wirtschaftliche Zusammenarbeit (Organization for European Economic Cooperation – OEEC), die in Paris etabliert wurde. Zur Erlangung amerikanischer Kredite hatten die Teilnehmerländer der OEEC Wirtschaftsprogramme vorzulegen, die von dieser Behörde koordiniert wurden und die als Grundlage für die Vorbereitung entsprechender Verträge dienten.[141]

Als oberste Verwaltungsbehörde des Marshallprojekts fungierte jedoch die 1948 gebildete Economic Cooperation Administration (ECA), die ihren Sitz in Washington erhielt. Die ECA bestimmte nicht nur die Kreditverteilung, ihr oblagen nicht nur die Erteilung der Beschaffungsaufträge und die Koordinierung des amerikanischen Warenabsatzes, sondern sie hatte auch die oberste Verfügungsgewalt über die Gegenwertmittel. Diese Institution wurde damit entscheidend für die Durchsetzung der Interessen des amerikanischen Finanzkapitals in Westeuropa.

Der Marshallplan war das größte staatsmonopolistische Außenwirtschaftsprogramm der USA, dessen Dimensionen die des Dawesplanes der zwanziger Jahre weit in den Schatten stellten. Die westeuropäische Einwilligung bot den USA die Möglichkeit, im Sinne der Trumandoktrin Machtpolitik großen Stils mit der Methode der ökonomischen Durchdringung zu betreiben.

Charles C. Abbott, Professor an der Harvard-Universität, veröffentlichte 1948, im Startjahr des ERP, in der Universitätszeitschrift „Harvard Business Review" eine Abhandlung zum Thema „Wirtschaftliche Durchdringung und Machtpolitik", in deren Vor-

[138] Ebenda, S. 24.
[139] Ebenda.
[140] Vgl. ebenda, S. 26.
[141] Ebenda, S. 25.

bemerkungen es hieß: „Wirtschaftliche Durchdringung ist zwar von vielen Ländern seit vielen Jahren auf die verschiedenste Art und Weise betrieben worden, sie wurde jedoch niemals so systematisch studiert und analysiert wie andere Aspekte der militärischen und politischen Strategie.“[142] In diesem Artikel definierte Abbott die wirtschaftliche Durchdringung wie folgt: „Sie ist das Manipulieren mit den geschäftlichen und wirtschaftlichen Banden, die die Wirtschaft einer souveränen Macht mit der anderer Mächte verbinden, zum Zwecke des Erlangens politischer und militärischer Vorteile.“[143]

Abbotts Definition erweist sich infolge des Ausklammerns der ökonomischen Vorteile des Manipulierenden als lückenhaft, ist aber dennoch sehr aufschlußreich. Die Realisierung des ERP sollte zeigen, daß die von Abbott beschriebene Methode der wirtschaftlichen Durchdringung mit ziemlicher Perfektion gehandhabt wurde. Über die politische Abhängigkeit, in die Westeuropa von den USA nach dem zweiten Weltkrieg infolge der ökonomischen Abhängigkeit geriet, schreibt Couve de Murville in seinen Memoiren: „Die Vereinigten Staaten gingen dazu über, sich systematisch und in der verschiedensten Form in die innere Politik der europäischen Staaten einzumischen und deren außenpolitischen Kurs zu lenken.

Das begann schon, als in jenen Jahren die europäische Politik im Entstehen begriffen war. Als Begründung berief man sich ständig auf die Notwendigkeit, den Kommunismus oder auch andere Gefahren von links zu bekämpfen. Das führte aber zu einer regelrechten Unterordnung. Die Amerikaner mischten sich unentwegt ein, gaben Ratschläge und übten Druck aus. Tag für Tag verfolgte das sehr zahlreiche Personal der USA-Botschaften den Gang der Dinge in allen europäischen Hauptstädten mit großer Wachsamkeit. In Anbetracht der benötigten amerikanischen Hilfe sowohl für die Wirtschaft als auch für die Verteidigung – und diese Hilfe war wirklich gewaltig – war die Gewöhnung an eine strenge Kontrolle seitens der USA für viele europäische Politiker wie zu einer zweiten Natur geworden.“[144] Die von Couve de Murville so anschaulich beschriebene Abhängigkeit, in die Westeuropa mit der Annahme der Marshallplan-Lieferungen geriet, sollte auch für den Handel zwischen Ost- und Westeuropa nicht ohne Folgen bleiben.

Die Ablehnung des Marshallplans von seiten der osteuropäischen Länder hatte das „ökonomische Durchdringen“ als Methode, politische Abhängigkeitsverhältnisse durch die USA im osteuropäischen Wirtschaftsraum zu schaffen, ausgeschlossen. Hätte es noch eines Beweises für die mit dem Marshallplan verbundenen machtpolitischen Ziele der USA bedurft, so lieferte ihn die Truman-Administration nach der Pariser Marshallplankonferenz mit der Einleitung des Wirtschaftskrieges gegen die UdSSR und die Volksdemokratien selbst. Am 23. Juli 1947 gab das amerikanische Außenministerium seine Entscheidung bekannt, kein Hilfsprogramm für Polen durchzuführen.[145] Damit wurde Polen ein schon zugebilligter Anteil an der für den Wiederaufbau kriegszerstörter Länder vorgesehenen amerikanischen Anleihe von 350 Millionen Dollar abgesagt.[146] Am 25. Juli 1947 teilte das Landwirtschaftsministerium der USA mit, daß die Maislieferun-

[142] ND vom 30. 9. 1948, S. 3.

[143] Ebenda.

[144] Im Ministersessel am Quai d'orsay, Auszüge aus den Memoiren von *Couve de Murville.* In: Horizont, 14/1974, S. 32.

[145] Europa-Archiv, August 1947, S. 839.

[146] Die Wirtschaft, Nr. 9/1947, S. 319 f.

gen an Rumänien nicht fortgesetzt werden.[147] Auf die zwischen der Tschechoslowakei und der UdSSR 1947 vereinbarte Ausweitung des Warenaustauschs, der auch sowjetische Getreidelieferungen vorsah, reagierte die Truman-Administration allergisch. Ebenfalls im Juli 1947 kündigte das amerikanische Landwirtschaftsministerium an, daß auch die Lebensmittellieferungen in die Tschechoslowakei eingestellt würden. Dieselbe Maßnahme wurde weiteren Ländern in Aussicht gestellt, wenn sie von „anderer Seite" Lieferungen annähmen.[148] Gleichzeitig wurden Verhandlungen über einen 20 Millionen-Dollar-Kredit, den die USA der Tschechoslowakei ursprünglich für Baumwolleinkäufe gewähren wollten, im Hinblick auf die Ablehnung des Marshallplanes in Frage gestellt.[149] Doch damit nicht genug. Ein von der Tschechoslowakei schon bezahltes Breitbandwalzwerk wurde zurückgehalten, bereits bezahlte Lizenzen wurden nicht gewährt, tschechoslowakisches Staatsgold wurde blockiert.[150] Auch gegenüber Ungarn wurde eine Kreditzusage zurückgenommen.[151] Am 7. August 1947 gab Außenminister Marshall bekannt, daß die USA einen Sieben-Millionen-Dollar-Kredit der Export-Importbank an Ungarn gesperrt haben.[152] Damit waren die USA dazu übergegangen, Osteuropa verstärkt einen gewissen ökonomischen Hebeldruck spüren zu lassen.[153]

Hierbei machte sich auch der Einfluß bemerkbar, den die USA-Regierung auf internationale Institutionen ausübte. Das zeigte sich beispielsweise an der Reaktion der Internationalen Bank für Wiederaufbau und Entwicklung (IBRD) – auch abgekürzt als Weltbank bezeichnet – auf die Kreditwünsche Polens. Bereits im September 1946 hatte sich Polen bei dieser Bank um die Aufnahme eines Kredits in Höhe von 600 Millionen Dollar bemüht. Die Laufzeit des Kredits sollte nach den polnischen Vorstellungen 1949 enden. Erst am 20. Juni 1947 traf ein Untersuchungsausschuß der Bank in Warschau zu Sondierungsgesprächen ein. Ihr Delegationsleiter Burland erklärte auf diesbezügliche Fragen der polnischen Presse, daß die Mission von der Internationalen Wiederaufbaubank und nicht vor der USA-Regierung entsandt sei und ferner, daß die Besprechungen über den Marshallplan keinen Einfluß auf die Verhandlungen seiner Delegation mit der polnischen Regierung haben würden.[154]

Zu dieser Wiederaufbauanleihe, die für eine Laufzeit von vier Jahren geplant war und zum Ankauf von Maschinen für die polnische Kohlenindustrie dienen sollte, kam es nicht. Für das zerstörte Polen hatte die Wiederaufbaubank, die übrigens in den Jahren 1946 und 1947 einen Nettogewinn von rund 1,2 Milliarden Dollar erzielte,[155] keine

[147] Europa-Archiv, August 1947, S. 839.

[148] ND vom 16. 7. 1947, S. 1.

[149] Ebenda, 17. 7. 1947, S. 1.

[150] *Průcha, V.*, Die wirtschaftliche Entwicklung der Tschechoslowakischen Sozialistischen Republik, Berlin 1975, Studien zur Wirtschaftsgeschichte sozialistischer Länder, Heft 3, S. 32.

[151] Die Wirtschaft, Nr. 9/1947, S. 319 f.

[152] Europa-Archiv, September 1947, S. 910.

[153] Für die Tschechoslowakei lassen sich Rückwirkungen dieses Druckes auf die innenpolitische Situation im Jahre 1947 nachweisen. So spielte die von der bürgerlichen Opposition vorgebrachte Argumentation, die Kommunisten hätten durch die Ablehnung des Marshallplans und der Aufnahme engerer Beziehungen zum Westen die Versorgungsschwierigkeiten hervorgerufen, im sich verschärfenden Klassenkampf keine unwesentliche Rolle. (Vgl. Weltgeschehen 1945–1966. Internationale Zeitgeschichte, Berlin 1967, S. 180)

[154] Europa-Archiv, März 1948, S. 1222.

[155] Europa-Archiv, Juni/Juli 1948, S. 1464.

Mittel zur Verfügung. In einem Bericht über die Arbeit des Kreditinstituts hieß es zur Ablehnung des polnischen Antrages: „Im September 1947 erklärte der Vizepräsident Garner den Baseler Nachrichten zufolge, daß die Höhe der Anleihe von 600 Millionen Dollar nicht im Bereich der Möglichkeiten der Weltbank liege. Die Distanzierung Polens von der Pariser Konferenz und vom Marshallplan habe eine ganze Reihe von Fragen akut werden lassen, und die Bank werde auch nicht an der Frage vorbeigehen können, ob die polnische Regierung volle Handlungsfreiheit genieße oder unter ‚dem Einfluß einer anderen Macht' stehe."[156] Mit anderen Worten hieß das: Hätte Polen Marshallplanmittel angenommen und damit Kredite zu „amerikanischen" Bedingungen, wäre es wahrscheinlich auch mit der Weltbankanleihe bedacht worden. Seine politische Handlungsfreiheit, die im Hinblick auf die polnisch-sowjetischen Beziehungen angezweifelt wurde, wäre dann allerdings – eingeschränkt worden. Faktisch wurde Polen von einer internationalen Institution eine Anleihe versagt, weil es von einem sich in einem ganz anderen Zusammenhang als Gläubiger anbietenden Staat Kredite nicht aufnehmen wollte aus Bedenken gegen dessen Bedingungen. War diese Verfahrensweise und die zu ihrer Begründung herangezogene Konstruktion an sich absurd, wird sie plausibel und ganz folgerichtig, wenn man sie aus der Sicht der machtpolitischen Bestrebungen der Truman-Regierung sieht.

Eine weitere internationale Institution, welche als Kreditgeber für kriegszerstörte Länder hätte in Betracht kommen können, die Hilfs- und Wiederaufbauorganisation der UNO – United Nations Relief and Rehabilitation Administration (UNRRA), hatte ihre Leistungen schon im Laufe des Jahres 1946 eingestellt. Aufgelöst wurde die UNRRA schließlich am 30. 6. 1947. Ihre Liquidierung erfolgt zur gleichen Zeit, als die drei Außenminister in Paris über den Marshallplan berieten.

3. Die Entwicklung des Ost-West-Handels in den Jahren von 1947 bis 1949

Noch zu Beginn des Jahrse 1946 hatte der stellvertretende amerikanische Handelsminister in einer Rede vor einem Industrieverband erklärt, „daß sich die Tendenz zur erhöhten Industrialisierung in der ganzen Welt wahrscheinlich als ebenso bedeutungsvoll erweisen werde, wie die industrielle Revolution Europas im vorigen Jahrhundert".[157] Die damals verkündete Absicht der Truman-Administration, bei der UNO dahin zu wirken, daß Zölle und andere Hindernisse des freien Handels zunächst reduziert und später ganz abgeschafft werden,[158] stand in der Folge in krassem Gegensatz zu den Versuchen der amerikanischen Regierung, die sozialistische Industrialisierung durch Eingriffe in die internationalen Handelsbeziehungen zu behindern.

Um die Mitte des Jahres 1947 hatte sich der Handelsaustausch zwischen der UdSSR und den USA wieder dem Vorkriegsniveau angenähert. Im ersten Halbjahr 1947 erreichten die amerikanischen Exporte in die UdSSR die Höhe von 91,2 Millionen Dollar.[159]

156 Ebenda, März 1948, S. 1222.

157 *Neumann, Kurt,* Weltwirtschaft am Scheideweg. Die wirtschaftlichen Kräfte und Strömungen der Nachkriegszeit, Hamburg 1946, S. 57 f.

158 Ebenda

159 ND vom 2. Oktober 1947, S. 1.

In der Folgezeit wurden jedoch die amerikanischen Exportlieferungen infolge von Ausfuhrverboten für angeblich strategische Güter eingeschränkt. Auf die damit verbundene ungünstige Entwicklung des sowjetisch-amerikanischen Handels verwies im Januar 1948 der damalige sowjetische Botschafter in den USA, Panjuschkin, indem er in einem Interview einem Vertreter der „Associated Press" auf eine diesbezügliche Frage erklärte: „Was die Sowjetunion betrifft, so hat sie auf eine Entwicklung des Handels mit den Vereinigten Staaten unter den Bedingungen des üblichen Geschäftsverkehrs niemals verzichtet. Bekanntlich gibt es auch in den USA bestimmte Kreise, die die Handelsbeziehungen zur Sowjetunion entwickeln und ausbauen wollen. Aber gegenwärtig haben die amerikanischen Handelsbehörden in bezug auf den Handel mit der Sowjetunion diskriminierende Maßnahmen getroffen, wodurch die Entwicklung des Handels nicht nur in keiner Weise gefördert, sondern umgekehrt direkt entgegengesetzte Resultate gezeitigt werden."[160]

Im Verlaufe des Jahres 1948 verminderten sich die amerikanischen Exporte in die Sowjetunion jedoch erneut, so daß die gesamte Ausfuhr der USA nach der UdSSR sich im Dezember 1948 schließlich nur noch auf Waren im Werte von 500 000 Dollar erstreckte.[161]

Daß die USA im Jahre 1948 ihre Politik der Exportrestriktion forcierten, zeigt sich auch, wenn man den Umfang ihrer Ausfuhr in den gesamten späteren RGW-Bereich berücksichtigt.[162] Schon im ersten Halbjahr verminderte sich der Umfang der amerikanischen Exporte nach Osteuropa infolge drastischer Einschränkungen erheblich. Betrug die Ausfuhr der USA in die UdSSR und die osteuropäischen Länder im ersten Quartal 1948 im Monatsdurchschnitt noch 26,3 Millionen Dollar, so sank sie im April 1948 auf 11 Millionen und im Mai 1948 auf 5,7 Millionen Dollar. Gleichzeitig stieg jedoch die Einfuhr der USA aus der UdSSR und den Ländern Osteuropas von 11,7 Millionen Dollar im Monatsdurchschnitt des ersten Quartals 1948 auf 13,5 Millionen Dollar im April und 14,4 Millionen Dollar im Mai des gleichen Jahres an.[163] Kam die Verweigerung von Krediten an osteuropäische Länder zum Kauf amerikanischer Waren faktisch einer Beschränkung der osteuropäischen Importmöglichkeiten gleich, so reduzierten sich diese Möglichkeiten zusätzlich, weil wichtige Waren zu strategischen Gütern erklärt wurden, deren Ausfuhr nach Osteuropa den amerikanischen Unternehmen von der Truman-Administration generell untersagt war. Daß unter strategischem Material von der Trumanregierung Produkte verstanden wurden, die in Osteuropa für den wirtschaftlichen Aufbau benötigt wurden, geht unter anderem daraus hervor, daß bereits in den vierziger Jahren die Ausfuhr von Web- und Rotationsmaschinen in die UdSSR und die Tschechoslowakei verboten wurde. Und um der UdSSR und den Volksdemokratien den Bezug amerikanischer Waren auch über Drittländer zu erschweren bzw. unmöglich zu machen, verbot die USA-Regierung den am Marshallplan beteiligten Ländern, aus den USA bezogene Waren nach Osteuropa zu exportieren.

Allerdings läßt der Umfang, den der amerikanische Außenhandel mit den einzelnen Ländern des späteren RGW-Bereichs im ersten Halbjahr 1948 von der Exportseite annahm, auch Unterschiede im Vorgehen der USA erkennen. Während die Exporte in

[160] Ebenda, 27. 1. 1948, S. 1.

[161] Ebenda, 18. 2. 1949, S. 3.

[162] Bezogen auf die Länder, die zum Zeitpunkt der Gründung des RGW der sozialistischen Wirtschaftsgemeinschaft angehörten.

[163] ND, 17. 7. 1948, S. 3.

die Sowjetunion stark reduziert wurden, erhöhte sich die Ausfuhr der USA nach Polen sogar und belief sich auf Waren im Werte von 23 Millionen Dollar gegenüber 17 Millionen Dollar im Vergleichszeitraum des Vorjahres. Damit nahmen die USA im polnischen Import zu dieser Zeit den dritten Platz ein.[164]

Berücksichtigt man, welche Bedeutung die Trumanregierung den Außenwirtschaftsbeziehungen für die Durchsetzung ihrer politischen Ziele beimaß, dann lassen sich Exportrestriktionen auf der einen und Exportausdehnung auf der anderen Seite schwerlich als inkonsequentes Vorgehen werten. Zu vermuten ist vielmehr, daß die USA zu einem Zeitpunkt, als das sozialistische Weltwirtschaftssystem sich erst im Anfangsstadium seiner Entwicklung befand, Möglichkeiten für die Isolierung der Sowjetunion offenhalten wollten, und wahrscheinlich ist auch, daß sich die Truman-Administration von einer Verstärkung des ökonomischen Druckes auf die Sowjetunion politische Zugeständnisse erhoffte. Für diese Annahme spricht auch die diplomatische Aktivität, die die Trumanregierung Anfang Mai 1948 gegenüber der Sowjetunion entwickelte. Bedell Smith, der damalige amerikanische Botschafter in der UdSSR, überreichte dem sowjetischen Außenministerium am 4. Mai 1948 eine Note, in der zum Ausdruck gebracht wurde, „daß ein Weg zur Herstellung guter und vernünftiger Beziehungen zwischen den beiden Ländern gefunden und eine radikale Milderung der Spannung herbeigeführt werden könne, die gegenwärtig die internationalen Beziehungen ungünstig beeinflusse.“[165]

Die Wiederherstellung guter Beziehungen zwischen den USA und der UdSSR sowie die Verminderung der internationalen Spannungen machten die USA von einer Voraussetzung abhängig: der Änderung der sowjetischen Politik gegenüber den osteuropäischen Staaten! Dieses Ansinnen beantwortete die Sowjetregierung in einer Note vom 9. Mai, in der sie erklärte, daß sie ebenfalls an einer Bereinigung der Differenzen zwischen beiden Ländern interessiert sei. Sie stellte jedoch fest, „daß es ihr unmöglich sei, mit der USA-Regierung darin übereinzustimmen, daß der gegenwärtig unbefriedigende Stand der sowjetisch-amerikanischen Beziehungen und die internationale Spannung durch die Politik der Sowjetunion in Osteuropa und durch einen erhöhten Einfluß der Sowjetunion verursacht würden.“[166]

Nachdem der Versuch, die Sowjetunion unter Druck zu setzen, gescheitert war, nahm die Truman-Regierung, die kurz zuvor noch versichert hatte, für eine „radikale Milderung der Spannung“ einzutreten, einen gravierenden Eingriff in die politischen Verhältnisse Europas vor, der die ohnehin angespannte politische Situation äußerst zuspitzte. Die entscheidenden Schritte zur Schaffung eines westdeutschen Staates wurden eingeleitet.

Am 2. Juni 1948 hatte die Londoner Konferenz der drei westlichen Besatzungsmächte Deutschlands und der Beneluxstaaten das Ergebnis ihrer Beratung in Form von „Empfehlungen“ bekanntgegeben. Die „Londoner Empfehlungen“ sahen die Bildung eines westdeutschen Separatstaates aus den drei westlichen Besatzungszonen vor, der eine auf das westdeutsche Territorium beschränkte Währungsreform vorausgehen sollte. Damit näherten sich die USA der Verwirklichung eines wichtigen Zieles ihrer Europapolitik, die konzeptionell mit dem Marshallplan verbunden gewesen war: der schrittweisen Einbeziehung eines Teils des hochindustrialisierten Deutschlands in ein amerikanisch-west-

[164] Ebenda, 14. 10. 1948, S. 3.
[165] Ebenda, 12. 5. 1948, S. 1.
[166] Ebenda.

europäisches Bündnis gegen die UdSSR und ihre etwaigen osteuropäischen Bündnispartner. Auf diesen Zusammenhang verweist auch Jürgen Kuczynski, indem er schreibt: „Am 19. Dezember erklärte Marshall: ‚Zur Zeit ist an ein einheitliches Deutschland nicht zu denken.‘ Und am nächsten Tag, am 20. Dezember 1947, frohlockte die ‚New York Herald Tribune‘: ‚Das Zeitalter von Jalta ist vorbei. Die Aufteilung Deutschlands wird uns freie Hand geben, Westdeutschland in ein System der Weststaaten einzubauen.“ Und weiter schreibt Kuczynski: „Die Rede Marshalls vom 19. Dezember war natürlich die politische Konsequenz seiner Samariter-Rede vom 5. Juni 1947 (der Verkündung des Marshallplans. G. N.). Und diese wieder baute auf der berüchtigten Rede des amerikanischen Außenministers Byrnes in Stuttgart am 6. September 1946 auf, in der erstmals offiziell die Konzeption entwickelt wurde, aus den Besiegten künftige Partner zu machen und damit Deutschland zu spalten – oder richtiger: Deutschland zu spalten, um das ‚alte Deutschland‘ wenigstens im Westen restaurieren zu können, das Deutschland von Kaiser, Kanzler und Kapital, von Weimar, Wehrmacht und Weltkriegen, das europäische Bollwerk des Antikommunismus gegen den Osten.“[167]

Am 20. Juni 1948 wurde entsprechend den Londoner Empfehlungen in den Westzonen Deutschlands die Währungsreform durchgeführt. Am 30. Juni 1948 erfolgte sie auch in Westberlin. Das war unter Bruch des Potsdamer Abkommens ein weiterer maßgeblicher Schritt zur wirtschaftlichen Spaltung Deutschlands, die seit 1945 sukzessive und zielstrebig von westlicher Seite vollzogen worden war.

Jetzt bewahrheitete sich die Einschätzung, die das ZK der SED im Juli 1947 zum Marshallplan getroffen hatte. Damals hatte die SED das deutsche Volk vor den verhängnisvollen Folgen der amerikanischen Anleihepolitik gewarnt, die unter anderem in der möglichen Eingliederung des industrialisierten Westens Deutschlands in einen Westblock und in der Restauration kapitalistischer Machtverhältnisse in Westdeutschland gesehen wurden.[168] Jetzt, im Jahre 1948, bereiteten Währungsreform und Marshallplanhilfe die letzte Phase der politischen Spaltung Deutschlands vor. Hatte Westdeutschland bis zum Start des Marshallprojekts ca. 850 Millionen Dollar GARIOA-Kredite (Government Appropriation for Relief for Import in Occupied Areas, GARIOA) von den USA erhalten, so wurde es jetzt, noch bevor es offiziell als Mitglied des European Recovery Program (ERP) aufgenommen wurde, verstärkt in die Marshallplanhilfe einbezogen.

Während Westdeutschland erhöhte wirtschaftliche Unterstützung zugesichert und gewährt wurde, erfolgte der Versuch, die erfolgreich verlaufende wirtschaftliche Entwicklung in der sowjetischen Besatzungzone Deutschlands durch Abschnürung von der westdeutschen Wirtschaft abzublocken. Im Jahr 1947 waren in der Bizone separate Preiserhöhungen für Eisen und Stahl vorgenommen worden. Damit war das bis dahin für alle Besatzungszonen Deutschlands geltende einheitliche Preissystem, das auf Stopp-Preisen des Jahres 1944 basierte, durchbrochen worden.[169] Seit Beginn des Jahres 1948 wurden die Lieferungen von Stahl- und Eisenerzeugnissen aus den westlichen Besatzungszonen

167 *Kuczynski, Jürgen,* Klassen und Klassenkämpfe im imperialistischen Deutschland und in der BRD, Berlin 1972, S. 528.

168 Vgl.: Stellungnahme des Zentralsekretariats des Parteivorstandes der SED zum Marshall-Plan vom 23. Juli 1947. In: Geschichte der deutschen Arbeiterbewegung, Band 6, Berlin 1966, S. 488 ff.

169 *Freund, Erich,* Die Entwicklung des Handels der Deutschen Demokratischen Republik mit Westdeutschland und Westberlin, seine Hauptprobleme und Westdeutschlands „Ausnahmerecht“ – ein Ausdruck des Grundwiderspruchs in Deutchland. Diss., Hochschule für Ökonomie, Berlin 1963, S. 34.

in die sowjetische Besatzungszone weiter eingeschränkt. Nach den vertraglichen Vereinbarungen sollte sich die monatliche Lieferquote an Stahl- und Eisenerzeugnissen auf 30 000 Tonnen pro Monat belaufen. Tatsächlich wurden dann im Januar 1948 16 000, im März lediglich 14 000 und im Mai nur noch 8 000 Tonnen geliefert[170] Berücksichtigt man den enormen Eisen- und Stahlmangel der sowjetischen Besatzungszone – eine Folge der Spaltungsdisproportionen –, kann die Reduzierung der Interzonenlieferungen nur als gezielte Störaktion gewertet werden.

Im Sommer 1948, als sich infolge der separaten Währungsreform die politische Lage verschärfte, wurde auf Anweisung der westlichen Besatzungsmächte der Interzonenhandel abgebrochen.[171] Der Handel zwischen der SBZ und den Westzonen, der 1946 noch einen Umfang von nur 148 Millionen Reichsmark hatte,[172] war 1947 auf 500 Millionen Reichsmark angestiegen und hätte 1948 bei Erfüllung der bereits vereinbarten Verträge ein wertmäßiges Volumen von 800 Millionen Reichsmark erreicht.[173] Nun fielen als Folge der Handelssperre alle Lieferungen an Ruhrkohle, Eisen und Stahl sowie wichtigen Kooperationsgütern in die SBZ aus. Dank sowjetischer und polnischer Hilfe konnten die Folgen der Abschneidung von den westdeutschen Rohstoffquellen gemildert werden. Die Sowjetunion übernahm eine Reihe der durch den Abbruch des Interzonenhandels aussetzenden Lieferungen, insbesondere die Position Walzwerkerzeugnisse.[174]

Polen steigerte seine Kohlen- und Kokslieferungen in die SBZ. Im September 1948 wurde das damals laufende Handelsabkommen durch ein Zusatzprotokoll erweitert, das eine Erhöhung des gegenseitigen Warenaustausches für 1948 um 28 Millionen Dollar vorsah.[175] Zwar wurde die Wirtschaft der SBZ durch den Abbruch der westdeutschen Lieferungen empfindlich gestört, doch konnte ihre Entwicklung nicht zum Stillstand gebracht werden, und Hoffnungen auf einen Zusammenbruch der ostdeutschen Wirtschaft,

[170] Ebenda, S. 35.

[171] Am 25. 6. 1948 sperrten die Westmächte die Zonengrenzen für jeglichen Bahntransport und am 19. September 1948 verfügten sie zusätzlich auch die Straßentransportsperre. Im Oktober 1948 und Februar 1949 erweiterten sie diese Maßnahmen auch auf den Transitverkehr." *Freund, Erich*, a. a. O., S. 38. Dazu auch *Appelt, Rudolf*, Der Interzonen- und Außenhandel der Ostzone. In: Die Wirtschaft, 1948, Heft 10, S. 346. Die Liefersperre wurde nach der im Jessup-Malik-Abkommen erzielten Übereinkunft vom 4. Mai 1949 im Sommer des gleichen Jahres aufgehoben. Doch schon um die Wende 1949/1950 wurde der Interzonenhandel erneut empfindlich gestört. Auf Grund der von westlicher Seite erfolgenden Drosselung ging der Umfang des Interzonenhandels vom Dezember 1949 bis Februar 1950 um mehr als 75 Prozent zurück. Schließlich wurden am 7. 2. 1950 auf Anweisung der Bundesregierung die Stahllieferungen, die im Frankfurter Interzonenhandelsabkommen vereinbart worden waren, abgebrochen. Vgl.: Geschichte der deutschen Arbeiterbewegung, Berlin 1966, Band 7, S. 39.

[172] Nach *Brandt, R. H.*, Schlagbäume hoch für den Ost-West-Handel, in: Die Wirtschaft, 1949, Heft 5, S. 142, erreichte der Umsatz 1946 die Höhe von 176 Millionen Reichsmark.

[173] Tatsächlich erreichte der Warenaustausch 1948 infolge der Störaktionen noch nicht einmal den Umfang von 1947. *Brandt, R. H.* schätzt, daß der Güteraustausch zwischen dem Territorium der SBZ und dem der Bizone in der Vorkriegszeit einen Umfang von 2,5 Milliarden Reichsmark hatte. Danach hätte der Handel zwischen beiden Gebieten in den Jahren 1947 und 1948 weniger als ein Fünftel des Umfangs der Vorkriegszeit angenommen. *Brandt, R. H.*, a. a. O.

[174] *Hofmann, Leopold*, Die Entwicklung des Außenhandels der Sowjetischen Besatzungszone Deutschlands und die Problematik der Herausbildung des sozialistischen Außenhandelsmonopols als wirtschaftlicher Kommandohöhe der Arbeiterklasse, Diss., Humboldt-Universität, Berlin 1972, S. 142 f.

[175] ND, 30. 3. 1949, S. 5.

denen General Clay als damaliger amerikanischer Militärgouverneur in Deutschland mehrmals beredt Ausdruck gegeben hatte,[176] erwiesen sich als Fehlspekulation. Der Versuch, die SBZ unter ökonomischen Druck zu setzen, führte, wie das auch 1947 bei der Beschränkung der amerikanisch-tschechoslowakischen Wirtschaftsbeziehungen bereits der Fall gewesen war, zum verstärkten Ausbau des Handels zwischen den Ländern des späteren RGW-Bereichs.

Bemerkenswert ist jedoch andererseits, daß bald darauf auch Polen von seiten der anglo-amerikanischen Besatzungsbehörden Repressalien ausgesetzt wurde. Polen wurde der Transitverkehr für seine Gütertransporte durch die amerikanische und britische Zone nach Westeuropa untersagt. Da die Volksrepublik infolge des Mangels ausreichender Frachtkapazitäten nicht auf den Seeweg ausweichen konnte, mußte sie ihre Transporte nach Frankreich, Belgien und den Niederlanden über die Tschechoslowakei umleiten. Dadurch erhöhten sich die Transportkosten der polnischen Warenausfuhr nach Westeuropa, die bereits vertraglich gebunden war, beträchtlich.[177]

Innerhalb eines reichlichen Jahres, von Juli 1947 bis zum Herbst 1948, hatten sich die Anzeichen dafür gemehrt, daß die Trumanregierung bestrebt war, mit Maßnahmen des Wirtschaftskrieges gegen das sich herausbildende sozialistische Lager vorzugehen. Das zeigten sowohl die Kreditverweigerung als auch die Exportrestriktion und erst recht der Abbruch des Interzonenhandels.

Nun, da der Marshallplan angelaufen war, stellte sich für die Sowjetunion und die Volksdemokratien die Frage, wie sich der europäische Ost-West-Handel unter den Bedingungen der zunehmenden amerikanischen Vormachtstellung in Westeuropa und der Existenz eines westeuropäischen Länderblocks entwickeln würde.

Hatten doch im März 1948 Belgien, Frankreich, Großbritannien, Luxemburg und die Niederlande mit dem Brüsseler Pakt ein für fünfzig Jahre vereinbartes Bündnis geschlossen. Die Bildung dieser Westunion, die neben politischem und kulturellem Zusammenwirken auch gegenseitigen militärischen Beistand sowie eine enge wirtschaftliche Zusammenarbet ihrer Mitgliedsländer vorsah, ließ die Herausbildung einer koordinierten Politik des Westens gegenüber Osteuropa erkennen. Welche Möglichkeiten bestanden unter diesen Umständen für die wirtschaftliche Zusammenarbeit zwischen Ost- und Westeuropa?

Die meisten westeuropäischen Länder hatten in den ersten Nachkriegsjahren, als die durch den Krieg gestörten Handelsbeziehungen neu aufgenommen wurden, Interesse am Osthandel gezeigt. Nicht nur, weil sowjetisches Getreide und polnische Steinkohle in der Nachkriegszeit begehrte Handelsprodukte waren,[178] sondern vor allem auch deshalb, weil der Osthandel als Warenaustausch betrieben werden konnte und somit einen Ausweg aus der westeuropäischen Dollarkalamität bot.

Das galt vor allem für Großbritannien, dessen wirtschaftliche Lage nach dem zweiten Weltkrieg äußerst kompliziert war. Während des Krieges hatte England einen Teil seiner Märkte in Übersee an die USA verloren. In den Dominien hatte sich außerdem eine eigenständige Industrie entwickelt. Hatten sich die Absatzmöglichkeiten für britische

[176] Ebenda.

[177] Ebenda, 8. 2. 1949, S. 1.

[178] Die UdSSR exportierte 1947/1948 Getreide u. a. nach Großbritannien, Schweden, Belgien und Luxemburg. Während Polen im Jahre 1946 über 4 Millionen Tonnen Steinkohle nach Westeuropa exportierte, waren es 1947 bereits fast 8,5 Millionen Tonnen. Für 1948 wurden 14 Millionen Tonnen Steinkohle für den Export nach Westeuropa vorgesehen. Vgl. ND vom 12. 5. 1948, S. 3.

Waren auf Englands traditionellen Überseemärkten verschlechtert, so galt das erst recht für den amerikanischen Markt. Seine Aufnahmefähigkeit für ausländische Waren im allgemeinen und englische Industrieprodukte im besonderen hatte sich angesichts von Überproduktionserscheinungen, die Amerikas Wirtschaft in den Nachkriegsjahren kennzeichneten, verringert. Großbritannien, das bereits Ende 1945 eine amerikanische Anleihe in Höhe von 4,4 Milliarden Dollar[179] aufgenommen hatte und das seine Auslandsschulden[180] nur durch die Erhöhung seiner Exporte ausgleichen konnte, sah sich mit zunehmenden Absatzschwierigkeiten in der Dollarzone konfrontiert. 1947 fiel die anglo-amerikanische Handelsbilanz zu ungunsten Englands extrem passiv aus. Einer Einfuhr in Höhe von 140 Millionen Pfund Sterling stand eine Ausfuhr in Höhe von lediglich 22 Millionen Pfund Sterling gegenüber.[181] Zwar war die englische Handelsbilanz auch vor dem Krieg vorwiegend passiv gewesen, doch konnten die Differenzen damals noch unter Rückgriff auf Auslandsguthaben, durch Leistungen der Handelsschiffahrt und in Anbetracht der außerordentlich hohen Kolonialprofite leicht ausgeglichen werden. Während des Krieges waren jedoch die hohen Gold- und Devisenreserven aufgebraucht worden,[182] die Auslandsguthaben hatten sich reduziert,[183] die Handelsflotte hatte empfindliche Verluste erlitten[184] und in den Kolonien hatte sich Englands politischer Einfluß gemindert und sein ökonomischer Handlungsspielraum eingeengt. Aus diesen Gründen war England, das auf dem Lebensmittel- und Rohstoffsektor besonders importabhängig war, zur Ausfuhrsteigerung gezwungen,[185] obwohl sich seine Absatzmöglichkeiten im Übersee-

[179] Der Kredit war im Rahmen eines Anfang Dezember abgeschlossenen anglo-amerikanischen Finanzabkommens vereinbart worden. Er setzte sich zusammen aus einer Anleihe in Höhe von 3 750 Millionen Dollar und einem Warenkredit von 650 Millionen Dollar. Es handelte sich um eine lediglich mit 2 Prozent zu verzinsende Anleihe mit einer Tilgungsfrist von 50 Jahren. *Aust, Hans, W.*, Die englisch-amerikanischen Finanzbeziehungen, in: Die Wirtschaft, 1946, Nr. 2, S. 62 f.

[180] Im zweiten Weltkrieg war England aus einem Gläubigerland zu einem Schuldnerland geworden. Englands Auslandsschuld wurde von Lord Keynes auf der Konferenz von Bretton Woods mit 12 Milliarden Dollar (3 Milliarden Pfund Sterling) beziffert. Vgl. *Aust, Hans W.*, a. a. O.

[181] ND vom 16. 9. 1947, S. 3.

[182] England hatte beim Ausbruch des zweiten Weltkrieges über Gold- und Dollarreserven in Höhe von 3,7 Milliarden Dollar verfügt (einschließlich verwertbarer Börsenwerte und Direktbeteiligung). Bereits bis zum August 1941 war diese Reserve auf 229 Millionen Dollar zusammengeschmolzen, obwohl noch Aufträge in Milliardenhöhe liefen. *Aust, H. W.*, a. a. O.

[183] „Der Rückgriff auf die Auslandsanlagen, den der ungedeckte Saldo in der Zahlungsbilanz nötig machte, belief sich schon bis Frühjahr 1943 auf insgesamt 1,5 Milliarden Pfund. Bis Mitte 1944 hatte er 1,8 Milliarden erreicht und damit rund die Hälfte der gesamten überseeischen Kapitalanlagen von 3,6 Milliarden Pfund." *Aust, H. W.*, a. a. O.

[184] Kendall schreibt unter anderem: „Die Gesamtverluste, Kriegs- und Seefahrtverluste zusammengenommen, betrugen somit in den sechs Jahren vom 3. September 1939 bis zum 2. September 1945 Schiffe mit 9 371 000 BRT. Das entspricht 52 % der Tonnage der handelseigenen britischen Flotte nach dem Stand vom Juni 1939. Mir ist kein anderer größerer Gewerbezweig bekannt, der Verluste solchen Ausmaßes erlitten hätte. Nicht nur über die Hälfte der Flotte war vollkommen vernichtet, sondern außerdem hatte der Rest große Schäden erlitten ..." *Kendall, M. G.*, Verluste der britischen Handelsflotte im zweiten Weltkrieg. In: Europa-Archiv, 20. Februar 1949, S. 1924.

[185] Aust zitiert den Londoner Economist, in dem zu dieser Zeit eingeschätzt wurde, daß England seine lebensnotwendige Einfuhr nur aufrechterhalten könne, wenn es sein Exportvolumen gegenüber 1938 um 75 Prozent, also von 470 auf 820 Millionen Pfund Sterling erhöht.

handel gegenüber der Vorkriegszeit verschlechtert hatten.[186] Demgegenüber konnten die USA ihre Exporte nach Westeuropa in der zweiten Hälfte der 40er Jahre ohne Schwierigkeiten ausweiten.

Tabelle 7

Außenhandel der USA (Jahresdurchschnitt in Milliarden Dollar)

	1936–1940	1946–1950
Export der USA insgesamt	3,2	11,8
davon nach Westeuropa	1,3	4,1
Import der USA insgesamt	2,5	6,7
davon aus Westeuropa	0,6	1,0

Quelle: Statistical Abstract of the United States 1960, S. 894. Angegeben von Lemin, I., Die europäische Integration, einige Ergebnisse und Perspektiven, In: Sowjetwissenschaft. Gesellschaftswissenschaftliche Beiträge. Heft 9, 1962, S. 988.

Das Warenvolumen dürfte infolge des Preisanstiegs niedriger gewesen sein, als die in Dollar angegebenen Durchschnittswerte für die vierziger Jahre vermuten lassen.

Tabelle 8

Erhöhung der Weltmarktpreise (1913/14 = 100)

Warenart	1939	1946
Lebensmittel	127	198
Steinkohle, Koks	195	355
Mineralöle	112	194
Metalle	140	176
Generalindex	132	201

Quelle: Wirtschaftswissenschaft, 1947, Heft 7, S. 242.

Doch zeigt der Vergleich, daß sich die Relationen zwischen Ex- und Import der USA im Handel mit Westeuropa 1946 bis 1950 gegenüber der Vorkriegszeit stark verändert hatten. Die USA exportierten nun im Unterschied zu früher das Vierfache dessen nach Westeuropa, was sie von dort importierten. Großbritannien nahm insofern keine Sonderstellung unter den Ländern Westeuropas ein. Außerordentlich hohe Ausfuhrdefizite gegenüber den USA kennzeichneten auch die Handelsbilanzen Frankreichs,[187] Italiens und Belgiens. So beliefen sich Belgiens Exporte in die USA in den ersten acht Monaten des Jahres 1947 auf ein wertmäßiges Volumen von 42,3 Millionen Dollar, während im gleichen Zeitraum aus den USA Waren im Wert von 328,4 Millionen Dollar eingeführt wurden.[188] Hatten einige westeuropäische Länder im Handel mit den USA eine beson-

[186] Hierzu auch *Kahn, Siegbert*, Englische Probleme. In: Die Wirtschaft 1947, Heft 5, S. 164 ff.

[187] Frankreichs wirtschaftliche Nachkriegssituation war durch ähnliche Schwierigkeiten gekennzeichnet wie die Englands. Dazu auch *Aust, H. W.*, Frankreich ringt sich durch. In: Die Wirtschaft, 1947, Heft 3, S. 93.

[188] ND vom 3. 12. 1947, S. 3.

ders krasse Diskrepanz zu verzeichnen, da sie umfangreichen Importen nur geringe Exporte entgegensetzen konnten, so war allgemein die passive Handelsbilanz für Westeuropas Amerika-Handel in den Nachkriegsjahren eine typische Erscheinung.[189]

Tabelle 9

Handelsbilanz ausgewählter westeuropäischer Länder gegenüber den USA

Millionen Dollar in laufenden f. o. b. – Preisen

Land	1938	1947	1948
Großbritannien	–375	– 895	– 390
Frankreich	– 80	– 762	– 509
Niederlande	– 41	– 353	– 246
Belgien/Luxemburg	– 35	– 373	– 200
Schweiz	– 4	– 98	– 69
Italien	– 17	– 444	– 297
Dänemark	– 20	– 76	– 35
Schweden	– 22	– 298	– 30
Norwegen	– 12	– 150	– 57
Insgesamt	–606	–3449	–1833

Quelle: Zusammenarbeit nach Economic Survey of Europe in 1948, Genf 1949, S. 116.

Zwar war das Handelsdefizit 1948 im allgemeinen und für die hier aufgeführten Länder auch im einzelnen niedriger als 1947, doch war es insgesamt und besonders für Frankreich, England, Italien sowie Belgien und Luxemburg noch beträchtlich. Da die westeuropäischen Länder zum Ausgleich der Differenz nicht auf entsprechende Devisenvorräte zurückgreifen konnten, gerieten sie gegenüber den USA zunehmend in Zahlungsschwierigkeiten. Unter diesen Umständen mußte der Warenaustausch mit Osteuropa, das am Import von Industrieprodukten im allgemeinen und an der Einfuhr von Eisen und Stahl, Maschinen und Ausrüstungen im besonderen interessiert war, vorteilhaft sein.

Andererseits mußten sich 1948 von osteuropäischer Seite aus die Chancen für den Westhandel erhöhen, da mit dem voranschreitenden Aufbau der Wirtschaft auch das Liefervermögen Osteuropas wuchs. Hinzu kam, daß alle osteuropäischen Länder nach einer witterungsbedingten Mißernte des Jahres 1947 im Jahre 1948 eine Rekordernte einbrachten und Westeuropa nach wie vor an Agrarimporten interessiert war. Und in der Tat kann schon um die Wende 1947/48 eine Belebung des Handels zwischen West- und Osteuropa beobachtet werden. Bereits im letzten Quartal 1947 wurden zahlreiche Handelsabkommen abgeschlossen. Im Oktober 1947 kamen Vertragsabschlüsse zwischen Bulgarien und Schweden, zwischen Jugoslawien und der Schweiz sowie Bulgarien und der Bizone Deutschlands zustande.[190]

Kurz darauf begannen polnisch-dänische Verhandlungen,[191] und im Dezember 1947 wurde ein umfangreiches, wenn auch kurzfristiges Abkommen zwischen der Sowjetunion

189 Dazu auch *Kahn, Siegbert,* Das Programm der amerikanischen „Hilfe" für Europa. In: Die Wirtschaft, 1948, Heft 5, S. 163.

190 ND vom 28. 10. 1947, S. 3.

191 Ebenda, 2. 11. 1947, S. 5.

und Großbritannien getroffen.[192] Im gleichen Monat wurde auch ein sowjetisch-schwedisches Handelsabkommen vereinbart.[193] Sowjetisch-französische Handelsbesprechungen wurden jedoch von der sowjetischen Seite abgebrochen, da die französische Regierung der in Frankreich eingesetzten sowjetischen Repatriierungskommission jede weitere Arbeit untersagt hatte.[194]

Im Dezember 1947 schlossen Österreich, Bulgarien und die Schweiz ein Kompensationsabkommen ab. Es sah Rohstoffexporte Bulgariens nach Österreich vor, das sich zu Zelluloselieferungen gegenüber der Schweiz verpflichtete, während die Schweiz Bulgarien Maschinenexporte zusicherte.[195] Anfang 1948 wurden Vertragsabschlüsse zwischen Ungarn und Dänemark sowie Polen und Italien erzielt.[196] Ein umfangreicher Handelsvertrag konnte im Februar 1948 zwischen der Sowjetunion und der Belgisch-Luxemburgischen Wirtschaftsunion abgeschlossen werden.[197] Ungarn vereinbarte im April des gleichen Jahres einen Warenaustausch mit Schweden und im Mai mit Großbritannien.[198] Im Sommer 1948 kamen Verhandlungen der Tschechoslowakei mit Norwegen und der Schweiz zum Abschluß.[199] Anfang 1949 wurde ein britisch-polnisches Handelsabkommen mit einer Laufzeit von fünf Jahren unterzeichnet, das sich an ein dreijähriges Abkommen von 1947 anschloß.[200] Natürlich sagt eine Aufzählung von Handelsabkommen noch nichts über den Umfang aus, den der europäische Ost-West-Handel 1948, ein Jahr vor der RGW-Gründung, angenommen hatte.

Aufschluß hierüber und über den Anteil einzelner osteuropäischer Länder am Handel mit Westeuropa gibt Tabelle 10.

Obwohl die Angaben den wertmäßigen Umfang des europäischen Ost-West-Handels nicht exakt ausweisen, da in der UNO-Statistik zu dieser Zeit der Handel der Sowjetischen Besatzungszone Deutschlands mit dem der Westzonen als gesamtdeutscher Außenhandel unter der Rubrik „Westeuropa" erfaßt wurde, dürften sie doch prinzipielle Entwicklungstrends zum Ausdruck bringen.

Bis auf die Tschechoslowakei steigerten alle osteuropäischen Länder 1948 den Handel mit Westeuropa. Allerdings entfiel auf die Tschechoslowakei 1948 wie schon 1947 export- und importseitig der größte Anteil am europäischen Ost-West-Handel, während die Anteile der Agrarländer Rumänien, Ungarn, Jugoslawien und Bulgarien relativ gering waren.

Jedoch exportierten ausnahmslos alle Länder Osteuropas 1948 im Unterschied zum Vorjahr mehr nach Westeuropa, als sie von dort importierten. Doch während die osteuropäische Ländergruppe bereits 1947 im Handel mit Westeuropa einen Exportüberschuß von 63 Millionen Dollar erreichte, überwogen 1948 die osteuropäischen Exporte die Importe um 339 Millionen Dollar.

Einen besonders großen Exportüberhang hatten im Jahre 1948 die drei hauptsächlichen osteuropäischen Handelspartner Westeuropas zu verzeichnen, die Tschechoslowa-

[192] Ebenda, 28. 12. 1947, S. 1 und vom 1. 1. 1948, S. 3.
[193] Ebenda, 20. 12. 1947, S. 1.
[194] Ebenda, 10. 12. 1947, S. 1.
[195] Ebenda, 20. 12. 1947, S. 3.
[196] Ebenda, 8. 10. 1948, S. 3 und vom 10. 1. 1948, S. 3.
[197] Ebenda, 29. 1. 1948, S. 1.
[198] Ebenda, 15. 4. 1948, S. 3 und vom 5. 5. 1948, S. 4.
[199] Ebenda, 17. 6. 1948, S. 3 und vom 29. 6. 1948, S. 3.
[200] Ebenda, 16. 1. 1948, S. 3.

Tabelle 10

Handel osteuropäischer Länder mit Westeuropa (Millionen Dollar in laufenden f. o. b. – Preisen)*

Länder	Jahr	Import	Export
UdSSR	1947	104	91
	1948	107	234
Tschechoslowakei	1947	253	346
	1948	239	301
Polen	1947	141	133
	1948	177	294
Rumänien	1947	12	4
	1948	16	27
Ungarn	1947	31	37
	1948	49	66
Jugoslawien	1947	58	45
	1948	86	87
Bulgarien	1947	6	12
	1948	10	14
Insgesamt	1947	605	668
	1948	684	1023

* einbezogen alle Besatzungszonen Deutschlands
Quelle: Economic Survey of Europe in 1948, Genf 1949, S. 149.

kei, Polen und die Sowjetunion. Und von diesen Ländern wies wiederum die UdSSR die größte Diskrepanz zwischen Export und Import auf.

Betrachtet man die Entwicklung des europäischen Ost-West-Handels unter dem Aspekt der Beteiligung westeuropäischer Länder, ergibt sich folgendes Bild:

Tabelle 11

Handel westeuropäischer Länder mit Osteuropa (Millionen Dollar in laufenden f. o. b. – Preisen)*

Länder	Jahr	Import	Export
Großbritannien	1947	180	184
	1948	331	184
Frankreich	1947	53	47
	1948	92	51
Niederlande	1947	78	49
	1948	120	79
Belgien, Luxemburg	1947	68	64
	1948	94	94
Schweiz	1947	90	65
	1948	71	67
Italien	1947	68	43
	1948	66	75
Dänemark	1947	69	90
	1948	91	78

Länder	Jahr	Import	Export
Schweden	1947	119	85
	1948	149	109
Norwegen	1947	34	48
	1948	60	48
Österreich	1947	41	17
	1948	75	42
Übrige westeuropäische	1947	43	45
Länder**	1948	51	36

* UdSSR, Tschechoslowakei, Polen, Rumänien, Ungarn, Jugoslawien, Bulgarien sowie Finnland.
** Irland, Island, Portugal, Griechenland und die Türkei.
Quelle: Zusammengestellt nach Economic Survey of Europe in 1948, a. a. O., S. 149.

Fast alle westeuropäischen Länder steigerten 1948 ihren Handel mit Osteuropa gegenüber dem Vorjahr. Fast alle importierten 1948 mehr, als sie exportierten. Ausnahmen bildeten lediglich Italien, das einen Ausfuhrüberschuß erzielte, sowie die Belgisch-Luxemburgische Wirtschaftsunion, deren Bilanz im Osthandel ausgeglichen war. Großbritannien, dessen Osthandel unter allen westeuropäischen Ländern den größten Umfang annahm, wies jedoch die größte Diskrepanz zwischen Ein- und Ausfuhr auf. Während sich seine Importe beträchtlich steigerten, erreichten die für 1948 ausgewiesenen Exporte lediglich die gleiche Höhe wie im Vorjahr. Tatsächlich verringerte sich der Umfang der englischen Exportlieferungen nach Osteuropa, was die auf der Grundlage von laufenden Preisen berechneten Zahlen verdecken.

Doch die Entwicklung, die Englands Osthandel 1948 nahm, wies hinsichtlich seiner Exportintensität noch eine weitere Besonderheit auf. Wichtige Kategorien des britischen Exports wie Eisen und Stahl stiegen nicht bzw. kaum an, oder sie wurden sogar erheblich reduziert.[201] Während beispielsweise die übrigen westeuropäischen Länder ihre Ausfuhr von Maschinen und Ausrüstungen in den osteuropäischen Wirtschaftsraum gegenüber dem Vorjahr leicht steigerten, ging Englands Maschinenexport 1948 auf die Hälfte seines Volumens von 1947 zurück.[202] Der wichtigste westeuropäische Handelspartner Osteuropas spielte also 1948 als Exporteur längst nicht die Rolle, die er 1947 innegehabt hatte. Daß sich der westeuropäische Gesamtexport nach Osteuropa 1948 nur geringfügig gegenüber dem Vorjahr erhöhte, ist vor allem auf die Stagnation bzw. sogar Abnahme des Anteils der im englischen Ostexport dominierenden Warengruppen zurückzuführen. Nicht zufällig handelte es sich dabei um Waren, die Osteuropa dringend für seine im Aufbau befindliche Wirtschaft brauchte. Eine Gesamtanalyse des Außenhandels zwischen Ost- und Westeuropa vermittelt demzufolge ein widersprüchliches Bild, das zur Präzisierung der Aussage über die Belebung des Ost-West-Handels im Jahre 1948 zwingt. Allgemein kann festgestellt werden, daß die Entwicklung des europäischen Ost-West-Handels im Jahr vor der RGW-Gründung durch eine unterschiedliche Exportintensität beider Wirtschaftsbereiche gekennzeichnet war.

Berechnet man die Exportentwicklung zwischen Ost- und Westeuropa nach feststehenden Preisen des Vorkriegsstandes (1938), so ergibt sich für einen Vergleich der 1948 erzielten Resultate gegenüber 1947: Einer bedeutenden Zunahme des osteuropäischen

201 Economic Survey of Europe in 1948, a. a. O., S. 151.
202 Ebenda.

Exports um 51,3 Prozent stand eine geringfügige Ausweitung des westeuropäischen von knapp 8 Prozent gegenüber. Eine spürbare Belebung des Handels erfolgte also lediglich in Ost-West-Richtung.

Besonders drastisch zeigte sich das im Fall des sowjetischen Außenhandels. Eine enorme Forcierung der sowjetischen Exporte in westliche kapitalistische Länder kontrastierte mit einer Reduzierung der Exporte Westeuropas in die UdSSR.

Tabelle 12

Handel zwischen Ost- und Westeuropa (Millionen Dollar in f. o. b. – Preisen von 1938)*

Exporte aus Westeuropa nach Osteuropa	1938	1947	1947 in % von 1938	1948	1948 in % von 1938
In die UdSSR	181	63	35	57	31
In andere osteuropäische Länder**	539	226	42	255	47
Gesamt	720	289	40	312	43
Exporte aus Osteuropa nach Westeuropa					
Aus der UdSSR	284	48	17	107	38
Aus anderen osteuropäischen Ländern**	747	229	31	312	42
Gesamt	1031	277	27	419	41

* England, Irland, Island, Frankreich, Niederlande, Belgien, Luxemburg, Schweiz, Griechenland, Spanien, Portugal, Italien, Türkei, Dänemark, Schweden, Norwegen, Finnland, Österreich sowie die vier Besatzungszonen Deutschlands.

** Tschechoslowakei, Polen, Rumänien, Ungarn, Jugoslawien, Bulgarien.

Quelle: Economic Survey of Europe in 1948, a. a. O., S. 148.

Der Vergleich mit dem Vorkriegsjahr und die Wertung des Handelsvolumens von 1948 zu Vorkriegspreisen machen gleichzeitig sichtbar, daß der europäische Ost-West-Handel vor der RGW-Gründung trotz realer Steigerung zum Vorjahr einen geringen Umfang hatte. Erreichten doch die Volumina der Exporte in beiden Richtungen noch nicht einmal die Hälfte des Umfangs, den die Lieferungen zwischen West- und Osteuropa vor dem Krieg angenommen hatten. Dabei entsprach der geringe Umfang des Warenverkehrs zwischen West- und Osteuropa keinesfalls dem Entwicklungsstand der europäischen Industrie- und Agrarproduktion. Hatte doch die Industrieproduktion Europas 1948 mit etwa 97 Prozent ihres Umfangs von 1938 nahezu den Vorkriegsstand wiedererreicht.[203] Eine Reihe hochentwickelter westeuropäischer Industriestaaten hatte ihn zu diesem Zeitpunkt bereits beträchtlich übertroffen. So lag bspw. Frankreichs Industrieproduktion 1948 bei 111 Prozent, die Hollands bei 113 Prozent, die Belgiens bei 114 Prozent, die Englands bei 128 Prozent, die Norwegens bei 129 Prozent, die Dänemarks bei 131 Prozent und schließlich die Industrieproduktion Schwedens bei 149 Prozent des Vorkriegsstandes.[204] Können ähnlich günstige Resultate für die europäische Agrarproduktion nur als

[203] Economic Survey of Europe in 1949, Genf 1950, S. 3.

[204] Ebenda.

Ausnahmefälle angeführt werden, so lag sie doch insgesamt 1948 im Vergleich zum Durchschnitt der Jahre 1934 bis 1938 immerhin bei etwa 89 bis 90 Prozent ihres Vorkriegsniveaus.[205]

Das Volumen des europäischen Ost-West-Handels stand also in keinem Verhältnis zu Produktionsumfang und -kapazitäten der Industrie und Landwirtschaft des Kontinents. Daß der Ost-West-Handel dem Bedarf der europäischen Staaten nicht entsprach, wurde dann auch von westlicher Seite eingestanden. So schätzte Gunnar Myrdal, Sekretär der Europäischen Wirtschaftskommission der UNO, Anfang 1949 ein, daß es notwendig wäre, das 1948 erzielte Handelsvolumen zu verdoppeln oder zu verdreifachen, um den Bedürfnissen der europäischen Länder Rechnung zu tragen.[206]

Im Verlaufe des Jahres 1948 war immer deutlicher geworden, daß das industriell hochentwickelte Westeuropa auf die osteuropäische Exportoffensive in einem wesentlichen Punkt mit an Reserviertheit grenzender Zurückhaltung reagierte: bei der Ausweitung seiner Gegenlieferungen an Industrieausrüstungen. Deshalb unternahm die sowjetische Regierung den Versuch, insbesondere diese Frage der Wirtschaftsbeziehungen im Rahmen gesamteuropäischer Verhandlungen zu klären. Sie regte die Einberufung einer europäischen Handelskonferenz an, die der Wiederbelebung des Handels zwischen Ost- und Westeuropa den Weg ebnen sollte.

Die organisatorischen Voraussetzungen dafür bot die Wirtschaftskommission der Vereinten Nationen für Europa (Economic Commission for Europe, ECE) in Genf, die 1947 als Kommission des Wirtschafts- und Sozialrates der UNO gegründet worden war. Zur Vorbereitung der Konferenz erarbeitete die ECE einen Bericht, in dem eingeschätzt wurde, daß der innereuropäische Handel auf das fast Fünffache gesteigert werden könne. Auf Vorschlag der osteuropäischen Länder wurde empfohlen, die Industrialisierung Osteuropas durch Anleihen und Maschinenlieferungen zu fördern. Die Konferenz, die im September 1948 unter Beteiligung von 21 Ländern Ost- und Westeuropas sowie den USA in Genf stattfand, faßte jedoch zu diesen Fragen keine Beschlüsse und endete ohne konkrete Ergebnisse.

Damit war eine Situation eingetreten, in der die UdSSR und die Volksdemokratien damit rechnen mußten, daß der Ost-West-Handel eingefroren oder sogar weiter eingeschränkt werden würde. Hieraus ergaben sich weitreichende wirtschaftspolitische Konsequenzen für den osteuropäischen Wirtschaftsraum als Ganzes und auch die einzelnen Länder. Kurz vor dem Industrialisierungsstart, als Tempo, Richtung und Quellen einer beschleunigten Fortsetzung der Industrialisierung Osteuropas bestimmt wurden, kündigten die Schwierigkeiten bei der Normalisierung des europäischen Ost-West-Handels die Möglichkeit einer Isolierung Osteuropas vom westlichen Markt an. Unter diesen Umständen kam der Intensivierung des Warenaustausches innerhalb des osteuropäischen Wirtschaftsgebietes und der gegenseitigen Unterstützung seiner Länder beim Auf- und Ausbau ihrer Industrie erhöhte Bedeutung zu. Ohne Zweifel wurde die Gründung des RGW durch diesen Umstand beschleunigt.[207] Auch in der amtlichen Verlautbarung über die Gründung des RGW wurde dieser Zusammenhang betont: „Die Beratung konsta-

[205] Ebenda, S. 16.

[206] Vgl. ND vom 10. 2. 1949, S. 3.

[207] Vgl. auch hierzu *Usenko, E. T.*, Sozialistische internationale Arbeitsteilung und ihre rechtliche Regelung, Berlin 1966, S. 46 f. sowie *Faddejew, N. W.*, Der Rat für Gegenseitige Wirtschaftshilfe, Berlin 1975, S. 39 f.

tierte . . ., daß die Regierungen der Vereinigten Staaten von Amerika, Englands und einiger Länder Westeuropas die Handelsbeziehungen mit den volksdemokratischen Ländern und der UdSSR praktisch boykottieren, weil diese letztgenannten Länder es nicht für möglich erachten, sich dem Diktat des Marshallplans zu beugen, da dieser Plan die Souveränität der Länder und die Interessen ihrer Wirtschaft verletzt. Im Hinblick hierauf erörterte die Beratung die Möglichkeit, eine engere wirtschaftliche Zusammenarbeit zwischen den volksdemokratischen Ländern und der UdSSR herbeizuführen."[208]

Wenige Wochen nach der Moskauer Wirtschaftskonferenz vom 19. Januar sah es dann noch einmal so aus, als würden sich Möglichkeiten für eine Normalisierung des europäischen Ost-West-Handels eröffnen. Auf der Tagung der Genfer Handelskonferenz im Februar 1949 brachen Widersprüche zwischen den USA und den westeuropäischen Ländern auf.[209] Wieder standen die Vorschläge der Sowjetunion und der Volksdemokratien zur Entwicklung des Ost-West-Handels zur Debatte. Während einige Länder Westeuropas wegen ihrer Defizite im Überseehandel Interesse an einer Ausdehnung des Osthandels zeigten, versuchten die USA, eine sich anbahnende Einigung über die Erweiterung der Wirtschaftsbeziehungen zwischen Ost- und Westeuropa zu torpedieren. Ein Antrag der USA, der darauf hinauslief, daß die osteuropäischen Länder Informationen über ihre Exportkapazität an Nahrungsmitteln und Rohstoffen geben sollten, ohne ähnliche Informationen von westeuropäischer Seite zu erhalten, wurde abgelehnt. Dagegen beschloß die Konferenz gegen den Widerstand der USA, den Ost-West-Handel in Form zweiseitiger Abkommen, die den Partnern gleiche Rechte einräumen sollten, abzuwickeln. Einigung wurde auch darüber erzielt, das Volumen des Warenaustauschs zwischen West- und Osteuropa zu verdreifachen.[210]

Wenn es den USA auch nicht gelang, ihren Standpunkt zu diesen Fragen auf der Genfer Konferenz durchzusetzen, so erreichten sie doch immerhin, daß es nicht zu konkreten Beschlüssen über Maßnahmen zur Steigerung des Ost-West-Handels kam und die Diskussion darüber vertagt wurde – ein entscheidender Mangel der zunächst so hoffnungsvoll verlaufenden Besprechungen, wie sich bald zeigen sollte.

Am 31. März 1949 ging Großbritannien mit der Einführung neuer Bestimmungen, die den Export einer Reihe von Waren von der Erteilung einer amtlichen Genehmigung abhängig machten, zur Exportkontrolle über. Wieder verstärkten sich die Anzeichen dafür, daß sich die Bedingungen für den Ost-West-Handel infolge westeuropäischen Nachgebens gegenüber dem atlantischen Bündnispartner zu verschlechtern drohten. Darauf verwiesen auch die Vertreter osteuropäischer Länder auf der erneut einberufenen, nunmehr vierten Genfer Tagung der UN-Wirtschaftskommission für Europa (ECE), die vom 9. bis 21. Mai 1949 stattfand.[211] Der sowjetische Delegierte Arutiunian konstatierte, daß trotz der Bereitschaft Osteuropas zur Steigerung seiner Exporte „die westeuropäischen Länder auf Grund der Politik des Marshallplans in zunehmendem Maße ihre Ausfuhren nach dem Osten drosselten".[212] Und auf die westeuropäische Wirtschaft Bezug

208 A. a. O.

209 Vgl. ND vom 24. 2. 1949, S. 1.

210 Hierzu auch *Brandt, R. H.*, Schlagbäume hoch für den Ost-West-Handel. In: Die Wirtschaft, 1949, Heft 5, S. 142.

211 Die erste Sitzung fand vom 2. bis 15. Mai 1947, die zweite vom 5. bis 16. Juli 1947 und die dritte vom 26. bis 8. Mai statt.

212 Debatte über den Ost-West-Handel, zusammengestellt auf Grund der Sitzungsprotokolle des Wirtschafts- und Sozialrates der UNO. In: Europa-Archiv vom 5. August 1949, S. 2358 f.

nehmend, stellte von polnischer Seite Tadeusz Łychowski fest, daß beispielsweise die Kapazität der westeuropäischen Elektroindustrie zu 14 Prozent nicht ausgelastet sei, während andererseits die osteuropäischen Aufträge nicht genutzt würden.[213] Bemerkenswert für die Demagogie der von der amerikanischen Seite vorgebrachten Argumentation, aber auch aufschlußreich für die amerikanische Haltung gegenüber den osteuropäischen Industrialisierungsambitionen war der Ratschlag, den Sonderbotschafter Averell Harriman[214] erteilte. An die osteuropäischen Konferenzteilnehmer gewendet, schlug Harriman vor: „. . . die osteuropäischen Staaten sollten bei ihren Bestrebungen zur Industrialisierung ihre traditionelle Rolle als Rohstoff- und Lebensmittellieferant Westeuropas nicht vernachlässigen."[215] Angesichts der osteuropäischen Bemühungen um den Bezug von Investgütern zunächst im Austausch gegen eben diese traditionellen Handelsprodukte und der amerikanischen Bestrebungen zur Verminderung des osteuropäischen Investimports konnte Harrimans Äußerung nur als Kritik der Industrialisierungsbestrebungen der sozialistischen Länder aufgefaßt werden. Auch die nachträglich abgegebene Erklärung des amerikanischen Delegierten Paul Porter, Harriman hätte sich nicht gegen die Industrialisierung Osteuropas wenden wollen, es sei ihm nur darum gegangen, darauf hinzuweisen, „... daß die Finanzierung solcher Industrialisierungsprojekte durch die Steigerung des Handels mit Rohstoffen gefördert werden könne",[216] entbehrt nicht der Pikanterie. Harrimans unvorsichtige Bemerkung hatte die amerikanischen Vorbehalte gegenüber der osteuropäischen Industrialisierung all zu offensichtlich werden lassen. Deutlich zeigte der Konferenzverlauf, daß sich das Klima für Verhandlungen über die Ausweitung des Ost-West-Handels erneut verschlechtert hatte. Auch der gegen Ende der Konferenz gefaßte Beschluß, einen ständigen Ausschuß zur Entwicklung des Ost-West-Handels zu bilden, stellte keinen Ersatz für die ausgebliebenen Entscheidungen zur Lösung dieses weltwirtschaftlich so bedeutsamen Problems dar.

Nicht nur in Westeuropa, sondern auch in den USA stieß die Tumansche Wirtschafts- und Außenpolitik auf den Widerstand der am Ostexport interessierten Wirtschaftsgruppen. Befanden sich die westeuropäischen Länder bis 1949 noch in der Phase des Wiederaufbaus ihrer Wirtschaft,[217] wurden die USA seit dem letzten Drittel des Jahres 1948 von einer Wirtschaftskrise betroffen, die sich 1949 zunächst verschärfte. Bereits 1948 war jedoch der amerikanische Gesamtexport um 18 Prozent gegenüber dem Vorjahr zurückgegangen.[218] Unter diesen Umständen mußten selbst Kreise des amerikanischen Finanzkapitals die Bestrebungen der Truman-Administration zur Behinderung des Ost-West-Handels als Anachronismus empfinden. So bezeichnete das „Wallstreet Journal" – das Organ der amerikanischen Hochfinanz – im Juni 1949 die wirtschaftlichen Sanktionen der USA gegenüber der Sowjetunion und anderen Ländern Osteuropas als unverhüllte Diskriminierung und erhob die Forderung nach der Beseitigung aller Handelsschranken zwischen West- und Osteuropa.[219] Vermutungen, daß die am Ost-West-Handel interes-

213 Ebenda.

214 Harriman war zu dieser Zeit Hauptvertreter der USA sowohl in der Marshallplanorganisation OEEC als auch in der Wirtschaftskommission der Vereinten Nationen für Europa, der ECE.

215 Debatte über den Ost-West-Handel a. a. O.

216 Ebenda.

217 *Heininger, Horst,* Der Nachkriegszyklus der westdeutschen Wirtschaft 1945–1950, Berlin 1959, S. 277.

218 UN-Statistical Yearbook 1949/50, New York 1950, S. 351.

219 Zitiert in: ND vom 1. Juli 1949, S. 1.

sierten Kreise angesichts der Verschlechterung der wirtschaftlichen Situation in den USA und der Möglichkeit des Übergreifens der Krise auf Westeuropa an politischem Einfluß gewinnen würden und daß ein Wandel in der Haltung der USA zu Fragen des Außenhandels eintreten würde, bestätigten sich jedoch nicht.

Es blieb Erwin Weghorn vorbehalten, im Zuge der antisowjetischen Propaganda die Schuld an der Störung des Ost-West-Handels wie beim Schwarzpeterspiel der Sowjetunion zuzuschieben. Den Sachverhalt verfälschend schrieb er: „Die Unterbrechung des Ost-West-Handels wurde verursacht, weil die Sowjetunion den osteuropäischen Staaten einen großen Teil der Rohstoffe entzog, die früher nach dem Westen geliefert worden waren."[220] Weghorns Argumentation erinnert an die Harrimans auf der ECE-Konferenz von 1949. Demagogisch wurde der Spieß umgedreht, als sei der Störung des Ost-West-Handels nicht eine Exportoffensive der UdSSR und der Volksdemokratien vorangegangen; als wäre die UdSSR nicht um eine Steigerung (keinesfalls lediglich um eine Aufrechterhaltung) dieses Handels bemüht gewesen; als hätte es keine von westlicher Seite errichteten Barrieren für den Investgüterexport kapitalistischer Firmen in sozialistische Länder gegeben!

Tatsächlich reduzierte sich der Anteil des Osthandels an den Gesamtumsätzen der Vereinigten Staaten infolge erweiterter Embargobestimmungen der USA-Regierung auf ein Minimum.

Tabelle 13

Anteil des Osthandels am Außenhandel der USA (in Prozent)

	1948	1950	1951	1953
Ausfuhr	3,1	0,6	0,02	0,01
Einfuhr	3,3	2,6	1,1	0,4

Quelle: Kohlmey, Gunther, Der demokratische Weltmarkt a. a. O., S. 294.

Noch 1948 hatten die USA in sozialistische Länder Waren im Werte von insgesamt 400 Millionen Dollar exportiert. 1950 beliefen sich diese Exporte nur noch auf einen wertmäßigen Umfang von 71 Millionen Dollar. Im Jahre 1953 erreichte die US-amerikanische Ausfuhr in sozialistische Länder nur noch einen Umfang von 1,8 Millionen Dollar.[221]

Aber auch ihre westeuropäischen Bündnispartner konnten die USA zum Teil in die Boykottpolitik gegenüber dem sich herausbildenden sozialistischen Weltwirtschaftssystem trotz zeitweiligen Widerstandes[222] einbeziehen. Marshallplan und Militärpaktsystem bildeten dafür die Grundlage. Zu berücksichtigen ist auch, daß die Ende 1949 in den USA beginnende und Anfang der fünfziger Jahre mit dem Koreaboom sich verstärkt fortsetzende Rüstungskonjunktur über umfangreiche Aufträge auch Westeuropa einbezog,[223] das

220 *Weghorn, Erwin,* Der Staatshandel in Osteuropa, in: Europa-Archiv, 12. Juli 1951, S. 4203.

221 *Woinow, A. M./Jochin, W. J./Rodina, L. A.,* Wirtschaftsbeziehungen zwischen sozialistischen und kapitalistischen Ländern, Berlin 1977, S. 19 f.

222 Beispielsweise wurde das Battlegesetz in der führenden englischen Wirtschaftszeitung ‚The Economist' 4. 8. 1951, kritisiert.

223 *Gündel, Rudolf,* Die zyklische Entwicklung der westdeutschen Wirtschaft von 1950 bis 1957, Berlin 1961, S. 74 ff.

seinerseits im Zuge des kalten Krieges ebenfalls die Rüstungsproduktion ankurbelte.[224] Damit verringerten sich auch die Hoffnungen auf eine selbständige westeuropäische Außenhandelspolitik gegenüber den sozialistischen Ländern.

Anfang der fünfziger Jahre wurden die Embargomaßnahmen von den USA durch das Battlegesetz[225] und die Ausdehnung der Embargopolitik verschärft. Kanada und eine Reihe westeuropäischer Länder schlossen sich durch die Übernahme der Exportbeschränkungen, die sowohl Industrieausrüstungen als auch Rohstoffe betrafen, dem amerikanischen Embargo an. Mit dem Pariser Coordinating Committee for East-West-Trade Policy (COCOM) war ein Organ zur Überprüfung des Ost-West-Handels geschaffen worden, mit dessen Hilfe die Wirtschaftsbeziehungen der NATO-Staaten zu den sozialistischen Ländern kontrolliert, die Exporte wichtiger Investitionsgüter und Rohstoffe gedrosselt oder unterbunden wurden.[226] Auch die Anwendung der Meistbegünstigungsklausel auf den Handel mit sozialistischen Ländern wurde untersagt, nachdem der Kongreß der USA im Juni 1951 ein Gesetz aus dem Jahre 1934 abgeändert hatte.[227] Nun konnte von einer Verdreifachung des europäischen Ost-West-Handels keine Rede mehr sein. Als Folge der Behinderung des Warenverkehrs verminderte sich der Handelsumsatz ab 1950.

Tabelle 14

Volumen des Handels zwischen den west- und osteuropäischen Ländern (1950=100)

Jahr	Export der westeuropäischen Länder nach Osteuropa	Import der westeuropäischen Länder aus Osteuropa
1938	205	305
1949	103	111
1950	100	100
1951	98	89
1952	91	85
1953	105	88

Quelle: Prawda, 21. 9. 1954, zitiert nach Kohlmey, Gunther, Der demokratische Weltmarkt, a. a. O., S. 314.

Nahm die Behinderung des Ost-West-Handels Anfang der fünfziger Jahre, in der Zeit des Koreakrieges, besonders scharfe Formen an, so gilt auch für die Zeit nach 1953, daß wesentliche Ausfuhrbeschränkungen aufrechterhalten wurden.

224 Der Außenhandel und die Überproduktionskrisen der USA 1948/49 und 1953/54. In: DWI-Bericht, Nr. 15–16/1955, S. 29.

225 Das Gesetz, nach dem Abgeordneten der Demokratischen Partei L. C. Battle benannt, wurde 1951 vom USA-Kongreß angenommen. Es band alle Länder, die amerikanische Wirtschaftshilfe erhielten, an die Embargobestimmungen.

226 *Faddejew, N. W.*, Der Rat für Gegenseitige Wirtschaftshilfe, Berlin 1975, a. a. O., S. 39. Hierzu auch *Hegemann, Margot*, Die Entwicklung der Zusammenarbeit im RGW. In: Zeitschrift für Geschichtswissenschaft, 1971, Heft 1, S. 7.

227 *Woinow, A. M./Jochin, W. J./Rodina, L. A.*, Wirtschaftsbeziehungen zwischen sozialistischen und kapitalistischen Ländern, a. a. O., S. 19.

Seit dem Frühjahr 1953 wurden allerdings die von den USA aufgezwungenen Embargobestimmungen von westeuropäischen Ländern in einigen Fällen verletzt. Die amerikanische Regierung sah sich auf Drängen der westeuropäischen Staaten genötigt, die Embargoliste, die 1954 und dann 1958 überprüft wurde, zu reduzieren.[228] Auch verweist Gunnar Myrdal darauf, daß die westeuropäischen Regierungen „die von Amerika inspirierte Embargopolitik, von deren Richtigkeit sie ohnehin niemals überzeugt gewesen waren", zu torpedieren begannen, als Mitte der fünfziger Jahre die Marshallplangelder zu versiegen begannen.[229] Es stiegen die Umsätze bis Anfang der sechziger Jahre gegenüber dem Stand von 1950 in beiden Richtungen des Ost-West-Handels an.

Tabelle 15

Außenhandelsumsätze zwischen West- und Osteuropa (einschließlich UdSSR) in den Jahren 1950 bis 1961 (in Millionen Dollar zu laufenden Preisen, Import-cif, Export-fob)

Jahre	Export Westeuropas nach Osteuropa	Import Westeuropas aus Osteuropa
1950	643	801
1959	1070	2062
1960	2118	2380
1961	2302	2510

Quelle: Ciamaga, Lucjan, Od wspólpraca do integracji, Warszawa 1965, S. 191 und 192.

Der reale Anstieg war jedoch weit geringer, als die Angaben an laufenden Preisen vermuten lassen, da der starke Preisauftrieb, der vornehmlich seit dem Koreakrieg auf dem Weltmarkt in Erscheinung trat, zu berücksichtigen ist. Tatsächlich war der Ost-West-Handel zu Anfang der 60er Jahre längst nicht gesundet. In Wirklichkeit blieben trotz aller Durchbrüche auch die reduzierten Embargobestimmungen ein Hemmnis für die Normalisierung der Wirtschaftsbeziehungen zwischen West- und Osteuropa. Die Gesamtumsätze blieben auch nach dem Koreakrieg zunächst unter dem Vorkriegsstand und näherten sich diesem nur allmählich an. Wie Wenger feststellt, blieb das physische Volumen der Importe Westeuropas bis 1960, legt man als Basisjahr 1950 zugrunde, mit 234 noch weit unter dem Umsatz von 1938 (mit 305 Punkten), während der Index des Exports mit 235 den Stand von 1938 (mit 205) nur wenig überschritten hatte.[230]

Der imperialistische Handelsboykott gegenüber dem sozialistischen Lager hatte für die

[228] Am 2. März 1953 kündigte Harold E. Stassen, Direktor der MSA, ein Programm zur Verschärfung der gesetzlichen Bestimmungen über die Einschränkung der Auslandshilfe an Staaten an, die „kriegswichtiges" Material an sozialistische Länder liefern. Europa-Archiv Nr. 7 vom 5. 4. 1953, S. 5617. Am 1. August 1953 teilte jedoch Präsident Eisenhower dem amerikanischen Kongreß in einem Schreiben mit, daß die finanzielle Unterstützung der BRD, Frankreichs, Englands und Norwegens nicht eingestellt wird, obwohl diese Länder „kriegswichtige" Güter an osteuropäische Länder geliefert hätten. Europa-Archiv Nr. 17, vom 5. September 1953, S. 5963. Über „Strafaktionen" der USA: Adler-Karlsson, Der Fehlschlag. Wien 1971. S. 119 f. *Woinow, A. M./Jochin, W. J./Rodina, L. A.*, a. a. O., S. 20.

[229] *Myrdal, Gunnar*, Politisches Manifest über die Armut in der Welt. Franfurt/M., 1970, S. 329.

[230] *Wenger, S.*. Wirtschaftszusammenarbeit und kollektive Sicherheit in Europa. In: Wissenschaftliche Zeitschrift der Hochschule für Ökonomie „Bruno Leuschner" Berlin Nr. 1/1973, S. 38.

RGW-Länder zur Folge, daß die Entwicklung ihrer Industrie unter Bedingungen erfolgte, die die Nutzung arbeitsteiliger Beziehungen mit den fortgeschrittensten Industrieländern der Welt nahezu ausschlossen. Die Konstrukteure des Wirtschaftskrieges erhofften sich von den Störmaßnahmen nicht zuletzt auch eine wirtschaftliche Schwächung der Sowjetunion. Amerikanische „Wirtschaftssachverständige" zitierend, ließ Weghorn durchblicken: „Die verlorengegangenen wirtschaftlichen Möglichkeiten im Westen würden ... eben, doch schwerer wiegen als alle Vorteile, die aus der Intensivierung der Inter-Ostblockbeziehungen erwachsen mögen. Überdies bleibe die Tatsache bestehen, daß es nicht die Kornfelder Rumäniens oder die Rosengärten Bulgariens, sondern der Stahl von Pennsylvania sei, den die Sowjetunion für ihre wirtschaftliche Entwicklung benötige."[231] Doch es konnte weder die Industrialisierung der osteuropäischen Länder aufgehalten werden, noch gelang es, die Sowjetunion wirtschaftlich zu schwächen.

[231] *Weghorn, Erwin,* Der Staatshandel in Osteuropa, a. a. O.

Historische Aspekte des Zusammenhangs zwischen dem Prozeß der sozialistischen Industrialisierung und der internationalen Arbeitsteilung im RGW-Bereich

Art und Richtung der Zusammenarbeit im RGW standen in enger Beziehung zu den gesellschaftlichen und wirtschaftlichen Zielen der einzelnen Mitgliedsländer, die von ihren kommunistischen und Arbeiterparteien aufgestellt wurden. Diese Ziele, im Rahmen nationaler Pläne auf der Grundlage nationaler Fonds konzipiert,[1] trugen aber bereits zu Beginn der Zusammenarbeit auch internationalen Gegebenheiten Rechnung. Das gilt insoweit, wie wirtschaftspolitische Gesichtspunkte berücksichtigt wurden, die sich aus der Zugehörigkeit zum osteuropäischen Wirtschaftsgebiet und der sich auf seinem Boden herausbildenden sozialistischen Staaten- und Wirtschaftsgemeinschaft ergaben. Zu diesen Bedingungen gehörte auch die Reflexion auf den von imperialistischer Seite entfachten Wirtschaftskrieg, den kalten Krieg und die militärische Bedrohung.

Obwohl die Volkswirtschaften der im RGW vereinten Länder historisch keineswegs integriert, das heißt miteinander wirtschaftlich verflochtene Bestandteile einer nach internationalen Aspekten strukturierten RGW-Wirtschaft waren, sind die Entwicklungsbedingungen und -bedürfnisse der Wirtschaftsgemeinschaft als Ganzes zu sehen.

1. Zum industriellen Ausgangsniveau der Länder des RGW-Bereichs

Zu Beginn der Zusammenarbeit im RGW umfaßte die Wirtschaftsgemeinschaft, gemessen am Stand von 1950, ein Territorium von 23,4 Millionen km², auf dem eine Bevölkerung von rund 270 Millionen Menschen lebte. Mit 180 Millionen Einwohnern hatte die UdSSR einen Anteil von etwa 67 Prozent. Ein Drittel der Bevölkerung des RGW-Bereichs oder ca. 90 Millionen lebten in den übrigen RGW-Ländern; davon in Polen 24,8 Millionen, in der DDR 18,4 Millionen, in Rumänien 16,3 Millionen, in der Tschechoslowakei 12,4 Millionen, in Ungarn 9,3 Millionen, in Bulgarien 7,2 Millionen und in Albanien 1,2 Millionen.[2] Die westeuropäischen Staaten konnten bei der Entwicklung ihrer Wirtschaftsbeziehungen in den vierziger und fünfziger Jahren an eine historisch gewachsene internationale Arbeitsteilung anknüpfen, wenngleich deren Entfaltung auch nach dem zweiten Weltkrieg durch Autarkietendenzen behindert wurde.[3] Demgegenüber entbehrte Osteuropa historische Traditionen einer gegenseitigen industriellen Verflechtung von Volkswirtschaften fast völlig.[4] Hinzu kam die Heterogenität, die das osteuro-

[1] Vgl. hierzu *Senin, M. W.*, Sozialistische Integration, a. a. O., S. 37 f.

[2] Statistisches Jahrbuch der Mitgliedsländer des Rates für gegenseitige Wirtschaftshilfe, Moskau 1971, S. 5, 6 und 7. Angabe für Albanien geschätzt.

päische Wirtschaftsgebiet kennzeichnete. Darauf verweist auch Beljajew: „Historisch gesehen umfaßte der Tätigkeitsbereich des Rates für Gegenseitige Wirtschaftshilfe in der Vergangenheit zwei voneinander getrennte Wirtschaftskomplexe, und zwar einerseits die Sowjetunion mit einer komplexen Volkswirtschaft, andererseits die nicht miteinander verbundenen Länder Mittel- und Osteuropas, die gewissermaßen ein Anhängsel der Wirtschaft Westeuropas waren und recht schwach entwickelte Handelsbeziehungen zueinander und zur Sowjetunion aufwiesen.“[5]

Die zu- und untergeordnete Rolle, die Osteuropa mit Ausnahme der UdSSR vor dem Kriege im Wirtschaftsverkehr mit Westeuropa innehatte, vor allem aber die einseitige Ausrichtung der kleinen und mittleren osteuropäischen Staaten auf die Rohstoffzulieferung und Lebensmittelausfuhr,[6] beruhte auf der Ausnutzung eines beträchtlichen wirtschaftlichen Niveaugefälles zwischen den europäischen Regionen durch das westeuropäische und besonders deutsche Monopolkapital. Untersuchungen über die wirtschaftlichen Niveauunterschiede, die in den zwanziger und dreißiger Jahren zwischen den Regionen Europas bestanden, wurden von Colin Clark durchgeführt.[7] Clark verwendete für seine Berechnungen eine eigens für den Zweck des Niveauvergleichs konstruierte Währungseinheit, den „international unit Dollar“.[8] Eine Untergliederung nach vier europäischen Regionen bzw. Ländergruppen, die allerdings die Sowjetunion und Großbritannien sowie eine Reihe kleinerer Länder nicht erfaßt, gibt Tabelle 16.

Deutlich wird die Diskrepanz zwischen dem wirtschaftlichen Entwicklungsniveau Nord- und Westeuropas einerseits und Süd- sowie Osteuropas andererseits. Während in der nordeuropäischen Region lediglich für Finnland, gemessen am Mittelwert, ein geringes Nationaleinkommen ausgewiesen ist, übertrafen alle Länder der westeuropäischen Gruppe den mit 194 Dollar pro Kopf errechneten europäischen Durchschnitt bei weitem. Dagegen lagen ausnahmslos alle süd- und osteuropäischen Länder unter dem europäischen Schnitt und wiesen mit Ausnahme der Tschechoslowakei erhebliche Differenzen zum Mittelwert auf. Den niedrigsten regionalen Durchschnittswert im Vergleich zum europäischen Durchschnitt hatte jedoch die ost- und südosteuropäische Gruppe, die im wesentlichen dann einen Bestandteil des RGW bildete.

Das waren die Länder Europas, die nach zum Teil jahrhundertelanger Fremdherrschaft erst spät ihre souveräne Eigenstaatlichkeit erlangt hatten; und zwar zu einem

3 Diese Tendenzen waren nicht nur eine Folge der Kriegsereignisse, sondern zum überwiegenden Teil ein Ergebnis staatsmonopolistischer Eingriffe in den Außenhandel, zu denen die westeuropäischen Regierungen schon in der Vorkriegszeit übergegangen waren. Zur Importkontingentierung und -lizensierung auch *Usenko, E. T.*, Sozialistische internationale Arbeitsteilung und ihre rechtliche Regelung, a. a. O., S. 232 f. Zur Problematik der Autarkietendenzen in Westeuropa auch: Probleme der wirtschaftlichen Integration in Ost- und Westeuropa. Ein Bericht der Forschungs- und Planungsabteilung der UN-Wirtschaftskommission für Europa. In: Europa-Archiv, 20. März 1953 und 5. April 1953.

4 Hierzu *Faddejew, N. W.*, Der Rat für Gegenseitige Wirtschaftshilfe, a. a. O., S. 105.

5 *Beljajew, J.*, Wirtschaftszusammenarbeit der RGW-Länder. Ergebnisse und Probleme, Moskau, o. J., S. 139.

6 Vgl. auch *Mikulski, K. J.*, Die Leninsche Lehre über die Weltwirtschaft und die Gegenwart, Moskau 1974, S. 49.

7 *Clark, Colin*, The Condition of Economic Progress, London 1940.

8 Summe der Güter und Dienstleistungen, die mit einem Dollar in den USA im Durchschnitt der Jahre 1925 bis 1934 gekauft werden konnten.

Tabelle 16

*Nationaleinkommen nach europäischen Ländern und Regionen im Durchschnitt der Jahre 1925–1934**

Länder/Regionen	Bevölkerung	Nationaleinkommen international unit $		
	um 1930 in 1000	Mill. $	$ je Kopf d. Bev.	i. Vgl. z. europ. Durchschnitt
Nordeuropa				
Norwegen	2814	607	216	111
Schweden	6251	1731	277	143
Dänemark	3551	1008	284	146
Finnland	3667	473	129	66
Nordeuropa insgesamt	16283	3819	235	121
Westeuropa				
Holland	7936	2624	331	171
Belgien	8092	2033	251	129
Frankreich	41835	12480	298	154
Schweiz	4066	1917	471	243
Deutschland	65092	17580	270	139
Österreich	6760	1613	239	123
Westeuropa insgesamt	133781	38247	286	147
Südeuropa				
Portugal	6826	839	123	63
Spanien	23907	2940*	123*	63
Italien	41177	5320	129	66
Griechenland	6205	922	149	77
Südeuropa insgesamt	78115	10021	128	66
Ost- u. Südosteuropa				
Tschechoslowakei	14730	2680	182	94
Polen	32107	3428	107	55
Litauen, Lettland, Estland	5228	581	111	57
Ungarn	8688	1205	139	72
Rumänien	18053	1471	81	42
Bulgarien	6078	524	86	44
Jugoslawien	13934	1352	97	50
Ost- und Südosteuropa insgesamt	98818	11241	113	58
Europa insgesamt	326997	63328	194	100

* geschätzt

Quelle: Autorenkollektiv, Die deutsche Wirtschaft zwei Jahre nach dem Zusammenbruch, (West) Berlin 1947, S. 170.

Zeitpunkt, als – wie Lenin formuliert – die Aussonderung weniger Staaten, die finanzielle „Macht" besitzen, bereits erfolgt war.[9] Mit Beginn der formalen Unabhängigkeit trat somit an Stelle der offenen Fremdherrschaft die latente, die wirtschaftliche und oft auch politische Vormundschaft von Staaten, die Monopolstellung erlangt hatten. Ein solches Abhängigkeitsverhältnis konnte nicht ohne negative Folgen für die wirtschaftliche Entwicklung der osteuropäischen Länder bleiben.[10] Es mußte sich negativ auch dort auswirken, wo auf Initiative des ausländischen westeuropäischen und überseeischen Kapitals Industrieinvestitionen erfolgten. Gunnar Myrdal verweist darauf, indem er – bezogen auf die Situation Osteuropas vor dem zweiten Weltkrieg – schreibt:

„Den osteuropäischen Ländern gelang es nicht, sich wie die westeuropäischen zu entwickeln, und in einigen dieser Länder kam es sogar zu ausländischen Investitionen des Enklavetyps. Diese beuteten die billigen Arbeitskräfte und Rohmaterialien für ausländische Rechnung aus."[11]

Ungünstig wirkte sich die Praxis des Kapitalexports besonders auf die südosteuropäischen Länder aus. Und zwar nicht nur wegen der mit dem Gewinntransfer eintretenden Schmälerung der Eigenakkumulation, sondern auch infolge der nach den Interessen des Fremdkapitals auf dem Balkan betriebenen einseitigen Investitionspolitik. Die im Zuge des Kapitalexports bzw. -imports eingeführten Produktionsgüter wurden früher fälschlich oft a prima vista als Faktor gewertet, der die Entwicklung des Balkans erleichterte. Dabei wurde übersehen, daß die Maschineneinfuhr meist nur der vom Fremdkapital bevorzugten extraktiven Industrie zugute kam, wie übrigens auch die verkehrstechnische Erschließung vorwiegend dem Aspekt der Rohstoffausbeutung unterlag. Aber gerade die fortgesetzte Einfuhr der benötigten technischen Ausrüstungen – über einen längeren Zeitraum praktiziert – trug dazu bei, daß ein eigener Maschinenbau in den Balkanstaaten in nennenswertem Umfang nicht entwickelt wurde. Das bedeutete, daß das Hauptproduktionsmittel, die Maschine, aus der industriellen Entwicklung eines größeren europäischen Wirtschaftsgebietes bis zum Beginn der sozialistischen Industrialisierung nach dem zweiten Weltkrieg nahezu völlig ausgeklammert wurde. Hierin ist eine der Ursachen für den zunehmenden wirtschaftlichen Rückstand zu sehen, in den Südeuropa gegenüber dem zeitiger industrialisierten Westeuropa geriet.[12]

Als Hindernis für eine den nationalen Interessen entsprechende Wirtschaftspolitik und eine eigenständige Industrialisierung ist ferner der Umstand anzusehen, daß es den aus-

9 Vgl. *Lenin, W. I.*, Der Imperialismus als höchstes Stadium des Kapitalismus. In: Werke, Band 22, Berlin 1960, S. 242.

10 Hierzu auch *Usenko, E. T.*, Sozialistische internationale Arbeitsteilung und ihre rechtliche Regelung, a. a. O., S. 31.

11 *Myrdal, Gunnar*, „Internationale Wirtschaft", Berlin 1958, S. 127.

12 Viel zu wenig sind bisher vergleichende wirtschaftshistorische Analysen der Industrialisierung europäischer Länder durchgeführt worden. In diesem Zusammenhang sei daran erinnert, welche große Bedeutung für die Industralisierung Deutschlands im 19. Jahrhundert die frühzeitige Entwicklung eines eigenen Maschinenbaus mit denkbar breitem Produktionssortiment gewann, während das industriell weiterentwickelte England ursprünglich seinen Industrialisierungsvorsprung durch eine Exportsperre für Maschinen zu sichern glaubte und dadurch ungewollt Deutschland zur Entwicklung eines eigenen Maschinenbaus stimulierte. Vgl. *Mottek, Hans*, Wirtschaftsgeschichte Deutschlands. Band II, Berlin 1964, S. 99 ff. sowie im weiteren S. 111 ff. und S. 172 ff. Hierzu auch: *Mottek/Blumberg/Wuzmer/Becker*, Studien zur Geschichte der industriellen Revolution in Deutschland. Berlin 1960, S. 19 f.

ländischen Finanzgruppen vor und nach dem ersten Weltkrieg gelang, sich in den verschiedensten Wirtschaftsbereichen der südosteuropäischen Kleinstaaten komplementäre Einflußbereiche zu schaffen. Ausländisches Kapital faßte nicht nur in der extraktiven Industrie, sondern auch im Banksektor, im Verkehrswesen, in den Versicherungsgesellschaften und im Großhandel Fuß.[13] Dadurch wurde die wirtschaftspolitische Aktionsfähigkeit der südosteuropäischen Regierungen entscheidend eingeschränkt, und selbst schüchterne Ansätze für eine Lösung vom Fremdkapital wurden wirkungsvoll blockiert.[14] In einer 1944 veröffentlichten Arbeit schrieb Manoilescu: „Die Entwicklung der südosteuropäischen Wirtschaft und ihre Beziehungen zu der Umwelt waren ausschließlich von den Interessen der betreffenden nationalen und ausländischen führenden Schichten bestimmt. Wenn die gesamtnationalen Interessen der südosteuropäischen Völker manchmal befriedigt wurden, geschah dies nur dank ihres zufälligen Zusammentreffens mit den privatkapitalistischen Interessen."[15]

Auf die historische Entwicklung der Wirtschaftsbeziehungen zwischen den osteuropäischen und westeuropäischen Staaten besonders seit der Jahrhundertwende trifft zu, was Lenin in bezug auf die Übergangsformen der staatlichen Abhängigkeit imperialistischer Prägung schrieb: „Typisch für diese Epoche sind nicht nur die beiden Hauptgruppen von Ländern – die Kolonien besitzenden und die Kolonien selber –, sondern auch die verschiedenartigen Formen der abhängigen Länder, die politisch, formal selbständig, in Wirklichkeit aber in ein Netz finanzieller und diplomatischer Abhängigkeit verstrickt sind."[16] Und Imre Vajda stellte in den sechziger Jahren im historischen Rückblick auf die Jahrhundertwende, die internationale Arbeitsteilung einschätzend, fest:

[13] Umfangreiche Analysen hierzu für Jugoslawien bei *Dimitrijevic', S.*, Das ausländische Kapital in Jugoslawien vor dem zweiten Weltkrieg. Berlin 1963, Vgl. auch *Juković, B.*, Das ausländische Kapital in Jugoslawien. Stuttgart, o. J.

Für Rumänien: *Spiru, B.*, Freiheit die sie meinen ..., Berlin 1957. *Sitescu, P. M.*, Der rumänische Wirtschaftsraum. Bukarest 1939. Zur Rolle des Auslandskapitals in Rumänien auch *Leontieş, D.*, Die Auswirkungen der staatlichen Industrieförderungsmaßnahmen im vorkommunistischen Rumänien unter Berücksichtigung der politischen, sozialen und wirtschaftlichen Faktoren des Landes. München 1971, S. 106.

Für Bulgarien: *Čakalow, A.*, Formi rasmer i deinost na čushdija Kapital w Bulgarija 1938–1944. (Formen, Umfang und Auswirkung des Auslandskapitals in Bulgarien) Sofia 1962.

[14] Nach dem ersten Weltkrieg schien die rumänische Regierung unter Vintila Bratianu eine distancierte Haltung gegenüber dem Auslandskapital einzunehmen. Sein Einfluß sollte nach der von den Nationalliberalen aufgestellten Losung „Prin noi insine" (aus eigener Kraft) zurückgedrängt werden. Vgl. *Hoffmann, Walter,* Südosteuropa. Leipzig 1932, S. 131. Doch das 1924 erlassene Berggesetz, nach dem Rumäniens Bodenschätze verstaatlicht werden sollten, konnte infolge des Widerstands vor allem der amerikanischen Erdölinteressenten nie durchgesetzt werden. Hierzu ausführlich *Spiru, B.*, a. a. O., S. 89 ff. Der rumänische Anteil an der Erdölproduktion des Landes, der 1912 nur 4 Prozent ausmachte, wurde zwar 1921 mit 36 Prozent ausgewiesen. Doch erstens nahm dieser Eigenanteil trotz des Berggesetzes ständig ab – 1926 betrug er 28,4 Prozent und 1928 24,5 Prozent – (*Leonties, D.*, a. a. O., S. 106), und zweitens verbargen sich hinter diesem rumänischen Anteil in Wirklichkeit wiederum ausländische Beteiligungen an den rumänischen Banken. Zu einer Verstaatlichung der Bodenschätze kam es in der Zwischenkriegszeit in Rumänien nicht, und fünf Jahre nach Inkrafttreten des Berggesetzes wurde es von den an die Macht gelangten Nationalzaranisten faktisch wieder aufgehoben.

[15] *Manoilescu, M.*, Die sozialökonomische Struktur Südosteuropas. Jena 1944, S. 4. Zitiert bei *Leonties, D.*, a. a. O., S. 101 f.

[16] *Lenin, W. I.*, Der Imperialismus als höchstes Stadium des Kapitalismus, a. a. O., S. 267.

„... wir dürfen nicht verschweigen, daß die damalige internationale Arbeitsteilung ihren scheinbar hohen Entwicklungsgrad vor allem dem Industriemonopol einer Handvoll europäischer Länder, vor allem England, daneben Frankreich und Deutschland, zu verdanken hatte; zu dieser Gruppe kamen später die Vereinigten Staaten hinzu. Jenes tatsächliche Monopol schloß die überwiegende Mehrzahl der Völker aus der Industrieerzeugung aus; die internationale Arbeitsteilung, die als Ergebnis dieser Situation entstand, erwies sich nicht als Motor des Wachstums.“[17]

Im Vergleich zu den meisten westeuropäischen Ländern waren die Staaten Osteuropas außerdem in weit geringerem Maße in die internationale Arbeitsteilung einbezogen.

Tabelle 17

*Außenhandel pro Kopf der Bevölkerung im Jahre 1937**

	Einfuhr	Ausfuhr
Belgien-Luxemburg	265	247
Dänemark	241	226
Norwegen	273	173
Niederlande	247	183
Schweiz	246	175
Schweden	215	202
Großbritannien und Nordirland	248	136
Irland	182	93
Österreich	101	84
Deutschland	81	87
Frankreich	102	58
Italien	42	31
Portugal	36	19
Finnland	129	132
Tschechoslowakei	62	68
Ungarn	39	48
Griechenland	51	32
Bulgarien	23	25
Rumänien	19	29
Jugoslawien	19	23
Polen	17	16
Albanien	14	7
Sowjetunion	4	5

* Umgerechnet auf RM

Quelle: Wiel, P., Der verkehrswirtschaftliche Zusammenhang Europas. In: Dokumente und Berichte des Europa-Archivs, Bd. 7, 1949, S. 15.

Als Zuspätkommende auf dem Weltmarkt unter den Druck des ausländischen Kapitals geraten, welches das Aufholen des Entwicklungsrückstandes behinderte, konnten die osteuropäischen Länder vor dem Krieg die Schranken der wirtschaftlichen Rückständigkeit nicht durchbrechen, zumal innere Triebkräfte für einen wirtschaftlichen Aufschwung durch konservative und zum Teil profaschistische Regierungen wie die monarcho-faschi-

[17] *Vajda, I.*, Internationale Arbeitsteilung und Wirtschaftsreform, Budapest 1969, S. 17.

stische Diktatur in Rumänien, das Sanacja-Regime in Polen und die Horthy-Diktatur in Ungarn blockiert wurden. Obwohl die Länder Osteuropas mit Ausnahme der Tschechoslowakei vor dem Krieg Agrarländer waren und die osteuropäische Landwirtschaft wie in Polen und Ungarn als wichtiger Exportsektor galt, wurde sie vorwiegend extensiv betrieben. Sowohl für die Landwirtschaft Polens als auch Ungarns, Rumäniens, Bulgariens, Jugoslawiens und Albaniens waren ein niedriges agrotechnisches Niveau und geringe Ertragsdurchschnitte charakteristisch. Die durch eine ungünstige sozialökonomische Struktur und agrarische Überbevölkerung gekennzeichnete osteuropäische Landwirtschaft konnte nur ein begrenzter Absatzmarkt für die einheimische Industrie sein. Eine positive Wechselwirkung zwischen industrieller und landwirtschaftlicher Entwicklung wurde in weiten Gebieten Osteuropas vor dem Krieg kaum spürbar. Die Produktivität nicht nur der Industrie, sondern auch der Landwirtschaft war in den Agrarstaaten Osteuropas wesentlich geringer als in den Industriestaaten Westeuropas.

Tabelle 18

Produktivität der Industrie und Landwirtschaft in ausgewählten west- und osteuropäischen Ländern (in Dollar auf Basis der Kaufkraft von 1938)

Länder	Nettowert der Industrieproduktion pro Beschäftigten 1938		Nettowert der Agrarproduktion 1934—1938	
	ohne Kleinindustrie	einschließlich Kleinindustrie	pro Beschäftigten	pro ha
Westeuropa				
Dänemark	970	900	440	84
Norwegen	910	890	200	86
Schweden	990	950	470	61
England*	910	910	560	86
Belgien-Luxemburg	...	...	400	154
Frankreich	...	580	280	57
Deutschland	880	790	290	101
Niederlande	...	790	500	183
Schweiz	...	...	430	203
Osteuropa				
Tschechoslowakei*	550	450	200	67
Ungarn	430	340	150	43
Polen	500	400	130	52
Bulgarien	320	300	110	45
Rumänien	430	290	80	27

* Für die Industrie 1937
Quelle: Economic Survey of Europe in 1948, Genf 1949, S. 225.

In den Nachkriegsjahren, als es um die Wiederherstellung der wesentlich stärker vom Krieg zerstörten osteuropäischen Volkswirtschaften und damit das Wiedererreichen des Vorkriegsstandes ging, konnte der Entwicklungsrückstand zum wirtschaftlichen Niveau Westeuropas nicht wesentlich vermindert werden. Zum Teil hatte er sich sogar vergrößert. Das machen Angaben der UNO-Wirtschaftskommission für Europa (ECE) zumindest für die von der Statistik erfaßten späteren RGW-Ländern erkennbar.

Tabelle 19

*Nationaleinkommen Nord- und Westeuropas sowie osteuropäischer Länder**

Regionen und Länder	1938 Bev. in Mill.	1938 Nationaleink. in Mill. $	1938 NE/ Kopf der Bev. in $	1947 Bev. in Mill.	1947 Nationaleink. Mill. $	1947 NE/ Kopf d. Bev. in $	1948 Bev. in Mill.	1948 Nationaleink. in Mill. $	1948 NE/ Kopf d. Bev. in $
Nordeuropa**	63,6	23000	362	66,6	23440	352	67,3	25850	384
Westeuropa***	63,3	16600	262	64,1	14910	233	65,0	16480	254
Nord- und Westeuropa insgesamt	126,9	39600	312	130,7	38350	293	132,3	42330	320
Tschechoslowakei	15,3	2690	176	12,2	2010	165	12,3	2400	195
Ungarn	9,1	1020	112	9,1	750	82	9,2	890	98
Polen	34,7	3600	104	23,5	2670	114	24,0	3390	141
Bulgarien	6,3	430	68	7,0	360	51	7,1	470	66

* Preise in Dollar, Basisjahr 1938
** Dänemark, Schweden, Norwegen, Großbritannien, Irland
*** Frankreich, Belgien, Niederlande, Luxemburg, Schweiz
Quelle: Economic Survey of Europe in 1948, Genf 1949, S. 235, neu zusammengestellt und berechnet vom Verfasser.

Während das pro Kopf der Bevölkerung errechnete Nationaleinkommen der Tschechoslowakei 1938 nur etwas über der Hälfte des westeuropäischen Niveaus lag, erzielten Ungarn und Polen[18] nur etwa ein Drittel und Bulgarien sogar noch nicht einmal ein Viertel des westeuropäischen Durchschnittswertes. Im Falle der Tschechoslowakei und vor allem Polens hatte sich der Abstand bis 1948 etwas verringert. Hierin kann ein Resultat des forcierten Wiederaufbaus der Wirtschaft gesehen werden. Für Polen erklärt sich die etwas günstigere Relation aber auch aus der territorialen Verschiebung im Zusammenhang mit der Änderung seiner Staatsgrenzen – der Eingliederung der zum Teil industriell entwickelten Westgebiete sowie den enormen durch Krieg und faschistischen Okkupationsterror erlittenen Bevölkerungsverlusten.[19] Wiesen auch die für 1948 angegebenen Resultate, gemessen am für Nord- und Westeuropa errechneten Durchschnitt von 320 Dollar, auf das vergleichsweise niedrige osteuropäische Wirtschaftsniveau hin – die Tschechoslowakei lag unter zwei Dritteln, Polen unter der Hälfte, Ungarn unter einem Drittel und Bulgarien ungefähr bei einem Fünftel dieses Wertes – ist außerdem die große Streuungsbreite der osteuropäischen Ergebnisse bemerkenswert. Zwischen den

[18] Die von Zienkowski angegebenen Zahlen für den Vergleich des Nationaleinkommens pro Kopf der Bevölkerung in Polen und in westeuropäischen Ländern weisen für 1938 eine noch größere Differenz aus. *Zienkowski, L.*, Dochód narodowy Polski 1937–1960, Warszawa 1963, S. 242.

[19] *Iskra, W.*, Die industrielle Entwicklung in Polen, Warschau 1970, S. 15 f.

Ländern des RGW-Bereichs existierten große Unterschiede. Das zeigen sowohl Vergleiche des Nationaleinkommens als auch des Volumens der Industrieproduktion zu Beginn der Zusammenarbeit im RGW.

Tabelle 20

Nationaleinkommen und Industrieproduktion der RGW-Länder pro Kopf der Bevölkerung 1950 (Polen = 100)

Länder	Nationaleinkommen	Industrieproduktion
Polen	100	100
Rumänien	49	44
Bulgarien	53	61
Ungarn	105	111
UdSSR	88	142
Tschechoslowakei	152	202
DDR	115	193

Quelle: Beljajew, J. N., Sblishenje urownej ekonomitscheskogo Raswitija sozialistischeskich stran. Moskau 1967, S. 75 u. 121, zitiert bei Iskra, Wiesław, a. a. O., S. 18.

Erreichten die extremsten Niveauunterschiede im Nationaleinkommen 103 Punkte, waren es bei der Industrieproduktion sogar 158 Punkte, die den Maximalabstand ausmachten. Oder anders ausgedrückt: Rumänien erzeugte beispielsweise pro Einwohner nur ein Drittel des Nationaleinkommens, das die Tschechoslowakei produzierte und lediglich ein Viertel der tschechoslowakischen Industrieproduktion.

Wurde die Überwindung des Entwicklungsrückstandes, die sich der RGW zum Ziel gestellt hatte, mit Recht vor allem im Aufbau einer modernen Großindustrie gesehen, so konnte die Bestimmung der Richtung des wirtschaftlichen Aufschwungs – die Festlegung der Investitionsziele zur Schaffung des neuen Produktionspotentials – nur unter Berücksichtigung der Struktur des vorhandenen erfolgen. Auch hierbei galt es deshalb, den in der Vergangenheit entstandenen Gegebenheiten Rechnung zu tragen. Gleichzeitig konnte auf Erfahrungen zurückgegriffen werden, die in der Sowjetunion beim Aufbau der Industrie gemacht worden waren.

In der UdSSR, die um 1926 den Vorkriegsstand der Industrieproduktion von 1913 wiedererreicht hatte,[20] war innerhalb von drei verkürzten Fünfjahrplänen, von 1928 bis 1940 – vor der faschistischen Aggression –, ein gewaltiges Industriepotential entstanden. Damit war das Land innerhalb einer historisch kurzen Frist in einem bis dahin beispiellosen Tempo zur Industrialisierung übergegangen.

Von 1928 bis 1937 waren die Produktionsgrundfonds auf nahezu das 6,5fache angestiegen.[21] In zwei Jahrzehnten hatte sich die Sozialstruktur durch den Zustrom von Millionen Arbeitskräften vom Land in die neugeschaffenen und rekonstruierten Industriebe-

[20] 1926 übertraf die Bruttoproduktion der Industrie den Stand von 1913 um 8 Prozent. In der Steinkohlenförderung und in der Erzeugung von Elektroenergie war der Vorkriegsstand um das Doppelte übertroffen worden, während die Roheisen- und Stahlproduktion hinter dem Vorkriegsstand erheblich zurückgeblieben war. Dazu *Berchin, I. B.*, Geschichte der UdSSR 1917–1970, a. a. O., S. 292 ff.

[21] Sozialistisches Weltwirtschaftssystem, Band 1, Berlin 1967, S. 164.

triebe gewandelt. Arbeiteten 1913 im zaristischen Reich 3,5 Millionen Arbeiter in der Industrie, so beschäftigte die sowjetische Industrie 1940 8,3 Millionen Arbeiter.[22] Besonders in solchen Produktionszweigen, die für die Wirtschaft des Landes von grundlegender Bedeutung waren, konnte eine beachtliche Steigerung des Produktionsausstoßes erzielt werden. Gegenüber 1913 hatte sich 1940 die Roheisenproduktion vervierfacht, die Stahlproduktion erreichte das Viereinhalbfache, die von Kohle sogar das Fünfeinhalbfache und die Erdölförderung war dreieinhalb mal so hoch wie vor dem ersten Weltkrieg.[23] Große Erfolge konnten bei der Elektrifizierung errungen werden. Die Erzeugung von Elektroenergie übertraf 1940 den Vorkriegsstand um das Vierundzwanzigfache.[24] Das Eisenbahnnetz war rekonstruiert und von 58 000 Kilometer des Standes von 1913 auf 106 100 Kilometer ausgebaut worden.[25]

Durch die energische Forcierung der Industrialisierung vor allem infolge der durch die KPdSU vorgenommene planmäßige Konzentration aller mobilisierbaren Kräfte auf dieses Ziel konnte der wirtschaftliche Entwicklungsrückstand, in den das Land vor der Oktoberrevolution gegenüber den Industriestaaten geraten war, verringert werden. Gemessen am absoluten Produktionsvolumen wurden westeuropäische Länder in wichtigen Positionen der Industrieproduktion übertroffen. Beispielsweise erzeugte die UdSSR 1940 mit einer Leistung von über 48 Milliarden Kilowattstunden Strom mehr als doppelt soviel wie Frankreich (19 Milliarden Kilowattstunden) und weit mehr als England (30 Milliarden Kilowattstunden).[26] Auch in der Roheisenerzeugung war die Jahresproduktion der UdSSR 1940 mit fast 15 Millionen Tonnen erheblich höher als die Frankreichs, das 1937 annähernd 8 Millionen Tonnen und 1939 nur 7,4 Millionen Tonnen produzierte. Sie übertraf auch bei weitem Englands Roheisenerzeugung, die 1940 einen Umfang von über 18 Millionen Tonnen hatte.[27] Ähnlich fällt ein Vergleich des Vorkriegsniveaus der Stahlproduktion dieser Länder aus. Während die sowjetische Rohstahlproduktion 1940 einen Umfang von über 18 Millionen Tonnen annahm, erzeugte Frankreich 1939 um 8 Millionen Tonnen und England 1940 über 13 Millionen Tonnen.[28] Gegenüber den USA bestand jedoch in der Produktion dieser schwerindustriellen Erzeugnisse noch ein enormer Abstand. Erzeugten die USA doch 1940 mit einer Jahresproduktion von ca. 142 Milliarden Kilowattstunden Strom[29] und 43 Millionen Tonnen Roheisen[30] fast das Dreifache sowie mit über 60 Millionen Tonnen Stahl[31] mehr als das Dreifache des entsprechenden sowjetischen Produktionsvolumens.

Trotz der großen Industrialisierungserfolge war die industrielle Erschließung des riesigen Landes zum Zeitpunkt des faschistischen Überfalls längst nicht abgeschlossen, der industrielle Entwicklungsrückstand zu den kapitalistischen Industrieländern noch nicht aufgeholt. Betrug doch der Entwicklungsrückstand des ehemaligen russischen Kerngebietes des zaristischen Reiches gegenüber entwickelten kapitalistischen Ländern Europas

22 Ebenda.
23 Ebenda.
24 *Berchin, I. B.*, Geschichte der UdSSR, a. a. O., S. 478.
25 Ebenda, S. 478 f.
26 UN-Statistical Yearbook 1949–50. New York 1950, S. 283 und 285.
27 Un-Statistical Yearbook 1954. New York 1954, S. 231 und 232.
28 Ebenda, S. 233 und 234.
29 UN-Statistical Yearbock 1949–50. New York 1950, S. 281.
30 UN-Statistical Yearbock 1953, New York 1954, S. 231.
31 Ebenda, S. 233.

nach Schätzungen des sowjetischen Ökonomen Azamkulow 50 bis 100 Jahre, während er für Gebiete wie Tadshikistan, Usbekistan, Kirgisien und Turkmenistan mit 300 bis 400 Jahren eingeschätzt wird.[32] Es ist deshalb nicht verwunderlich, daß die Sowjetunion trotz des durch den Aufbau der schwerindustriellen Basis erzielten Terraingewinns in der Pro-Kopf-Produktion von Elektroenergie, Roheisen, Stahl, Kohle und Zement vor dem Krieg noch beträchtlich unter den jeweiligen Ergebnissen der meisten westeuropäischen Länder und der USA lag.

Für die Einschätzung der schwerindustriellen Grundlagen, über die der RGW-Bereich als Ausgangsbasis verfügte, ist es jedoch erforderlich, auch die Produktionsergebnisse der übrigen RGW-Länder in den Niveauvergleich einzubeziehen. Eine Gegenüberstellung des Vorkriegsstandes der Produktion wichtiger schwerindustrieller Erzeugnisse in den Ländern des RGW-Bereichs und einer Reihe größerer und kleinerer westeuropäischer Staaten sowie den USA gibt Tabelle 21.

Obwohl die westeuropäischen Vorkriegsergebnisse die Leistungen eines umfangreichen schwerindustriellen Potentials widerspiegeln – es kommt noch hinzu, daß die Produktionskapazitäten zum Teil nicht voll ausgelastet waren – wird doch deutlich, daß die USA sowohl im Ausbau ihrer Energiebasis als auch in der Metallurgie einen Vorsprung erzielt hatten. Jedoch läßt der Umfang der Produktion einzelner westeuropäischer Länder eine Ergänzung der nationalen Produktionskapazitäten erkennen. Alle drei größeren westeuropäischen Industriestaaten verfügten über beträchtliche Grundstoffkapazitäten.

Außerdem trugen die überdurchschnittlich voluminösen Produktionen kleiner Länder zur Befriedigung des westeuropäischen Gesamtbedarfs bei. Das gilt vor allem für solche Energieexporteure wie die Schweiz und Norwegen, den Stahl- und Kohleexporteur Belgien, aber auch für den Kleinstaat Luxemburg mit seiner überdimensionalen Roheisen- und Stahlproduktion. Andererseits konnten Produktionslücken der westeuropäischen Kleinstaaten durch das relativ gut entwickelte westeuropäische Gesamtpotential abgedeckt werden.

In einer ganz anderen Lage befand sich die osteuropäische Wirtschaft. Produktionsumfang und Pro-Kopf-Berechnungen lassen in den meisten Fällen eine wesentlich niedrigere Leistungsfähigkeit des Grundstoffsektors erkennen. Das betrifft vor allem die Agrarländer Bulgarien, Rumänien, aber auch Ungarn und Polen, deren industrielle Entwicklung zwar bereits im 19. Jahrhundert eingesetzt hatte,[33] in denen jedoch vor dem Krieg noch die Agrarproduktion überwog. Nur in der Kohleförderung – der einzigen extraktiven Position der hier ausgewählten Produktionen – war der Abstand weniger kraß.[34]

Deutlich wird der Rückstand Osteuropas in der Elektrifizierung. Lediglich das Territorium der DDR schnitt bei der Pro-Kopf-Produktion an Elektroenergie im Vergleich zu den westeuropäischen Ländern günstig ab. Sieht man von dieser Ausnahme einmal ab, so hoben sich nur die Tschechoslowakei und die Sowjetunion innerhalb der osteuro-

32 *Hildebrandt, Günter*, Ch. Azamkulow: Die Beseitigung der technisch-ökonomischen Rückständigkeit der Völker des sowjetischen Ostens. In: Wirtschaftswissenschaft, Nr. 7, 1973, S. 1089.

33 Vgl. *Luxemburg, Rosa*, Die industrielle Entwicklung Polens. In: Gesammelte Werke, Band 1, erster Halbband, Berlin 1974, S. 129 ff.

34 Der hohe Produktionsumfang Ostdeutschlands bezieht sich vornehmlich auf die Braunkohlenförderung.

Tabelle 21

Vorkriegsstand der Produktion ausgewählter industrieller Grundstoffe in ost- und westeuropäischen Ländern und den USA

Länder	Elektroenergie		Roheisen		Stahl		Kohle		Zement	
Osteuropäische Länder	Mrd. kWh	kWh pro Kopf	Mill. t	kg pro Kopf	Mill. t	kg pro Kopf	Mill. t	kg pro Kopf	Mill.t	kg pro Kopf
UdSSR	48,300	249	14,900	77	18,300	94	165,900	855	5,700	29
Polen	3,977	115	0,879	25	1,441	41	38,104	1099	1,719	49
Ostdeutschland	14,000	866	0,202	12	1,199	74	101,100	6256	1,700	105
Tschechoslowakei	4,115	285	1,675	116	2,301	159	34,672	2403	1,273	88
Ungarn	1,399	154	0,335	37	0,648	71	9,300	1022	0,343	38
Rumänien	1,148	73	0,133	8	0,277	18	2,800	179	0,532	34
Bulgarien	0,232	37	–	–	0,006	1	2,214	351	0,200	32
Albanien	0,009	–	–	–	–	–	0,004	–	0,009	–
Westeuropäische Länder und USA										
Frankreich	20,800	499	7,914	192	7,920	192	44,346	938	4,285	104
England	25,708	539	6,870	144	13,192	279	230,636	4835	7,840	164
Westdeutschland	34,278	861	12,576	318	17,904	448	85,000	2136	8,532	216
Belgien	5,549	665	3,804	456	3,863	463	29,859	3578	2,975	356
Luxemburg	0,563	1883	2,512	8401	2,510	8394	–	–	0,076	254
Niederlande	3,688	424	0,312	36	0,057	6	14,321	1666	0,441	51
Norwegen	9,927	3400	0,174	59	0,070	24	0,627	215	0,332	114
Schweden	8,162	1295	0,693	110	1,106	176	0,460	73	0,876	139
Dänemark	1,104	294	–	–	0,020	5	–	–	0,676	180
Schweiz	6,842	1637	–	–	–	–	–	–	0,610	146
USA	146,476	1136	37,758	293	51,380	398	448,303	3476	20,138	156

* Ostdeutschland 1936; Westdeutschland 1936 (für Elektroenergie und Kohle 1937, für Stahl 1938); Tschechoslowakei, Belgien, Luxemburg, Dänemark, Schweiz und USA 1937; Frankreich 1937 (Elektroenergie 1938); Niederlande 1937 (Elektroenergie 1938); Schweden 1937 (Elektroenergie 1938) Polen, Ungarn, Rumänien und Albanien 1938; England 1938 (für Stahl 1937); Norwegen 1938 (für Stahl 1937); Bulgarien 1939 (für Elektroenergie 1938); UdSSR 1940

Quelle: Statistical Yearbook 1949–50, United Nations, New York 1940; Statistical Yearbook 1954, United Nations, New York 1954; Taschenbuch über die Volksdemokratien 1953, Deutsches Wirtschaftsinstitut; Länder der Erde, politisch-ökonomisches Handbuch, Berlin 1975; Wirtschaftsprobleme der Besatzungszonen, Deutsches Institut für Wirtschaftsforschung, (West)Berlin 1948.

päischen Ländergruppe durch höhere Pro-Kopf-Resultate der Energieerzeugung hervor. Jedoch läßt sich die Energieproduktion der Tschechoslowakei in der Gegenüberstellung mit Westeuropa nur mit der sogar noch etwas höheren Pro-Kopf-Leistung Dänemarks vergleichen, das vor dem Krieg als ein auf Agrarproduktion spezialisiertes Land innerhalb der westeuropäischen Gruppe die relativ niedrigste Stromerzeugung aufwies.

Aufschlußreich ist aber vor allem ein Vergleich der Roheisen- und Stahlproduktion Ost- und Westeuropas. Er zeigt, daß für den osteuropäischen Wirtschaftsraum eine eklatante Produktionslücke in der Schwarzmetallurgie kennzeichnend war. Das traf auch für das ostdeutsche Gebiet zu. Nur die Sowjetunion verfügte über umfangreiche Kapazitäten in der Schwarzmetallurgie – eine Aussage, die allerdings durch die Pro-Kopf-Berechnung relativiert wird.

Zwar schwanken die Jahresergebnisse des Produktionsausstoßes der in den Vergleich einbezogenen Länder während der Vorkriegszeit vor allem in Westeuropa zum Teil sehr stark und die angeführten Zahlen beziehen sich auf einzelne Jahre des Zeitraums von 1936 bis 1940. Dennoch kann an Hand der Angaben auf die Vorkriegskapazität geschlossen werden. Für das Schwarzmetallurgie-Potential kann festgestellt werden, daß in der Vorkriegszeit die Jahreskapazitäten aller späteren osteuropäischen Volksdemokratien zusammengenommen – das DDR-Gebiet eingeschlossen – weit geringer waren als die einzelner Länder Westeuropas. Oder anders ausgedrückt: nicht nur Länder wie England und Frankreich, sondern das westdeutsche Territorium, aber auch Belgien, waren für sich genommen in der Lage, mehr Stahl zu produzieren als ein Gebiet Europas, das später ein Drittel des RGW-Bereichs ausmachte; ein Umstand, der für die Festlegung der Investitionsschwerpunkte der sozialistischen Industrialisierung im RGW-Bereich Prioritäten schuf.

Gravierende Unterschiede zu ungunsten Osteuropas läßt schließlich auch ein Vergleich der Zementproduktion erkennen. Auch er bestätigt, daß die osteuropäische Wirtschaft einen enormen Nachholebedarf hatte, daß ihre Kapazitäten in der Grundstoffproduktion äußerst ausbaubedürftig waren.

Der zweite Weltkrieg hatte mit der Einbeziehung nahezu aller wirtschaftlichen Potenzen in die Kriegsführung auch in der osteuropäischen Wirtschaft zu Strukturveränderungen geführt. Besonders tiefgreifende Umstellungen erfuhr die sowjetische Wirtschaft. Seit 1939/40 hatten die KPdSU und die sowjetische Regierung die Verteidigungsvorbe-

Tabelle 22

Industrieproduktion der UdSSR 1944–1950 (in Prozent, 1940 = 100)

	1944	1945	1946	1947	1948	1959	1950
Industrieproduktion gesamt	104	92	77	93	118	141	173
davon Gruppe A	136	112	82	101	130	163	205
davon Gruppe B	54	59	67	82	99	107	123

Quelle: Rechenschaftsbericht des ZK der KPdSU (B) an den XIX. Parteitag. In: Für dauerhaften Frieden, für Volksdemokratie, Nr. 41, 1952, S. 2ff.

Tabelle 23

Produktion ausgewählter industrieller Grundstoffe im RGW-Bereich, in westeuropäischen Ländern und den USA (1950)

Länder	Elektroenergie		Roheisen		Stahl		Kohle		Zement	
	Mrd. kWh	kWh pro Kopf	Mill. t	kg pro Kopf	Mill. t	kg pro Kopf	Mill. t	kg pro Kopf	Mill. t	kg pro Kopf
RGW-Bereich										
UdSSR	91,226	507	19,175	106	27,329	152	256,841	1427	10,194	57
Polen	9,421	380	1,399	56	2,515	101	82,837	3340	2,514	101
DDR	19,466	1059	0,337	18	1,257	68	139,855	7606	1,412	77
Tschechoslowakei	9,280	749	1,951	157	3,122	252	45,005	3633	1,998	161
Ungarn	3,001	321	0,465	50	1,048	112	13,268	1421	0,797	85
Rumänien	2,113	130	0,320	20	0,556	34	3,224	198	1,028	63
Bulgarien	0,797	110	0,003	0,4	0,005	0,7	5,928	818	0,602	83
Albanien	0,021	17	–	–	–	–	0,041	34	0,016	13
Volksdemokratien und DDR	44,099	492	4,475	50	8,502	95	290,158	3235	8,367	93
RGW-Länder insgesamt	135,325	502	23,650	88	35,831	133	546,999	2028	18,561	69

Länder	Elektroenergie		Roheisen		Stahl		Kohle		Zement	
	Mrd. kWh	kWh pro Kopf	Mill. t	kg pro Kopf	Mill. t	kg pro Kopf	Mill. t	kg pro Kopf	Mill. t	kg pro Kopf
Westeuropäische Länder und USA										
Frankreich	33,622	801	7,838	187	8,652	206	50,843	1212	7,415	177
England	56,540	1117	9,819	194	16,554	327	219,796	4342	9,908	196
BRD	44,466	933	9,511	199	12,121	254	111,137	2331	10,877	228
Belgien	8,481	981	3,695	427	3,777	437	27,321	3162	3,557	412
Luxemburg	0,697	2347	2,499	8414	2,451	8252	—	—	0,132	444
Niederlande	7,417	733	0,454	45	0,490	48	12,247	1211	0,593	59
Norwegen	17,761	5441	0,226	69	0,081	25	0,551	169	0,582	178
Schweden	18,177	2590	0,837	119	1,437	205	0,309	44	1,936	276
Dänemark	2,218	519	—	—	0,123	29	—	—	0,873	204
Schweiz	10,479	2232	—	—	—	—	—	—	1,085	231
Westeuropa insgesamt	199,858	1119	34,879	195	45,686	256	422,204	2365	36,958	207
USA	388,674	2562	37,758	293	87,848	579	505,319	3331	38,724	255

Quelle: Statistisches Jahrbuch der Mitgliedsländer des Rates für Gegenseitige Wirtschaftshilfe, Moskau 1971, Statistical Yearbook 1949—50, United Nations, New York 1950; Statistical Yearbook 1954, United Nations, New York 1954; Taschenbuch über die Volksdemokratien 1953, Deutsches Wirtschaftsinstitut.

reitungen verstärkt.[35] Neben dem Ausbau der Rüstungsindustrie galten die Bemühungen in den Jahren 1939 bis 1941 der Reorganisation der Kohleförderung, der Eisenindustrie und des Maschinenbaus.[36] Aber zum Zeitpunkt des faschistischen Überfalls noch nicht ausreichend auf einen so großen und harten Krieg vorbereitet, wurden erst während seines Verlaufs alle Kräfte für die Abwehr und dann die Zurückdrängung und Zerschlagung des Gegners mobilisiert.[37] Die nun erforderliche kurzfristige, aber umfassende Umorientierung auf kriegswichtige Produktionen war für sich genommen schon äußerst kompliziert. Es kam noch hinzu, daß zeitweise (1941/42) ein Territorium verloren ging, auf dem eine Bevölkerung von 88 Millionen Menschen lebte, aus dem 46 Prozent der sowjetischen Industrieproduktion kam und auf das 47 Prozent der Anbaufläche und etwa die Hälfte des Viehbestandes der sowjetischen Landwirtschaft entfielen.[38] Ein Teil der Industriebetriebe konnte evakuiert werden. Es mußten jedoch außerdem unter erschwerten Bedingungen neue Produktionskapazitäten, besonders im Bereich der Schwer- und Rüstungsindustrie, geschaffen werden. Im Osten der Sowjetunion entstanden Hüttenwerke, Maschinenbaubetriebe, Kraftwerke, Kohlenschächte und Rüstungsbetriebe.[39] Es gelang, während des Krieges in der Sowjetunion etwa 3 500 große Industriebetriebe zu bauen.[40]

Erneute größere Veränderungen setzten nach dem Krieg durch die Umstellung der sowjetischen Industrie von Kriegs- auf Zivilproduktion ein. Die KPdSU stellte jedoch gleichzeitig die Aufgabe, die Schwerindustrie weiter auszubauen.[41] Das Hüttenwesen, die Brennstoffindustrie und die Erzeugung von Elektroenergie wurden zu Schwerpunkten erklärt.[42] 1948 wurde erstmals nach dem Krieg das Niveau der industriellen Jahresproduktion von 1940 wiedererreicht.

Der Krieg hatte die Entwicklung der sowjetischen Industrie um 8 bis 9 Jahre aufgehalten.[43] Kriegs- und Nachkriegszeit mit ihren wechselnden Anforderungen an die Wirtschaft hatten andererseits die Industriestruktur der UdSSR, aber auch die der anderen späteren RGW-Länder beeinflußt, wenn auch nicht gravierend verändert.[44] Trotz der verheerenden Kriegsauswirkungen auf die osteuropäische Wirtschaft konnten bis zum Beginn der fünfziger Jahre die schwerindustriellen Grundlagen in der UdSSR und den

35 *Berchin J. B.*, Geschichte der UdSSR 1917–1970, Berlin 1971, S. 496 f.

36 *Förster, G./Helmert, H./Schnitter, H.*, Der zweite Weltkrieg, Leipzig 1962, S. 72.

37 *Berchin, J. B.*, Geschichte der UdSSR 1917–1970, a. a. O., S. 498.

38 Ebenda, S. 520 f.

39 Ebenda, S. 522 und 536.

40 Ebenda, S. 536.

41 Rechenschaftsbericht des ZK der KPdSU (B) an den XIX. Parteitag. In: Für dauerhaften Frieden, für Volksdemokratie, Nr. 41, 1952, S. 2 ff.

42 Ebenda.

43 Ebenda.

44 Für Ungarn *Szakács, S.*, Die wirtschaftliche Entwicklung der Ungarischen Volksrepublik, Berlin 1975, S. 25. Für die Okkupations- und Kriegszeit hebt Prucha die Deformierung der Wirtschaftsstruktur der Tschechoslowakei hervor. *Prucha, V.*, Die Wirtschaftliche Entwicklung der Tschechoslowakischen Sozialistischen Republik, Berlin 1975, S. 12. Für die wirtschaftliche Entwicklung Polens in den ersten Nachkriegsjahren bestätigt Tomaszewski, daß es nicht lediglich um den Aufbau der zerstörten Anlagen ging, ... sondern gleichzeitig um die Anpassung der Industrie dieser Gebiete an die Bedürfnisse der gesamten polnischen Volkswirtschaft bzw. um die wirtschaftliche Vereinigung des gesamten Landes. *Tomaszewski, J.*, Die wirtschaftliche Entwicklung der Volksrepublik Polen, Berlin 1975, S. 22.

Volksdemokratien erweitert werden. Davon zeugen die Ergebnisse, die ein Jahr nach der RGW-Gründung erreicht wurden. Ein erneuter Überblick über die Produktion von Elektroenergie, Roheisen, Stahl, Kohle und Zement im ersten vollen Kalenderjahr der RGW-Arbeit macht das deutlich.

Im fünften Nachkriegsjahr erzeugte die Sowjetunion fast das Doppelte an Elektroenergie wie im Jahr 1940. Die Roheisenproduktion war um 29 Prozent, die von Stahl sogar um 49 Prozent gegenüber 1940 angestiegen. Die Kohleproduktion war mit einer Steigerung von 55 Prozent um über die Hälfte der Vorkriegserzeugung heraufgegangen und die 79prozentige Erhöhung der Zementproduktion entsprach einem Zuwachs um fast vier Fünftel des 1940 erzeugten Umfangs. Auch alle anderen RGW-Länder hatten ihren Vorkriegsstand auf dem Gebiet der Produktion schwerindustrieller Grundstoffe 1950 zum Teil beträchtlich übertroffen.

Betrachten wir die Pro-Kopf-Produktion der osteuropäischen Volksdemokratien und der DDR als Gruppe gesondert, so zeigt ein Vergleich, daß sie in der Erzeugung von Elektroenergie etwas ungünstiger abschnitt als die Sowjetunion, daß sie bei Roheisen und Stahl weit unter den sowjetischen Ergebnissen lag und in der Kohlenförderung und Zementproduktion höhere Resultate aufwies.

Nach Schätzungen wurden 1950 auf der Welt 110 Millionen Tonnen Roheisen, 180 Millionen Tonnen Stahl und 1770 Millionen Tonnen Kohle produziert.[45] An der Weltproduktion dieser Erzeugnisse hatten die in den Vergleich einbezogenen Länder bzw. Ländergruppen folgende Anteile:

Tabelle 24

Anteile sozialistischer und kapitalistischer Länder und Ländergruppen an der Weltproduktion ausgewählter industrieller Grundstoffe (1950 in Prozent)

	UdSSR	Osteurop. Volksdem.* u. DDR	RGW-Bereich	Westeuropa**	USA	Westeuropa u. USA
Roheisen	17,4	4	21,5	31,7	34,3	66,0
Stahl	15,2	4,7	19,9	25,4	48,7	74,2
Kohle	14,5	16,4	30,9	23,8	28,5	52,4

* Polen, Tschechoslowakei, Ungarn, Rumänien, Bulgarien, Albanien.

** Frankreich, England, BRD, Belgien, Niederlande, Luxemburg, Norwegen, Schweden, Dänemark, Schweiz.

Trotz einer nicht zu übersehenden Aufbesserung der schwerindustriellen Grundlagen hatten die Länder des RGW-Bereichs in vielen vergleichbaren Positionen 1950 noch längst nicht den westeuropäischen Vorkriegsstand erreichen können. Beispielsweise lag Ungarn 1950 in allen angeführten Produktionen unter den Ergebnissen, die Belgien 1937 erzielt hatte, und auch die Tschechoslowakei lag 1950 in der Produktion von Roheisen, Stahl und Zement weit unter den belgischen Vorkriegsresultaten. Und obwohl die meisten RGW-Länder ihre Produktion an Elektroenergie gegenüber der Vorkriegszeit mehr als verdoppelt hatten, wurden 1950 pro Kopf des RGW-Bürgers weniger Kilo-

45 Europa-Archiv vom 5. Oktober 1951, S. 4416.

wattstunden Elektroenergie erzeugt als im überwiegenden Teil der westeuropäischen Länder gegen Ende der dreißiger Jahre. In noch stärkerem Maße jedoch differieren die für den RGW-Bereich berechneten Pro-Kopf-Resultate der Jahresproduktion 1950 an Roheisen, Stahl und Zement mit den entsprechenden Vorkriegsergebnissen der entwickelten westeuropäischen Industriestaaten und erst recht der USA.

Welch ein immenser Abstand im schwerindustriellen Leistungsvermögen auf dem Grundstoffsektor zu Beginn der RGW-Arbeit zwischen dem RGW-Bereich einerseits und Westeuropa und den USA andererseits bestand, lassen die Berechnungen der Tabelle 25 erkennen.

Tabelle 25

RGW-Jahresproduktion ausgewählter industrieller Grundstoffe im Vergleich zur Jahresproduktion Westeuropas und der USA (1950 in Prozent)*

Industrielle Grundstoffe	Produktionsumfang absolut		Produktion pro Kopf der Bevölkerung	
	Westeuropa = 100	USA = 100	Westeuropa = 100	USA = 100
Elektroenergie	67,7	34,8	44,9	19,6
Roheisen	67,8	62,6	45,1	30,0
Stahl	78,4	40,8	51,9	23,0
Kohle	129,5	108,2	85,7	60,8
Zement	50,2	47,9	33,3	27,0

* Frankreich, England, BRD, Belgien, Luxemburg, Niederlande, Norwegen, Schweden, Dänemark, Schweiz.

Quelle: Berechnet nach Zahlen von Tabelle 23.

Gemessen am Produktionsumfang verfügte der RGW-Bereich Anfang der fünfziger Jahre – sieht man von der Kohle ab – nur über die Hälfte (Zement) bzw. drei Viertel (Energie, Eisen, Stahl) der westeuropäischen und bei Energie, Stahl und Zement noch nicht einmal die Hälfte der amerikanischen schwerindustriellen Potenzen.

Noch stärker als die Anteilberechnung des Produktionsumfangs enthüllt der Bezug der Produktion auf die Bevölkerungsgröße den Abstand des RGW-Bereichs zum Kapazitätsniveau der mit ihm verglichenen kapitalistischen Wirtschaftszonen Westeuropa und USA. Machte doch die Pro-Kopf-Produktion von Elektroenergie und Roheisen noch nicht einmal die Hälfte der westeuropäischen und nur ein Fünftel bzw. weniger als ein Drittel der amerikanischen aus. Bei Stahl zeigt die Relation lediglich etwa die Hälfte des westeuropäischen und noch nicht einmal ein Viertel des amerikanischen Niveaus an, während bei Zement die Erzeugung im RGW-Bereich einem Drittel der westeuropäischen und einem Viertel der amerikanischen Pro-Kopf-Produktion entsprach. Selbst für die Kohleförderung weist die relativierende Pro-Kopf-Berechnung auf einen Abstand zur westeuropäischen und amerikanischen Produktion hin.

Vor den Ländern des RGW-Bereichs stand infolge dieser Rückstände zu Beginn der Industrialisierung das Erfordernis, neben der Steigerung der extraktiven Industrie neue umfangreiche Produktionskapazitäten in der Grundstoffindustrie zu schaffen. Die Möglichkeiten, den mit der Forcierung der Industrialisierung schnell steigenden Bedarf an Grundstoffen in einzelnen Mitgliedsländern über die internationale Arbeitsteilung im RGW-Bereich abzudecken, waren Ende der vierziger Anfang der fünfziger Jahre äußerst beschränkt. Zwar verfügten die einzelnen RGW-Länder über unterschiedliche natürliche Ressourcen, die einen arbeitsteiligen Austausch von bestimmten Rohstoffen zuließen und auch zur Folge hatten; jedoch existierten keine austauschbaren Überhänge nationaler Produktionen an Energie, metallurgischen Erzeugnissen und Baustoffen.

Auch ein auf Länder spezialisierter Auf- und Ausbau dieser schwerindustriellen Produktionskapazitäten konnte nicht erfolgen. Weder die DDR noch eine der Volksdemokratien verfügte beispielsweise über die Voraussetzungen zur kurzfristigen Entwicklung eines Energie- oder Metallurgiepotentials, mit dem der Bedarf eines oder gar mehrerer Nachbarländer in der Startphase der sozialistischen Industrialisierung hätte abgedeckt werden können. Auch die Sowjetunion konnte die Funktion eines Alleinlieferanten schwerindustrieller Grundstoffe im RGW nicht übernehmen – hatte sie doch selbst einen Nachholebedarf zu verzeichnen, und die Fortsetzung der Industrialisierung ließ ihre eigenen Bedürfnisse überdies in schnellem Tempo anwachsen.

Die Erhöhung der Grundstoffproduktion war im RGW um so dringlicher, als ernste Rückstände auch auf anderen Gebieten der Schwerindustrie aufzuholen waren; und zwar in einem für die Industrialisierung so entscheidenden volkswirtschaftlichen Bereich wie dem Maschinenbau. Besaßen doch viele RGW-Länder vor dem zweiten Weltkrieg fast keinen nennenswerten Maschinenbau.[46] Wichtige Maschinenbauproduktionen fehlten in einigen Ländern völlig. So wurden beispielsweise im bürgerlichen Polen solche Erzeugnisse wie Dampfturbinen und Hochdruckkessel, aber auch Maschinen zur Papierherstellung, Zentrifugalpumpen und auch große Werkbänke für die Metallbearbeitung nicht hergestellt.[47] Das Bulgarien der Vorkriegszeit produzierte weder Metallschneidemaschinen noch Traktoren, weder Elektromotoren noch Automobile.[48] Die Maschinenbauproduktion des Landes erschöpfte sich im Vorkriegsjahr 1939 in der Herstellung von lediglich 15 Dampfkesseln, 9 Dreschmaschinen und 60 Loren.[49]

Rumänien, das 1939 eine Jahresproduktion von 6,9 Millionen Tonnen Erdöl förderte,[50] ging erst nach dem Krieg zum Bau von Bohrausrüstungen über. Es produzierte in der Vorkriegszeit weder Dampfturbinen, noch Verbrennungsmotoren, und die Produktion der ersten spanabhebenden Werkzeugmaschinen wurde erst in den fünfziger Jahren aufgenommen.[51]

Die Anteile des Maschinenbaus an der ohnehin nicht sehr umfangreichen Industrieproduktion der Agrarstaaten waren sehr gering.

Die Tschechoslowakei hatte vor dem Krieg von allen osteuropäischen Ländern den entwickeltsten Maschinenbau. Aber obwohl bereits in der Zwischenkriegszeit Verände-

46 *Beljajew, J.*, Wirtschaftszusammenarbeit der RGW-Länder, Moskau, o. J., S. 45.

47 *Minc, H.*, Der Sechsjahrplan für die Entwicklung der Wirtschaft und den Aufbau der Grundlagen des Sozialismus in Polen. In: Für dauerhaften Frieden für Volksdemokratie, vom 28. 7. 1950, S. 4.

48 Vgl. Übersicht über die Produktion wichtiger Industrieerzeugnisse. In: „Länder der Erde", Politisch-ökonomisches Handbuch, Autorenkollektiv, Berlin 1975, S. 107.

49 *Shivkov, T.*, Ein Vierteljahrhundert auf dem Wege des Sozialismus, Sofia, 1969, S. 7.

50 Taschenbuch über die Volksdemokratien, Berlin 1953, S. 160.

51 Vgl. Übersicht über die Produktion wichtiger Industrieerzeugnisse. In: „Länder der Erde", a. a. O., S. 591.

rungen der tschechischen Wirtschaftsstruktur zugunsten der Schwerindustrie einsetzten,[52] waren die Produktionskapazitäten wichtiger Industrien nicht ausreichend entwickelt worden. Zu ihnen gehörten auch einige Maschinenbaubereiche.[53]

Tabelle 26

Anteil des Maschinenbaus an der Bruttoproduktion der Industrie der RGW-Länder gemessen am Vorkriegsstand in Prozent, ohne UdSSR

Polen	7,0
Tschechoslowakei	17,0
DDR	23,3
Ungarn*	10,2
Rumänien**	7,0
Bulgarien	0,3

* Nach anderen Angaben betrug der Anteil des Maschinenbaus und der metallverarbeitenden Industrie in Ungarn vor dem 2. Weltkrieg 14–15 %. Vgl. Sozialistisches Weltwirtschaftssystem, Bd. 1, Berlin 1967, S. 151.

** geschätzt.

Quellen: Für Polen, Rumänien, Bulgarien und die DDR: Die Länder der Volksdemokratie. Zahlen über die Entwicklung der Industrieproduktion in den europäischen Ländern der Volksdemokratie, o. O., o. J., S. 3. Für die Tschechoslowakei: Außenwirtschaftsinformationen über die sozialistischen Länder, Länderteil Tschechoslowakei, o. O., o. J., S. 27. Für Ungarn: Taschenbuch über die Volksdemokratien, Berlin 1953, S. 258.

Neben der Tschechoslowakei verfügte die DDR über ein beachtliches Maschinenbaupotential, dessen Produktionssortiment jedoch ebenfalls Lücken aufwies; und zwar besonders in wichtigen Zweigen des Schwermaschinenbaus. Auf das Territorium der DDR entfielen schätzungsweise annähernd 31 Prozent der Maschinenproduktion des imperialistischen Deutschlands,[54] geht man vom Vorkriegsstand des Jahres 1936 aus.[55] In

[52] So schrieb Ladislaw Šupka, Leiter der volkswirtschaftlichen Abteilung des ZK der KPČ, im Jahre 1970 zur Frage der Struktur der tschechischen Industrie: „Die tschechoslowakische Schwerindustrie wurde vor dem ersten Weltkrieg nicht in dem Umfang aufgebaut, wie es den Bedürfnissen der Entwicklung eines industriell fortgeschrittenen Landes entsprach. Deshalb begann sich die Struktur der Industrie schon in der ersten bourgeoisen Republik zu ändern. Es ist überhaupt nicht wahr, daß die vorrangige Entwicklung der Schwerindustrie erst nach dem Jahre 1945 begonnen wurde. Was zum Beispiel den Maschinenbau anbelangt, stellen wir fest, daß der Anteil der Grundfonds des Maschinenbaus an den Grundfonds der Industrie, der im Jahre 1919 6,4 % ausmachte, am Ende der ersten Republik schon 12 % betrug.“ *Šupka, L.*, Fünfundzwanzig Jahre sozialistische Entwicklung. In: Tschechoslowakische Wirtschaftsrundschau, Prag, Juni 1970, Heft 4, S. 10.

[53] *Prucha, V.*, Die wirtschaftliche Entwicklung der Tschechoslowakischen Sozialistischen Republik, Berlin 1975, S. 6.

[54] Nach Angaben der Staatlichen Zentralverwaltung für Statistik in: *Kohlmey, Gunther*, Spaltungsdisproportionen und Außenhandel. Wirtschaftswissenschaftliche Informationen, Heft 4/5, 1958, S. 24 u. 29. Entnommen bei *Baar, Lothar*, Zur Problematik der Ausgangs- und Entwicklungsbedingungen der Volkswirtschaft der Deutschen Demokratischen Republik a. a. O., S. 34.

[55] L. Baar weist darauf hin, daß die Angaben der Staatlichen Zentralverwaltung für Statistik über den Anteil des Territoriums der DDR an der deutschen Industrie, gemessen am Gesamtabsatz des Jahres 1936, in ihrer Aussagefähigkeit beschränkt sind, „... weil sie 1.) nicht den beträchtlichen Unterschied im Zerstörungsgrad der Industrie berücksichtigen, weil sich 2.) gewisse Verschiebungen

einigen Maschinenbauzweigen lag der prozentuale Anteil des DDR-Territoriums an der ehemaligen deutschen Gesamtproduktion sogar überdurchschnittlich hoch. Hierzu gehörten vor allem der Textilmaschinenbau, an dessen Gesamtproduktion der DDR-Anteil über 55,5 Prozent betrug, und der Werkzeugmaschinenbau, wo er bei 49,7 Prozent lag.[56] Zu den stark vertretenen Maschinenbauzweigen ist auch die Herstellung von Druckereimaschinen und von Büromaschinen zu zählen.[57]

Angesichts des Vorhandenseins größerer Kapazitäten im Maschinenbau mußte sich der Umstand, daß das ostdeutsche Gebiet durch die Teilung der deutschen Wirtschaft vom Ruhrgebiet und damit von der westdeutschen Grundstoffindustrie abgeschnitten wurde, besonders nachteilig auf die Produktion der DDR auswirken. Betrug doch der westdeutsche Anteil am Stahl- und Eisenbau 86,5 Prozent, an den Metallschmelzereien 79,7 Prozent, am Produktionsausstoß der Eisen-, Stahl- und Tempergießereien 78,3 Prozent und an der Erzeugung der Kupfer-, Blei- und Silberhütten 73,7 Prozent.[58]

Die aus der Teilung erwachsenden Schwierigkeiten wurden für den Maschinenbau der DDR außerdem durch weitere Disproportionen hervorgerufen. Der überwiegende Teil solcher Schlüsselproduktionen wie der Getriebe- und Wälzlagerproduktion befand sich in Westdeutschland.[59] Das Zerreißen der arbeitsteiligen Beziehungen der deutschen Industrie führte dazu, daß einigen Maschinenbauzweigen ein großer Teil ihrer Zulieferproduktion verloren ging. Während beispielsweise 1936 37 Prozent der deutschen Personenkraftwagen in Ostdeutschland hergestellt wurden, betrug der Anteil der auf diesem Gebiet produzierten entsprechenden Zulieferteile nur 14 Prozent.[60]

Oft wurden die Spaltungsdisproportionen, die nach dem Krieg auf dem ostdeutschen Territorium besonders spürbar wurden, vorwiegend im Hinblick auf die Schwierigkeiten gesehen, die sie für die Produktion dieses Gebietes mit sich brachten. Und in der Tat gehörten sie zu den erschwerten Bedingungen, unter denen sich die wirtschaftliche Entwicklung der DDR vollzog. Wie bereits dargestellt wurde, kam noch hinzu, daß die Möglichkeiten, Disproportionen über den Interzonenhandel auszugleichen, sehr eingeschränkt waren. Die Lücken im ostdeutschen Wirtschaftspotential sind jedoch nicht nur unter Beachtung von Bedürfnissen zu untersuchen, die sich in der DDR infolge ihrer

auch durch die infolge der Wiedergutmachungsverpflichtungen vorgenommenen Demontagen ergaben und weil 3.) zwischen dem Berechnungsjahr und 1945 erhebliche strukturverändernde Investitionen vorgenommen wurden, so daß auch dadurch der Anteil der DDR am Industriepotential Deutschlands im Jahre 1936 nicht in vollem Umfang für die Nachkriegszeit Gültigkeit haben kann. Gerade solche Investitionen wurden aber bis zum Kriegsende vor allem in der rüstungswichtigen Grundstoffindustrie und in der Produktionsgüter- und Investgüterindustrie vorgenommen. Die bedeutende Erneuerung und Erweiterung des fixen Kapitals in diesen Produktionszweigen der Abteilung I diente der faschistischen Kriegsvorbereitung und -durchführung, mußte aber zwangsläufig besonders das westdeutsche Wirtschaftsgebiet betreffen." *Baar, Lothar,* Zur Problematik der Ausgangs- und Entwicklungsbedingungen . . ., a. a. O., S. 33.

56 *Arnold, Hans/Borchert, Hans/Schmidt, Johannes,* Ökonomik der sozialistischen Industrie in der Deutschen Demokratischen Republik, Berlin 1957, S. 45. Hierzu und zu Fragen der Wirtschaftsstruktur der DDR vgl. *Müller, Hans/Reißig, Karl,* Wirtschaftswunder DDR, Berlin 1968, S. 29.

57 Ebenda sowie *Baar, Lothar,* Zur Problematik der Ausgangs- und Entwicklungsbedingungen . . ., a. a. O., S. 40.

58 *Arnold, Hans/Borchert, Hans/Schmidt, Johannes,* Ökonomik der sozialistischen Industrie . . ., a. a. O., S. 45.

59 *Baar, Lothar,* Zur Problematik der Ausgangs- und Entwicklungsbedingungen . . . a. a. O., S. 40.

60 Ebenda.

Strukturdisproportionen einstellten. Sie sind auch aus der Sicht der internationalen Arbeitsteilung zwischen den Ländern des RGW zu beurteilen; waren doch in einigen Fällen diejenigen Produktionen ungenügend entwickelt, mit denen die DDR gerade im Stadium der Herausbildung des sozialistischen Weltwirtschaftssystems einen wirkungsvollen Beitrag zur wirtschaftlichen Entwicklung der RGW-Länder hätte leisten können.

Das trifft auch auf das Produktionssortiment des Maschinenbaus zu. Betrachtet man die aus dem ehemaligen deutschen Produktionsfonds stammenden Kapazitäten des Maschinenbaus der DDR unter dem Gesichtspunkt von Erfordernissen der beginnenden Industrialisierung im RGW, zeigt sich, daß die Produktion einer Reihe wichtiger Investitionsgüter – nach denen der Bedarf in Osteuropa Ende der vierziger und Anfang der fünfziger Jahre sprunghaft anstieg, entweder nur mit einem geringen Produktionsvolumen vertreten war oder überhaupt fehlte.

Beispielsweise existierten nach der Beendigung des Krieges auf dem Gebiet der DDR keine Kapazitäten im Energiemaschinenbau.[61] Angesichts des Elektrifizierungsrückstandes großer Teile des RGW-Bereichs bestand jedoch in den fünfziger Jahren im RGW-Bereich ein großer Bedarf nach Erzeugnissen dieses Industriezweiges. Von der Ungleichmäßigkeit der Verteilung von Produktionskapazitäten durch die historisch gewachsene Standortkonzentration zeugt die Tatsache, daß die Herstellung von Wasserturbinen zu 96 Prozent in Westdeutschland konzentriert war[62]

Hinsichtlich des eigenen Bedarfs an metallurgischen Erzeugnissen, aber auch des osteuropäischen Metallurgieengpasses mußte ins Gewicht fallen, daß die Wirtschaft auf dem Gebiet der DDR zunächst kaum als Produzent und Lieferant von Maschinen für die Roheisen- und Stahlgewinnung in Betracht kam. Nahezu die gesamte Produktion von Ausrüstungen für Hütten- und Walzwerke bzw. 93 Prozent dieser Produktion be-

Tabelle 27

Die Entwicklung der Industrie der UdSSR nach Abteilung A und B sowie ausgewählten Industriezweigen (1913 =Basis 1)

	1928	1940	1950
Produktion von Produktionsmitteln (Abteilung A)	1,6	13,4	27,5
Produktion von Konsumtionsmitteln (Abteilung B)	1,2	4,6	5,7
Brennstoffindustrie	1,5	6,4	9,3
Eisenmetallindustrie	1	5,8	10,2
Erdöl- und Chemieindustrie	1,5	17,5	34,3
Maschinenbau und Metallverarbeitung	1,8	29,6	63,1
Leichtindustrie	1,4	4,7	5,2
Lebensmittelindustrie	1	3,8	3,7

Quelle: Zusammengestellt nach Angaben aus: Außenwirtschaftsinformationen über die sozialistischen Länder, Länderteil UdSSR. Handels- und Industriekammer der UdSSR, o. O., o. J., S. 17.

61 *Anold, Hans/Borchert, Hans/Schmidt, Johannes,* Ökonomik der sozialistischen Industrie . . ., a. a. O., S. 48.

62 Ebenda.

fand sich in Westdeutschland.[63] Bei Gießereimaschinen betrug der westdeutsche Anteil an der ehemaligen deutschen Gesamtproduktion dieses Zweiges sogar 95 Prozent.[64]

Der Energiemaschinenbau und der Bau von Ausrüstungen für die Metallurgie waren als Produktionsrichtungen im RGW-Bereich lediglich in der Sowjetunion stärker vertreten, die über das größte Potential des Schwermaschinenbaus im RGW verfügte. Bekanntlich war die Produktion von Produktionsmitteln in der UdSSR vorrangig und in raschem Tempo auf- und ausgebaut worden. Von allen Zweigen der sowjetischen Industrie hatten sich jedoch der Maschinenbau und die Metallverarbeitung neben der Energieerzeugung im Kriegs- und Nachkriegsjahrzehnt 1940 bis 1950 am schnellsten entwickelt, wenn man die Ergebnisse mit dem jeweiligen Entwicklungsstand im vorrevolutionären Rußland vergleicht.

In einer Reihe wichtiger Positionen des sowjetischen Maschinenbaus übertraf der 1950 erzielte Produktionsausstoß erheblich die Ergebnisse der Vorkriegszeit.

Tabelle 28

Produktion ausgewählter Erzeugnisse des Maschinenbaus der UdSSR

Erzeugnis	1940	1950	Steigerung in %
Turbinen (Mill. kW)	1,2	2,7	255
Generatoren für Turbinen (Mill. kW)	0,5	0,9	180
Elektromotoren (1000 kW)	1855	6774	365
Spanabhebende Werkzeugmaschinen (1000 St.)	58,4	70,6	121
Kohlenkombines (St.)	22	344	1563
LKW (1000 St.)	136	294,4	216
Traktoren (1000 St.)	31,6	116,7	369
Traktorenpflüge (1000 St.)	38,4	121,9	317
Diesellokomotiven (St.)	5	125	2500
Elektrolokomotiven (St.)	9	102	1133
Bagger (St.)	274	3540	1291

Quelle: Ausgewählt und berechnet nach Angaben aus „Länder der Erde", Politisch-ökonomisches Handbuch, Berlin 1975, S. 647.

Doch der Kurs auf die vorrangige Entwicklung des Maschinenbaus und der Metallverarbeitung wurde auch in der Folgezeit fortgesetzt. Die Produktion wichtiger Erzeugnisse des Maschinenbaus stieg in den fünfziger Jahren sprunghaft an. Innerhalb eines Jahrzehnts erhöhte sich die Jahresproduktion an spanabhebenden Werkzeugmaschinen auf das Doppelte.[65] Die Produktion von Kohlekombines war 1960 zweieinhalb mal so hoch wie 1950, die Leistung der erzeugten Turbinen übertraf das Ergebnis von 1950 um das Dreieinhalbfache und die Herstellung von Baggern war auf mehr als das Dreieinhalbfache ausgebaut worden. Der Bau von Generatoren für Turbinen erhöhte sich in diesem Zeitraum sogar nahezu auf das Neunfache und die Fertigung von Diesellokomotiven, Automatisierungsmitteln und Rechentechnik auf das Zehnfache.

Die Zunahme des Leistungsvermögens in diesen Industriezweigen des Maschinenbaus

[63] Ebenda.
[64] Ebenda.

zeugt vom schnell wachsenden Bedarf der sowjetischen Wirtschaft an Investgütern und kann als Zeichen für die Tempoforcierung des in den fünfziger Jahren fortgesetzten Industrialisierungsprozesses gelten. Eine solche Entwicklung mußte aber nicht nur zu außerordentlich hohen Anforderungen an die extraktive Industrie, die Förderung von Kohle, Erzen, Erdöl, Erdgas sowie die Gewinnung von forst- und agrarwirtschaftlichen Rohstoffen führen, sondern mit Notwendigkeit auch eine adäquate Kapazitätserweiterung der genannten Grundstoffindustrie bedingen. Insofern ähnelte die ökonomische Aufgabenstellung der UdSSR zu Beginn der fünfziger Jahre in dieser Frage der der anderen RGW-Länder.

Mißt man die Stellung, die der Maschinenbau und die Metallverarbeitung innerhalb der Industrieproduktion der RGW-Länder zu diesem Zeitpunkt einnahmen, an der Konzentration der Arbeitskräfte in diesen Industrien, ergibt sich, daß nur in der UdSSR und in Ungarn der Anteil der in diesen Zweigen Beschäftigten über ein Viertel des Industriepersonals erfaßte.

Tabelle 29

Anteil des Maschinenbaus und der Metallverarbeitung an den Beschäftigten der Industrie in den RGW-Ländern ohne die DDR (1950)

Bulgarien	15,0
Tschechoslowakei	24,4
Polen	17,3
Rumänien	20,5
UdSSR	27,4
Ungarn	27,0

Quelle: Alampijew, P./Kormnow, J./Maksakowski, W.: Die Wirtschaftsstrukturen und die Integration der sozialistischen Länder. In: Sowjetwissenschaft, Gesellschaftswissenschaftliche Beiträge, Nr. 4, 1975, S. 397.

Für sich genommen sagen die Zahlen jedoch noch nichts über das Entwicklungsniveau dieser Industriezweige in den einzelnen Ländern aus. Ist doch schon ihre Bezugsbasis – das Arbeitskräftepotential der Industrie – entsprechend dem unterschiedlichen Industrialisierungsstand differenziert zu werten. Im Jahre 1950 betrug der Anteil der in der Industrie und im Bauwesen Beschäftigten an der Gesamtbeschäftigtenzahl in der UdSSR 27,5 Prozent, in der Tschechoslowakei 36,3 Prozent, in Ungarn 23,3 Prozent, in Polen 26,2 Prozent, in der DDR 43,7 Prozent, in Rumänien 14,2 Prozent und in Bulgarien 11,4 Prozent.[66]

Es darf jedoch nicht übersehen werden, daß das Leistungsvermögen des Maschinenbaus und der metallverarbeitenden Industrie bereits vor der Gründung des RGW nicht nur in der Sowjetunion, sondern auch in osteuropäischen Volksdemokratien gegenüber der Vorkriegszeit zugenommen hatte. So weist Sandor Szakacs darauf hin, daß der Anteil der Eisenindustrie, der Metallurgie und des Maschinenbaus an der Bruttoproduktion der

[65] Diese und folgende Aussagen berechnet nach Angaben aus: „Länder der Erde", a. a. O., S. 647.
[66] *Ijudina, I./Oleinik, I.,* Strukturveränderungen in der Wirtschaft der sozialistischen Länder. In: Sowjetwissenschaft/Gesellschaftswissenschaftliche Beiträge. Nr. 2/1973, S. 116.

ungarischen Fabrikindustrie 1949 32 Prozent betrug, während er 1938 nur 23 Prozent erreichte.[67]

Eine Steigerung der Maschinenbauproduktion weisen Angaben der UNO nicht nur für Ungarn, sondern auch für Polen und die Tschechoslowakei aus.

Tabelle 30

Index der Maschinenbauproduktion 1937 = 100

	1947	1948	1949
Polen*	130	193	240
Ungarn**	102	142	199
Tschechoslowakei	97	120	131

* laufende Produktion im Vergleich zur Produktion des Vorkriegsterritoriums

** 1938 = 100

Quelle: Vgl. Economic Survey of Europe in 1950, Genf 1951, S. 47.

Allerdings kann an Hand der Statistik – die für Ungarn nahezu eine Verdoppelung und für Polen eine Steigerung auf fast das Zweieinhalbfache anzeigt – nicht automatisch und in jedem Fall die Schlußfolgerung gezogen werden, daß mit der Erhöhung der Produktion auch ein Wandel in der Bedeutung einherging, die der Maschinenbau in der Wirtschaft des jeweiligen Landes einnahm. Für Ungarn, wo 1950 etwa ein Viertel der Industrieproduktion im Maschinenbau und der ihm verwandten Metallbearbeitung erzeugt wurden, ist die Herausbildung eines Strukturschwerpunktes festzustellen. In Polen dagegen erreichte der Anteil der Metall- und Maschinenbauproduktion an der industriellen Bruttoproduktion im Jahre 1950 nur 8 Prozent, wobei 2,1 Prozent auf den Maschinenbau und Metallkonstruktionen, 1,2 Prozent auf die elektrotechnische Industrie, 2,8 Prozent auf die Verkehrsmittelindustrie und 1,9 Prozent auf die sonstige Metallindustrie entfielen.[68] Mit Recht stellt Wiesław Iskra fest, daß diejenigen Industrien, die die zur Mechanisierung erforderlichen Produktionsmittel herstellen, zu diesem Zeitpunkt in Polen nur einen geringen Teil der Industrieproduktion erzeugten.[69] Zwar waren die entsprechenden Anteile in den anderen zum RGW gehörenden Volksdemokratien etwas höher, aber nur in der UdSSR, der DDR und in Ungarn zählten der Maschinenbau und die Metallbearbeitung zu den dominierenden Zweigen der Industrieproduktion. Von allen RGW-Staaten hatte die UdSSR mit 27 Prozent im Jahre 1950 den höchsten Anteil der Maschinenbauproduktion an der Industrieerzeugung.[70]

Zu den schwachentwickelten Industriezweigen mußte in den meisten RGW-Ländern auch die Chemieindustrie gerechnet werden – eine weitere schwerindustrielle Lücke im Industriepotential des RGW.[71] Ihre Anteile an der Brutto-Industrieproduktion lagen in der Regel weit unter denen des Maschinenbaus. Hierin bildete die UdSSR keine Aus-

67 *Szakács, S.*, Die wirtschaftliche Entwicklung der Ungarischen Volksrepublik, Berlin 1975, S. 25.

68 *Iskra, W.*, Die industrielle Entwicklung in Polen. Warszawa, 1970, S. 38 f.

69 Vgl. ebenda, S. 39.

70 *Fikus, D.*, RWPG Fakty, Warszawa 1970, S. 130.

71 Hierzu auch *Mikulski, K.*, Die Leninsche Lehre über die Weltwirtschaft und die Gegenwart, a. a. O., S. 129.

nahme. Erreichte doch der Produktionsanteil der Chemieindustrie an der gesamten sowjetischen Industrieproduktion des Jahres 1950 lediglich 2,6 Prozent.[72] Größere Produktionsanteile entfielen hingegen in den Agrarländern auf die Textilindustrie und – wie bereits vor dem Krieg – besonders auf die Nahrungsmittelindustrie.

Ein Überblick über die Anteile einer Reihe wichtiger Industrien nach Angaben von Ijudina und Oleinik läßt die Schwächen, die die Industriestruktur des RGW-Bereichs zu Beginn der fünfziger Jahre aufwies, im groben erkennbar werden.

Tabelle 31

Anteile ausgewählter Industriezweige an der industriellen Bruttoproduktion der RGW-Länder ohne die UdSSR und Albanien im Jahre 1950 (in Prozent)

Länder \ Industriezweige	Wärme- und Elektroenergie	Maschinenbau u. Metallbearbeitung	Chemie- sowie Gummi-Asbestindustrie	Eisenhüttenwesen	Textilindustrie	Nahrungs- u. Genußmittelindustrie
Bulgarien	1,7	9,1	2,9	0,1	14,2	41,0
Tschechoslowakei	2,4	13,8	2,5	8,9	8,6	30,9
DDR	2,0	24,0	12,3	5,6	11,2	14,3
Polen	1,7	8,1	4,6	9,8	10,4	31,7
Rumänien	2,0	12,9	3,7	5,9	11,9	25,1
Ungarn	3,1	24,5	4,9	5,8	18,1	21,2

Quelle: Jjudina, J./Oleinik, J., Strukturveränderungen in der Wirtschaft der sozialistischen Länder. In: Sowjetwissenschaft, Gesellschaftswissenschaftliche Beiträge, Nr. 2, 1973, S. 123.

Geht man von den Auswahlpositionen aus, überwogen in der DDR trotz des geringen Anteils ihrer Hüttenindustrie die Zweige der Schwerindustrie, und zwar vor allem infolge des Umfangs der Maschinenbau- und Chemieproduktion. In allen osteuropäischen

Tabelle 32

Anteil ausgewählter und synthetisch erfaßter Zweige der Schwer- und Leichtindustrie an der industriellen Bruttoproduktion der RGW-Länder ohne UdSSR und Albanien 1950 in Prozent

	Anteil ausgewählter Zweige der Schwerindustrie (Energie, Maschinenbau, Chemie, Eisenverhüttung)	Anteil ausgewählter Zweige der Leichtindustrie (Textil- u. Nahrungsmittelindustrie)
Bulgarien	13,8	55,2
Tschechoslowakei	27,6	39,5
DDR	43,9	25,5
Polen	24,2	42,1
Rumänien	24,5	37,0
Ungarn	38,1	39,3

[72] Vgl. *Fikus, D.*, RWPG Fakty, a. a. O.

Volksdemokratien hatten die Textil- und die Lebensmittelindustrie einen größeren Anteil an der gesamten Industrieproduktion als die vier ausgewählten Zweige der Schwerindustrie: die Energieerzeugung, der Maschinenbau, die Chemieindustrie und die Eisenverhüttung zusammengenommen.

Wie vor dem Krieg bestimmte auch nach der Beendigung des Wiederaufbaus die Landwirtschaft den Charakter der Volkswirtschaften und die Leichtindustrie das Produktionsprofil der Industrie der meisten osteuropäischen Länder, die sich mit der Sowjetunion zu einer Wirtschaftsgemeinschaft zusammengeschlossen hatten. Erst mit der in den fünfziger Jahren beginnenden sozialistischen Industrialisierung sollte sich eine Wandlung der Wirtschaft Osteuropas zur Industrieregion vollziehen. Gleichzeitig veränderten sich in diesem Umwälzungsprozeß auch die Industriestrukturen der osteuropäischen RGW-Länder grundlegend.

2. Die Schwerpunkte der Industrialisierungskonzeptionen der RGW-Länder

1958 erschien in London John Desmond Bernals Buch „World without war“ (Welt ohne Krieg), in dem der englische Physiker und Publizist, geleitet von dem im Titel ausgedrückten Grundanliegen, für die Beendigung des kalten Krieges und den Übergang zu einer geplanten Friedenswirtschaft im Weltmaßstab eintrat.

Ein Bild der Industrie schildernd – vereinfacht, damit man den Wald trotz der Bäume sehen kann, wie mit Humor bemerkt ist – betrachtet Bernal in diesem Buch die Industrie als „. . . einen vielströmigen Prozeß, der der Umwandlung der materiellen Welt zum Nutzen des Menschen dient“.[73] Nicht ökonomisch abstrakt, sondern technisch gegenständlich beschreibt er diesen Prozeß sehr anschaulich so:

„Der Hauptstrom beginnt, wie man sehen kann, mit der *extraktiven* Industrie, durch die der Mensch aus dem Boden entweder direkt mit Hilfe des Bergbaus und durch Bohrungen oder indirekt mit Hilfe der Land- und Forstwirtschaft die für die übrige Industrie benötigten Brenn- und Rohstoffe gewinnt. Diese gelangen zuerst in die *transformativen* Industriezweige, in die metallurgische Industrie und Schwerchemie, um dort in fertige Rohstoffe, in Metallbarren oder Metallbleche, in Zement, Düngemittel oder gereinigte Chemikalien, umgewandelt zu werden. Hier teilt sich der Strom; einige seiner Teile fließen der *Bauindustrie* für die Errichtung von Gebäuden, für den Bau von Straßen und für öffentliche Bauvorhaben und der Rest dem Werkzeugmaschinenbau, dem Schiffs-, Flugzeug- und Fahrzeugbau, kurz gesagt, der *Maschinenindustrie* zu. Schließlich werden die Maschinen in Fabriken zusammengefaßt, um Gebrauchsgüter – Textilien, Nahrungsmittel und langsam verschleißende Industriewaren, wie Waschmaschinen oder Fernsehgeräte, – herzustellen. Das ist der Sektor der eigentlichen Leichtindustrie. Parallel dazu laufen die Dienstleistungsbetriebe des Transport- und Verkehrswesens sowie des Nachrichtenwesens. Dieser ganze große Prozeß des Zerteilens, des Umwandelns und des Neuverarbeitens von Stoffen zu nützlichen Gütern kann nur bei einer fortwährenden und ständig zunehmenden Versorgung mit *Energie* funktionieren. Diese Versorgung beruht auf Wärme-, Wasser- und jetzt auch auf Atomkraftwerken und dem mit ihnen verbundenen Stromverteilungsnetz.

[73] *Bernal, John D.*, Welt ohne Krieg, Berlin 1960, S. 71.

Dieser kurze Überblick vereinfacht selbstverständlich das Bild sehr und läßt große nützliche wie auch überflüssige Teile, so zum Beispiel den Verwaltungs-, den Finanz- und den militärischen Sektor, außer acht."[74]

Bernal bemerkt dann: „Nun ist dieses große Produktionssystem ... nie geplant worden. Es hat sich besonders seit der industriellen Revolution des 18. Jahrhunderts durch einen gleichzeitigen Prozeß des Verschmelzens und Differenzierens aus einer Reihe von Berufen entwickelt, die es schon seit dem Anbruch der Zivilisation gegeben hatte."[75]

Bernal, dem es um den Gedanken der Planung einer neuen Technik und in diesem Zusammenhang neuen Industrie ging, meinte die technische Struktur der Industrie. Die traditionelle technische Struktur der Industrie, wie sie in den fünfziger Jahren existierte und von Bernal beschrieben wurde, ist in diesem Sinne tatsächlich nie geplant worden, und sie wurde mit dem wirtschaftlichen Aufschwung in den sozialistischen Ländern zunächst im wesentlichen planmäßig nachvollzogen.

Daß jedoch die Herausbildung von Industrieproduktion nie geplant wurde, trifft natürlich uneingeschränkt nur auf die Entwicklung der kapitalistischen Industrie zu. Eine solche generelle Feststellung kann für die Wirtschaftsgeschichte der Sowjetunion und später die der sozialistischen Länder sowie des RGW-Bereichs als Ganzes nicht getroffen werden.

Allerdings ist zu berücksichtigen, daß hier die geplante Industrialisierung einsetzte, nachdem eine unplanmäßig gewachsene und durch die ehemalige internationale Abhängigkeit sowie andere historische Bedingungen in ihrer Struktur einseitig ausgerichtete Industrie in ihren Anfängen entstanden war. Die Konzeptionen zur sozialistischen Industrialisierung, zur breiten Durchsetzung des auf maschineller Industrie aufgebauten Großbetriebes, gingen deshalb, wie Lenin angesichts der wirtschaftlichen Aufgaben in Rußland nach der siegreichen Oktoberrevolution hervorhob, vom Grundgedanken der Reorganisierung der ökonomischen Ordnung aus.[76] Eine planmäßige Reorganisierung mußte in Sowjetrußland frühzeitig die Frage aufwerfen, auf welche Industrien die Kräfte vorrangig zu konzentrieren sind. Ein kurzer Exkurs in die sowjetische Wirtschaftsgeschichte verdeutlicht das.

Die Bolschewiki maßen den schwerindustriellen Grundlagen beim Auf- und Ausbau der sowjetischen Industrie von Anfang an erstrangige Bedeutung bei. Bereits im Frühjahr 1918, wenige Monate, bevor Bürgerkrieg und Interventionen den unter der Sowjetmacht begonnenen Wiederaufbau der Wirtschaft unterbrachen, hatte Lenin in seiner Schrift „Die nächsten Aufgaben der Sowjetmacht" erklärt: „Die Hebung der Arbeitsproduktivität erfordert vor allem die Sicherung der materiellen Grundlage der Großindustrie: die Entwicklung der Produktion von Brennstoffen und Eisen, des Maschinenbaus, der chemischen Industrie."[77] Mit dem Blick auf die extraktive Industrie, auf den Rohstoffreichtum der Russischen Sowjetrepublik verweisend, schlußfolgerte Lenin: „Die Erschließung dieser Naturschätze mit den Methoden der modernsten Technik wird die Grundlage schaffen für einen beispiellosen Fortschritt der Produktivkräfte."[78]

Und aus der gleichen Zeit, dem April 1918, stammt der Entwurf eines Plans wissen-

[74] *Bernal, John. D.*, Welt ohne Krieg, Berlin 1960, S. 71 f.

[75] Ebenda, S. 72.

[76] *Lenin, W. I.*, Werke, Band 27, Berlin 1960, S. 197.

[77] Ebenda, S. 248.

[78] Ebenda.

schaftlich-technischer Arbeiten für die Akademie der Wissenschaften, in dem Lenin die Bildung einer Expertenkommission zur möglichst raschen Ausarbeitung eines Plans für die Reorganisation der Industrie und den ökonomischen Aufstieg Rußland anregte. Neben Gesichtspunkten wie der industriellen Standortverteilung und der Konzentration der Produktion enthielt er den Hinweis, daß der Elektrifizierung der Industrie und des Verkehrswesen sowie der Anwendung der Elektrizität in der Landwirtschaft besonders große Aufmerksamkeit zukommt.[79] Denn: die Wiederherstellung der Industrie sollte nicht auf alter Grundlage, sondern auf der Basis der modernen Technik, der Elektrifizierung erfolgen – wie Lenin in späteren Jahren immer wieder betonte.[80]

Unter unsäglich schwierigen wirtschaftlichen Entwicklungsbedingungen hielten die Bolschewiki nach der Beendigung des Bürgerkrieges an der Aufgabe, die Schwerindustrie zu entwickeln, fest. Im November 1922, wenige Wochen nach der Befreiung Wladiwostoks durch die Rote Armee, als mit der Realisierung des GOELRO-Planes[81] zur Elektrifizierung des Landes begonnen wurde, hob Lenin eindringlich die Schlüsselstellung hervor, die die Bolschewiki der Schwerindustrie in ihrer Wirtschaftspolitik einräumten: „Zur Zeit befindet sich unsere Schwerindustrie ... immer noch in einer sehr schweren Lage. Doch ich glaube, daß wir schon imstande sind, etwas zu sparen. Das werden wir auch weiter tun, wenn es auch auf Kosten der Bevölkerung geschieht." Und weiter unten in diesem Zusammenhang:

„Wir sparen an allem, sogar an den Schulen. Das muß sein, denn wir wissen, daß wir ohne Rettung der Schwerindustrie, ohne ihre Wiederherstellung keine Industrie aufbauen können, ohne diese aber sind wir als selbständiges Land überhaupt verloren."[82]

Während der GOELRO–Plan in seiner Aufgabenstellung über das Ziel einer bloßen Wiederherstellung hinauswies, konnte in der UdSSR mit der Rekonstruktion der gesamten Wirtschaft doch erst begonnen werden, nachdem 1926 in etwa das Produktionsniveau des Vorkriegsstandes erreicht worden war.[83] Ein Jahr zuvor war auf dem XIV. Parteitag der KPR (B), der die sozialistische Industrialisierung beschloß, im Hinblick auf die Sicherung der ökonomischen Selbständigkeit verlangt worden, „... den ökonomischen Aufbau unter dem Gesichtspunkt durchzuführen, die UdSSR aus einem Land, das Maschinen und Ausrüstungen importiert, in ein Land zu verwandeln, das Maschinen und Ausrüstungen produziert ..."[84]

Besonders nachhaltig hatte dann der zu Beginn der Industrialisierung abgehaltene IV. Sowjetkongreß (1927) die Entwicklung des einheimischen Maschinenbaus gefordert „... um das Land in diesem für die Industrie entscheidenden Bereich so bald wie möglich von der Abhängigkeit vom Ausland zu befreien".[85]

Die Bestrebungen zur umfassenden Rekonstruktion der sowjetischen Wirtschaft stießen dann jedoch zunächst auf die Barriere einer zu schwachen Metallurgiekapazität.[86] Hatte

79 Ebenda, S. 312 f.

80 *Lenin, W. I.*, Werke, Band 30, Berlin 1969, S. 326 u. 369 f. sowie Band 31, Berlin 1966, S. 414.

81 GOELRO – Staatliche Kommission für die Elektrifizierung Rußlands.

82 *Lenin, W. I.*, Fünf Jahre russische Revolution und die Perspektiven der Weltrevolution. Referat auf dem IV. Kongreß der Komintern, 13. November 1922. In: Werke, Band 33, Berlin 1966, S. 421.

83 *Berchin, J. B.*, Geschichte der UdSSR, a. a. O., S. 306.

84 Zitiert bei *Berchin, J. B.*, a. a. O., S. 303.

85 Ebenda, S. 308.

86 Ebenda, S. 293 sowie S. 313 und 314.

doch die Stahlproduktion 1925/1926 erst 69 Prozent und die von Roheisen sogar erst 52 Prozent des Vorkriegsstandes erreicht. Fällt der Vergleich für die Stahlproduktion im Wirtschaftsjahr 1927/1928 mit 79 Prozent dann günstiger aus, so lag sie doch immer noch beträchtlich unter dem Vorkriegsniveau.[87] War das Zurückbleiben der Metallurgie schon in der Wiederherstellungsphase als Mangel spürbar geworden, mußte dieser Engpaß nun, wo es um die Errichtung umfangreicher neuer Produktionsstätten ging, zu einem gravierenden Hemmnis werden. Neben der Elektrifizierung, der Entwicklung der extraktiven Industrie, des Maschinenbaus und der Chemie gehörte deshalb der beschleunigte Ausbau vor allem der Schwarz-, aber auch der Buntmetallurgie zu den Schwerpunkten der mit dem ersten Fünfjahrplan einsetzenden sozialistischen Industrialisierung in der Sowjetunion.[88] Die Strukturprioritäten, die in der sowjetischen Wirtschaftsgeschichte für die Entwicklung der Industrieproduktion bestimmend waren, kennzeichneten – sieht man von einigen Abweichungen ab – auch die Industrialisierungspläne der Länder, die nach dem zweiten Weltkrieg unter Auswertung sowjetischer Erfahrungen mit dem Aufbau materiell-technischer Grundlagen des Sozialismus begannen. Ein wesentlicher Ausgangspunkt ihrer Industrialisierungskonzeptionen war die Prämisse, daß die Reorganisierung der Wirtschaft mit der Überwindung schwerindustrieller Strukturdisproportionen einsetzen müsse und demzufolge eine hochgradige Konzentration der Investitionen auf ausgewählte Zweige der Schwerindustrie erforderlich sei.

Obwohl die industrielle Entwicklung der Volksdemokratien im Hinblick auf die bereits vorhandenen Industriekapazitäten des RGW-Bereichs nicht am Nullpunkt begann, erinnerte deshalb das Vorgehen beim planmäßigen Aufbau der sozialistischen Großindustrie im RGW-Bereich der fünfziger Jahre an das Aufrollen des von Bernal skizzierten Bildes – und zwar im Rahmen und Maßstab des jeweiligen Landes.

Da der Wirtschaftsaufbau im RGW durch die einsetzende Industrialisierung geprägt wurde und die Wirtschaftsbeziehungen seiner Länder beeinflußt wurden von den Bedingungen und Zielen der Industrialisierung sowie den Bedürfnissen, die sie hervorbrachte, soll auf diese Problematik eingegangen werden.

Die ersten längerfristigen Wirtschaftspläne wiesen einige landesbedingte Unterschiede und – was wesentlich wichtiger ist –viele Gemeinsamkeiten auf. Die letzteren zeigten sich nicht nur in der Konzentration der Mittel auf die Industrie und hier wieder auf die Produktionsgüter produzierenden Bereiche, sondern auch in der Wahl der schwerindustriellen Strukturschwerpunkte. Ein Vergleich der Pläne macht das deutlich:

In *Polen* folgte einem Dreijahrplan (1947 bis 1949) zum Wiederaufbau der Wirtschaft der Sechsjahrplan (1950 bis 1955), mit dem der Start zur sozialistischen Industrialisierung einsetzte.[89] Industrialisierungsschwerpunkt waren vor allem der Maschinenbau, die metallverarbeitende und die Hüttenindustrie. Zur Erhöhung der Stahlproduktion war der Ausbau bestehender und die Errichtung umfangreicher neuer Produktionsanlagen vorgesehen. Unter diesen Vorhaben nahm das „Nowa-Huta"-Projekt den ersten Platz ein. Sein geplantes Leistungsvermögen entsprach dem Kapazitätsumfang, über den Polen vor dem Krieg auf dem Gebiet der Schwarzmetallurgie verfügen konnte.[90]

Nach den ursprünglichen Planrichtlinien sollte die Produktion in der Metallindustrie und im Maschinenbau im letzten Jahr des Sechsjahrplans gegenüber 1949 einen Produk-

[87] Berechnet nach Angaben von *Berchin, J. B.*, a. a. O., Vgl. S. 293 und 314.
[88] Vgl. ebenda, S. 336.
[89] *Iskra, W.*, Die industrielle Entwicklung in Polen, a. a. O., S. 16.
[90] Die Wirtschaft, Nr. 19, vom 9. Mai 1952, S. 11.

tionszuwachs von 150 Prozent erreichen.[91] Die Realisierung des Dreijahrplans hatte jedoch zu Ergebnissen geführt, unter deren Eindruck dann ein rascheres Tempo beim Ausbau des polnischen Maschinenbaus angeschlagen wurde. War es doch gelungen, beispielsweise die Produktion von Gußstahl im Jahre 1949 im Vergleich zur polnischen Vorkriegsleistung von 1938 mit dem Index von 227 mehr als zu verdoppeln. In den 6 Jahren des neuen Planes sollte die Gießereiproduktion gegenüber 1949 noch einmal auf das Doppelte ansteigen.[92] Als Grundlage zur Modernisierung der polnischen Industrie sollte der Werkzeugmaschinenbau vorrangig ausgebaut werden. Seine Produktion sollte sich gegenüber der Vorkriegszeit auf das Zwanzigfache ausdehnen.[93] Geplant war die Aufnahme neuer Produktionen besonders im Bereich des Schwermaschinenbaus. Hierzu gehörten der Bau von Bergbauausrüstungen, von Maschinen für die Energieerzeugung und die Hüttenindustrie. Produktionen wie Kesselanlagen, Dampfturbinen, Einrichtungen für die spanlose Verformung – die verschiedensten Typen des Werkzeugmaschinenbaus – aber auch Verladeeinrichtungen, Krananlagen und Antriebsmaschinen für Schiffe gehörten zum breiten Spektrum des polnischen Maschinenbauprogramms.[94] Eine Vorrangstellung nahm im Plankonzept auch der Bau von Hochsee- und Binnenschiffen ein; sollte doch die Produktion der Werftindustrie im Planzeitraum verdreifacht und die polnische Flotte ebenfalls auf das Dreifache vergrößert werden.[95]

Zu den Schwerpunkten des Sechsjahrplans gehörten ferner der Steinkohlen- und Erzbergbau (Eisen- und Buntmetalle), die Erzeugung von Elektroenergie, der Aufbau einer chemischen Großindustrie und die Zementproduktion.[96]

Als sich 1949 eine Übererfüllung des Dreijahrplans abzeichnete, nahm die 5. ZK-Tagung der PVAP eine Änderung der im Dezember 1948 vom Vereinigungsparteitag beschlossenen Richtlinien vor. Wichtige Plankennziffern des Sechsjahrplans wurden heraufgesetzt.

Der überarbeitete Plan enthielt nun die Festlegung, daß die Industrieproduktion in den Jahren von 1950 bis 1955 auf das Vierfache des Vorkriegsstandes zu erhöhen ist.[97] Er erfuhr jedoch in der Folgezeit noch weitere Korrekturen.[98]

Im Ergebnis der Planänderungen war eine außerordentlich rasche Zunahme der Investitionen vorgesehen. Umgerechnet auf Preise des Jahres 1950, nach denen der Sechsjahrplan aufgestellt wurde, betrugen die Investitionen von 1947 bis 1949 ca. 790 Milliarden Złoty.[99] Die Gesamtinvestitionen des Sechsjahrplans waren auf 6,1 Billionen Złoty veranschlagt.[100] Berechnet man die Durchschnittshöhe der jährlichen Investitionen für beide Planzeiträume, ergibt sich, daß der Jahresdurchschnitt der geplanten Investitionen des Sechsjahrplans den des Dreijahrplans fast um das Vierfache übertraf.

91 *Minc, H.*, Für die Schaffung der Grundlagen des Sozialismus in Polen: In: Für dauerhaften Frieden, für Volksdemokratie, vom 15. 1. 1949, S. 3.

92 Die Wirtschaft, Nr. 26 vom 27. Juni 1952, S. 11.

93 *Minc, H.*, Für die Schaffung der Grundlagen des Sozialismus in Polen, a. a. O.

94 Die Wirtschaft Nr. 6 vom 9. Februar 1951, S. 11 und Nr. 19 vom 9. Mai 1952, S. 11.

95 Die Wirtschaft Nr. 7 vom 16. Februar 1951, S. 11.

96 *Minc, H.*, Der Sechsjahrplan für die Entwicklung der Wirtschaft und den Aufbau der Grundlagen des Sozialismus in Polen, a. a. O.

97 Ebenda.

98 *Tomaszewski, J.*, Die wirtschaftliche Entwicklung der Volksrepublik Polen, a. a. O., S. 28.

99 Die Wirtschaft, Nr. 14 vom 6. April 1951, S. 11.

100 Zum Stand vom Frühjahr 1951 ebenda.

Durch die Konzentration auf die Strukturschwerpunkte wurde in der ersten Hälfte der fünfziger Jahre in wichtigen Bereichen der Schwerindustrie ein überdurchschnittlich hohes Wachstumstempo der Produktion erreicht.

Tabelle 33

Index der Produktion ausgewählter Bereiche und Zweige der polnischen Industrie im Zeitraum von 1951 bis 1955 1950=100

1. Maschinenbau und Metallkonstruktionen	491
2. Metallindustrie	313
3. Transportmittelindustrie	306
4. Elektrotechnische Industrie	297
5. Chemieindustrie	228
6. Baumaterialienindustrie	224
7. Buntmetallurgie	209
8. Erzeugung elektrischer und Wärmeenergie	197
9. Schwarzmetallurgie	181
10. Brennstoffindustrie	150
Industrie insgesamt	212

Quelle: Kleines Statistisches Jahrbuch Polens 1971, Warszawa 1971, S. 94.

Zwar lagen die Produktionsindizes der Energieerzeugung sowie der Schwarz- und Buntmetallurgie unter dem der gesamten Industrieproduktion, doch konnten auch in diesen Bereichen der Schwerindustrie beachtliche Produktionserhöhungen erzielt werden.

Sollte z. B. die Stahlproduktion nach der korrigierten Planvariante (von 1951) im Jahre 1955 4,6 Millionen Tonnen erreichen, so wurden tatsächlich 4,426 Millionen Tonnen produziert.[101] Damit lag die Erzeugung von Stahl nur knapp 4 Prozent unter der außerordentlich hohen Planzielstellung.

Gegenüber 1949 bedeutete das immerhin eine Produktionserhöhung auf 192 Prozent. Der Vorkriegsstand des Jahres 1938 konnte mit der Stahlproduktion von 1955 um mehr als das Dreifache übertroffen werden. In bezug auf den Umfang der Produktionszunahme an Stahl 1955 zu 1950 nahm Polen in dieser Zeit hinter der UdSSR den zweiten Platz im RGW ein.[102] Auf dem Energiesektor zeigt ein Vergleich zur Vorkriegszeit noch größere Relationen. Nach dem Sechsjahrplan sollte die Produktion von Elektroenergie gegenüber 1938 (3,977 Milliarden Kilowattstunden) nahezu auf das Fünffache gesteigert werden.[103] Tatsächlich lieferten die polnischen Kraftwerke 1955 17,75 Milliarden Kilowattstunden elektrischen Strom.[104] Das war eine Steigerung auf 446 Prozent. Vergleicht man die Volumina der Zunahme erzeugter Elektroenergie der RGW-Länder 1955

[101] Statistisches Jahrbuch der Mitgliedsländer des Rates für Gegenseitige Wirtschaftshilfe 1971, Moskau, S. 80.

[102] Berechnet nach Statistisches Jahrbuch des Rates für Gegenseitige Wirtschaftshilfe 1971, a. a. O., S. 80.

[103] Die Wirtschaft, Nr. 29 vom 17. Juli 1953, S. 9.

[104] Statistisches Jahrbuch der Mitgliedsländer des Rates für Gegenseitige Wirtschaftshilfe 1971, Moskau, S. 77.

zu 1950, ergibt sich, daß Polen hinter der UdSSR und der DDR den dritten Platz im RGW einnahm.[105]

Bei der Realisierung des Sechsjahrplans traten jedoch auch Engpässe im schwerindustriellen Bereich auf. Besonders die Produktion von Grundstoffen wie Kohle, chemische Rohstoffe, Eisen, Buntmetallen und Baustoffen konnte den Bedarf der schnell wachsenden Industrie nicht decken.[106]

Auch in *Ungarns* Fünfjahrplan, der für den Zeitraum von 1950 bis 1954 aufgestellt worden war und der wie in Polen an einen Dreijahrplan zum Wiederaufbau anschloß, dominierten schwerindustrielle Zielstellungen. Analog zum polnischen Sechsjahrplan standen der Maschinenbau und die Hüttenindustrie im Vordergrund.[107] So sollte beispielsweise der Maschinenbau nach den Festlegungen im ersten Planprojekt seine Produktion innerhalb der Fünfjahresfrist auf das Siebzehnfache steigern.[108] Weitere Schwerpunkte waren in der extraktiven Industrie besonders die Kohleförderung, die Ausbeutung der Bauxitvorkommen und damit verbunden die Gewinnung von Aluminium sowie die Chemieindustrie.[109]

Obwohl im Zeitraum des Dreijahrplans 1947 bis 1949 die Stromerzeugung von 1,28 Milliarden Kilowattstunden im Jahre 1946 auf 2,2 Milliarden Kilowattstunden gesteigert werden konnte,[110] waren 1950 innerhalb der Schwerindustrie Disproportionen entstanden, da sich die Erzeugung von Grundstoffen und Elektroenergie langsamer entwickelt hatte als die verarbeitende Industrie.[111] Ein Plan zur Elektrifizierung des Landes sah den schnellen Ausbau der energetischen Basis vor, um den Energieengpaß zu überwinden. Bis zum Jahre 1954 sollte die Produktion von Elektroenergie 4,2 Milliarden Kilowattstunden erreichen.[112]

Auch die wichtigsten Kennziffern des ungarischen Fünfjahrplans wurden im Verlauf der Realisierung – nachdem seine Voranschläge mehrmals nach oben korrigiert worden waren – 1951, auf dem II. Parteitag der Partei der Ungarischen Werktätigen, zum Teil beträchtlich heraufgesetzt.[113] Das führte zu einer noch stärkeren Betonung der Strukturdominanten. Nach den Korrekturen sollte zum Beispiel der Bergbau seine Produktion innerhalb der Fünfjahresfrist statt um 55,2 Prozent um 142 Prozent steigern, und die Produktion der Hüttenindustrie sollte nicht, wie ursprünglich geplant, um 105 Prozent, sondern um 162 Prozent erhöht werden.[114] Wie die Durchführung des Plans ergab, wurde

105 Berechnet nach Statistisches Jahrbuch der Mitgliedsländer des Rates für Gegenseitige Wirtschaftshilfe 1971, a. a. O., S. 77.

106 *Tomaszewski, J.*, Die wirtschaftliche Entwicklung der Volksrepublik Polen, a. a. O., S. 30.

107 *Vas, Z.*, Ungarns Fünfjahrplan. In: Für dauerhaften Frieden, für Volksdemokratie, vom 17. 3. 1950, S. 2.

108 Ebenda.

109 Ekonomičeskaja istoria socialističeskich stran, Moskau 1971, S. 184 f.

110 Die Wirtschaft, Nr. 51, vom 21 Dezember 1950, S. 13.

111 *Vas, Z.*, Ungarns Wirtschaft im Aufschwung. In: Für dauerhaften Frieden, für Volksdemokratie, vom 26. 1.–1. 2. 1951, S. 2.

112 Die Wirtchaft, Nr. 51, vom 21. Dezember 1950, S. 13; tatsächlich wurden bereits 1953 4,6 Milliarden Kilowattstunden Elektroenergie erzeugt. Vgl. UN-Statistical Yearbook, New York 1954, S. 261.

113 *Berend, I. T./Ranki, G.*, Zur Geschichte der Entwicklung der sozialistischen Volkswirtschaft in Ungarn. In: Jahrbuch für Wirtschaftsgeschichte 1965, Teil II, S. 143.

114 Ebenda.

in den Jahren von 1950 bis 1953 der überwiegende Teil der Industrieinvestitionen – fast zwei Drittel – auf die Produktion von Grundstoffen konzentriert.[115] Der Ausbau der Brennstoff- und Energiebasis konnte jedoch mit der Entwicklung des ungarischen Industriepotentials nicht Schritt halten.

Tabelle 34

Produktionsindex ausgewählter Bereiche der ungarischen Schwerindustrie im Zeitraum von 1951 bis 1955 1950 = 100

1. Chemische Industrie	248
2. Maschinenbau und metallverarb. Industrie	205
3. Schwarzmetallurgie	200
4. Baumaterialienindustrie	195
5. Buntmetallurgie	194
6. Brennstoffindustrie	179
7. Erzeugung elektrischer und Wärmeenergie	178
Industrie insgesamt	186

Quelle: Statistisches Jahrbuch der Mitgliedsländer des Rates für Gegenseitige Wirtschaftshilfe 1971, Moskau, S. 62 und S. 54.

Die Elektrifizierung gehörte sowohl in *Bulgarien* als auch in Rumänien ähnlich wie in Polen und adäquat zum sowjetischen Reorganisationsmodell zu den Hauptzielen der beginnenden sozialistischen Industrialisierung.

Noch stärker als in Polen und Ungarn dürfte in diesen Agrarländern, in denen kaum Traditionen einer Großindustrie bestanden, der Übergang zur Ära des industriellen Aufschwungs als tiefgreifende Zäsur in ihrer Wirtschaftsgeschichte empfunden worden sein. Das kommt auch in der Rede Georgi Dimitroffs zum Ausdruck, in der er auf dem V. Parteitag der Kommunistischen Partei Bulgariens die weiteren Aufgaben des Wirtschaftsaufbaus in seinem Land wie folgt umriß:

„. . . die Aufgabe erschöpft sich nicht in der Rekonstruktion dessen, was in der Volkswirtschaft bereits vorhanden ist. Es bedarf noch einer beschleunigten Neuentwicklung der Produktivkräfte unseres Landes, um die wirtschaftliche Rückständigkeit rasch zu überwinden und es in kürzester Frist zum hochentwickelten Agrar- und Industrieland zu verwandeln. Wie ich bereits früher gesagt habe, muß durch die Industrialisierung und Elektrifizierung des Landes und die Mechanisierung der Landwirtschaft in 15 bis 20 Jahren das erreicht werden, was andere Länder unter anderen Verhältnissen in einem ganzen Jahrhundert erreicht haben. Zu diesem Zweck ist die Schaffung einer mächtigen Energiewirtschaft durch die Nutzung der Wasser- und Wärmeressourcen des Landes, die schnelle Entwicklung des Bergbaus, der Aufbau einer eigenen Hüttenindustrie und eines genügend stark entwickelten Maschinenbaus und sonstiger Schwerindustrie sowie die Entfaltung,

[115] *Szakács, S.*, Die wirtschaftliche Entwicklung der Ungarischen Volksrepublik, a. a. O., S. 28.

Erweiterung und Modernisierung der Leichtindustrie erforderlich."[116] Der V. Parteitag fand im Dezember 1948 statt. Um diese Zeit endete der Zweijahrplan zur Wiederherstellung der bulgarischen Wirtschaft. Der Parteitag beschloß die Direktive für den ersten Fünfjahrplan Bulgariens. Der Plan war für die Jahre 1949 bis 1953 aufgestellt worden.[117] Mit ihm sollte die beschleunigte Entwicklung der Produktivkräfte und die Überwindung der wirtschaftlichen Rückständigkeit eingeleitet werden. Den Plan kommentierend, hob Kunin zum Zeitpunkt der Beschlußfassung hervor, daß die Erhöhung des Anteils der Schwerindustrie zum entscheidenden Faktor der wirtschaftlichen Entwicklung Bulgariens werden müsse.[118] Der Plan sah vor, die Industrieproduktion um 119 Prozent, also auf mehr als das Doppelte zu erhöhen.[119]

Entsprechend der Bedeutung, die dem schnellen Ausbau der energetischen Basis beigemessen wurde, enthielt der Plan das Ziel, die Produktion von Elektroenergie innerhalb des Planjahrfünfts gegenüber 1939 auf das Siebenfache zu steigern.[120] Weitere Schwerpunkte bildeten wie in den anderen RGW-Ländern der Maschinenbau und die Hüttenindustrie sowie die extraktive Industrie. Während in Bulgarien vor dem II. Weltkrieg kein nennenswerter Erzbergbau betrieben worden war, sollte nun neben dem forcierten Ausbau der Kohleförderung auch eine rasche Erschließung der Vorkommen an Eisenerz und Buntmetallen erfolgen.[121]

Im Maschinenbau sollten vor allem der Bau von Bergbauausrüstungen, der Landmaschinenbau, die Fertigung von Ausrüstungen für die Nahrungsmittelindustrie und Maschinen für die Mechanisierung der anderen Volkswirtschaftszweige als Produktionsrichtungen entwickelt werden.[122]

Auch in Bulgarien gehörte die Chemieindustrie zu den Zweigen, denen im Plan eine Vorrangstellung eingeräumt wurde. Enthielt doch der Plan die ehrgeizige Zielstellung, bis 1953 nicht nur den Eigenbedarf an Kohle, Elektroenergie, Eisen und Buntmetallen, sondern auch an chemischen Erzeugnissen aus der Landesproduktion zu decken.[123]

Ausnahmslos alle wichtigen traditionellen Bereiche der Schwerindustrie hatten in der

116 *Dimitroff, G.*, Politischer Rechenschaftsbericht des Zentralkomitees der Bulgarischen Arbeiterpartei (Kommunisten) vor dem V. Parteitag, 19. Dezember 1948. In: Ausgewählte Werke, Band II, Sofia 1967, S. 762.

117 Seine Verwirklichung wurde bereits 1952 abgeschlossen.

118 *Kunin, P.*, Der Weg der industriellen Entwicklung Bulgariens. In: Für dauerhaften Frieden, für Volksdemokratie, vom 15. 12. 1948, S. 5.

119 Ebenda.

120 *Terpescheff, D.*, Der Plan zur Hebung der Volkswirtschaft Bulgariens. In: Für dauerhaften Frieden, für Volksdemokratie, vom 1. 2. 1949, S. 3; Zwar konnte dieses Ziel in dem abgesteckten Zeitraum nicht verwirklicht werden, jedoch gelang es, mit einer Produktion von 1500 Millionen Kilowattstunden Strom im Jahre 1953 gegenüber 1939 (266 Millionen Kilowattstunden) immerhin eine Steigerung auf das Fünfeinhalbfache des Vorkriegsstandes zu erreichen. 1955 übertraf die Erzeugung von Elektroenergie mit 2073 Millionen Kilowattstunden die Vorkriegsproduktion um fast das Achtfache. Vgl. UN-Statistical Yearbook 1954, New York, S. 261 und Statistisches Jahrbuch der Mitgliedsländer des Rates für Gegenseitige Wirtschaftshilfe, Moskau 1971, S. 77.

121 Vgl. *Kunin, P.*, a. a. O. und *Tscherwenkoff, W.*, Siebenter Jahrestag der Befreiung Bulgariens. In: Für dauerhaften Frieden, für Volksdemokratie, Nr. 37, vom 14. bis 20. September 1951, S. 3.

122 *Jugoff, A.*, Bulgarien auf dem Weg der sozialistischen Industrialisierung. In: Für dauerhaften Frieden, für Volksdemokratie. Nr. 49, 7.–13. 12. 1951, S. 5.

123 *Kunin, P.*, a. a. O.

ersten Hälfte der fünfziger Jahre ein höheres Wachstumstempo aufzuweisen als die bulgarische Industrie im Durchschnitt.[124]

In *Rumänien* vollzog sich der Übergang zur sozialistischen Planwirtschaft nach ersten Ansätzen eines Produktionsprogramms 1947/48 mit den Jahresplänen für 1949 und 1950. Bereits im Jahresplan für 1949 wurden 47 Prozent der Investitionsmittel für die Entwicklung der Industrie eingeplant.[125] Ein Schwerpunkt dieses Plans war die Entwicklung des Maschinen- und Anlagenbaus für die Erdölindustrie.[126] Gleichzeitig setzten der Aufbau des Hüttenwesens und die Erweiterung der Energiebasis ein.[127] Im Plan für 1950 wurden die Investitionen hauptsächlich auf die extraktive Industrie und die Energetik konzentriert.[128] Gilt allgemein die Erfüllung der Wirtschaftspläne von 1949 und 1950 als Abschluß des Wiederaufbaus, wurden andererseits in dieser Zeit die Ergebnisse der Vorkriegsproduktion übertroffen.[129]

Noch deutlicher traten dann die Konturen der Investitionsstrategie zur sozialistischen Industrialisierung im Projekt des ersten rumänischen Fünfjahrplans hervor. Über 51 Prozent der für den Zeitraum von 1951 bis 1955 geplanten Investitionsmittel wurden für die Industrie bestimmt. Von diesem Fonds wurden 82 Prozent für die Schwerindustrie geplant.[130]

Gleichzeitig mit dem ersten Fünfjahrplan setzte ein Plan zur Elektrifizierung Rumäniens ein, der auf zehn Jahre berechnet war und mit zwei Fünfjahrplänen konform realisiert werden sollte. Er sah für den Zeitraum bis 1960 die Errichtung von 37 Großkraftwerken – davon 13 Wärme- und 24 Wasserkraftwerke – und den Ausbau vorhandener sowie den Bau kleiner Elektrizitätswerke vor.[131] Neben der raschen Zunahme der Energieerzeugung gehörte die beschleunigte Entwicklung der metallurgischen Produktionen auch im rumänischen Fünfjahrplan zu den Hauptzielen. Außerordentlich hohe Wachstumsraten waren deshalb für die Hütten- und Metallindustrie sowie den Maschinen- und Anlagenbau geplant.[132] Der Maschinenbau sollte vorwiegend auf die Konstruktion von Maschinen und Anlagen für die extraktive Industrie ausgerichtet werden. Im Hinblick auf die umfangreichen Elektrifizierungsvorhaben wurde die Forderung gestellt, den

124 Statistisches Jahrbuch der Mitgliedsländer des Rates für Gegenseitige Wirtschaftshilfe, 1971, a. a. O., S. 54 und 61.

125 Für dauerhaften Frieden, für Volksdemokratie vom 1. 1. 1949, S. 1.

126 Ebenda.

127 *Gheorghiu – Dej, G.*, Fünf Jahre seit der Befreiung Rumäniens. In: Für dauerhaften Frieden, für Volksdemokratie, vom 15. 8. 1949, S. 2.

128 *Stoica, Ch.*, Erfolge der Planwirtschaft in Rumänien. In: Für dauerhaften Frieden, für Volksdemokratie, v. 28. 10. 1949, S. 2.

129 Außenwirtschaftsinformationen über die sozialistischen Länder, Länderteil Sozialistische Republik Rumänien. O. o., o. J., S. 19.

130 Berechnet nach Angaben von *Constantinescu, M.*, Erster Fünfjahrplan der Rumänischen Volksrepublik. In: Für dauerhaften Frieden, für Volksdemokratie, vom 29. 12. 1950, S. 2.

131 *Gheorghiu-Dej, G.*, Der Elektrifizierungsplan der Rumänischen Volksrepublik. In: Für dauerhaften Frieden, für Volksdemokratie vom 9. 11. 1950, S. 2. Die Wirtschaft, Nr. 49 vom 5. 12. 1952, S. 12.

132 *Constantinescu, M.*, Erster Fünfjahrplan der Rumänischen Volksrepublik, a. a. O. Vgl. auch *Pauker, A.*, Sechs Jahre befreites Rumänien. In: Für dauerhaften Frieden, für Volksdemokratie, Nr. 33, vom 18. 8. 1950, S. 2.

Maschinenbau außer auf die Produktion von Anlagen für die Erdölgewinnung auch auf die Erfordernisse des elektroenergetischen Bereichs zu orientieren.[133]

Mit dem Aufbau der verarbeitenden Schwerindustrie sollte eine schnelle Erhöhung der extraktiven Produktionen, vor allem der Erdöl-, Kohle- und Eisenerzförderung, einhergehen.[134]

In *Albanien,* das vor dem zweiten Weltkrieg als das wirtschaftlich rückständigste Agrarland Europas galt, wurde um die Wende von den vierziger zu den fünfziger Jahren eine Wirtschaftspolitik eingeschlagen, die ebenfalls auf die Industrialisierung gerichtet war. Mit ihr wurde das Ziel verfolgt, Albanien zunächst zu einem Agrar-Industriestaat zu entwickeln. Zwar liegen nur wenige exakte Angaben über den Ablauf des Industrialisierungsprozesses in Albanien vor, wodurch eine fundierte Einschätzung erschwert wird. Jedoch scheint die Industrialisierung Albaniens im Vergleich zum Ablauf des Prozesses in anderen Agrarstaaten des RGW-Bereichs neben Ähnlichkeiten mehr Besonderheiten aufzuweisen, die nicht nur im Umfang der Vorhaben, sondern zum Teil auch in der Wahl der Investitionsschwerpunkte zu sehen sind.

In den Nachkriegsjahren konnte die Produktion der extraktiven Industrie gesteigert werden. Im Jahr 1948 übertrafen die Leistungen der Erz- und Kohlegruben, der Erdöl- und Asphaltgewinnungsanlagen den Vorkriegsstand um mehr als das Doppelte.[135] Mit dem für die Jahre 1949 und 1950 aufgestellten Zweijahresplan wurde die Aufgabe gestellt, die Produktionskapazitäten der Grundstoffindustrien zu erweitern und die Produktion von Konsumgütern zu entwickeln. Außerdem waren auch Maßnahmen zur Vergrößerung der landwirtschaftlichen Nutzfläche vorgesehen.[136] Schon in dieser Zeit begann die Realisierung umfangreicher Industrieobjekte wie des Textilkombinats in Yzberish – eines der größten Betriebe des Landes – und des Wasserkraftwerkes bei Tirana.[137]

Für die folgenden Jahre wurde ein Fünfjahrplan aufgestellt, dessen Direktive auf dem II. Parteitag der Partei der Arbeit Albaniens im Frühjahr 1952 beschlossen wurde und der sich auf den Zeitraum von 1951 bis 1955 bezog. Erklärtes Ziel des Plans war der Aufbau einer Industrie, die auf der Grundlage einer intensiveren Nutzung der einheimischen Rohstoffressourcen zu einer höheren Stufe der Produktion von Massenbedarfsartikeln führen sollte.[138] Ungefähr 43 Prozent aller im Fünfjahrplanzeitraum vorgesehenen Investitionsaufwendungen wurden für die Industrie geplant, während die Landwirtschaft 13 Prozent der Mittel erhalten sollte.[139] Wie in anderen RGW-Ländern gehörte die Elektrifizierung auch in Albanien zu den Schwerpunkten der Industrialisierungskonzeption.[140] Das bedeutendste Vorhaben des ersten albanischen Fünfjahrplans war der

133 *Gheorghiu-Dej, G.,* Der Elektrifizierungsplan der Rumänischen Volksrepublik, a. a. O.

134 *Pauker, A.,* Sechs Jahre befreites Rumänien, a. a. O.

135 Die Wirtschaft, Nr. 48, vom 30. November 1951, S. 1,2.

136 Taschenbuch über die Volksdemokratien, herausgegeben vom Deutschen Wirtschaftsinstitut, Berlin 1953, S. 11.

137 Die Wirtschaft, Nr. 48, vom 30. November 1951, S. 13.

138 *Hodja, E.,* Der Fünfjahrplan zur Entwicklung der Volkswirtschaft Albaniens. In: Für dauerhaften Frieden, für Volksdemokratie, vom 5. bis 11. Oktober 1951, S. 3.

139 Berechnet nach Angaben aus: Taschenbuch über die Volksdemokratien, a. a. O., S. 12.

140 „Zu den wichtigsten Aufgaben der Produktion gehört die Steigerung der Stromerzeugung, die richtige Verteilung der elektrischen Energie und vor allem die Aufstellung eines allgemeinen Plans für die zukünftige Elektrifizierung des Landes." *Hodja, E.,* Fünfjahrplan zur Entwicklung der Volkswirtschaft Albaniens, a. a. O.

Bau des Wasserkraftwerkes an der Mati.[141] Außerdem waren der Bau eines Wärmekraftwerks und der Bau einer Hochspannungsleitung vorgesehen.[142] Zu den wichtigsten schwerindustriellen Zielen des Plans gehörten die Steigerung der Zementproduktion, die Anlage einer Erdölraffinerie und einer Erdölleitung sowie der Aufbau einer Anlage für die Aufbereitung von Kupfer. Des weiteren war ein Industriekomplex Memaliaj, zu dem ein Hüttenkombinat, ein Kohlenbergwerk und eine Brikettfabrik gehören sollten, geplant.[143]

Aber auch die Textilindustrie, die Nahrungs- und Genußmittelindustrie und die Fertigung industrieller Konsumgüter gehörten zu den Schwerpunkten. Einen wichtigen Bestandteil des Plans bildete die Errichtung einer Reihe größerer Betriebe zur Verarbeitung agrar- und forstwirtschaftlicher Rohstoffe und Ausgangsprodukte wie Obst, Gemüse, Zuckerrüben, Tabak, Baumwolle und Holz.[144] Noch zu Beginn der fünfziger Jahre nahm beispielsweise der Bau des großen Textilkombinats bei Tirana, mit dem 1949 begonnen worden war, einen der ersten Plätze in der Rangliste der Investitionsvorhaben ein. Dasselbe gilt für die Zuckerfabrik in Korca.[145] Projekten der Leichtindustrie wurde folglich im ersten Fünfjahrplan Albaniens ein weit höherer Stellenwert eingeräumt, als das in den ersten Industrialisierungsplänen der anderen Agrarländer des RGW der Fall war. Und in der Tat entwickelte sich die Leichtindustrie in Albanien in der ersten Hälfte der fünfziger Jahre schneller als die Schwerindustrie. Erreichte die Industrieproduktion der Gruppe „A" im Zeitraum von 1951 bis 1955 eine Steigerung von 238 Prozent, so erhöhte sich die der Gruppe „B" um 301 Prozent.[146] Die Industrialisierung Albaniens, die mit der vorrangigen Entwicklung der Leichtindustrie bei gleichzeitigem Aufbau eines schwerindustriellen Produktionspotentials begann, bildete nicht nur hierin eine Ausnahme im RGW-Bereich. Auch durch die Beschränkung auf wenige Zweige der Schwerindustrie – im wesentlichen die extraktive Industrie, die Energiegewinnung, die Erzeugung von Baustoffen und einige Bereiche der verarbeitenden Industrie – wies Albaniens Entwicklung Besonderheiten auf. Abgesehen von einigen wenigen Ausnahmen wurde auf die Entwicklung des Maschinen- und Anlagenbaus verzichtet. Auch die Schaffung größerer Produktionskapazitäten der Schwarzmetallurgie war nicht vorgesehen (geplant war lediglich ein Hüttenwerk mit einer Jahresleistung von 3000 Tonnen Stahl).[147] Diese Variante der sozialistischen Industrialisierung, bei der von einer sukzessiven Entwicklung der Schwerindustrie ausgegangen wurde, berücksichtigte das auch im Vergleich zu anderen schwachentwickelten RGW-Ländern besonders niedrige wirtschaftliche Ausgangsniveau. Sie entsprach den Dimensionen der albanischen Wirtschaft, und sie war durch internationale

[141] *Theodhosi, K.*, Die Albanische Partei der Arbeit im Kampf um die Erfüllung des Fünfjahrplans. In: Für dauerhaften Frieden, für Volksdemokratie, vom 12.–18. Juni 1953, S. 3.

[142] Die Wirtschaft, Nr. 48, vom 27. November 1953, S. 10.

[143] Ebenda.

[144] Ebenda.

[145] *Theodhosi, K.*, Die Albanische Partei der Arbeit im Kampf um die Erfüllung des Fünfjahrplans, a. a. O.

[146] Im Zeitraum von 1956 bis 1960 wuchs dann die Produktion der Gruppe „A" etwas schneller als die Gruppe „B", während in den Jahren von 1961 bis 1963 bei allgemein niedrigem industriellen Entwicklungstempo wieder die Leichtindustrie die höhere Wachstumsrate aufwies. Vgl. Sozialistisches Weltwirtschaftssystem, Band 1, a. a. O., S. 167.

[147] Die Wirtschaft, Nr. 48, vom 27. November 1953, S. 10.

Wirtschaftsabsprachen in der Gemeinschaft zur Gewährung von Wirtschaftshilfe multilateral abgesichert. Basierten doch die Investitionsvorhaben des albanischen Zweijahrplans wie auch des Fünfjahrplans auf großzügig kreditierten Importen aus den sozialistischen Ländern. Darauf wird im folgenden Kapitel eingegangen. Hier sei nur soviel vermerkt, daß Albanien schon bei seinem Eintritt in den RGW den Wunsch nach umfassender Wirtschaftshilfe geltend machte. Die erste Tagung des RGW,[148] die vom 26. bis 30. April 1949 in Moskau stattfand, erteilte dem Büro des RGW daraufhin den Auftrag zur Ausarbeitung von Vorschlägen für die Entwicklung der albanischen Volkswirtschaft unter besonderer Berücksichtigung der Rohstofförderung und des Transportwesens.[149] Der überwiegende Teil der Industrie, die in den fünfziger Jahren in Albanien aufgebaut wurde, ist von den sozialistischen Ländern und in erster Linie der UdSSR meist in Form kompletter Produktionsanlagen geliefert, errichtet und in Betrieb gesetzt worden.[150]

Während die Agrarländer des RGW mit der Verwirklichung weitgespannter Industrialisierungsambitionen begannen, wurden in der *UdSSR* Maßnahmen zur Industrialisierung der bis dahin wirtschaftlich noch wenig erschlossenen Gebiete eingeleitet. Die UdSSR stand zu Beginn der fünfziger Jahre vor einem enormen Ausbau ihres Industriepotentials. Seine Dimensionen werden deutlich, wenn man sich vergegenwärtigt, daß innerhalb eines Jahrzehnts eine Verdoppelung der sowjetischen Industriekapazität erreicht werden konnte.

Auch in der Wirtschaftsentwicklung der UdSSR bildete die Wende von den vierziger zu den fünfziger Jahren einen Schnittpunkt. Der vierte Fünfjahrplan war im Zeitraum von 1946 bis 1950 als Programm zur Wiederherstellung der Wirtschaft realisiert worden. Seine zentrale Aufgabe hatte im Wiederaufbau der Schwerindustrie bestanden.[151] Die Umstellung der sowjetischen Wirtschaft vom Kriegs- auf den Zivilbedarf konnte in den ersten Nachkriegsjahren bewältigt werden.[152]

Im Oktober 1952 wurde dann auf dem XIX. Parteitag der KPdSU die Direktive des fünften Fünfjahrplans für die Zeit von 1951 bis 1955 angenommen. Nach einer auf dem Parteitag erhobenen Forderung sollte im letzten Jahr des Planzeitraums der Produktionsausstoß der sowjetischen Industrie den des Vorkriegsjahres 1940 um das Dreifache übertreffen.[153] Dementsprechend gab der Plan ein außerordentlich hohes Wachstumstempo für die Industrieproduktion generell und die Produktion der Schwerindustrie vor. Als Jahreszuwachsraten wurden für die gesamte Bruttoproduktion der Industrie 12 Prozent, für die Schwerindustrie 13 Prozent und die Leichtindustrie 11 Prozent geplant.[154]

148 Am 21. 2. 1949 hatte die Regierung der UdSSR im Namen der RGW-Staaten der albanischen Regierung mitgeteilt, daß dem Antrag auf Aufnahme in den Rat für Gegenseitige Wirtschaftshilfe entsprochen wurde. ND vom 23. Februar 1949, S. 1.

149 *Faddejew, N. W.*. Der Rat für Gegenseitge Wirtschaftshilfe, Berlin 1975, S. 124.

150 Die Wirtschaft Nr. 48 vom 30. November 1951, S. 13, Nr. 46, vom 13. November 1953, S. 1 und Nr. 48 vom 27. November 1953, S. 10.

151 *Berchin, J. B.*, Geschichte der UdSSR, a. a. O., S. 580 und 581.

152 Die Umstellung erfolgte auf Grund der vom Staatlichen Komitee für Verteidigung am 26. Mai 1945 erlassenen Verordnung „Über Maßnahmen zur Reorganisation der Industrie im Zusammenhang mit der Verringerung der Rüstungsproduktion". Hierzu: Ekonomičeskaja istoria sozialističeskich stran, a. a. O., S. 2 ff.

153 Rechenschaftsbericht des ZK der KPdSU (B) an den XIX. Parteitag, a. a. O.

154 Richtlinien des XIX. Parteitages für den fünften Fünfjahrplan der Entwicklung der UdSSR 1951 bis 1955. In: Die Wirtschaft, Nr. 35, vom 29. August 1952, S. 9 ff.

Die Investitionsaufwendungen für die Industrie sollten gegenüber dem vorangegangenen Planzeitraum verdoppelt werden.[155]

Zur weiteren Industrialisierung des Landes waren neben Maßnahmen für die wirtschaftliche Erschließung Sibiriens Investitionen in den Gebieten des Südens der Sowjetunion, im Ural und in den transkaukasischen Gebieten vorgesehen. Einen weiteren territorialen Industrialisierungsschwerpunkt bildeten die baltischen Sowjetrepubliken, in denen Großbetriebe des Maschinenbaus, der Chemieindustrie, aber auch der extraktiven Industrie errichtet werden sollten.[156]

Im Plan wurde die Dringlichkeit der Schaffung von Reserven für den Bau von metallurgischen Betrieben, Kraftwerken, Fabriken zur Erdölverarbeitung und Kohlengruben hervorgehoben und darauf hingewiesen, daß die Entwicklung der entsprechenden Industriezweige zu sichern ist.[157] Betrachtet man den Plan unter dem Aspekt der Rangfolge der Strukturschwerpunkte, standen im Bereich der Schwerindustrie die Metallurgie, gefolgt von der Energieerzeugnug, der Gewinnung und Verarbeitung von Erdöl- und Erdgas, der Bergbau, der Maschinenbau, die Chemieindustrie und die Produktion von Baustoffen im Vordergrund.

In erheblichem Umfang sollte die Produktion schwerindustrieller Grundstoffe, in der extraktiven Industrie vor allem die Förderung von Erzen, Kohle, Erdöl und Gas, erhöht werden. Die im Plan fixierten Steigerungsraten setzten für wichtige schwerindustrielle Produktionen in der Regel eine Erhöhung an, die über das Anderthalbfache der Ergebnisse von 1950 hinausgingen. So sollte nach den Festlegungen der Direktive die Produktion von Roheisen um 76 Prozent, von Stahl um 62 Prozent, von Walzgut um 64 Prozent, von Kohle um 43 Prozent, von Erdöl um 85 Prozent und von Elektroenergie um 80 Prozent anwachsen.[158]

Ein Vergleich der Produktionsergebnisse des Jahres 1955 mit denen von 1950 zeigt,

Tabelle 35

Sowjetische Jahresproduktion ausgewählter schwerindustrieller Grundstoffe

	1950	1955	Steigerung 1955 zu 1950 in %
Roheisen (1000 t)	19175	33310	74
davon verarbeitetes Roheisen (1000 t)	15066	26979	79
Stahl (1000 t)	27329	45272	66
Walzgut (1000 t)	17973	30556	70
Kohle (1000 t)	256841	380195	48
Erdöl (1000 t)	37878	70758	87
Elektroenergie (Mill. kWh)	91226	170225	87

Quelle: Statistisches Jahrbuch der Mitgliedsländer des Rates für Gegenseitige Wirtschaftshilfe, Moskau, 1971, S. 77–81.

155 Ebenda.
156 Vgl. ebenda
157 Ebenda.
158 Ebenda.

daß der Plan in den meisten Positionen der schwerindustriellen Grundstoffe übertroffen wurde.

Vorhaben zur Steigerung der Produktion solchen Ausmaßes und in einer so kurzen Frist mußten neben einer rationelleren Ausnutzung vorhandener auch die Errichtung umfangreicher neuer Produktonskapazitäten voraussetzen. Der Plan ging deshalb im Rahmen der für die Metallurgie abgesteckten Ziele von der Inbetriebnahme neuer Kapazitäten bei Roheisen um 32 Prozent, bei Stahl um 42 Prozent, bei Walzgut um mindestens 100 Prozent, bei Koks um 80 Prozent und bei Eisenerz sogar um 200 Prozent gegenüber dem vorausgegangenen Planjahrfünft aus.[159]

Ähnliche Schlußfolgerungen mußten auch für den Energiesektor gezogen werden. Schon im Juni 1949 war auf Beschluß des ZK der KPdSU ein Elektrifizierungsplan für zehn Jahre angenommen worden.[160] Als erste Realisierungsstufe des Elektrifizierungsprogramms enthielt der fünfte Fünfjahrplan die Festlegung, die Gesamtkapazität der Kraftwerke bis zum Jahre 1955 annähernd zu verdoppeln. Eine wesentliche Verbesserung der Energieversorgung sollte vor allem im Süden der Sowjetunion, dann im Ural, im Kusnezkbecken und im Zusammenhang mit den Industrialisierungsvorhaben im Norden in den drei baltischen Sowjetrepubliken erfolgen.[161]

Das Hauptgewicht wurde auf den Bau von Wasserkraftwerken gelegt. Es war der fünfte Fünfjahrplanzeitraum, in dem die Realisierung solcher Großobjekte wie der Wasserkraftwerke von Kujbyschew und Gorki, des Werkes an der Kama und die ersten Arbeiten zur Nutzung der Angara als Energiequelle in Angriff genommen wurden. Während bei Wärmekraftwerken vorwiegend die bestehenden Anlagen ausgebaut werden sollten, war eine Verdreifachung der Kapazitäten von Wasserkraftwerken beabsichtigt.[162]

Die vorgesehenen enormen Neuinvestitionen in der Metallurgie, im Energiewesen, in der extraktiven Industrie – und hier vor allem im Erz- und Kohlebergbau und in der Erdöl- und Erdgasindustrie – sowie in der Chemie mußten in der Konsequenz zur Betonung spezifischer Entwicklungsrichtungen des Maschinenbaus führen. Als besonders wichtige Aufgabe war deshalb in der Direktive der Bau von Maschinen und Anlagen für Elektrizitätswerke, Betriebe der Eisen- und Buntmetallurgie, erdölverarbeitende Werke und Fabriken zur Herstellung synthetischen Brennstoffs bezeichnet worden.[163] Hohe Steigerungsraten waren für die Produktion von Wasser- und Dampfturbinen, von Generatoren und Hochspannungsanlagen sowie von Steuerungsgeräten angesetzt worden. Die Produktion von Walzwerkausrüstungen sollte auf mehr als das Doppelte, von schweren Schmiedepressen sogar auf das Achtfache und der Bau von Anlagen für die Chemieindustrie auf das 3,3fache erhöht werden.[164] Zu einer dominierenden Richtung des sowjetischen Maschinenbaus sollte außerdem der Bau von Hochseeschiffen entwickelt werden. Auch für den Maschinenbau und die Metallindustrie – deren Produktion im Planzeitraum verdoppelt werden sollte – mußten folglich umfangreiche Neuinvestitionen einkalkuliert werden.[165] Hieraus erwuchsen ebenfalls hohe Aufgaben für

159 Ebenda.
160 Ekonomičeskaja istoria sozialističeskich stran, a. a. O., S. 8.
161 Richtlinien des XIX. Parteitages der KPdSU für den fünften Fünfjahrplan, a. a. O.
162 Ebenda.
163 Ebenda.
164 Ebenda.
165 Ebenda.

die Bauindustrie. Sie sollte vor allem in den Industriegebieten, im Ural, in Sibirien, im Wolgagebiet und in Mittelasien entwickelt und sowohl in den traditionellen, als auch in den geplanten Industriezentren konzentriert werden.[166] Auch die Produktion der wichtigsten Grundbaustoffe sollte gegenüber 1950 innerhalb von fünf Jahren mindestens verdoppelt werden.[167] Die Baustoffindustrie gehörte mit dem Maschinenbau, der metallverarbeitenden Industrie, der Chemieindustrie und der Energieerzeugung zu den Zweigen und Bereichen der Schwerindustrie, die sich schneller als die gesamte sowjetische Industrieproduktion entwickelten und die sogar das Wachstumstempo der Schwarzmetallurgie übertrafen.

Tabelle 36

Index der sowjetischen Industrieproduktion nach ausgewählten Zweigen in der Zeit von 1951 bis 1955 1950 = 100

1. Baustoffindustrie	226
2. Maschinenbau und metallverarbeitende Industrie	217
3. Chemieindustrie	206
4. Erzeugung elektrischer und Wärmeenergie	196
5. Schwarzmetallurgie	179
6. Brennstoffindustrie	163
Industrie insgesamt	185

Quelle: Statistisches Jahrbuch der Mitgliedsländer des Rates für Gegenseitige Wirtschaftshilfe 1971, Moskau, S. 54 und 67.

Mit diesem Plan, dessen Umsetzung zum Ausbau und zur Modernisierung zahlreicher Industriebetriebe sowie zur Errichtung von ca. 3340 industriellen Großbetrieben führte,[168] trat die UdSSR in eine neue Etappe ihrer Industrialisierung ein. Der Ausbau des sowjetischen Industriepotentials, der in den fünfziger Jahren mit diesem Plan einsetzte, dürfte kaum von einer geringeren Anspannung aller wirtschaftlichen Ressourcen begleitet gewesen sein, als sie die beginnende sozialistische Industrialisierung in anderen RGW-Ländern mit sich brachte. Auch das ist zu beachten, wenn man berücksichtigt, daß die UdSSR darüber hinaus in diesem Zeitraum im RGW, aber auch in Asien Industrialisierungshilfe leistete.

Vorhaben zur beschleunigten Entwicklung der Schwerindustrie kennzeichneten auch die ersten Fünfjahrpläne, die in der Tschechoslowakei und der DDR aufgestellt wurden.

Der Übergang zur Planwirtschaft vollzog sich in der *Tschechoslowakei* mit dem auf Initiative der KPTsch erarbeiteten Zweijahresplan der Jahre 1947 und 1948. Als Plan zur Erneuerung der Nachkriegswirtschaft konzipiert, zielte er zwar noch nicht auf größere Strukturveränderungen in der Industrie ab, enthielt jedoch bereits Festlegungen für den Beginn der Industrialisierung der Slowakei.[169] Die urspüngliche Variante des ersten

166 Ebenda.

167 Ebenda.

168 Ekonomičeskaja istoria socialističeskich stran, a. a. O., S. 31.

169 *Průcha, V.*, Die wirtschaftliche Entwicklung der Tschechoslowakischen Sozialistischen Republik, a. a. O., S. 21.

Fünfjahrplans wurde vom Herbst 1947 bis Ende 1948 für den Zeitraum von 1949 bis 1953 ausgearbeitet.[170] Mit ihm wurde die Umwandlung der Industriestruktur unter Betonung der Schwerindustrie eingeleitet. Den Konzentrationsschwerpunkt des Plans bildete der Schwermaschinenbau. Er sollte auf der Grundlage eines raschen Ausbaus der Eisenverhüttung, der Energieerzeugung und der Kohleförderung vorrangig entwickelt werden. Im Vergleich zum Basisjahr 1948 sollte die Produktion der Metallindustrie bis 1953 annähernd auf das Doppelte und die des Schwermaschinenbaus auf das Dreifache anwachsen.[171] Die Ziele des Fünfjahrplans wurden dann jedoch wie in den anderen RGW-Ländern in den Jahren 1950 bis 1951 geändert. Sah der ursprüngliche Plan für Ende 1953 ein Verhältnis der schwerindustriellen zur leichtindustriellen Produktion von 66 : 50 vor, liefen die Plankorrekturen auf eine Proportion von 88 : 50 hinaus. Nach der Planänderung sollte die Industrieproduktion bis 1953 gegenüber 1948 nun nicht um 57 Prozent, sondern um mehr als 90 Prozent anwachsen und die Produktion der Schwerindustrie nicht um 93 Prozent, sondern um 131 Prozent ansteigen.[172] Während 1950 der Produktionsplan für Massenbedarfsartikel eine Reduzierung erfuhr, wurden die Planauflagen für den Bergbau – besonders die Erzförderung –, den Schwermaschinen- und Präzisionsmaschinenbau, die Produktion von Transportmitteln, aber auch für die chemische Industrie und die Elektrizitätserzeugung erhöht.[173]

Tabelle 37

Index des Produktionswachstums ausgewählter Zweige der tschechoslowakischen Industrie im Zeitraum von 1949 bis 1955
1948 = 100

1. Maschinenbau und Metallbearbeitung	341
2. Chemieindustrie	282
3. Baustoffe	240
4. Holzverarbeitung	236
5. Eisenmetallurgie	230
6. Elektrizitäts- und Wärmeerzeugung	206
7. Nichteisenmetallurgie	163
8. Brennstoffindustrie	159
Industrie insgesamt	224

Quelle: Nemynar, Blahomil, Wofür kann die eiserne Konzeption und wofür kann sie nicht. In: Tschechoslowakische Wirtschaftsrundschau, Nr. 2, Prag, März 1970, S. 67.

170 Ebenda, S. 29.

171 *Kolar, F. J.*, Der Fünfjahrplan zur Entwicklung der tschechoslowakischen Volkswirtschaft. In: Für dauerhaften Frieden, fürVolksdemokratie, vom 15. 2. 1949, S. 3.

172 *Frank, J.*, Erfolge des zweiten Jahres des Planjahrfünfts in der Tschechoslowakei. In: Für dauerhaften Frieden, für Volksdemokratie, vom 12.–18. Januar 1951, S. 3. Hierzu auch *Kliment, G.*, Die tschechoslowakische Industrie im dritten Jahr des Fünfjahrplans. In: Für dauerhaften Frieden, für Volksdemokratie, vom 31 August bis 6. September, S. 3.

173 *Frank, J.*, Erfolge des zweiten Jahres des Planjahrfünfts in der Tschechoslowakei, a. a. O. sowie *Průcha, V.*, Die wirtschaftliche Entwicklung der Tschechoslowakischen Sozialistischen Republik, a. a. O., S. 32.

Der Plan für schwere Betriebsanlagen wurde für 1950 drastisch von der zuerst festgelegten Zielvorgabe einer Steigerung um 25 Prozent auf fast 35 Prozent heraufgesetzt.

Durch die Korrekturen wurden die meisten Planschwerpunkte der ersten Variante stärker betont. Es bildeten sich aber infolge einer zu radikalen Modifizierung der Investitionsstrategie Disproportionen auch innerhalb der Schwerindustrie heraus. Konnte doch die Erweiterung der Rohstoff-, Brennstoff- und Energiebasis mit der Entwicklung der verarbeitenden Industrie nicht Schritt halten.[174] Die Entwicklungstempi der schwerindustriellen Zweige differierten stark:

Während die Produktionsentwicklung der Eisenmetallurgie, des Maschinenbaus und der Metallbearbeitung sowie der Chemie- und Baustoffindustrie ein überdurchschnittliches Entwicklungstempo gegenüber der gesamten Industrieproduktion erreichte, lag das Wachstum der Produktion in der Brennstoff- und Energieerzeugung nicht nur im Zeitraum des ersten Fünfjahrplans, sondern bis in die Mitte der sechziger Jahre hinein unter dem der industriellen Gesamtproduktion.[175]

Der Ausbau der tschechischen und der Aufbau der slowakischen Industrie waren mit umfangreichen Neuinvestitionen, mit dem Bau von Hüttenkombinaten und Maschinenfabriken, der Errichtung von Großkraftwerken und Talsperren, aber auch mit aufwendigen Neuanlagen im Bergbau verbunden.[176] Die Steigerung der Investitionen auf 18,8 Prozent war die höchste, die die Tschechoslowakei innerhalb einer Fünfjahresperiode – eingeschlossen die Entwicklung bis 1970 – zu verzeichnen hatte.[177] Durch die Erhöhung der gesellschaftlichen Arbeitsproduktivität um über 9 Prozent,[178], besonders aber infolge eines starken extensiven Wachstums der Industrieproduktion, erzielte die Tschechoslowakei in den Jahren 1949 bis 1953 das höchste wirtschaftliche Entwicklungstempo in ihrer Wirtschaftsgeschichte.[179]

In der *DDR* traten ähnliche Probleme bei der planmäßigen Veränderung der Industrieproduktion auf wie in der Tschechoslowakei. Im Juni 1948 wurden auf dem 11. Plenum des ZK der SED Fragen der wirtschaftlichen Entwicklung im zweiten Halbjahr 1948 und das Projekt eines Zweijahrplans für die Jahre 1949 und 1950 beraten. Als Ziel des Zweijahrplans wurde der Wiederaufbau einer Friedenswirtschaft deklariert. In der Begründung des Entwurfs wurde hervorgehoben, daß die Erfüllung der geplanten Aufgaben vor allem von der Entwicklung der Eisen- und Stahlindustrie, des Kohlenbergbaus, der Energiewirtschaft und der Gestaltung des Außenhandels abhängen würden.[180] Besonders hohe Kontrollzahlen enthielt der Plan für den Werkzeugmaschinen-, den Fahrzeug- und Schiffbau.[181]

Im Oktober 1950 gab das Ministerium für Planung in einem Bericht die Erfüllung des Zweijahrplans bekannt.[182] Zu den Industriezweigen, deren Produktionssteigerungen

174 *Průcha, V.*, Ebenda, S. 32 f.

175 Vgl. *Nemynar, B.*, Wofür kann die eiserne Konzeption und wofür kann sie nicht, a. a. O., S. 67.

176 *Jenik, L.*, Entwicklung der ČSR zum modernen Industriestaat. In: Die Wirtschaft, Nr. 30, vom 25. Juli 1952, S. 12 und *Průcha, V.*, Die wirtschaftliche Entwicklung der Tschechoslowakischen Sozialistischen Republik, a. a. O., S. 31 f.

177 *Průcha, V.*, a. a. O., S. 51.

178 Ebenda. 179 Ebenda, S. 33 und 51.

180 *Ulbricht, Walter*, Zur sozialistischen Entwicklung der Volkswirtschaft seit 1945, Berlin 1960, S. 126 f.

181 Vgl. *Müller, Hans/Reißig, Karl*, Wirtschaftswunder DDR, Berlin 1968 S. 88.

182 Vom Werden unseres Staates, Chronik, Band 2, 1949–1955, Berlin 1968, S. 146.

das Wachstum der Gesamtindustrie übertroffen hatten, gehörten die Elektronik, die Feinmechanik/Optik, die Baustoffindustrie, die metallverarbeitende Industrie, die Metallurgie und der Maschinenbau. Niedrigere Wachstumsraten als die Gesamtindustrie hatten hingegen die Energieerzeugung, die Grundstoffindustrie, die Chemieindustrie und vor allem der Bergbau zu verzeichnen.[183]

Die Beendigung der im Zweijahrplan begonnenen Wiederherstellung der Energiewirtschaft und der Brennstoffindustrie wurde deshalb zu einem Hauptanliegen der Wirtschaftsführung der DDR. Sie gehörte zu den Hauptaufgaben, die der Industrie dann im Fünfjahrplan gestellt wurden.[184]

Seit dem Februar 1950 erarbeitete eine Kommission des Politbüros der SED die Direktive des ersten Fünfjahrplans der DDR für die Jahre 1951 bis 1955. Sie wurde auf dem II. Parteitag der SED im Juli 1950 beraten und beschlossen, der Öffentlichkeit zur Diskussion gestellt und nach einigen Veränderungen am 1. November 1951 von der Volkskammer der DDR als Gesetz verabschiedet.[185]

Von der Bedeutung, die der Reorganisierung der Industrie beigemessen wurde, zeugt der Voranschlag der Investitionen. Ihr Gesamtumfang sollte ursprünglich 26,89 Milliarden Mark betragen. Davon sollten 14,12 Milliarden oder 53 Prozent für die Industrie aufgewendet werden.[186]

Im Mittelpunkt der industriellen Entwicklung im ersten Fünfjahrplanzeitraum stand die Erweiterung der Kapazitäten in der Metallurgie und im Maschinenbau. Auf dem Gebiet der Metallurgie sollte nach der Direktive vor allem die Produktion von Roheisen, Stahl und Walzmaterial forciert werden. Im Maschinenbau sollte in erster Linie der Schwermaschinenbau – besonders die Produktion von Ausrüstungen für die Energiewirtschaft, die Kohleindustrie und die metallurgische Industrie sowie der Bau von Hochseeschiffen vorrangig entwickelt werden.[187]

Bei der Durchführung des Plans wurde wie in den anderen RGW-Ländern eine hochgradige Konzentration der Investitionen auf diejenigen Industriebereiche, -zweige und -betriebe vorgenommen, denen im Planprojekt Strukturprioritäten eingeräumt worden waren. Beispielsweise wurde etwa ein Drittel aller Mittel, die dem Maschinenbau zugeführt wurden, im Schwermaschinenbau angelegt, und über ein Fünftel der Maschinenbauinvestitionen entfielen auf den Schiffsbau. Innerhalb des Schwermaschinenbaus wurde zeitweilig um die Hälfte der Investionen auf die Ausstattung und den Aufbau von 28 Schwerpunktbetrieben konzentriert.[188]

183 Vgl. *Müller, Hans/Reißig, Karl,* Wirtschaftswunder DDR, a. a. O., S. 130.

184 Der Fünfjahrplan zur Entwicklung der Volkswirtschaft der Deutschen Demokratischen Republik (1951 bis 1955). Beschluß des III. Parteitages der Sozialistischen Einheitspartei Deutschlands. In: Zur ökonomischen Politik der Sozialistischen Einheitspartei Deutschlands und der Regierung der Deutschen Demokratischen Republik. Zusammenstellung von Beschlüssen der SED sowie Gesetzen und Verordnungen der Regierung der DDR, 11. Juli 1945 bis 21. Juli 1955, Berlin 1955, S. 71.

185 *Müller, Hans/Reißig, Karl,* Wirtschaftswunder DDR, a. a. O., S. 178 ff. und Vom Werden unseres Staates, Chronik, Band 2, a. .a O., S. 217.

186 Der Fünfjahrplan zur Entwicklung der Volkswirtschaft der Deutschen Demokratischen Republik (1951–1955), a. a. O., S. 88.

187 Ebenda, S. 71 f. und S. 76 f.

188 *Neumann, Gerd,* Arbeitsteilung und Kooperation in der Industrie der Deutschen Demokratischen Republik, dargestellt an der Entwicklung im Maschinenbau in der Zeit von 1956–1962, Dissertation, Humboldt-Universität Berlin 1970, S. 29 ff.

Der Schwermaschinenbau erreichte dann auch von 1951 bis 1955 ein überdurchschnittliches Wachstum der Bruttoproduktion, die gegenüber 1950 auf 227 Prozent gesteigert wurde. Dieses Tempo wurde jedoch vom Schiffbau, dessen Bruttoproduktion sich auf 329 Prozent erhöhte[189], und von der Metallurgie übertroffen. Obwohl der Bergbau und die Energieerzeugung zu den Schwerpunkten der Konzeption zählten und in diesen Bereichen große Anstrengungen zur Produktionssteigerung unternommen worden waren, blieben sie hinter dem Entwicklungstempo der Gesamtindustrie zurück.[190] Das traf auch für die Produktion von Baumaterialien und die Grundstoffindustrie zu.

Tabelle 38

Index der industriellen Produktion der DDR nach ausgewählten Bereichen und Zweigen im Zeitraum von 1951 bis 1955
1950 = 100

1. Metallurgie	245
2. Elektrotechnische Industrie	243
3. Metallverarbeitende Industrie	215
4. Maschinenbau	209
5 Chemieindustrie	192
6. Feinmechanische und optische Industrie	191
7. Grundstoffindustrie	179
8. Baumaterialindustrie einschl. Glas und Keramik	159
9. Elektroenergie	147
10. Bergbau	145
Industrie insgesamt	190

Quelle: Statistisches Jahrbuch der Deutschen Demokratischen Republik 1956, Berlin 1957, S. 272 und 273 (Angaben vom Verfasser aufgerundet). Für Elektroenergie berechnet nach Statistisches Jahrbuch des Rates für Gegenseitige Wirtschaftshilfe 1971, S. 77.

Nun sind Vergleiche der Zuwachsraten einzelner Produktionen bzw. Industriezweige und -bereiche verschiedener Länder insofern problematisch, als die Ausgangspositionen als Berechnungsbasen oft erheblich voneinander abweichen und sich bekanntlich hinter den Prozentzahlen sehr unterschiedliche Produktionsvolumina verbergen können. Beispielsweise hatte Bulgarien in der ersten Hälfte der fünfziger Jahre die höchste Wachstumsrate der Stahlproduktion im RGW – eine Steigerung auf mehr als das Zehnfache – weil die Hüttenindustrie im Grunde erst in dieser Zeit in Bulgarien etabliert wurde. Die mengenmäßige Differenz der Stahlproduktion von 1955 zu 1950 war hingegen in allen RGW-Ländern weit höher als in Bulgarien.[191] Oder ein anderes Beispiel: Die

[189] Geschichte der deutschen Arbeiterbewegung in 8 Bänden, Band 7, 1949 bis 1955, Berlin 1966, S. 321.

[190] Ausführlich hierzu *Roesler, Jörg,* Zur Charakteristik der ökonomischen Ergebnisse in der Industrie der DDR im ersten Fünfjahrplan. In: Jahrbuch für Wirtschaftsgeschichte, Teil III/1976, S. 36 ff.

[191] Während Bulgarien 1955 zu 1950 einen Zuwachs von 68,6 Tsd. t. Stahl erzielte, waren es in Rumänien 211 Tsd. t., in Ungarn 581 Tsd. t., in der ČSR 1,4 Mill. t, in der DDR 1,6 Mill. t, in Polen 1,9 Mill. t und in der UdSSR 17,9 Mill. t. Berechnet nach Statistisches Jahrbuch der Mitgliedsländer des RGW 1971, S. 80.

DDR erzielte von allen RGW-Ländern in diesem Zeitraum die niedrigste Zuwachsrate in der Erzeugung von Elektroenergie. Gemessen am erhöhten Produktionsumfang, also den über das Niveau von 1950 hinaus bis 1955 produzierten Kilowattstunden elektrischen Stroms, stand die DDR jedoch hinter der Sowjetunion an zweiter Stelle im RGW.[192] Konkrete Vergleiche erfordern, wie die Beispiele zeigen, eine Ergänzung und Relativierung der auf Indizes beruhenden Angaben. Das ist vor allem dann notwendig, wenn Aufschluß über den Prozeß der Angleichung des Entwicklungsniveaus der Wirtschaft bzw. einzelner Wirtschaftsbereiche mehrerer Länder gewonnen werden soll.

Hier geht es zunächst lediglich um einen Vergleich der Strukturschwerpunkte beim planmäßigen Aufbau und der Entwicklung des Industriepotentials im RGW. Und ein solcher Vergleich zeigt, daß es im wesentlichen die traditionellen Zweige und Bereiche der Schwerindustrie waren, die in den fünf bis sechs Jahre umfassenden Wirtschaftsplänen der RGW-Länder ab 1949, 1950 und 1951 dominierten und die dann in der Regel auch vorrangig auf- und ausgebaut wurden.

Es handelte sich um eine vorwiegend extensive Phase der wirtschaftlichen Entwicklung des RGW-Bereichs. Diese Phase bot anfangs wegen des noch niedrigen Niveaus der Produktivkräfte und der Notwendigkeit, neue Industrieproduktionen aufzubauen, keine ausreichenden Grundlagen für eine auf Spezialisierung beruhende arbeitsteilige Verflechtung der Volkswirtschaften.

Für die Entwicklung der internationalen Arbeitsteilung im RGW war jedoch auch die spezifische historische Situation von Bedeutung, in der die Etablierung neuer Industrieproduktionen erfolgte. Hierauf soll im folgenden eingegangen werden.

3. Die sozialistische Industrialisierung und die Entwicklung der internationalen Arbeitsteilung im RGW-Bereich

War die Wiederherstellung der Wirtschaft in den RGW-Ländern bereits vom kalten Krieg überschattet, vollzog sich der Übergang zur sozialistischen Industrialisierung unter der historisch ungünstigen Bedingung einer verschärften Konfrontation mit dem imperialistischen System. Während alle amerikanischen Regierungen die während der Nachkriegsjahre in den USA eingeleitete Aufrüstung mit einer angeblichen Gefährdung der amerikanischen Sicherheit durch die Sowjetunion zu rechtfertigen suchten, wurde sie tatsächlich aus konjunkturpolitischen Motiven betrieben; denn in Wirklichkeit war es das Bestreben, die Fortsetzung des revolutionären Weltprozesses zu verhindern beziehungsweise rückgängig zu machen, das zu einer permanenten Bedrohung des im Entstehen begriffenen sozialistischen Weltwirtschaftssystems führte. Und die Gefahr für den Weltfrieden und damit auch die Aufwendungen der sozialistischen Länder für seine Erhaltung waren umso größer, je aggressiver das imperialistische System wurde und je moderner und intensiver man sein Waffenarsenal ausstattete.

Es dürfte in diesem Zusammenhang nicht ohne Interesse sein, daß zwei Jahre vor dem Ausbruch des Koreakrieges und ein Jahr vor der Erprobung der ersten sowjetischen Atombombe die Auslösung eines dritten Weltkrieges ernsthaft erwogen wurde. Den Vorschlag zu einem Angriff auf die UdSSR hatte Winston Churchill unterbreitet, der

192 Die Mehrleitung 1955 zu 1950 betrug in Bulgarien 1276 Mill. kWh. in Rumänien 2227 Mill. kWh, in der Tschechoslowakei 5733 Mill. kWh, in Polen 8330 Mill. kWh, in der DDR 9229 Mill. kWh und in der UdSSR 78999 Mill. kWh. Vgl. ebenda, S. 77.

übrigens auch zu Beginn des weltrevolutionären Prozesses, kurze Zeit nach der Großen Sozialistischen Oktoberrevolution, am 31. Dezember 1918 im britischen Kabinett für eine massive Intervention alliierter Mächte gegen die Sowjetmacht eingetreten war.[193] Damals hatte Churchill gefordert: „Die Intervention muß eine kollektive Intervention und nicht die Angelegenheit nur einer Macht sein, und sie muß mit vereinten militärischen Kräften durchgeführt werden."[194]

Drei Jahrzehnte später, im Jahre 1948, plädierte Churchill angesichts des fortschreitenden revolutionären Weltprozesses für den Einsatz der atomaren Massenvernichtungswaffe als eine Art imperialistischer „Notbremse". In seinem kürzlich erschienenen Buch „An Inside View of Politics and Power in the 50s and 60s" enthüllte Henry Cabot Lodge – während der Nachkriegszeit exponierter Diplomat der USA – in einem Protokoll über ein Treffen mit Churchill am 8. März 1955:

„Er (Churchill) erklärte ausführlich, daß er 1948, als er nicht an der Regierung war und wir das Atombomben-Monopol besaßen, eine Kraftprobe mit der Sowjet-Union befürwortet hatte. Er hatte das Verfahren in allen Einzelheiten ausgearbeitet – eine Aufforderung an die Sowjets, sich auf die Curzon-Linie zurückzuziehen, so daß Polen, die Tschechoslowakei, Ungarn, Rumänien und das Baltikum befreit würden; Inspektionen zu gestatten, und dann ein weltweites Verbot der Atomwissenschaft.

Er hatte auch bereits ein Konzept entwickelt für den Fall, daß die Russen sich weigerten, seinen Friedensplan zu befolgen. Danach sollten amerikanischen und britische Flugzeuge über der Sowjet-Union Flugblätter abwerfen, auf denen wir dem sowjetischen Volk unsere Freundschaft erklären, ihm mitteilen, daß wir diese schreckliche Waffe besäßen und die Absicht hätten, drei oder vier Gebiete in einem Zeitraum von drei oder vier Wochen zu bombardieren; die Bevölkerung möge diese Gebiete evakuieren.

Die Bomben sollten dann abgeworfen werden, um dem sowjetischen Volk unsere Stärke zu demonstrieren. Damals, so Churchill, hätte die Sowjet-Union nichts machen können. Hätte sie den Krieg erklärt, hätten wir sie noch härter bestraft. Daß es nicht zu dieser Kraftprobe kam, als wir das Monopol besaßen, sei katastrophaler Irrtum gewesen . . ."[195]

Churchills Kriegsbrandprojekt blieb der Öffentlichkeit unbekannt. Die Truman-Administration setzte zu dieser Zeit auf den wirtschaftlichen Druck und betrieb die Spaltung Deutschlands, das Risiko eines Frontalangriffs scheuend. Doch der Umstand, daß eine Aggression mit Kernwaffeneinsatz in den Überlegungen imperialistischer Politiker durchaus eine Rolle spielte, verdeutlicht, welche Gefahr von der anfänglichen atomaren Überlegenheit der USA für die UdSSR und die Volksdemokratien ausging. Diese Gefahr erhöhte sich dann, als sich die USA-Regierung im Jahre 1949 für den Ausbau der amerikanischen Rüstungsproduktion entschied.

Schon im letzten Drittel des Jahres 1948 war in den USA eine Überproduktionskrise ausgebrochen, deren anfänglicher Verlauf dem zwei Jahrzehnte zurückliegenden Beginn der großen Weltwirtschaftskrise ähnelte. Die kurze, aber intensive Krise von 1948/49, die später in der bürgerlichen Literatur meist als belanglose Episode behandelt wurde, bildete den Ausgangspunkt der amerikanischen Aufrüstung nach dem Krieg.[196]

[193] *Manfred, A.*, Die Oktoberrevolution und die Probleme von Krieg und Frieden. In: Sowjetwissenschaft, Gesellschaftswissenschaftliche Beiträge, Juni 1977, Heft 6, S. 563.

[194] Zitiert ebenda. [195] Zitiert bei: Der Spiegel, 1977, Nr. 1/2, S. 12.

[196] Hierzu ausführlich *Neumann, Gerd,* Ost-West-Handel oder Rüstungskonjunktur? Friedliche Koexistenz oder Eskalation? In: Jahrbuch für Wirtschaftsgeschichte 1976, Band IV, S. 31 ff.

Gerade diese Krise löste in Kreisen der amerikanischen Hochfinanz panische Angst aus; fürchtete man doch eine Wiederholung der großen Weltwirtschaftskrise, möglicherweise in einer noch stärkeren Auflage. Das war nicht die Ansicht einzelner, sondern eine weit verbreitete Meinung. Die Vorstellung, daß sich die Krise der Jahre 1929 bis 1933 in der Nachkriegszeit wiederholen könnte, hegten bürgerliche Ökonomen schon während des zweiten Weltkrieges.[197] Ihre Annahme gründete sich auf den bis dahin beobachteten

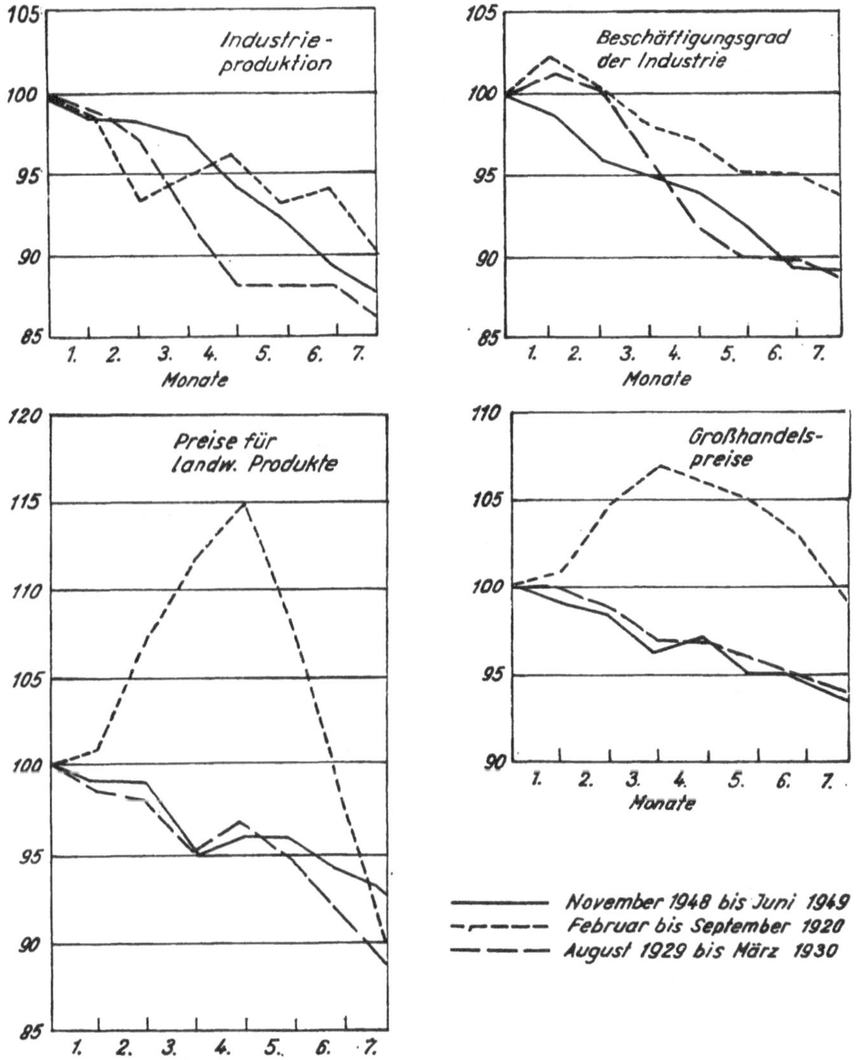

Abb. 1

Vergleich von Angaben zu den ersten 7 Monaten von Überproduktionskrisen der USA für die Jahre 1920, 1929/30 und 1948/49

Quelle: Newsweek, Juli 1949.

[197] Im Rückblick auf diese Zeit schrieb Gunnar Myrdal später: „Im allgemeinen befürchteten die

Konjunkturverlauf in den USA; hatte sich doch die amerikanische Wirtschaft von der Krise 1929/33 nur schwer erholen können, und 1937/38 war sie sogar von einer erneuten Überproduktionskrise betroffen worden. Einen steilen Aufstieg hatte es erst im Krieg mit den staatlichen Rüstungsaufträgen gegeben. Gegen Ende des Krieges waren diese Aufträge zurückgegangen. Die Rüstung wurde wieder eingeschränkt. Aber jetzt existierten die während des Krieges neu entstandenen Produktionskapazitäten.[198] Der Nachkriegsboom der amerikanischen Wirtschaft – er beruhte vor allem auf angestautem und nun marktwirksam werdenden Bedarf des Inlandes, aber auch des Auslandes –, erwies sich als kurzfristige Unterbrechung einer Abwärtsentwicklung und endete 1948.[199] Tatsächlich wies nun 1948/49 der Verlauf der Überproduktionskrise in den USA Ähnlichkeiten zur Anfangszeit der großen Krise von 1929 auf.

Von 1949 an kletterten die Ausgaben der amerikanischen Regierung für militärische Zwecke wieder in die Höhe.[200] Profitsucht und die Angst vor einem erneuten unabsehbaren Wirtschaftsfiasko ließen einen Teil des amerikanischen Großkapitals das Heil in Rüstung und Krieg sowie einer adäquaten Politik suchen.

Schon in der zweiten Hälfte des Jahres 1949 wurde in den USA eine Wende zum wirtschaftlichen Konjunkturanstieg spürbar. Es war der Zeitraum vom Sommer 1949 bis zum Ende des Frühjahrs 1950, in dem die Aktien rüstungswichtiger Unternehmen wie der Flugzeugfirmen Boeing, Douglas und Lockheed anstiegen, noch bevor Meldungen über Kampfhandlungen in Korea durch die Weltpresse gingen.[201] Ein Jahr vor Beginn des Koreakrieges hatte die Trumanadministration grünes Licht für eine breit angelegte Aufrüstung gegeben. Jahre später wurde diese Tatsache durch Truman gegen Ende seiner Amtszeit in einer Erklärung vor dem amerikanischen Kongreß eingestanden. Begründet wurde der Übergang zur Aufrüstung natürlich nicht mit den damaligen konjunk-

Ökonomen, der Autor dieses Buches nicht ausgeschlossen, gegen Ende des Krieges, daß die Vereinigten Staaten im Laufe der normalen wirtschaftlichen Entwicklung nach dem starken Aufschwung während des Krieges eine erneute Depression erleben würden." *Myrdal, Gunnar,* Internationale Wirtschaft, Berlin 1958, S. 414.

198 Im Jahre 1946 schrieb Kurt Neumann über die Nachkriegssituation der amerikanischen Wirtschaft: „Bestimmte Industriezweige sind auf eine Weise forciert worden, wie sie nur die Anforderung eines Krieges zu erzwingen vermag. Die Folge davon ist, daß in einer ganzen Reihe von Industriezweigen eine Überkapazität entstanden ist, denen der normale wenn auch wieder gesteigerte Friedensbedarf der Vereinigten Staaten auf die Dauer nicht genügen kann." Und zum Nachkriegsboom wird im weiteren vermerkt: „Die USA erleben gegenwärtig nicht nur eine Konjunktur, sondern eine Hochkonjunktur. In dieser Übersteigerung liegt zugleich die Gefahr eines radikalen Rückschlags, die Gefahr des Umschlags in eine tiefe Depression verborgen. Mit vollem Recht hat der ‚Economist' darauf aufmerksam gemacht, daß es das große Problem sei, wie weit sich Amerika der Alternative von Hochkonjunktur und Depression entziehen könne." *Neumann, Kurt,* Weltwirtschaft am Scheidewege. Die wirtschaftlichen Kräfte und Strömungen der Nachkriegszeit, Hamburg 1946, S. 52.

199 Vgl. *Neumann, Gerd,* Ost-West-Handel oder Rüstungskonjunktur? ... a. a. O., S. 37 sowie *Robertson, Ross. M.,* History of the American Economy, New York/Burlingame, S. 453.

200 *Roskamp, Karl W.,* Die amerikanische Wirtschaft 1929 bis 1970, Stuttgart 1975, S. 140 f.

201 Nach Ausbruch des Koreakrieges wurde im Juli 1950 W. Stuart Symington zum Vorsitzenden des Nationalen Mobilmachungsprogramms der USA ernannt. Auf ihn wurden mit Einverständnis des Kongresses alle Befugnisse zur Sicherung der nationalen Rohstoffquellen übertragen. Symington war Direktor der Vultee Aircraft Company – also Repräsentant der Flugzeugfabrikation. ND vom 25. August 1950, S. 5.

turpolitischen Motiven, der besorgniserregenden Krisenanfälligkeit der amerikanischen Wirtschaft und des nur im Vokabular der Marxisten üblichen Begriffs des Profitinteresses, sondern damit, daß es der Sowjetunion vier Jahre nach den USA gelungen war,[202] eine Atombombe zu bauen.[203] Übrigens ist der von Truman angegebene Zeitpunkt, zu dem die USA-Regierung die Entscheidung zur Aufrüstung traf, keinesfalls exakt. Denn abgesehen davon, daß eine Erhöhung der US-amerikanischen Rüstungsaufwendungen bereits im Frühjahr 1949 beschlossene Sache war, datiert die erste mir bekannte regierungsamtliche Äußerung über ein großes Rüstungsprogramm aus der ersten Julihälfte 1949. Die Zündung der ersten sowjetischen Atomwaffe erfolgte anderthalb Monate später. In der Diskussion war jedoch in den USA das Rüstungsprogramm nachweislich in der gesamten Phase der damaligen Überproduktionskrise, nämlich im Zeitraum 1948/49.

Auf die Wende zur Rüstungskonjunktur folgte der begrenzt gebliebene Krieg in Korea und mit ihm das hochgradige Anheizen der Rüstung in den USA und dann auch in Westeuropa.

Am 23. Juni besichtigte John Foster Dulles in Begleitung amerikanischer Offiziere die Demarkationslinie in Korea und inspizierte Militäreinheiten. Am 25. Juni 1950 überschritten südkoreanische Truppen an drei Stellen den 38. Breitengrad, die Grenze zwischen beiden Teilen Koreas. Drei Tage später wurde gemeldet, daß auf Befehl Trumans amerikanische Einheiten unter General Mac Arthur, dem damaligen Oberfehlshaber der USA-Streitkräfte im Fernen Osten, zugunsten südkoreanischer Truppenverbände in die Kämpfe eingegriffen haben.[204]

Kein sozialistischer Politiker konnte zu diesem Zeitpunkt einschätzen, ob es möglich sein würde, einen lokal begrenzt bleibenden Kriegsbrand zu ersticken, oder ob sich ein neuer imperialistischer Weltkrieg wie in einem halben Jahrhundert schon zweimal zuvor – nur diesmal von Asien – über die Erde ausbreiten würde. Winston Churchill prophezeite hingegen Anfang Juli 1950 im britischen Unterhaus: „Sollte es den Kommu-

202 Die Erprobung der ersten sowjetischen Atombombe erfolgte am 29. August 1949. Geschichte der sowjetischen Außenpolitik, S. 135. Aber schon am 9. April 1949 hatte der Bewilligungsausschuß des Repräsentantenhauses das bis dahin größte Militärbudget der USA in Friedenszeiten (15,9 Milliarden Dollar) gebilligt. Europa-Archiv Nr. 8/1949, S. 2085. In einer Übersicht auf Grund des „Annual Economic Report for 1948 und des Halbjahresberichtes des Präsidenten der USA vom 11. Juli 1949 wurde die Notwendigkeit für *ein weit größeres Rüstungsprogramm* angedeutet. Vgl. Europa-Archiv Nr. 15/1949, S. 2363. Am 29. Juli 1949 stellte die UN-Kommission zur Kontrolle der Atomenergie ihre Tätigkeit auf unbestimmte Zeit ein. Am 1. August 1949 brach auch die UN-Kommission zur Beschränkung der herkömmlichen Rüstung ihre Arbeit ab. In beiden Fällen war es der sowjetische Vertreter Zarapkin, der gegen die Einstellung der Kommissionstätigkeit gestimmt hatte. ND vom 4. 8. 1949, S. 1.

203 Wörtlich sagte Truman: „Als aber die Sowjets ihrerseits eine Atomexplosion auslösten – was eines Tages von ihnen ohnehin erwartet werden mußte – hatten wir die gesamte Grundlage unserer Stärke zu erweitern. Wir hatten die Pflicht, uns um die Wahrung unseres Vorsprungs auf dem Gebiet der Atomwaffen zu bemühen. Wir mußten unsere bewaffneten Streitkräfte im allgemeinen verstärken und unsere Produktionskapazität erweitern. Wenn man unsere Mobilisierung historisch betrachtet, dann war es die Atomexplosion in Sowjetrußland im Herbst 1949, neun Monate vor der Aggression in Korea, die die Planung unseres Programms zur wirtschaftlichen Mobilisierung veranlaßte ...“. Aus der Erklärung Präsident Trumans vor dem Kongreß der USA über die sowjetische Politik und die internationale Kontrolle der Atombombe vom 7. Januar 1953. In: Europa-Archiv, Nr. 4 vom 20. Februar 1953, S. 5500.

204 ND vom 28. Juni 1950, S. 1.

nisten gelingen, den Kampf in Korea zu gewinnen, dann wird ein dritter Weltkrieg kommen." Er forderte die USA auf, einen größeren Atombombenvorrat anzulegen.[205]

Am 1. Dezember 1950 beantragte Präsident Truman vor dem amerikanischen Kongreß weitere 17,85 Milliarden Dollar für die Rüstung und ersuchte um beschleunigte Bewilligung. Von dieser Summe, die am 15. Dezember unwesentlich gekürzt vom Repräsentantenhaus gebilligt wurde, waren 1,05 Milliarden für eine wesentliche Erweiterung der Atombombenproduktion vorgesehen.[206] Übrigens erklärte Truman am gleichen 15. Dezember in einer an das amerikanische Volk gerichteten Rundfunkrede, die Nation befinde sich in großer Gefahr, da die Kommunisten die Welt an den Rand eines Krieges getrieben hätten. Für den folgenden Tag kündigte er die Proklamierung eines nationalen Notstandes an.[207]

Fünf Tage später, nach dem dieser „Notstand" in die Welt gesetzt worden war, erhöhte der Senat das am 1. Dezember von Truman vorgeschlagene und am 15. Dezember vom Repräsentantenhaus gebilligte Sonderbudget für die Rüstung auf 20,1 Milliarden Dollar.[208]

Der Abwurf von Atombomben auf Hiroshima und Nagasaki hatte der Welt demonstriert, daß die USA gegebenenfalls bereit waren, diese Massenvernichtungswaffe einzusetzen. Die UdSSR hatte unter dem Eindruck dieser Tatsache und als Reaktion auf die amerikanische Atomdiplomatie[209] das Kernwaffenmonopol der USA gebrochen.[210] Nun, da mit dem Koreakrieg die Drohung eines atomaren Weltkrieges zugenommen hatte, mußte die UdSSR ihre Atomrüstung beschleunigt fortsetzen.[211] Die Anstregungen, die das Land damit kurz nach der überstandenen Kraftprobe mit dem Hitlerfaschismus auf sich genommen hatte und die weiterhin erforderlich waren, können nicht ermessen werden.

Daniil Granin berührt diese Frage in seiner Reiseerzählung „Garten der Steine". Zweieinhalb Jahrzehnte sind seit dem Bombenabwurf auf Japan vergangen. Ein sowjetischer Physiker besucht anläßlich einer Vortragsreise die Stadt Nagasaki. Kaum mehr als das Museum erinnert in der Stadt an vergangene Greuel.

Ob Ausländer verstehen können, daß das Japan nie vergessen würde? fragt der japanische Gesprächspartner den sowjetischen Gast, und Granin schildert dessen Reaktion wie folgt:

„,Wie kommen Sie darauf?' fragte ich plötzlich verdrossen. ,In gewissem Sinne ist die Bombe auch auf uns abgeworfen worden. Sie wollten auch uns in Angst und Schrekken versetzen. Ich ziehe keinen Vergleich. Ich will bloß sagen, daß wir diese Angelegenheit nicht als Ausländer betrachten ...'.

Ich zwang mich zum Schweigen und lächelte versöhnlich. Mir war durchaus nicht zum

205 Zitiert ebenda 7. Juli 1950, S. 1.

206 Europa-Archiv Nr. 1, 5. Januar 1951, S. 3651.

207 Ebenda.

208 Europa-Archiv Nr. 2, 20. Januar 1951, S. 3691.

209 Vgl. hierzu *Keiderling, Gerhard,* Der Mythos von der „sowjetischen Gefahr" und die Gründung der NATO. In: Zeitschrift für Geschichtswissenschaft Nr. 10. 1976, S. 1105.

210 In einer Rede, die Molotow am 6. November 1947 hielt, wurde eröffnet, daß die UdSSR im Besitz des Lösungsweges zum Bau von Atomwaffen ist. ND vom 8. November 1947, S. 1. Zwei Jahre später wurden die ersten sowjetischen Kernwaffen produziert.

211 Mitte der fünfziger Jahre löste die UdSSR vor den USA das Problem der Konstruktion von Wasserstoffbomben. Weltgeschehen 1945–1966. Internationale Zeitgeschichte, Berlin 1967, S. 692.

Lachen. Ich hätte ihm viel lieber erzählt, wie wir unsere Bombe gemacht hatten. Als Antwort auf Hiroshima und Nagasaki. Und wie schwer es gewesen war, weil unser Land ausgelaugt war vom Krieg, und wir das letzte dafür hatten hergeben müssen – Zement, Kupfer, Fahrzeuge, Menschen. Und wie wir angefangen hatten, mit einem uralten Voltmeter, mit ein paar Kilogramm Uran ... Und daß es auch unsere Arbeit mit war, wenn nach Nagasaki keine einzige Atombombe mehr gefallen war. Schade, daß dies, wenn man in allen Details davon wird reden können, nicht mehr so interessant sein wird, denn interessant ist es in erster Linie für uns Zeitgenossen, aber die Zeitgenossen erfahren immer nur die Geheimnisse ihrer Väter." –

Die Vorstellung, daß neben der Bedrohung der anderen Seite vom Wettrüsten auch die Wirkung einer ökonomischen Fernwaffe gegen das sich herausbildende sozialistische Weltwirtschaftssystem ausging, war Politikern des Westens durchaus nicht fremd, wie mittlerweile zugegeben wird.[212] Andererseits wurde auf Vorteile verwiesen, die die kapitalistische Wirtschaft aus der Rüstung zog – auf die zeitweiligen Konjunkturbelebungen und die Absorbierung der relativen Überproduktion.[213] Die aus antagonistischen Widersprüchen des Imperialismus hervorgehende Steigerung der Produktion von Destruktivkräften mußte früher oder später zu einem Entwicklungshemmnis der kapitalistischen Wirtschaft werden.

Zunächst jedoch wurde gerade zu Beginn der fünfziger Jahre dadurch vor allem die wirtschaftliche Entwicklung der sozialistischen Länder erschwert. Das von den USA entfachte Wettrüsten, die Notwendigkeit, die Aggression in Korea zurückzuschlagen sowie die drohende Gefahr eines erneuten Krieges zwangen nicht nur die UdSSR, sondern auch die übrigen RGW-Länder zu gesteigertem Verteidigungsaufwand. Die nachträglich und gleichzeitig vorgenommenen Aufstockungen der Wirtschaftspläne ergaben sich unter anderem aus erhöhten Zielen der Rüstungsindustrie.[214] Die zusätzlichen ökonomischen Belastungen, die sich aus der Sicherung der Verteidigungsbereitschaft für die RGW-Länder ergaben, sind um so mehr zu beachten, als der Industrialisierungsstart ohnehin äußerst problem- und konfliktreich ist.

Die Schwierigkeiten der industriellen Startphase erklären sich vor allem aus dem Umstand, daß einem hohen Investitionsbedarf und entsprechenden Akkumulationsbestrebungen ein zunächst noch geringes Nationaleinkommen gegenübersteht. Auch die Struktur der Investitionstätigkeit ist zu berücksichtigen. Investitionen in schwerindustriel-

212 Es wurde damit gerechnet, daß das Nationaleinkommen der sozialistischen Länder durch Rüstungslasten ungleich stärker beansprucht wird als dasjenige kapitalistischer Industriestaaten.

213 Der 1964 verstorbene österreichische Ökonom Adolf Kozlik zitierte eine solche Meinung wie folgt: „Die Aufrüstung gibt uns aber ein Übergewicht im Wirtschaftskampf gegen das russische Wirtschaftssystem, sagen einige amerikanische Wirtschaftspolitiker. Für uns ist nämlich die Rüstung wirtschaftlicher Vorteil, aber für Rußland nur Nachteil. Die russische Regierung muß rüsten, wenn wir rüsten. Je mehr wir rüsten, um so mehr muß die russische Regierung rüsten, umso besser gedeiht unsere Wirtschaft, die unter Kapitalüberfluß leidet, und umso schlechter gedeiht die russische Wirtschaft, die unter Warenmangel leidet. Die Rüstung wird also nicht nur zu einer Stützung der amerikanischen Wirtschaft, sondern zu einer wirtschaftlichen Waffe im kalten Krieg." *Kozlik, Adolf*, Der Vergeudungskapitalismus, Wien 1966, S. 334 f. Hierzu auch *Bernal, John, D.*, Welt ohne Krieg, a. a. O., S. 233 f. und 361.

214 Vgl. *Tomaszewski, J.*, Die wirtschaftliche Entwicklung der Volksrepublik Polen, a. a. O., S. 28 und *Průcha, V.*, Die wirtschaftliche Entwicklung der Tschechoslowakischen Sozialistischen Republik, a. a. O., S. 30.

len Grundstoffindustrien können erst nach einem verhältnismäßig langen Zeitraum der Bedürfnisbefriedigung zugute kommen.[215]

Außerdem spielt die Konzentration der Investitionen eine Rolle.[216] Die Möglichkeit, Kräfte der Gesellschaft auf die Lösung von Schwerpunktaufgaben zu konzentrieren, ist ein Vorzug sozialistischer Planwirtschaft und Eigentumsverhältnisse, der den Erfordernissen des Industrialisierungsbeginns entgegenkommt. Die Gefahr von Komplikationen entsteht jedoch durch eine überhöhte Konzentration der Mittel, besonders, wenn Engpässe und Disproportionen schwer über die Außenwirtschaft ausgeglichen werden können. Eine solche Situation entstand in einigen RGW-Ländern in der ersten Hälfte der fünfziger Jahre vor allem infolge der Plankorrekturen.

Die wirtschaftliche Entwicklung der Anfangsjahre des RGW-Bereichs trug – bedingt durch die Eigenart der ersten Industrialisierungsperiode –, stark ausgeprägte extensive Züge. Im Vordergrund stand die Erschließung der inneren latenten Wachstumsmöglichkeiten, der Arbeitskräfte, Rohstoffressourcen und Energiequellen, die Schaffung neuer Produktionsanlagen.

Wie wirtschaftliche Erfahrungen lehren, kann die Einbeziehung schwachentwickelter Länder in die internationale Arbeitsteilung den Industrialisierungsstart erleichtern und das wirtschaftliche Wachstum begünstigen; vorausgesetzt, es unterbleibt eine auf imperialistische Vormachtstellung gegründete monopolkapitalistische Übervorteilung des wirtschaftlich noch unterlegenen Partners.

Doch die Ex- und Importstruktur sind in dieser Entwicklungsphase durch den speziellen Industrialisierungsbedarf und das eingeschränkte Ausfuhrvermögen vorgegeben, also sachlich eingeengt und zeitlich begrenzt.[217] Bezogen werden vor allem Investitionsgüter und das mit ihrer Nutzung verbundene Wissen, zum Teil auch Konsumgüter und bestimmte Nahrungsmittel im Austausch gegen Rohstoffe und Lebensmittel.[218] Dann, mit fortschreitender Industrialisierung und ihren Resultaten – einem höheren Niveau der Produktivkräfte des Landes – ändern sich seine Möglichkeiten und Bedürfnisse zur Nutzung der internationalen Wirtschaftsbeziehungen.

Die Haupttriebkraft des wirtschaftlichen Aufschwungs ist zu Beginn der Industrialisierung die Erschließung der binnenwirtschaftlichen Ressourcen.[219] Die Nutzung der Außenwirtschaft für das ökonomische Wachstum entbindet nicht von der Mobilisierung

215 Hierzu auch *Bernal, John D.*, Welt ohne Krieg, a. a. O., S. 203 f.

216 Iskra schreibt über den Industrialisierungsstart in Polen: „Man war sich darüber einig, daß die Zersplitterung der Mittel auf der ganzen Front der Volkswirtschaft den Mechanismus des beschleunigten wirtschaftlichen Aufstiegs nicht in Bewegung setzen kann, daß die Lösung dieser Frage die Konzentration der Mittel auf ausgewählte für die Entwicklung der Wirtschaft entscheidende Bereiche der materiellen Produkton erfordert." Iskra, Wieslaw, Die industrielle Entwicklung in Polen, a. a. O., S. 21.

217 Senin urteilt: „Natürlich bringt das Anwachsen des Außenhandelsumsatzes in der spezifischen Industrialisierungsperiode, in der sich zunächst eine ursprüngliche Bildung verschiedener Industriezweige vollzieht und die industrielle Basis für die Landwirtschaft geschaffen wird, im allgemeinen eine bestimmte, aber *zeitlich begrenzte Art internatonialer Arbeitsteilung zum Ausdruck. Das ist eine Arbeitsteilung, die kein einziges sozialistisches Land verewigen würde. Senin, M. W.*, Sozialistische Integration, a. a. O., S. 157. (Hervorgehoben von mir – G. N.).

218 Vgl. hierzu auch *Vajda, I.*, Internationale Arbeitsteilung und Wirtschaftsreform, a. a. O., S. 7 f.

219 *Kleer, J.*, Reformy gospodarcze w krajach socjalistycznych, (Zarys głównych kierunków), Warszawa 1969, S. 18. (poln.)

der inneren latenten Reserven, sondern hat sie zur Voraussetzung. Sie kann unter günstigen Bedingungen die Startbelastung mildern, aber nicht aufheben.

Die Industrialisierungskonzeptionen der RGW-Länder und die Umsetzung ihrer Leitlinien, die mit einer ungewöhnlich hohen Konzentration der Kräfte auf investitionsaufwendige Projekte der Schwerindustrie verknüpft war, boten in den vergangenen Jahren Anlaß zu vielfältigen Fragestellungen, unter denen die sozialistische Wirtschaftsentwicklung diskutiert wurde.[220] Unter ihnen verdient die Frage nach den Gründen, die zur Wahl der Strukturdominanten führten, gerade für die Analyse der Wirtschaftsbeziehungen der RGW-Länder besondere Aufmerksamkeit.

Von Interesse ist in diesem Zusammenhang ein Diskussionsbeitrag, der von Berend und Ranki 1965 im Jahrbuch für Wirtschaftsgeschichte erschien.[221] Die ungarischen Wirtschaftshistoriker nahmen in ihm zu Problemen der wirtschaftlichen Nachkriegsentwicklung ihres Landes Stellung. Sie gingen dabei auch auf die Frage der Industrialisierungsziele ein.

Berend und Ranki beurteilen die Epoche der Schaffung wirtschaftlicher Grundlagen des Sozialismus „. . . als eine im ganzen außerordentlich erfolgreiche Periode". Sie bemerken jedoch kritisch, daß auch wirtschaftspolitische Fehler gemacht wurden, die sich „. . . in nicht geringem Maße aus einer unhistorischen und dogmatischen Anwendung der Industrialisierungstheorie" ergaben.[222] Sie bejahen die führende Rolle der Schwerindustrie auch schon in der ersten Phase der industriellen Entwicklung. Sie wenden jedoch ein, daß es nicht genügt, lediglich das Primat der Schwerindustrie zu betonen, da sich in der ersten Hälfte des 20. Jahrhunderts zweimal ein Wandel in der Struktur der Industrie vollzogen habe. Neue Zweige der Schwerindustrie seien in den Vordergrund gerückt. Alte „traditionelle" Industrien wie die Zweige der Hüttenindustrie, die im 19. und noch anfangs des 20. Jahrhunderts durch die Entfaltung des Verkehrs – vor allem mit dem Eisenbahn- und Schiffbau – vorrangig ausgebaut worden waren, hätten an Entwicklungstempo zugunsten der neuen Schwerindustrie eingebüßt.[223] Diesen Strukturwandel illustrierend, schreiben sie unter anderem:

„Die Eisenbahnen waren in diesen Jahren (gemeint ist die Zeit nach dem ersten Weltkrieg, G. N.) in den entwickelten kapitalistischen Ländern jedoch schon stark ausgebaut, wodurch die Nachfrage nach den traditionellen schwerindustriellen Erzeugnissen, die mit dem Verkehrswesen in Verbindung stehen, stark abnahm. Zur gleichen Zeit spielte die Autoindustrie eine bahnbrechende Rolle bei der Einführung der Massenproduktion. Die moderne Serienproduktion setzte sich auch sehr bald auf weiteren Gebieten durch, vor allem im Maschinenbau.

In den entwickelten kapitalistischen Ländern Europas kam es aus all diesen Gründen zu einer Umgestaltung der Struktur der Schwerindustrie. Die Entwicklung der einzelnen Zweige der Hüttenindustrie verlangsamte sich wesentlich, während die Bedeutung der

220 In der Tschechoslowakei wurde beispielsweise die vorrangige Entwicklung der Schwerindustrie, besonders der mineralischen Rohstoffgrundlage, der Schwarzmetallurgie, Energetik und des breiten Sortiments im Maschinenbau sowie der damit verbundenen Struktur des Außenhandels als „eiserne Konzeption" diskutiert. Vgl. hierzu *Nemynar, B.*, Wofür kann die eiserne Konzeption, und wofür kann sie nicht, a. a. O., S. 57 ff.

221 *Berend, Ivan T./Ranki, G.*, Zur Geschichte der Entwicklung der sozialistischen Volkswirtschaft in Ungarn, a. a. O., S. 126.

222 Ebenda, S. 136.

223 Vgl. ebenda, S. 138 f.

mit geringem Materialeinsatz arbeitenden Zweige der Maschinenindustrie, wie zum Beispiel des Werkzeugmaschinenbaus, des Motorenbaus und besonders der Elektroindustrie, erheblich zunahm. Im wesentlichen waren es diese Zweige, die in der Zeit zwischen den beiden Weltkriegen die Richtung der strukturellen Entwicklung der Schwerindustrie bestimmten. Nach dem zweiten Weltkrieg entfaltete sich eine neue Revolution, die abermals Veränderungen in der modernen Entwicklung der Schwerindustrie bewirkte."[224] Unter Berufung auf eine Arbeit über die britische Industrie[225] heißt es dann weiter: „Ohne auf diese ganze hochaktuelle Problematik näher einzugehen, wollen wir hier nur bemerken, daß innerhalb der Schwerindustrie infolge der neuen technischen Erfindungen besonders die Bedeutung der komplexen Automatisierung – und im Zusammenhang damit auch die der Elektrotechnik, der Instrumentenerzeugung und im Falle der Großmächte die der Atomenergieindustrie – sprunghaft zugenommen hat. Eine ähnliche revolutionierende Wirkung hat jedoch auch die Verbreitung der Kunststoffe, durch die die chemische Industrie immer größere Bedeutung erlangt. Innerhalb der Schwerindustrie trat die rasche Entwicklung dieser Zweige in den Vordergrund."[226]

Als Kurzformel formuliert heißt es: „Die Industrialisierung stellt in den verschiedenen geschichtlichen Abschnitten der technischen Entwicklung unterschiedliche Anforderungen, was sich auch darin zeigt, daß unterschiedliche Zweige in den Vordergrund treten."[227]

Auf der Grundlage dieser These wird folgendes Postulat aufgestellt: „Die Industrialisierung der sozialistischen Länder kann nur dann dem sozialistischen Entwicklungsziel der Produktivkräfte wirklich erfolgreich dienen, wenn die einzelnen sozialistischen Länder imstande sind, in dem jeweiligen Entwicklungsstadium von Industrie und Technik die aktuellen Erfordernisse zu berücksichtigen."[228]

Offensichtlich läuft die Argumentation von Berend und Ranki darauf hinaus, daß beim Start zur sozialistischen Industrialisierung im RGW solchen Entwicklungen zu wenig Aufmerksamkeit geschenkt wurde, die sich im Bereich der Schwerindustrie der Industrieländer entweder gerade erst vollzogen hatten, noch abliefen oder sich anbahnten. Außerdem wird bemerkt, daß die quantitative Entwicklung der Schwerindustrie zu sehr im Vordergrund der Wirtschaftspolitik stand, während die Strukturfragen vernachlässigt wurden.[229]

Eine konkrete Alternativlösung in der Art, welchen neuen Produktionsrichtungen (statt der damals schwerpunktmäßig ausgebauten) Priorität zugestanden hätte, bieten die Autoren nicht. Sie weisen dagegen auf die Notwendigkeit einer stärkeren Berücksichtigung der Elektrifizierung und von Aspekten wie der Spezialisierung, der Konzentration und der Massenproduktion hin. Außerdem sprechen sie sich für das Abgehen von einer starren Festlegung langfristiger Entwicklungsziele überhaupt aus, „denn bei der sich rasch entwickelnden Technik ändern sich auch die Erfordernisse einer wirklich zeitgemäßen Industriestruktur sehr rasch . . ."[230]

224 Ebenda.

225 *Dunning, J. H./Thomas, C. J.*, British Industry, London 1961.

226 *Berend, Ivan T./Ranki, G.*, Zur Geschichte der Entwicklung der sozialistischen Volkswirtschaft in Ungarn, a. a. O., S. 139.

227 Ebenda, S. 138.

228 Ebenda, S. 139.

229 Ebenda, S. 140.

230 Ebenda, S. 139.

Strukturpolitik wird hier als eine Beschränkung auf die Anpassung an vorhandene oder sich ankündigende technische Entwicklungen verstanden und meines Erachtens zu einseitig aufgefaßt, da vielfältige Faktoren, die sich aus den konkreten historischen Entwicklungsbedingungen ergeben, unbeachtet bleiben.

Denn: ging die Strukturpolitik im RGW zu Beginn der fünfziger Jahre an den Erfordernissen ihrer Zeit vorbei, wie erklärt sich dann, daß wir es „im Ganzen" mit einer „außerordentlich erfolgreichen Periode" zu tun haben?

Im Gegensatz zu Berend und Ranki führt der polnische Ökonom Jerzy Kleer die in der industriellen Startphase eingeschlagene strukturpolitische Richtung in erster Linie auf objektive Ursachen zurück. Auch er untergliedert die Schwerindustrie vom Standpunkt des technischen Fortschritts und der Modernität der Produktion nach traditionellen und neuen führenden Zweigen. Zur ersten Gruppe, deren Produktionen nicht als Hauptträger des technischen Fortschritts angesehen werden, rechnet Kleer die Brennstoffindustrie (ohne Erdöl und Erdgas), das Eisenhüttenwesen, die Metallindustrien, die Transportmittelindustrie (ohne Kraftfahrzeug- und Flugzeugindustrie), einige Zweige der chemischen Industrie und die Baustoffindustrie.[231] Als Zweige der zweiten Gruppe bezeichnet er die chemischen Syntheseproduktionen, die Elektronik, den Bau von Meßapparaten und Rechenmaschinen, fast den gesamten Elektromaschinenbau, die Kernenergie und einige andere Maschinenbauzweige, wie die Produktion von Automatisierungsmitteln, von Kraftfahrzeugen und Flugzeugen.[232]

Kleer stellt dann zur Bestimmung der Strukturpolitik fest: „Obwohl die Bedeutung der einzelnen Industriebranchen für die Entwicklung und Modernität der Wirtschaft unterschiedlich ist, ist die Wahl unter ihnen keineswegs eine subjektive Angelegenheit. Sie wird maßgeblich vom industriellen Entwicklungsniveau bestimmt, das zum Zeitpunkt des einsetzenden beschleunigten Industrialisierungsstarts erreicht war; sie hängt davon ab, inwieweit von einer Konzeption zur Schaffung eines geschlossenen Industriekomplexes ausgegangen wird."[233] Nicht zufällig überwogen in den Industrialisierungskonzeptionen der RGW-Länder hauptsächlich Ziele im traditionellen Bereich der Schwerindustrie; denn „Je niedriger der Stand der industriellen Entwicklung ist, bei gleichzeitigem Fehlen einer modernen Infrastruktur, umso größere Bedeutung hat die Entwicklung der Zweige der ersten Gruppe. Und umgekehrt, je entwickelter die Infrastruktur – besonders das Straßen- und Eisenbahnnetz – beziehungsweise je stärker die traditionellen Schwerindustrien bereits ausgebaut wurden, desto mehr Möglichkeiten bestehen für die Entwicklung von Zweigen aus der zweiten Gruppe."[234] Kleer erläutert damit einen Zusammenhang, der logisch aus den Industrialisierungsbedürfnissen abgeleitet ist. Berend und Ranki, die ihn übersahen, lieferten selbst Beispiele aus der westeuropäischen Wirtschaftsgeschichte. Berührten sie doch die Wechselwirkung zwischen der Entwicklung des Verkehrs und der Hüttenindustrie in der Geschichte entwickelter Industrieländer. Der gleiche Zusammenhang tritt auch im konzeptionellen Vorgehen beim sowjetischen Wirtschaftsaufbau in Erscheinung, wobei der Gedanke einer planmäßigen Elektrifizierung von dem Bemühen zeugt, moderne technische Entwicklungen für die Industrialisierung des Landes zu nutzen. Erinnern wir uns an die schon zitierte Forderung Lenins, die Wirtschaft auf der Grundlage moderner Technik aufzubauen. Hätte eine Industrialisierungskonzeption

[231] *Kleer, J.*, Reformy gospodarcze w krajach socjalistycznych, a. a. O., S. 12 f.

[232] Ebenda, S. 13.

[233] Ebenda, S. 13 f.

[234] Ebenda.

des 20. Jahrhunderts auf der Technik des Dampfmaschinenantriebs basieren können? Ein schwer vorstellbarer Anachronismus. Doch so richtig es ist, daß Industrialisierungspläne neuen Ergebnissen in Produktion, Wissenschaft und Technik Rechnung tragen müssen, so umstritten dürfte die Forderung sein, daß sich wirtschaftlich rückständige Länder zu Beginn ihrer Industrialisierung generell an den neuesten Strukturveränderungen hochentwickelter Industrieländer orientieren sollten.[235]

Eine annähernd zum gleichen Zeitpunkt stoßweise einsetzende beschleunigte Industrialisierung einer *Gruppe von Ländern* hätte in jedem Fall, ob nun diese oder jene Industrieziele festgelegt worden wären, zu einer *Welle von Neuanlagen* geführt. So oder so wäre ein *Massenverbrauch von bestimmten Produktionsgütern* vorauszusehen gewesen. Bei einer planmäßigen Errichtung zahlreicher industrieller Großbetriebe mußte mit einem schnellen Anstieg des Bedarfs an Stahl, Zement, Energie und diversen Ausrüstungen gerechnet werden. Und gerade diese Produktionen waren, wie sich zeigte, im RGW-Bereich ursprünglich relativ schwach entwickelt.

Hinzu kam, daß auch die Infrastruktur ausbaubedürftig war. Auch von dieser Seite mußten erhöhte Anforderungen an die traditionelle Schwerindustrie erwartet werden. Zugunsten der Schwerpunktinvestitionen wurden jedoch nicht immer im Interesse der gesamten wirtschaftlichen Entwicklung von vornherein Abstriche am Ausbau der Infrastruktur gemacht. Das betraf besonders das Verkehrswesen. Dadurch entstanden in der Folgezeit Diskrepanzen zwischen den Transportkapazitäten und der Entwicklung der materiellen Produktion.[236]

Obwohl ein großzügiger Ausbau der Infrastruktur in den fünfziger Jahren nicht erfolgte, darf nicht übersehen werden, daß der Bau von Straßen, der Brückenbau, die Anlage von Kanälen, Staudämmen und Hochspannungsleitungen, die Installation ganzer Verbundsysteme und die Aufnahme der Produktion verschiedenster Transportmittel einen Teil der schwerindustriellen Produktion des RGW beanspruchte. Allein die unmittelbaren Erschließungsarbeiten bei der Errichtung von Industriebetrieben erforderten einen erheblichen Aufwand. Bereits in der ersten Bauphase des polnischen Stahlwerks „Nowa Huta" wurden beispielsweise neben Wohnsiedlungen und Kommunalbauten 30 Kilometer Straßen, 16 Kilometer Schienenstrang, eine Brücke, 20 Eisenbahnübergänge und ein Binnenhafen gebaut. Außerdem galt es, die Wasserversorgung des Hüttenwerks zu sichern; wurde doch mit einem Bedarf in Höhe des damaligen Wasserverbrauchs von Warschau gerechnet. Zur Verbindung des Kombinats mit der schlesischen Kohlebasis wurde ein 100 Kilometer langer Schiffahrtskanal projektiert, der den Transport von Kohle aus dem Dombrowaer Revier auf dem Wasserweg von der Przemsza bis zum Oberlauf der Weichsel erlaubte. Der mit dem Aufbau von „Nowa Huta" anfallende Zementbedarf entsprach nach Einschätzungen aus dem Jahre 1950 der damaligen Halbjahresproduktion sämtlicher Zementfabriken des Landes.[237]

235 Interessante Überlegungen hierzu vermittelt ein Aufsatz von *Mottek, Hans,* Die Wahl der richtigen Technik und die Beschleunigung des Wirtschaftswachstums in den Entwicklungsländern. In: Jahrbuch für Wirtschaftsgeschichte 1968, Teil I, S. 11. Insbesondere S. 44 ff.

236 In einer von sowjetischen Ökonomen getroffenen Einschätzung heißt es: „Diese Nichtübereinstimmung hat ihre objektiven Ursachen darin, daß die meisten sozialistischen Länder, als sie die Industrie in beschleunigtem Tempo entwickelten, für die Entwicklung des Transport- und Verkehrswesens keine großen Mittel zur Verfügung stellen konnten." Sozialistisches Weltwirtschaftssystem, Band 3, a. a. O., S. 382.

237 Die Wirtschaft, Nr. 50, vom 15. Dezember 1950, S. 12.

Größere Vorhaben waren in einzelnen Bereichen der Wirtschaft nicht nur in den Agrarländern, sondern auch in den industriell entwickelten RGW-Staaten geplant. So sollten beispielsweise in der Tschechoslowakei im ersten Fünfjahrplanzeitraum zwölf große Talsperren errichtet werden.[238]

Umfangreiche Maßnahmen zum Ausbau der Binnenschiffahrtswege, wie die Vollendung des Wolga-Don-Schiffahrtskanals,[239] enthielt der sowjetische Fünfjahrplan. Zu ihnen gehörten die Vertiefung der Fahrtrinne der Kama, die Umgstaltung des Wasserweges von der Wolga zur Ostsee, die Schaffung eines einheitlichen Transportsystems für Wasserfahrzeuge mit großem Tiefgang im europäischen Teil der UdSSR und die Nutzbarmachung sibirischer Flüsse für die Binnenschiffahrt. Außerdem sollten die großen sowjetischen Hochseehäfen erweitert und modernisiert werden.[240] Nicht alle Vorhaben, die in den ersten Plankonzeptionen enthalten waren, wurden programmgemäß realisiert. Dennoch sind sie im Hinblick auf die damaligen wirtschaftsstrategischen Vorstellungen erwähnenswert. Das betrifft auch das Projekt des rumänischen Donau-Schwarzmeer-Kanals, der ursprünglich als größtes nationales Bauvorhaben Rumäniens geplant war.[241] Bestand im Vergleich zur westeuropäischen Wirtschaftsgeschichte bei der sozialistischen Industrialisierung der osteuropäischen Volksdemokratien im allgemeinen ein analoger Zusammenhang zwischen der Entwicklung der Infrastruktur und der traditionellen Schwerindustrie, so gab es im konkreten Besonderheiten. Beispielsweise spielte auf dem Gebiet des Verkehrswesens der Eisenbahnbau im Wirtschaftsaufschwung der osteuropäischen Volksdemokratien keinesfalls die Rolle, die er in der Industrialisierung Westeuropas eingenommen hatte.

Größere Bedeutung behielt er – betrachten wir den gesamten RGW-Bereich – weiterhin in der Sowjetunion, wo neben dem schnellen Aufschwung des Flugverkehrs auch der Ausbau der Eisenbahnstrecken voranschritt. Ging es doch darum, die neuen weiträumig auf das Land verteilten Industriezentren und Agrargebiete an das bestehende Verkehrsnetz anzuschließen. Der fünfte sowjetische Fünfjahrplan sah deshalb größere Eisenbahninvestitionen vor allem im Süden vor. Zu den wichtigsten Vorhaben gehörte die Fortsetzung der südsibirischen Eisenbahn östlich des Kusnezker Kohlenbeckens von Akmolinsk bis Abakan, eine Strecke von mehr als eineinhalbtausend Kilometern.[242] Eine weitere Linie mit einer Streckenlänge von 1200 Kilometern sollte als Querverbindung zwischen Turkmenien und Südrußland durch die Usbekische und Kasachische Sowjetrepublik gebaut werden.[243] Außerdem waren Maßnahmen zur weiteren Elektrifizierung des sowjetischen Eisenbahnverkehrs geplant.[244]

238 Die Wirtschaft, Nr. 30, vom 25. Juli 1952, S. 12.

239 Vorstellungen über den Bau eines Kanals als Verbindung zwischen Wolga und Don bestanden schon im zaristischen Rußland. Nach der Oktoberrevolution wurde in der zweiten Hälfte der zwanziger Jahre die Diskussion und dann die Projektierung des Vorhabens aufgenommen. Die ersten Arbeiten zur Durchführung des Kanalbaus waren eingeleitet worden, als der zweite Weltkrieg die Arbeiten unterbrach.

240 Die Wirtschaft, Nr. 3, vom 16. Januar 1953, S. 12.

241 Die Wirtschaft, Nr. 19, vom 9. Mai 1952, S. 11.

242 Die Wirtschaft, Nr. 3, vom 16. Januar 1953, S. 12.

243 Ebenda.

244 Bis 1940 waren erst 1900 Kilometer Schienenweg elektrifiziert worden. Im vierten Fünfjahrplan wurden 3500 Kilometer des Eisenbahnnetzes elektrifiziert. Der fünfte Fünfjahrplan sah vor, über 21000 Kilometer Eisenbahnlinien auf elektrischen Betrieb umzustellen. Die Wirtschaft, Nr. 3, vom 16. 1. 1953, S. 12.

Zu den Projekten des ersten bulgarischen Fünfjahrplans gehörte der Bau einer Eisenbahnlinie, die die bulgarischen Westgebiete und Sofia mit der Schwarzmeerküste verbinden sollte. Einen Bestandteil des Vorhabens bildete der Kosnica-Tunnel, der größte Tunnel im Balkan.[245] In Albanien wurde nach dem zweiten Weltkrieg die erste Eisenbahnlinie in der Geschichte des Landes gebaut. Abgesehen von einigen Ausnahmen stand jedoch der Eisenbahnbau im RGW-Bereich nicht im Vordergrund; wurde doch das Eisenbahnnetz in den fünfziger Jahren in Polen, Bulgarien und Ungarn nur geringfügig erweitert und in der Tschechoslowakei, in der DDR und in Rumänien nicht weiter ausgebaut.[246] Das Streckennetz des RGW-Territoriums nahm im Zeitraum von 1951 bis 1955 gegenüber dem Stand von 1950 um ca. 4900 Kilometer zu. Von den neuen Strecken wurden rund 3800 Kilometer bzw. 78 Prozent in der UdSSR gebaut und ungefähr 1000 Kilometer in den osteuropäischen Volksdemokratien.[247]

Auf dem Eisenbahnsektor erfolgten in den meisten RGW-Ländern hauptsächlich Ersatz- und Modernisierungsinvestitionen, besonders zur Erneuerung des Zugmaschinen- und Wagenparks. Dem ansteigenden Transportbedarf wurde durch rationellere Nutzung der Eisenbahnkapazitäten, zum Teil durch das Ausweichen auf die Binnenschiffahrt und die Entwicklung des Kraftwagenverkehrs begegnet.

Beispielsweise sollte nach Festlegungen des polnischen Sechsjahrplans eine Steigerung der Gütertransporte gegenüber 1949 mit der Eisenbahn um 3,6 Prozent, im Binnenschiffahrtsverkehr um 16,4 Prozent und mit Lastkraftwagen um annähernd 64 Prozent (im staatlichen Verkehr) erfolgen. Die Personenbeförderung sollte auf dem Schienenweg um über 10 Prozent, dagegen im Kraftverkehr um ungefähr 47 Prozent zunehmen.[248]

Tabelle 39

Transporte ausgewählter Beförderungsarten im RGW-Bereich 1955 zu 1950

Transportart	1950 Millionen Tonnen	1950 Anteil der Transportarten an der von ihnen beförderten Gesamtmenge in Prozent	1955 Millionen Tonnen	1955 Anteil der Transportarten an der von ihnen beförderten Gesamtmenge in Prozent	Steigerung des Gütertransports 1955 zu 1950 in Prozent
Eisenbahn	1309,6	83,6	2003,7	69,9	53
Flußschiffahrt	106,7	6,8	161,3	5,6	51
Kraftwagenverkehr	149,3	9,5	703,1	24,5	471
Insgesamt	1565,6		2868,1		183

Quelle: Berechnet nach Statistisches Jahrbuch der Mitgliedsländer des Rates für Gegenseitige Wirtschaftshilfe 1971, Moskau, S. 288f.

245 Für dauerhaften Frieden, für Volksdemokratie, vom 13. bis 19. Juli 1951, S. 3.

246 Vgl. Sozialistisches Weltwirtschaftssystem, Band 3, a. a. O., S. 386.

247 Berechnet nach Statistisches Jahrbuch der Mitgliedsländer des Rates für Gegenseitige Wirtschaftshilfe 1971, Moskau, S. 278 f.

248 Die Wirtschaft, Nr. 28, vom 13. Juli 1950, S. 11.

Tatsächlich stiegen in der ersten Hälfte der fünfziger Jahre im RGW die Transporte des Kraftwagenverkehrs gegenüber denen der Eisenbahnen und auch der Flußschiffahrt wesentlich schneller. Auch der Anteil am Gütertransport (bezogen auf die drei Verkehrsträger) verschob sich mengenmäßig zugunsten des Kraftverkehrs.

Im angegebenen Zeitraum war die transportierte Frachtgutmenge der Eisenbahn und der Flußschiffahrt je auf das Anderthalbfache gestiegen, während sich die durch den Kraftwagenverkehr beförderten Güter fast auf das Fünffache erhöht hatten. Betrug der Anteil der Transporte des Kraftverkehrs an der Gesamtmenge des von den drei Verkehrsträgern beförderten Frachtguts 1950 lediglich ein knappes Zehntel, erreichte er 1955 bereits ein Viertel.

Mit Ausnahme der DDR und Bulgarien nahm in den RGW-Ländern der Gütertransport durch den Kraftverkehr schneller zu als der Eisenbahntransport. Die höchsten Beförderungsraten im Kraftverkehr 1955 zu 1950 erzielten die UdSSR (982 Prozent), Rumänien (730 Prozent), Ungarn (549 Prozent) und Polen (420 Prozent). Das größte Volumen der Steigerung erreichte der Kraftverkehr in der UdSSR (406 Millionen Tonnen). Es folgten die Tschechoslowakei (43 Millionen Tonnen), Polen (40 Millionen Tonnen) und Ungarn (30 Millionen Tonnen). Hohe Anteile an der Beförderung von Gütern durch die drei Transportarten hatte der Krafttransport 1955 in der Tschechoslowakei (34,5 Prozent), in Ungarn (33,9 Prozent) und in Bulgarien (27,9 Prozent) zu verzeichnen. In der UdSSR lag der Anteil des Kraftwagentransports 1950 noch bei 4,7 Prozent, 1955 dagegen entfielen auf ihn bereits über 24 Prozent. In der UdSSR, der Tschechoslowakei, Polen, Rumänien und Ungarn nahmen die Anteile des Kraftverkehrs am Gütertransport – bezogen auf die drei Transportarten – zu, während die Beförderungsanteile der Eisenbahnen abnahmen.[249] Innerhalb eines längeren Zeitraumes – berechnet auf das Jahrzehnt bis 1960 – nahm in der DDR[250] und Bulgarien der Güterkraftverkehr schneller zu als der Eisenbahntransport.[251]

Schon zu Beginn der sozialistischen Industrialisierung erlangte folglich der Gütertransport durch Motorfahrzeuge im Straßenverkehr zunehmend Bedeutung. In dieser Zeit wurde auch die LKW-Produktion im RGW-Bereich forciert. In Polen, in der DDR, in der Tschechoslowakei und in Rumänien wurden neue Produktionskapazitäten in Betrieb genommen. Die Produktion von Lastkraftwagen erhöhte sich in diesen Ländern innerhalb von fünf Jahren insgesamt auf annähernd das Fünffache.[252]

Offensichtlich wurde bei der Konzipierung der Wirtschaftspolitik erwogen, den aufwendigen Ausbau des Eisenbahnnetzes zugunsten der Neuanlagen in der Schwerindustrie zurückzustellen.

Große Anstrengungen wurden hingegen im RGW zur Entwicklung des Schiffbaus unternommen. Die Werftindustrie wurde bekanntlich in der Sowjetunion, in Polen und in der DDR in schnellem Tempo aufgebaut und kam dementsprechend neben dem Ma-

249 Alle Angaben wurden berechnet nach Statistisches Jahrbuch der Mitgliedsländer des Rates für Gegenseitige Wirtschaftshilfe 1971, S. 288 f.

250 Hierzu auch *Rebbein, Elfriede/Keil, Rudi/Kirchberg, Peter/Wehner, Heinz/Schmädicke, Jürgen*, Aspekte der verkehrspolitischen Entwicklung in der Deutschen Demokratischen Republik. In: Wissenschaftliche Zeitschrift der Hochschule für Verkehrswesen „Friedrich List“ in Dresden, 19 (1972), H. 3, S. 599 f.

251 Statistisches Jahrbuch der Mitgliedsländer des Rates für Gegenseitige Wirtschaftshilfe 1971, S. 288 f.

252 Ebenda, S. 88.

schinenbau auch in starkem Maße für den Verbrauch von Erzeugnissen der Hüttenindustrie in Betracht.

Als Ende der vierziger Jahre die Wirtschaftspläne im RGW ausgearbeitet wurden, mußte neben dem beschränkten Aufkommen an Grundstoffen und dem in der industriellen Startphase zu erwartenden Bedarf an diesen Produkten eine weitere wichtige Entwicklungsbedingung beachtet werden: die Situation im Welthandel. Mußte doch die Kapazitätserhöhung in ausschlaggebenden Zweigen der traditionellen Schwerindustrie um so dringlicher erscheinen, je geringere Möglichkeiten für einen Importausgleich bestanden. Mir ist nicht bekannt, wie hoch der Bedarf an Stahl zu diesem Zeitpunkt im RGW für die erste Hälfte der fünfziger Jahre eingeschätzt wurde. Nehmen wir jedoch einmal an, die Stahlproduktion wäre in den osteuropäischen Volksdemokratien und in der DDR nicht ausgebaut worden. Setzen wir ein Produktionsniveau, das diese Länder 1950 in der Erzeugung von Stahl erreicht hatten, hypothetisch für die Zeit bis 1955 an. Die Berechnung der Differenz zur tatsächlichen Produktionsleistung ergibt ein Defizit von 18,5 Millionen Tonnen Stahl. Das entsprach der sowjetischen Jahresproduktion von 1948.[253] Mit zusätzlichen Importen in dieser Größenordnung hätte man in dieser Zeit nicht rechnen können.

Auf die mangelnde Lieferbereitschaft des Westens wurde bereits an anderer Stelle eingegangen. Eine Verschärfung des kalten Krieges und eine dauerhafte Störung des Ost-Westhandels war Ende der 40er Jahre abzusehen. Acht Jahre später schrieb Bernal: „Eine Seite des kalten Krieges besteht darin, daß es im Welthandel Diskriminierungen absoluten Charakters gibt. Diese dauern bereits so lange an, daß sich heute fast niemand über sie aufregt, obwohl sie in einer Vorkriegssituation ein casus belli für aktive Vergeltungsmaßnahmen gewesen wären. Eine Liste verbotener Waren, die nicht an die Sowjetunion, an China oder an die volksdemokratischen Länder Osteuropas geliefert werden dürfen, umfaßt praktisch alles, was für die Errichtung einer modernen Industriebasis erforderlich ist."[254]

Das Überspringen von Entwicklungsetappen der Industrialisierung, auch vom Standpunkt der Produktionstechnik, ein zeitweiliger Verzicht auf die Entwicklung bzw. den Aufbau bestimmter Produktionen wie der Stahlerzeugung wäre nur bei intensiver Verbindung zum Welthandel möglich gewesen.[255] Albanien konnte nur durch einen fast kompletten Import aller geplanten Anlagen und entsprechend niedrigen Eigenbedarf an Stahl ein Ausnahmebeispiel sein. Angewandt auf eine Gruppe von Agrar-Industrieländern, hätte ein solches Vorgehen die Kräfte der Wirtschaftsgemeinschaft zur damaligen Zeit bei weitem überstiegen. Das albanische Beispiel hätte als Industrialisierungsmodell in größeren Dimensionen keine Realisierungschance gehabt.

In allen übrigen RGW-Ländern war die Entwicklung der Grundstoffindustrie mit einer Kette von weiteren Investitionen verknüpft. Die angestrebte schnelle Steigerung der Grundstoffgewinnung warf vor allem das Problem der Beschaffung von Ausrüstungen für diese Produktionen auf. Da alle RGW-Länder Vorhaben wie die Anlage neuer Schächte, den Bau von Hüttenbetrieben, die Errichtung von Kraftwerken und Zementfabriken geplant hatten, war eine sprunghafte Zunahme des Bedarfs an Ausrüstungen

[253] UN-Statistical Yearbook. New York 1959, S. 245.

[254] *Bernal, John D.*, Welt ohne Krieg, a. a. O., S. 42.

[255] In diesem Sinn äußert sich auch *Kleer, J.*, Reformy gospodarcze w krajach socjalistycznych, a. a. O., S. 14.

vorauszusehen. Bei eingeschränkten Importmöglichkeiten mußte die Schaffung neuer Kapazitäten zur Gewinnung von Grundstoffen und Energie von einem Ausbau des Schwermaschinenbaus bzw. bestimmter Maschinenbauzweige begleitet sein. In den Industrieländern erfolgten Investitionen auf diesem Gebiet zur Deckung des eigenen Bedarfs aber auch im Hinblick auf den Export in die Agrar-Industrieländer und in letzteren, weil die Importe aus den Industrieländern des RGW-Bereichs nicht in der Höhe des geplanten Eigenbedarfs erwartet werden konnten.

Der Bau von Ausrüstungen für die Metallurgie wurde unter diesem Gesichtspunkt außer in der Sowjetunion vor allem in Polen, in der Tschechoslowakei und in der DDR entwickelt. Die Erzeugung von Maschinen für den Bergbau wurde in der DDR, in Polen, Ungarn, Rumänien und Bulgarien neu aufgenommen bzw. ausgebaut. Zu weitgehenden Konsequenzen zwangen auch die annähernd gleichzeitig einsetzenden Elektrifizierungsvorhaben der RGW-Länder. Während die Sowjetunion den Elektromaschinenbau stark ausbaute und in Ungarn ein relativ breites Produktionssortiment beibehalten wurde,[256] erfolgten in Polen, in der DDR, in der Tschechoslowakei und in Rumänien Neuinvestitionen, die schon in den ersten Jahren des Planzeitraumes die Aufnahme der Produktion von Energiemaschinen ermöglichten. Ein besonders umfangreiches Programm wurde für den Elektromaschinenbau und die Produktion von Zubehörteilen des elektroenergetischen Bereichs in Rumänien aufgestellt; sollte doch der wichtigste Teil der für die Realisierung des Elektrifizierungsplans benötigten Anlagen und Maschinen im eigenen Land hergestellt werden.[572] Der Plan sah deshalb den Ausbau von fünf bestehenden Betrieben zur Produktion von Dampfkesseln für Wärmekraftwerke, mehreren Typen von Elektromotoren, Generatoren, Meßinstrumenten und Relais vor. Außerdem sollten sieben neue Werke errichtet werden, in denen die Erzeugung energetischer Ausrüstungen wie Dampfturbinen, hydraulische Turbinen und Generatoren, Transformatoren für Verteilerstationen, Hochspannungsapparate, die verschiedensten elektrischen Maschinen bis hin zu Kabeln und diversem Isoliermaterial einschließlich Keramikteilen aufgenommen werden sollte.[258]

Die Bestrebungen zu einer nahezu vollständigen Deckung des Bedarfs an Ausrüstungen aus eigener Produktion beschränkten sich jedoch nicht auf den Energiesektor. In einer Einschätzung der wirtschaftlichen Entwicklung Rumäniens aus dem Jahre 1953 hieß es zum Beispiel, daß der Bedarf an energetischen Maschinen und Werkausrüstungen für die Erdölindustrie, die Zementindustrie und den Werkzeugmaschinenbau nunmehr fast vollständig aus eigener Produktion gedeckt werden könnte,[259] – ein Erfolg, der der weiteren Industrialisierung des Landes zugute kam.

Bemühungen, solche Erzeugnisse, die im Industrialisierungsprozeß beziehungsweise für den Ausbau der Industrie benötigt wurden, durch Neuaufnahme von Produktionen im eigenen Land herzustellen, erfolgten in allen RGW-Ländern. Dieses Vorgehen barg – ausgenommen in der UdSSR – jedoch auch die Gefahr von Autarkietendenzen in sich, die mehr oder weniger stark in den fünfziger Jahren in Erscheinung traten.[260] Und zwar

256 Die Wirtschaft, Nr. 51, vom 21. Dezember 1950, S. 13.

257 Die Wirtschaft, Nr. 46, vom 17. November 1950, S. 12. Vgl. auch *Dej, Gheorgin G.*, Elektrifizierungsplan der Rumänischen Volksrepublik, a. a. O.

258 Die Wirtschaft, Nr. 46, vom 17. November 1950, S. 12.

259 *Bruduru, P.*, Elektrischer Strom für ganz Rumänien, In: Die Wirtschaft, Nr. 34, vom 21. August 1953, S. 9.

260 Hierzu auch *Kleer, J.*, Reformy gospodarcze w krajach socjalistycznych, a. a. O., S. 18.

in dem Maße, wie die Produktion zugeschnitten auf die Bedürfnisse des jeweiligen Landes konzipiert und als Importsubstitution aufgenommen wurde.[261]

Einerseits konnte der wirtschaftliche Aufschwung der Volksdemokratien unter den geschilderten Ausgangs- und Entwicklungsbedingungen des RGW nur auf dem Weg einer Entwicklung von Volkswirtschaftskomplexen erfolgen, deren Industrie eine Mehrzweigstruktur aufwies.[262] Andererseits war eine fortgesetzte rasche Ausdehnung des industriellen Produktionssortiments nur in der UdSSR – bedingt durch die Dimensionen des sowjetischen Binnenmarktes – vom Standpunkt der Rationalität gerechtfertigt. Dennoch war eine relativ weitgefächerte Zweigstruktur tendentiell in den übrigen RGW-Ländern schon zu Beginn der Industrialisierung zu beobachten, und sie verbreiterte sich in den fünfziger Jahren zusätzlich.

Auf das Phänomen der wirtschaftlichen Selbstgenügsamkeit gehen auch die Autoren der bereits zitierten mehrbändigen Kollektivarbeit über das sozialistische Weltwirtschaftssystem ein. Sie urteilen, daß die internationale sozialistische Arbeitsteilung in einzelnen volksdemokratischen Ländern, besonders bei der Entwicklung von Zweigen der bearbeitenden Industrie in der Anfangsphase der Industrialisierung, ungenügend berücksichtigt und im wesentlichen auf die Bedürfnisse des Binnenmarktes orientiert wurde.[263] Obwohl Ursachen dafür nicht angegeben werden, kann eine ungenügende Wahrnehmung vorhandener Möglichkeiten nichts anderes bedeuten, als daß subjektive Entscheidungen entgegen objektiven Bedingungen getroffen worden sind. Für sich genommen ist diese

261 In Albanien wurde der Aufbau des Industriepotentials prinzipiell mit der Notwendigkeit begründet, den Import einzuschränken. So erklärte Enver Hodja bei der Erläuterung des ersten albanischen Fünfjahrplans, daß die Entwicklung der Industrie unter anderem auch deshalb erfolgt, um die Wareneinfuhr beträchtlich zu reduzieren. Vgl. *Hodja, E.*, Fünfjahrplan zur Entwicklung der Volkswirtschaft Albaniens. In: Für dauerhaften Frieden, für Volksdemokratie, 5. bis 11. Oktober 1951. S. 3.

262 Senin, der in Anlehnung an den ungarischen Ökonomen J. Kapler: Munkamegosztás a szocialista világgazdaságban (Die Arbeitsteilung in der sozialistischen Weltwirtschaft), Budapest 1964, den Terminus „nationaler Wirtschaftskomplex" verwendet, vertritt die Meinung: „Alle Länder Zentral- und Südosteuropas sahen sich mit dem Übergang zum Sozialismus auf irgendeine Weise dem Bedürfnis gegenüber, eine neue komplexe Wirtschaft aufzubauen, die eine Produktion von Produktionsmitteln und von Konsumtionsmitteln, Industrie und Landwirtschaft, die Förderung von Rohstoffen und deren Verarbeitung, Grundzweige der Wirtschaft und Hilfszweige in sich einschließt. *Senin, M. W.*, Sozialistische Integration, a. a. O., S. 218. Morgenstern sieht die Entwicklung einer industriellen Mehrzweigstruktur, die Teile des Bergbaus, der Energiewirtschaft, der chemischen Industrie, des Maschinenbaus und der Elektrotechnik/Elektronik, der Leicht- und Lebensmittel- sowie der Bau- und Baustoffindustrie umfaßt, als Gesetzmäßigkeit der volkswirtschaftlichen Strukturentwicklung im Sozialismus an. Für sehr kleine Länder stellt er jedoch die Zweckmäßigkeit des Aufbaus größerer Metallurgiekapazitäten besonders der ersten Verarbeitungsstufen in Frage. *Morgenstern, Karl,* Sozialistische internationale Arbeitsteilung, Berlin 1972, S. 52. Kleer hebt hervor: „In einem Lande, das über eine bestimmte Rohstoffbasis verfügt, kann die rasche wirtschaftliche Entwicklung nur über die Schaffung eines bestimmten minimalen Industriekomplexes mit relativ geschlossenem Produktionszyklus erfolgen." Er schließt die Möglichkeit einer Überwindung der wirtschaftlichen Rückständigkeit eines Landes über eine intensive Außenhandelstätigkeit nicht aus, betrachtet sie jedoch als Ausnahme und sieht als Hauptfaktor des Wachstums in der industriellen Startphase zunächst den Binnenmarkt an. Vgl. *Kleer, J.*, Reformy gospodarcze w krajach socjalistycznych, a. a. O., S. 17 f.

263 Sozialistisches Weltwirtschaftssystem, a. a. O., Bd. 1, S. 172 f.

Aussage jegoch unbefriedigend. Sie geht lediglich von der Prämisse aus, daß unausgeschöpfte Möglichkeiten für die Vertiefung der sozialistischen internationalen Arbeitsteilung bestanden. Sie klammert die Bedingungen aus, unter denen die Entscheidungen gefallen sind, und läßt damit die Frage nach dem Entscheidungsspielraum offen. Daß ein solcher bestand und daß er nicht genügend für eine stärkere Spezialisierung in der Industrieproduktion genutzt wurde, soll nicht bestritten werden. Es steht jedoch außer Zweifel, daß es objektive Bedingungen gab, die die Vertiefung der internationalen Arbeitsteilung im RGW-Bereich eingrenzten. So berechtigt der Hinweis auf subjektive Entscheidungen für die Aufnahme von Industrieproduktionen in einzelnen RGW-Ländern ist, so einseitig wäre es, sich auf diese Feststellung zu beschränken. Die Wahl der Schwerpunktzweige in der Grundstoffindustrie resultiert aus objektiven Erfordernissen der industriellen Startphase. Aber auch die Entscheidung für den Aufbau von Werken der verarbeitenden Industrie konnte einem gewissen Zugzwang unterliegen.

Auf diesen Zusammenhang macht Kleer aufmerksam. Er unterscheidet nach der Ursache ihrer Entstehung zwei Tendenzen:

„Die erste Tendenz ergibt sich aus der inneren Logik der Schaffung eines minimalen Industriekomplexes und besteht in der ständigen Erhöhung der Anzahl der Zweige zur Lieferung immer neuer Erzeugnisse, um die ständig wachsenden und sich erweiternden Bedürfnisse der Wirtschaft zu befriedigen.

In der gleichen Richtung wirkt auch eine zweite Tendenz, die sich aus den Importschwierigkeiten ergibt und die sich in einer Politik der Entwicklung von Antiimportzweigen niederschlägt.“[264]

Auch Kleer verweist in diesem Zusammenhang auf die von westlicher Seite betriebene Einschränkung des Ost-West-Handels und leitet hieraus völlig zu Recht einen Zwang zur Antiimportproduktion ab.[265] Sie kann meines Erachtens nicht als Importsubstitution im herkömmlichen Sinne bezeichnet werden. Vajda definiert den Begriff als Verdrängung der Einfuhr durch die einheimische Produktion.[266] Für die RGW-Länder handelte es sich in den ersten Jahren der Industrialisierung meist nicht um eine Verdrängung, sondern vorwiegend um schnellstmöglichen Ersatz ausbleibender Importe in einer angespannten Phase des industriellen Aufschwungs.[267] Ein fortgesetzter Zwang zur Kompensation kam faktisch indirekten Eingriffen in den Ablauf der wirtschaftlichen Entwicklung gleich. Dabei darf die Tatsache, daß es sich um gezielte Störaktionen handelte, nicht unterschätzt werden. Noch Mitte der sechziger Jahre hieß es im Miller-Report: „Der Handel mit den europäischen kommunistischen Ländern soll als Bestandteil der politischen Sphäre gehandhabt werden. Man muß ihn zielstrebig und systematisch entwickeln oder zurückschrauben, je nachdem, wie es die Chancen und Umstände erfordern.“[268]

264 *Kleer, J.*, Reformy gospodarcze w krajach socjalistycznych, a. a. O., S. 18.

265 Ebenda.

266 *Vajda, I.*, Internationale Arbeitsteilung und Wirtschaftsreform, a. a. O., S. 42.

267 Mit voranschreitender Industrialisierung trat allerdings dann besonders im Maschinenbau des RGW-Bereiches auch die echte Importsubstitution in Erscheinung, die Einschränkung der Maschinenimporte und deren Ersatz durch eigene Produktion für den eigenen Bedarf einzelner Länder. Vgl. hierzu auch *Bogomolow, O. T.*, Theorie und Methodologie der internationalen sozialistischen Arbeitsteilung, Berlin 1969, S. 26.

268 The report to the President of the Special Committee on US trade relations with East European countries and the Soviet Union, released by the White House in April 29. 1. 1965, p. 10. Zitiert bei *Vajda, I.*, Internationale Arbeitsteilung und Wirtschaftsreform, a. a. O., S. 151 f. Nach mehr

Hatten die osteuropäischen Länder in der Vorkriegszeit die Übervorteilung im Wirtschaftsverkehr mit entwickelten Industriestaaten hinnehmen müssen, verstärkte sich in der Nachkriegszeit mit zunehmender Handelsblockade ihr Bemühen um wirtschaftliche Unabhängigkeit. In der Anfangszeit der Planwirtschaft schrieb Stefan Jędrichowski in einem Artikel über wirtschaftliche Probleme in Polen: „Die Grundlage unserer Planung bildet die engste Zusammenarbeit mit der UdSSR und den Volksdemokratien sowie die stärkste Beachtung der Hauptaufgabe, die darin besteht, die Selbständigkeit unserer Volkswirtschaft gegenüber der kapitalistischen Welt zu sichern.“[269] Mit dieser Situation war der RGW-Bereich als ganzes und jedes seiner Mitgliedsländer konfrontiert. Der Ersatz verlorengegangener oder eingeschränkter Importe durch den Aufbau eigener Produktionskapazitäten wurde zu einem wichtigen Aspekt in der industriellen Entwicklung nicht nur der Agrar-, sondern auch der Industriestaaten des RGW.[270] Um sich aus der Abhängigkeit von Lieferungen kapitalistischer Industriestaaten zu lösen und als Reaktion auf Diskriminierungsmaßnahmen wurde beispielsweise in der Tschechoslowakei um die Wende zu den fünfziger Jahren eine Anzahl von Industrieerzeugnissen neu in das Produktionsprogramm aufgenommen. Dazu gehörten der Bau von Präzisionsmaschinen, von Textilmaschinen, die Erzeugung von Kugellagern, die Herstellung weiterer Typen von Werkzeugmaschinen sowie die Produktion von Rechenmaschinen und Rotationsmaschinen.[271] Ähnliche Beispiele könnten auch aus anderen RGW-Ländern angeführt werden. Bekannt sind die Anstrengungen, die zur Störfreimachung der Wirtschaft in der DDR unternommen werden mußten.[272]

Die Überbrückung ständiger Importschwierigkeiten konnte in vielen Fällen nur durch Sofortmaßnahmen zur Mobilisierung örtlicher Reserven der jeweiligen Volkswirtschaft erreicht werden. Sie erfolgten zum Teil selbst dann, wenn infolge beschränkter zusätzlicher Investitionen vom Umfang der neuaufgenommenen Produktion nicht die Deckung des gesamten Bedarfs erwartet werden konnte. Mit der Zunahme der Antiimportproduktionen, die nicht selten nachträglich und zusätzlich in die Investitionspläne aufgenommen wurden, reduzierten sich jedoch zunächst auch die Möglichkeiten für die Ausdehnung des Warenverkehrs innerhalb der Wirtschaftsgemeinschaft.[273] Denn außer dem

als 10 Jahren kaltem Krieg beschloß der amerikanische Kongreß am 11. Oktober 1962 erneut ein Handelsgesetz, das in einem Artikel dem Präsidenten das Recht gab, die Politik der Diskriminierung der sozialistischen Länder zu betreiben. *Usenko, E. T.*, Sozialistische internationale Arbeitsteilung und ihre rechtliche Regelung, a. a. O., S. 196.

269 *Jędrychowski, St.*, Planung der Volkswirtschaft Polens. In: Für dauerhaften Frieden, für Volksdemokratie, vom 13. bis 19. Juli 1951, S. 4 und 5.

270 In einem Artikel über die wirtschaftliche Entwicklung der Tschechoslowakei im Jahre 1950 wurde die Erhöhung von Planzielen wie folgt begründet: „Der Produktionsplan wurde besonders in den Industriezweigen erhöht, die für die Entwicklung der Produktionskapazität der Tschechoslowakei und der anderen volksdemokratischen Ländern von entscheidender Bedeutung sind. Im Produktionsplan trat nach den vorgenommenen Berichtigungen deutlich die Tendenz hervor, die wirtschaftliche Abhängigkeit von den kapitalistischen Ländern zu mindern.“ *Frank, J.*, Erfolge des zweiten Jahres des Planjahrfünfts in der Tschechoslowakei. In: Für dauerhaften Frieden, für Volksdemokratie, vom 12. bis 18. Januar 1951, S. 3.

271 Die Wirtschaft, Nr. 3, vom 19. Januar 1950, S. 11.

272 Müller und Reißig verweisen auf die Frage der Sicherung gegen imperialistische Störmaßnahmen und die Bedeutung der Unabhängigkeit als Aspekte der Wirtschaftspolitik der DDR während des ersten Planjahrfünftzeitraums in Wirtschaftswunder DDR, a. a. O., S. 190 f. und S. 206.

273 *Senin, M. W.*, Sozialistische Integration, a. a. O., S. 219.

Importbedarf ist auch das Exportangebot für die Herausbildung einer internationalen arbeitsteilig abgestimmten Spezialisierung der Industrieproduktion ausschlaggebend. Je mehr der Anteil solcher Produktionen, deren Volumen die Bedarfsdeckung der jeweiligen Volkswirtschaft nicht überschritt, an der gesamten Industriekapazität der Mitgliedsländer anstieg, um so weniger konnte für den Austausch produziert werden. Nur langfristig geplante und zwei- oder mehrseitig vereinbarte Produktionen hätten die Chance für eine schnelle Ausdehnung des auf Spezialisierung beruhenden Produktenaustauschs innerhalb des RGW geboten.

Die Tatsache, daß der im Zeichen des kalten Krieges arrangierte imperialistische Wirtschaftsboykott ein schnelles Wirtschaftswachstum der RGW-Länder nicht verhindern konnte, berechtigt nicht zu der Annahme, er sei wirkungslos geblieben. Wie Senin zutreffend bemerkt, hat diese Politik die wirtschaftliche Entwicklung der sozialistischen Staaten erschwert und dabei besonders auch den Übergang zu vollkommeneren Formen der internationalen wirtschaftlichen Zusammenarbeit gehemmt.[274]

Diese Wirkung konnte jedoch nur in Wechselbeziehung zu den anderen historischen Ausgangs- und Entwicklungsbedingungen eintreten. Der zu gleichem Zeitpunkt einsetzende Industrialisierungsstart mehrerer meist schwach entwickelter Länder, die damit akut werdenden Bedürfnisse nach bestimmten Produktionsgütern bei gleichzeitiger Einschränkung ihres Bezugs vom Weltmarkt förderten das Einschlagen ähnlicher Investitionsrichtungen in den Ländern des RGW.

274 Gunnar Myrdal gelangt bei der Betrachtung der Schwierigkeiten, denen sich wirtschaftlich zurückgebliebene Länder beim Überwinden ihres Entwicklungsrückstandes gegenüber sehen, zu der Feststellung: „Ein noch ernsteres Problem in der Politik der Importsubstitution ist darin zu sehen, daß die *Auswahl der Güter, die sich für eine Substitution eignen, in der Regel nicht rational geplant werden kann.*“ (Hervorgehoben vom Verfasser). In: Politisches Manifest über die Armut in der Welt, a. a. O., S. 26.

III. KAPITEL

Die Entwicklung der wirtschaftlichen Zusammenarbeit von 1949 bis 1958

1. Die Umstellung auf den langfristig geplanten gegenseitigen Warenverkehr im RGW-Bereich

Um die Wende zu den fünfziger Jahren setzten sich einige Tendenzen der wirtschaftlichen Zusammenarbeit der RGW-Länder durch, die sich bereits in der Zeit vor der RGW-Gründung abzuzeichnen begannen. Während 1948 eine Hinwendung zum gegenseitigen Handel erkennbar wurde, erhielt dieser 1949 erhöhte Bedeutung. Der Anteil, den er an den jeweiligen Gesamtumsätzen der einzelnen Mitgliedsländer gewann, gestaltete sich unterschiedlich, wie folgende Übersicht zeigt: (Abbildung 2)

Die Länder mit dem geringsten Industriepotential und dem niedrigsten Umfang der Außenhandelsumsätze hatten einen besonders schnellen und hohen Anstieg der Umsatzanteile sozialistischer Staaten an ihrem Außenhandel zu verzeichnen. Im Vergleich dazu erscheint die stufenweise Erhöhung der entsprechenden Anteile am Außenhandel der Tschechoslowakei, aber auch Polens und Ungarns sukzessiv und weniger rigoros. Sie bezog sich jedoch auf ein größeres Außenhandelsvolumen und erhielt damit erhöhtes Gewicht für die Intensivierung der Wirtschaftsbeziehungen innerhalb der Ländergruppe.

Tabelle 40

Intra – RGW – Handel im Jahre 1950*

Länder	Umsatz in Mio Rubel	Anteil am Intra-RGW-Handel in %
Bulgarien	199	4
DDR	570	13
Polen	684	15
Rumänien	342	8
Sowjetunion	1679	37
Tschechoslowakei	695	15
Ungarn	356	8
RGW	4525	100

* ohne Albanien

Quelle: Kraje RWPG 1950–1973, Warszawa 1974, S. 107.

Auch die DDR war in den Prozeß der Umstellung auf den gegenseitigen Handel einbezogen. Sie legte in § 17 des Gesetzes vom 20. Januar 1950 über den Volkswirtschaftsplan dieses Jahres fest, daß die Handelsbeziehungen mit der Sowjetunion und den Volks-

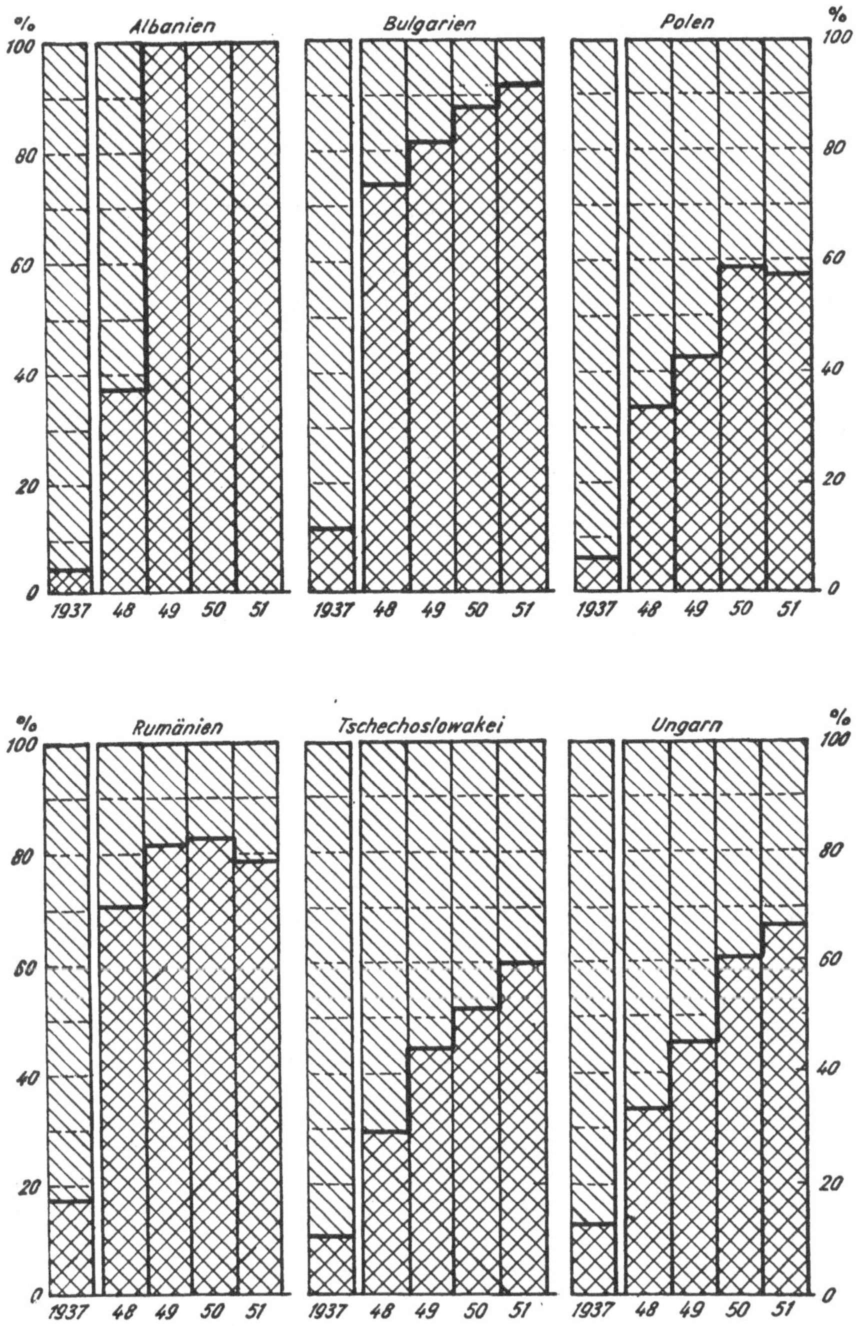

Abb. 2

Anteil des Handels mit sozialistischen Ländern am Außenhandelsumsatz europäischer Volksdemokratien für die Jahre 1937 und 1948 bis 1951

Quelle: Statistische Praxis, Heft 5, 1953.

demokratien im Vordergrund ihres Außenhandels stehen und an anderer Stelle, daß die ganze Aufmerksamkeit im Außenhandel auf den Export hochwertiger Industriewaren gerichtet sei. Es wurde jedoch außerdem darauf verwiesen, daß die DDR auch an der Entwicklung des Handels mit anderen Ländern interessiert ist.[1]

Infolge der sich vollziehenden Umstellung des Außenhandels überwog im Jahr 1950 in jedem RGW-Land der Anteil des Intra-RGW-Handels am jeweiligen Gesamtumsatz, und zwar export- wie auch importseitig. Sein Gesamtanteil veränderte sich in der Folgezeit nicht wesentlich, obwohl – besonders durch die Verminderung der zunächst überdimensionalen Prozentzahlen der Agrarländer – Verschiebungen eintraten, ohne daß es jedoch zu grundsätzlichen Veränderungen in den Proportionen kam.

Tabelle 41

Anteil des gegenseitigen Handels am Gesamtexport und -import der RGW-Länder (in Prozent)*

	Export		Import	
Land	1950	1960	1950	1960
Bulgarien	92	81	86	80
DDR	68	69	76	66
Polen	56	55	61	58
Rumänien	89	66	78	68
Sowjetunion	58	56	62	50
Tschechoslowakei	54	64	55	64
Ungarn	66	61	57	65
RGW insgesamt	61	59	64	62

* ohne Albanien

Quelle: Rocznik Statystyczny Handlu Zagranicznego 1971, Warszawa 1972. S. 102 und 104 sowie Ausch, Sandor, Theory and practice of CMEA Cooperation, Budapest 1972, S. 37.

[1] Gesetz über den Volkswirtschaftsplan 1950 der Deutschen Demokratischen Republik vom 20. Januar 1950, veröffentlicht in: Die Wirtschaft, Nr. 4 vom 26. Januar 1950, Sonderbeilage, S. 4. Zur Entwicklung der Handelsbeziehungen mit der UdSSR und den Volksdemokratien hieß es u. a.: „Diese Handelsbeziehungen basieren auf der Grundlage gemeinsamer wirtschaftlicher Interessen und dienen dem beiderseitigen Fortschritt. Der Außenhandel besonders mit den Ländern einer sozialistischen Planwirtschaft gibt die Gewähr, daß sich der Handel nicht auf der Basis einer gegenseitigen Übervorteilung vollzieht, sondern sich nach fortschrittlichen Grundsätzen unter Berücksichtigung der Interessen des Handelspartners entwickelt. Der Außenhandel mit der Sowjetunion und den Volksdemokratien wird sich stets ausweiten, da diese Länder frei von Krisen und wirtschaftlichen Erschütterungen sind. Durch Lieferungen von Betriebseinrichtungen und hochwertigen Rohstoffen für unsere Industrie sowie von Traktoren für die Landwirtschaft und durch Lieferungen von Lebensmitteln hat die Sowjetunion der Entwicklung der Produktion und der Versorgung der Bevölkerung der Deutschen Demokratischen Republik große Hilfe geleistet. Ebenso haben die Handelsbeziehungen mit den volksdemokratischen Staaten, insbesondere mit Polen und der Tschechoslowakei, sich als eine wesentliche Hilfe bei der Durchführung des Volkswirtschaftsplanes gezeigt. Der weitere Ausbau dieser Handelsbeziehungen im Jahre 1950 ist erforderlich.“ Ebenda.

Die Umstellung auf den gegenseitigen Handel wird jedoch durch die Angaben über das nunmehr erreichte Übergewicht der Außenhandelsanteile nur unzureichend widergegeben. Die Angaben könnten den Eindruck erwecken, als sei dieser Prozeß im Jahre 1950 schon abgeschlossen gewesen, was natürlich nicht der Fall war. Aus den Angaben ist nichts über das Wesen des Vorgangs zu entnehmen. Der wesentliche Aspekt der Umstellung ist aber darin zu sehen, inwieweit die Handelspartner vermochten, sich auf die gegenseitigen Bedürfnisse der industriellen Aufschwungsphase einzustellen. Im Zusammenhang mit dieser Frage stand eine andere, eine organisatorische, nämlich die Entwicklung einer dieser Aufgabe adäquaten Organisationsform des Warenverkehrs. Sie setzte mit dem Übergang zum langfristig geplanten Warenaustausch ein, der zu Beginn der fünfziger Jahre in erster Linie durch die Anfänge der planmäßigen sozialistischen Industrialisierung motiviert war. Konnten doch die meist über mehrere Jahre laufenden Projekte zur Errichtung industrieller Großbetriebe nur durch langfristig vereinbarte Lieferungen an Maschinen und Ausrüstungen abgesichert werden. Andererseits erforderte die Berücksichtigung des Industrialisierungsbedarfs im RGW-Bereich von allen Mitgliedsländern und besonders den industriell entwickelten eine Einbeziehung der Exportverpflichtungen in die langfristig abgesteckten Wirtschaftspläne. Schließlich mußte mit einer zunehmenden gegenseitigen Rohstoffabhängigkeit gerechnet werden. Die II. RGW-Tagung, die vom 25. bis 27. August 1949 in Sofia stattfand, sowie die III. Ratstagung vom 24. und25. November 1950 in Moskau orientierten deshalb auf den Abschluß langfristiger Handelsabkommen.[2]

Über erste Erfahrungen bei der Realisierung solcher Abkommen verfügten damals die UdSSR, Polen und die Tschechoslowakei. Ihre zu diesem Zeitpunkt noch laufenden Fünfjahresabkommen hatten die Ausdehnung des gegenseitigen Handels gefördert und die bilaterale Zusammenarbeit begünstigt. Das erste dieser Art, das polnisch-tschechoslowakische Fünfjahresabkommen vom 4. Juni 1947, sollte mit Hilfe des Rates für polnisch-tschechoslowakische Zusammenarbeit und seinen Zweigorganen – den Fachkomitees – verwirklicht werden.[3] Beispielsweise hatte das Fachkomitee für Hüttenwesen[4] auf dem Buntmetallsektor zweiseitige Produktions- und Lieferabsprachen zu realisieren. So erhielt die Tschechoslowakei von Polen die langfristige Belieferung mit Zink zugesagt, so daß auch im Hinblick auf gesicherte Importe aus der UdSSR und anderen RGW-Ländern vom Aufbau einer tschechoslowakischen Zinkverhüttung abgesehen werden sollte.[5] Dafür übernahm die Tschechoslowakei die Verpflichtung für den Export von Aluminiumfolie nach Polen, da hier zunächst eine Verhüttung von Aluminium nicht erfolgte.[6] Offensichtlich führte jedoch dieser frühe Versuch einer bilateralen Abstimmung nicht zu einer langfristig stabilen Produktionsaufteilung. In der ersten Hälfte der fünfziger Jahre baute Polen die Aluminiumhütte Skawina auf und ging zur Eigenproduktion über.[7]

Die Bedeutung der ersten langfristigen Abkommen und der auf ihnen begründeten

[2] *Faddejew, N. W.*, Der Rat für Gegenseitige Wirtschaftshilfe, Berlin 1975, S. 235.

[3] Vgl. hierzu: Die Wirtschaft vom 8. Juni 1950, S. 11.

[4] Den Fachkomitees waren Unterkomitees zugeordnet. Zum Fachkomitee für Hüttenwesen gehörten folgende Unterkomitees: Wirtschaft, Entwicklung, Buntmetalle, Metallurgie und wissenschaftliche Zusammenarbeit. Die Wirtschaft vom 2. Februar 1950, S. 11.

[5] Ebenda.

[6] Ebenda.

[7] Vgl. ebenda, vom 9. Dezember 1954, S. 12.

Zusammenarbeit ist weniger in den Ansätzen zur Produktionsspezialisierung, sondern vielmehr in der Industrialisierungshilfe zu sehen, die sich die Partnerländer gewährten. Der Hauptaspekt sowohl des sowjetisch-polnischen, als auch des polnisch-tschechoslowakischen langfristigen Abkommens aus den vierziger Jahren war die Sicherung der materiell-technischen Seite von Investitionsvorhaben. Die Erfahrungen, die hierbei gewonnen wurden, bildeten einen wichtigen Anknüpfungspunkt für die Zusammenarbeit in den fünfziger Jahren.

Das erste langfristige Abkommen, das nach der RGW-Gründung entsprechend den Empfehlungen des Rates vereinbart wurde, trafen die UdSSR und Polen Anfang Juli 1950.[8] Bis zu diesem Zeitpunkt, als Polen den Dreijahrplan übererfüllt hatte und mit der Verwirklichung des Sechsjahrplans begann, war das erste langfristige Abkommen bereits mehrmals nach oben korrigiert worden. Beim neuen handelte es sich um einen Komplex von drei Vertragswerken, bestehend aus einem Abkommen über die Steigerung des Warenaustauschs in den Jahren 1951 und 1952, einem weiteren über die Warenlieferungen im Zeitraum von 1953 bis 1958 und einem mit diesen korrelierenden über die Lieferung kreditierter sowjetischer Ausrüstungsgüter für die polnische Industrie in der Zeit von 1951 bis 1958.

Die in diesen Verträgen vereinbarten sowjetischen Warenlieferungen waren auf die Erfordernisse des polnischen Sechsjahrplans abgestimmt. Bis 1958 war die Ausstattung von 30 Großbetrieben der polnischen Schlüsselindustrie mit sowjetischen Ausrüstungsexporten vorgesehen. Insgesamt sollten Polen Maschinen, Geräte, Installationen und auch komplette Industrieprojekte im Wert von ca. 1,8 Milliarden Rubel von der UdSSR geliefert werden.[9] Das Vertragswerk war im Grunde ein langfristig angelegtes Investierungsabkommen.[10] Diese Bezeichnung wurde in der Anfangsphase der Zusammenarbeit im RGW zu einem gängigen und auch offiziell benutzten Begriff für solche langfristigen Übereinkommen, die zwischen Industrie- und Agrar-Industrieländern des RGW eingegangen wurden. Der Begriff trifft beispielsweise auf das wenige Monate später abgeschlossene sowjetisch-tschechoslowakische Fünfjahresabkommen vom 3. November 1950 nicht zu. Jedoch gilt auch für diesen Vertrag, daß er auf die wirtschaftsstrategischen Hauptziele der Wirtschaftspartner ausgerichtet war. Die in ihm vereinbarten sowjetischen Exporte waren orientiert am Bedarf, der sich in der Tschechoslowakei aus der Umwandlung der Industriestruktur durch vorrangige Entwicklung bestimmter schwerindustrieller Produktionen, insbesondere der Metallurgie, ergab.[11]

Die Tschechoslowakei schloß ihrerseits langfristige Abkommen mit den Agrar-Indu-

[8] Vgl. hierzu und im folgenden: Ebenda, 6. Juli 1950, S. 1; ebenda, 13. Juli 1950, S. 1; ebenda, 24. August 1950, S. 23 und ebenda, 27. Oktober 1950, S. 11.

[9] In Rubeln der damaligen sowjetischen Währung. Vgl. *Gede, T.*, Polens Außenhandel im Sechsjahrplan. In: Die Wirtschaft vom 24. August 1950, S. 23.

[10] Genauso wie das Handelsabkommen, welches die UdSSR für die Jahre 1951 bis 1955 mit Albanien abschloß. Die Wirtschaft vom 2. März 1951. Schon das 1949 zwischen der UdSSR und Albanien abgeschlossene Kreditabkommen ermöglichte dem Balkanland, dessen Exporte in den fünfziger Jahren zunächst weit unter den Importen lagen (Vgl. UN-Handbook of international trade and development statistics 1972, New York 1972, S. 8 f. und 16 f.), den Bezug von Industrieausrüstungen, Landmaschinen und Transportmitteln. In: Die Wirtschaft vom 8. 1. 1954, S. 12.

[11] Auszüge aus einem Interview mit dem damaligen tschechoslowakischen Außenhandelsminister Gregor über das Wirtschaftsabkommen zwischen der UdSSR und der Tschechoslowakei vom 3. November 1950. In: Die Wirtschaft vom 29. Dezember 1950, S. 12.

strieländern des RGW-Bereichs ab, in denen sie Verpflichtungen über die Beteiligung ihrer Schwerindustrie an der Errichtung von Industriebetrieben der Partnerländer übernahm. Dazu gehörten ein langfristiges Abkommen über die Zusammenarbeit der ungarischen und tschechoslowakischen Industrie, ein gleichfalls im Mai 1951 getroffenes Handels- und Zahlungsabkommen mit Polen für die Jahre 1951 bis 1955[12] sowie ein Waren- und Zahlungsabkommen für den selben Zeitraum mit Bulgarien.[13]

Zu Beginn der fünfziger Jahre wurden auch von Polen und Ungarn Maßnahmen zum Ausbau ihrer gegenseitigen Wirtschaftsbeziehungen eingeleitet. Schon in ihrem für 1950 abgeschlossenen Handels- und Zahlungsabkommen vom 12. November 1949[14] waren Umsätze vereinbart worden, die in ihrer Gesamthöhe fast das Doppelte des Vorjahresumsatzes ausmachten. Die Ständige polnisch-ungarische Wirtschaftskommission, die vom 3. bis 9. Juni 1950 in Warschau tagte, traf weitere Festlegungen für die wirtschaftliche Zusammenarbeit beider Länder. Hierzu gehörte auch die Anbahnung eines langfristigen Wirtschaftsabkommens für die Zeit von 1951 bis 1954, das in seinen Grundzügen schon zu diesem Zeitpunkt ausgearbeitet war.[15]

Im Jahre 1950, als im RGW langfristige Festlegungen über Warenströme, Hilfsleistungen, Standort und Aufbau zahlreicher Industriegiganten und die Erschließung und Nutzbarmachung von Rohstofflagern getroffen oder in Absprachen vorbereitet wurden, fiel auch die Entscheidung über die Einbeziehung der DDR in den RGW.

Schon Ende der vierziger Jahre hatte sich ihr Handel mit der UdSSR und den Volksdemokratien schnell ausgedehnt. Bereits 1949 bezog die DDR bei einigen Rohstoffarten einen bedeutenden Teil ihrer Importe aus dem RGW-Bereich. Bei Koks waren es 59 Prozent, bei Walzmetall 70 Prozent, bei Roheisen 74 Prozent, bei Zink 93 Prozent und bei Baumwolle 100 Prozent.[16] 1949 gingen 76 Prozent ihres Maschinenexports in den RGW. Hohe Anteile des RGW am Export der DDR entfielen auf Handelspositionen wie Ammoniumsulfat (75 Prozent), Zement (78 Prozent), Kali (84 Prozent) und Buna (97 Prozent).[17] Für 1950 wurde gemäß den Partei- und Regierungsbeschlüssen eine weitere schnelle Steigerung des Außenhandels mit den RGW-Ländern angestrebt. So wurde im Dezember 1949 in Polen ein Zusatzabkommen zu der ursprünglichen Vereinbarung vom 19. März 1979 abgeschlossen, das einen höheren Warenaustausch für das Jahr 1950 vorsah.[18] Davon zeugt auch das Jahresabkommen über den Handelsverkehr mit der Tschechoslowakei vom 9. Januar 1950, das von einer fünfzigprozentigen Erhöhung der Umsätze gegenüber dem Vorjahr ausging.[19]

Zum Zeitpunkt des Vertragsabschlusses mit der Tschechoslowakei urteilte der damalige tschechoslowakische Außenhandelsminister Gregor: „Wir besitzen allen Grund zu der Überzeugung, daß die Zukunft uns eine weitere zielbewußte Ausdehnung des Güteraustausches bringen wird.“[20] Diese Voraussage sollte noch binnen Jahresfrist und wahr-

12 Die Wirtschaft vom 17. Mai 1951, S. 12.

13 Ebenda, vom 27. Juli 1951, S. 12.

14 Die Wirtschaft vom 19. Januar 1950, S. 12.

15 Ebenda, vom 22. Juni 1950, S. 11.

16 *Möschner, Günter,* Die Herausbidung des sozialistischen Außenhandels nach Gründung der DDR (1949–1952). In: Zeitschrift für Geschichtswissenschaft, Heft 3, 1974, S. 294 f.

17 Ebenda.

18 Hierzu auch Die Wirtschaft, vom 5. Januar 1950, S. 1.

19 Die Wirtschaft, vom 12. Januar 1950, S. 1.

20 Ebenda.

scheinlich eher als vorausgesehen durch die Ereignisse bestätigt werden. Wurden doch nur wenige Monate später neue und größere Perspektiven für den Außenhandel und die wirtschaftliche Zusammenarbeit der DDR nicht nur mit der Tschechoslowakei, sondern auch den anderen RGW-Ländern abgestimmt. Mit welcher Intensität sich der Ausbau des RGW-Handels der DDR um diese Zeit vollzog, machen folgende Angaben deutlich[21]: Der Außenhandelsumsatz der DDR, der sich 1949 auf 2702 Millionen Valuta-Mark belief, erhöhte sich 1950 auf 3678 Millionen Valuta-Mark beziehungsweise 136 Prozent und stieg 1951 auf 5545 Millionen Valuta-Mark, also im Vergleich zu 1949 auf 205 Prozent. Ihr RGW-Handelsumsatz entwickelte sich jedoch von 1755 Millionen Valuta-Mark im Jahre 1949 auf 2660 Millionen Valuta-Mark oder 151 Prozent und 4076 Millionen Valuta-Mark im Jahre 1950. Das war ein Anstieg zu 1949 auf 232 Prozent. Während der Anteil des RGW-Handels am Gesamtumsatz der DDR 1949 65 Prozent erreichte, erhöhte er sich 1950 auf 72 Prozent und kam mit 74 Prozent im Jahre 1951 nahezu drei Vierteln des Außenhandelsumsatzes der Republik gleich.

Obwohl also der Außenhandel der DDR mit den RGW-Ländern schon 1949 den ersten Platz in ihrer Umsatzstatistik einnahm und ihm schon zu dieser Zeit große Bedeutung für die volkswirtschaftliche Entwicklung zukam,[22] wurde 1950 zu einem beschleunigten Ausbau dieser Handelsbeziehungen übergegangen.

Es waren vor allem die Beziehungen zum Haupthandelspartner der DDR, der Sowjetunion, die diese Entwicklung im Außenhandel möglich machten. Auf Einladung der sowjetischen Regierung reiste Ende Januar 1950 eine Handelsdelegation der DDR unter Leitung des Außenhandelsministers Georg Handke in die UdSSR. Handke war vom Ministerrat der DDR zum Abschluß eines Abkommens über den Waren- und Zahlungsverkehr beider Länder bevollmächtigt.[23] Damit begannen die wohl umfangreichsten deutsch-sowjetischen Wirtschaftsverhandlungen der Nachkriegszeit.

Große Erwartungen für die zukünftige Gestaltung des Handels mit der UdSSR und den übrigen RGW-Ländern knüpfte die DDR in diesem Zusammenhang auch an die damalige Leipziger Frühjahrsmesse, die vom 5. bis 12. März unter der Losung „Deutschlands Tor zum Osthandel" stattfand. An dieser Messe nahm erstmals nach dem Krieg die UdSSR teil. In einem Artikel, der kurz vor Eröffnung der Messe in der „Wirtschaft" vom 2. März dieses Jahres erschien, hieß es dazu: „Diese deutsch-sowjetischen Verhandlungen und die Teilnahme der Sowjetunion an der Leipziger Frühjahrsmesse 1950, bei der sie als größter Aussteller des Auslands auftritt, sind die besten Anzeichen für eine immer breitere Entfaltung der gegenseitigen Handelsbeziehungen zum Wohle beider Völker." Und in dem der Messe gewidmeten Leitartikel der nächsten Nummer der „Wirtschaft" vom 9. März wurde zum Ausdruck gebracht: „Die deutsch-sowjetische Freundschaft bürgt dafür, daß die gewaltigen Potenzen der Völker beider Länder für die Erhaltung des Friedens und die Entfaltung der Wirtschaft eingesetzt werden."

Zur Zeit der Frühjahrsmesse wurden die Moskauer Wirtschaftsverhandlungen unterbrochen. Schon zu diesem Zeitpunkt war abzusehen, daß sie Möglichkeiten für eine größere Ausweitung der Wirtschaftsbeziehungen zur UdSSR eröffnete. Georg Handke,

[21] Folgende Berechnungen und Angaben beziehen sich auf das Statistische Jahrbuch der Deutschen Demokratischen Republik 1973, 18. Jahrgang, Berlin 1973, S. 284 f.

[22] Hierzu auch *Hofmann, Otto/Scharschmidt, Gerhard:* DDR-Außenhandel gestern und heute, Berlin 1975, S. 12 ff. und S. 32.

[23] Die Wirtschaft, vom 9. Februar 1950, S. 1 f.

der sich in der Verhandlungspause in der DDR aufhielt, erklärte zum Stand der Moskauer Verhandlungen im Leipziger Pressegespräch am ersten Messetag: „Dieser Vertrag, der erste der Deutschen Demokratischen Republik mit dem großen Sowjetland, wird für die deutsche Wirtschaft in der Deutschen Demokratischen Republik von ausschlaggebender Bedeutung sein: denn die Sowjetunion wird uns in großem Maße nicht nur Lebensmittel zur Verfügung stellen, sondern auch Rohstoffe in Kontingenten, die über das hinausgehen, was wir ursprünglich erwartet und gefordert hatten. Wir hatten Gelegenheit, bei diesen Verhandlungen, die sehr ins einzelne gingen, über die stürmische Entwicklung der sowjetischen Wirtschaft zu sprechen und auch Gelegenheit, an Ort und Stelle selbst diese Entwicklung zu studieren. Wenn dieser Vertrag, der in Kürze abgeschlossen wird, etwa 45 Prozent unseres Außenhandelsvolumens umfassen wird, dann zeigt das die ungeheure Bedeutung der wirtschaftlichen Beziehungen zwischen der Sowjetunion und der Deutschen Demokratischen Republik."[24]

Möglichkeiten für eine Ausweitung der Wirtschaftsbeziehungen kündigte Handke auch für den Handel der DDR mit den Volksdemokratien an.[25]

Mehr als zwei Monate, nachdem die Besprechungen zwischen der UdSSR und der DDR aufgenommen worden waren, erfolgte am 12. April 1950 der Vertragsabschluß. Die außergewöhnliche Dauer der Beratungen spricht dafür, daß die DDR-Delegation ihren Aufenthalt in der UdSSR nutzte, um sich eingehend mit der sowjetischen Wirtschaftspolitik, den Zielen und Methoden der Planwirtschaft in der Sowjetunion vertraut zu machen. Und in diesem Sinne hatte sich Handke auch auf der Leipziger Pressekonferenz geäußert. Der Erfahrungsaustausch erfolgte zu einem Zeitpunkt, da beide Länder Fünfjahrpläne aufstellten, und er war für die DDR besonders wichtig, weil sie auf diesem Gebiet Neuland beschritt. Hinzu kamen Erfordernisse, die sich aus der Koordinierung der Wirtschaftspolitik ergaben. Der etwas später vollzogene Beitritt der DDR zum RGW kann nicht als formaler Akt gesehen werden, der ohne Vorbereitungen, ohne Absprache gemeinsam zu verfolgender Ziele, wechselseitiger Bedürfnisse und Aufgaben erfolgen konnte.

Das unmittelbare Ergebnis der Beratungen war jedoch das Einjahresabkommen über den Handel, das für 1950 von einer Steigerung der Warenumsätze um 35 Prozent ausging.[26] Tatsächlich erfolgte dann nicht nur 1950, sondern auch im Jahr darauf eine sprunghafte Erhöhung der Handelsumsätze. Sie stiegen von 1019 Millionen Valuta-Mark im Jahr 1949 auf 1461 Millionen Valuta-Mark im Jahr 1950, also um 43 Prozent, und sie erreichten dann 1951 den Umfang von 2527 Millionen Valuta-Mark. Das war eine Zunahme gegenüber dem Vorjahr um 73 Prozent.[27]

Diese außerordentlich rasche Umsatzerhöhung wurde maßgeblich erleichtert durch das sowjetische Entgegenkommen nicht nur in Bezug auf die Erweiterung der für die DDR-Wirtschaft so wichtigen (hinsichtlich der westlichen Boykottpolitik lebenswichtigen) Rohstoffkontingente, sondern auch in der Reparationsfrage. Einen Monat nach Abschluß der Wirtschaftsverhandlungen in Moskau teilte die sowjetische Regierung mit, daß sie den von der DDR am 11. Mai 1950 gestellten Antrag auf Herabsetzung der

24 Ebenda, 9. März 1950, S. 1 f.

25 Ebenda.

26 Ebenda, 20. April 1950, S. 1.

27 Berechnungen und Angaben nach Statistisches Jahrbuch der Deutschen Demokratischen Republik 1973, 18. Jahrgang, a. a. O., S. 285.

Reparationsforderungen positiv entschieden habe. Im Einverständnis mit der polnischen Regierung setzte sie die Reparationsverpflichtungen der DDR, die ursprünglich 10 Milliarden Dollar betrugen, hinsichtlich der noch zu zahlenden Summe von 6,342 Milliarden Dollar um 50 Prozent herab.[28] Die restlichen Reparationsleistungen in Höhe von 3,171 Milliarden Dollar wurden langfristig auf fünfzehn Jahre aufgeteilt.[29] Außerdem wurden der DDR 23 SAG-Betriebe übergeben.[30] „In kurzer Zeit sind in rascher Folge Verbesserungen unserer wirtschaftlichen Situation eingetreten, die bei der Ausarbeitung des Volkswirtschaftsplanes 1950 noch nicht berücksichtigt werden konnten," erklärte die ‚Wirtschaft' vom 8. Juni 1950 in einem Kommentar zu weitreichenden politischen und wirtschaftlichen Vereinbarungen zwischen Polen und der DDR, und sie verwies auf den Zusammenhang zwischen der Herabsetzung der Reparationen und den neuen Verträgen mit der UdSSR und Polen.

Sicherlich hat die Neuregelung der Reparationsfrage nicht nur zur Erhöhung der Akkumulationsfähigkeit und damit zur wirtschaftlichen Stärkung der DDR sowie zum Umsatzanstieg im Handel mit der UdSSR beigetragen, sie dürfte sich auch auf das Liefervermögen der DDR gegenüber den anderen RGW-Ländern positiv ausgewirkt haben.

Jedenfalls setzten nun im darauffolgenden Monat Juni in kurzem Abstand Verhandlungen der DDR mit RGW-Ländern ein, die von einer bemerkenswerten Initiative zur Entwicklung der wirtschaftlichen Beziehungen zeugten und die zu kurzfristigen Abkommen führten. Diese Verhandlungen ließen jedoch auch den Ausblick auf eine langfristige Zusammenarbeit zwischen der DDR und den Staaten des RGW-Bereiches erkennen.

Bereits Anfang Juni 1950 führte eine Regierungsdelegation der DDR umfangreiche Verhandlungen mit der polnischen Regierung.[31] Sie erstreckten sich auf politische, kulturelle und wirtschaftliche Fragen und endeten mit der Vereinbarung von Verträgen, die von prinzipieller Bedeutung für die Entwicklung einer freundschaftlichen Partnerschaft beider Länder waren. Das Hauptwerk dieser Vereinbarungen bildete eine gemeinsame Deklaration über die Markierung der deutsch-polnischen Staatsgrenze an der Oder und der Lausitzer Neiße. Das war der erste völkerrechtliche Vertrag, den die

[28] Vgl. Die Wirtschaft, vom 18. Mai 1950, S. 1.

[29] Ab Januar 1954 wurden dann die Reparationsverpflichtungen der DDR völlig aufgehoben. Dadurch blieben der DDR Reparationsleistungen im Werte von 2,5 Milliarden Dollar zu Vorkriegspreisen erspart. *Roesler, Jörg,* Die Entwicklung der Perspektivplanung der DDR in der Übergangsperiode. In: Jahrbuch für Geschichte, Bd. 14, Berlin 1976, S. 315. Vgl. auch Protokoll über den Erlaß der deutschen Reparationszahlungen und über andere Maßnahmen zur Erleichterung der finanziellen und wirtschaftlichen Verpflichtungen der Deutschen Demokratischen Republik, die mit den Folgen des Krieges verbunden sind. In: Dokumente zur Außenpolitik der Regierung der Deutschen Demokratischen Republik, Bd. 1, Berlin 1954, S. 286 ff.

[30] Von den weiteren 100 SAG-Betrieben wurden im Mai 1952 66 und im Januar 1954 33 Betriebe an die DDR übereignet. *Roesler, Jörg,* Die Entwicklung der Perspektivplanung ..., a. a. O. Hierzu auch *Hecht, Bernhard,* Entstehung, Charakter und Bedeutung der sowjetischen Aktiengesellschaften in Deutschland In: Zwei Jahrzehnte Deutsch-sowjetische Beziehungen 1945–1965

[31] Der Delegation, die sich am 5. und 6. Juni in Warschau aufhielt, gehörten folgende Mitglieder an: Walter Ulbricht (Stellvertretender Ministerpräsident der DDR, Leiter der Delegation), Georg Handke (Außenhandelsminister), Anton Ackermann (Staatssekretär im Außenministerium), Bruno Leuschner (Staatssekretär im Außenministerium für Planung) und Willy Rumpf (Staatssekretär im Ministerium für Finanzen).

DDR abschloß.[32] Mit ihm wurde eine historische Wende in den deutsch-polnischen Beziehungen eingeleitet.[33]

Zu den in Warschau getroffenen Vereinbarungen vom 6. Juni 1950 gehörten außerdem ein Handelsabkommen, das eine Erhöhung der Warenumsätze gegenüber dem Vorjahr um 60 Prozent vorsah, ein Zahlungsabkommen, ein Abkommen über Kreditvergünstigungen im Warenverkehr seitens der polnischen Regierung zugunsten der DDR, ein Abkommen über die wissenschaftlich-technische Zusammenarbeit für den Zeitraum von zehn Jahren[34] und ein Protokoll über kulturelle Zusammenarbeit. Die Verhandlungspartner beschlossen darüber hinaus, den Abschluß eines mehrjährigen Warenabkommens auf der Basis des polnischen Sechsjahrplans und des Fünfjahrplans der DDR vorzubereiten.[35] Damit begann die langfristige wirtschaftliche Zusammenarbeit zwischen Polen und der DDR. Zwei Wochen später schloß die DDR am 19. Juni 1950 ein Waren- und Zahlungsabkommen für das laufende Jahr mit Bulgarien ab. In ihm wurde eine Erhöhung der Außenhandelsumsätze auf das Fünffache des Umsatzes von 1949 festgelegt.[36]

Im Anschluß daran wurden am 23. Juni in Prag und am 24. Juni in Budapest Abkommen zwischen der DDR und der Tschechoslowakei sowie Ungarn unterzeichnet.[37] In beiden Fällen handelte es sich um einen Komplex von vertraglichen Vereinbarungen. Sowohl in Prag wie in Budapest wurden gemeinsame Deklarationen über die politischen Beziehungen der Vertragspartner im Sinne der politischen Normalisierung und der Entwicklung eines freundschaftlichen Verhältnisses abgefaßt.[38] In ihnen wurde der Wille zur gegenseitigen Unterstützung des friedlichen Aufbaus und zum Wirken für die Erhaltung und Sicherung des Friedens an der Seite der UdSSR bekundet. Mit beiden Staaten gelangte die DDR zu neuen Handelsabkommen, die weit über die urspünglich gesetzten Ziele für den Außenhandel hinausgingen. Der Handel zwischen der DDR und der Tschechoslowakei sollte nun im Jahre 1950 um 80 Prozent statt um 50 Prozent gegenüber den 1949 erzielten Umsätzen zunehmen. Zur Förderung des Warenaustauschs erklärte sich die Tschechoslowakei zum Abschluß eines kurzfristigen Kreditabkommens zugunsten der DDR bereit. Mit Ungarn kam die DDR überein, den Handel um 70 Prozent gegenüber dem ehemals fixierten Jahresumsatz zu erhöhen. Sowohl in Prag wie auch in Budapest wurden wie in Warschau Abkommen über die wissenschaftlich-technische sowie die kulturelle Zusammenarbeit abgeschlossen. Und in den Beratungen mit

32 Das Abkommen wurde entsprechend der Deklaration am 6. Juli 1950 von den Vorsitzenden der Ministerräte und den Außenministern Polens und der DDR unterzeichnet. Hierzu auch: Klassenkampf, Tradition, Sozialismus. Grundriß. Autorenkollektiv, Berlin 1974, S. 590. Vgl. ferner: Dokumente zur Außenpolitik ..., Bd. I, a. a. O., S. 19 ff.; Kommunique über die Verhandlungen der Republik Polen und der Deutschen Demokratischen Republik, S. 330 f. sowie Deklaration, S. 332.

33 Hierzu ausführlich: DDR – VRP Bündnis und Zusammenarbeit. Autorenkollektiv, Berlin und Warschau 1974, S. 68 ff.

34 Abkommen über technische und wissenschaftlich-technische Zusammenarbeit mit der Republik Polen vom 6. Juni 1950. In: Dokumente zur Außenpolitik der Regierung der DDR, Bd. I, a. a. O., S. 332 f.

35 Die Wirtschaft, vom 8. Juni 1950, S. 1.

36 Dokumente zur Außenpolitik der Regierung der DDR, a. a. O., Bd. I, S. 460 f. Hierzu auch Die Wirtschaft vom 22. Juni 1950, S. 1.

37 Dokumente zur Außenpolitik, a. a. O., Bd. I, S. 375 sowie hierzu und im weiteren Die Wirtschaft, vom 22. Juni 1950, S. 1 f.

38 Dokumente zur Außenpolitik, a. a. O., Bd. I, S. 377 f. und S. 429 f.

beiden Partnerländern wurde, wie in Warschau, Übereinstimmung darüber erzielt, langfristige Handelsabkommen auf der Grundlage der Perspektivpläne vorzubereiten.

Im Juli stand das Fünfjahrplanprojekt der DDR im Mittelpunkt der Beratungen des III. Parteitages der SED. Walter Ulbricht, der die Kommsision zur Ausarbeitung des Plans leitete und auch an den Verhandlungen mit den RGW-Ländern beteiligt war, hob in der Diskussion den Umstand hervor, daß nach Aufstellung der hauptsächlichen Kontrollziffern Vorbereitungen für den Abschluß langfristiger Handelsabkommen mit der UdSSR, Polen, der Tschechoslowakei und Ungarn einsetzen konnten.[39] Die Verhandlungen und Abmachungen des Jahres 1950 hatten schrittweise Voraussetzungen für den Beitritt der DDR zum RGW geschaffen. Im September stellte die DDR auf Grund eines Beschlusses ihres Ministerrates den Antrag auf Aufnahme in die Wirtschaftsgemeinschaft. Am 30. September eröffnete das Amt für Information der DDR, daß nach einer Mitteilung des Rates für Gegenseitige wirtschaftliche Hilfe an Ministerpräsident Grotewohl alle Mitgliedsstaaten ihre Zustimmung zum Antrag der DDR gegeben hätten.[40] Damit war die DDR vollberechtigtes Mitglied des RGW.[41]

Mit der beschriebenen Ausweitung des Außenhandels der DDR im Jahre 1950 war ein kreditierter Warenimport der DDR aus dem RGW-Bereich verbunden. Es handelte sich dabei vor allem um Rohstoffe und Lebensmittel, die zusätzlich bezogen wurden. Eisenerz, Buntmetalle, Apatit, Manganerz, Erdölprodukte, Koks und Baumwolle wurden aus der UdSSR importiert. Kohle, Koks, Gußeisen und Metallwalzerzeugnisse führte die DDR aus Polen ein. Lebensmittel lieferte neben Polen vor allem Ungarn, aber auch die Tschechoslowakei, die außerdem industrielle Konsumgüter in die DDR exportierte. Die rasche Steigerung der Einfuhr dieser Waren leistete der industriellen Umstrukturierung in der DDR Vorschub. Es wäre eine völlige Verkennung der Tatsachen, würde die mit dem Fünfjahrplan im Sommer 1950 verkündete Orientierung in der Wirtschaftspolitik lediglich auf das Bestreben zurückgeführt werden, Proportionen innerhalb der Landesgrenzen der DDR herzustellen. Die Umstellung auf ein neues Industrieprofil vollzog sich in der DDR nicht nur aus Erfordernissen, die aus dem eigenen Bedarf erwuchsen, sondern sie war auch eine Reaktion auf den des RGW-Bereichs an Industrieausrüstungen und besonders Erzeugnissen des Schwermaschinenbaus und der Elektrotechnik.[42] Die Einstellung auf diesen Bedarf wurde im Verlauf des Jahres 1950 avisiert,

[39] Der Fünfjahrplan und die Perspektiven der Volkswirtschaft. Referat auf dem III. Parteitag der Sozialistischen Einheitspartei Deutschlands in Berlin, 20. bis 25. Juli 1950. In: *Ulbricht, Walter,* Zur sozialistischen Entwicklung der Volkswirtschaft seit 1945, Berlin 1960, S. 325.

[40] *Mahler, Hans Georg:* DDR im Rat für gegenseitige wirtschaftliche Hilfe. In: Die Wirtschaft, vom 6. Oktober 1950, S. 12.

[41] Die Mitgliedschaft der DDR im RGW wird mit dem 29. September 1950 datiert. Vgl. Weltgeschehen 1945–1966. Internationale Zeitgeschichte, Berlin 1967, S. 137.

[42] Zu dieser Einschätzung gelangten auch die Autoren der Kollektivarbeit RGW–DDR. Sie schreiben: „Die vom III. Parteitag im Jahre 1950 gestellte Aufgabe der SED, in kürzester Frist einen leistungsfähigen Schwermaschinenbau zu schaffen, ergab sich nicht nur aus der notwendigen Überwindung von Spaltungsdisproportionen und aus der Erkenntnis, daß die Schwerindustrie die Produktionsmittel bereitstellen mußte, sondern auch aus der Tatsache, daß ihre Erzeugnisse außerdem eine sehr wichtige Funktion im Außenhandel der DDR, vor allem mit der UdSSR und den volksdemokratischen Ländern, ausübten. Diese Exporte unterstützen die Herausbildung einer leistungsfähigen Industrie in den Bruderländern und sicherten zugleich die notwendigen DDR-Importe aus diesen Ländern", Autorenkollektiv unter Leitung von *Kohlmey, Gunther,* RGW–DDR. 25 Jahre Zusammenarbeit, Berlin 1974, S. 93.

und sie wurde dann charakteristisch für die wirtschaftliche Entwicklung der DDR ab 1951, für die der Fünfjahrplan bekanntlich die Forcierung des Schwermaschinenbaus in den Vordergrund stellte.

Noch auf der Leipziger Frühjahrsmesse von 1950 stand im technischen Teil der allgemeine Maschinenbau im Blickfeld. Die Berichterstattung über die Frühjahrsmesse von 1951 stellte den Schwermaschinenbau in den Mittelpunkt der Aufmerksamkeit. Gegenüber 1949 stand dem Maschinenbau nun die doppelte Ausstellungsfläche zur Verfügung. Und schon 1951 änderte sich die Exportstruktur der DDR im Handel mit den RGW-Ländern. Das zeigen folgende Angaben[43]:

Tabelle 42

Exportanteile ausgewählter Industriezweige am Gesamtexport der DDR in sozialistische Länder

	1950		1951	
Industriezweige	Mill. Rubel	%	Mill. Rubel	%
Schwermaschinenbau	79,5	7.1	249,0	11,1
Allgemeiner Maschinenbau	137,5	12,4	345,3	15,4
Elektrotechnik	77,0	7,0	354,6	15,7
Feinmechanik/Optik	75,8	6,8	157,7	7

Quelle: Berechnet nach Angaben von Möschner, Günter, Die Herausbildung des sozialistischen Außenhandels nach Gründung der DDR (1949–1952), a. a. O., S. 304.

Von allen vier ausgewählten Produktionen hatte die höchste Umsatzsteigerung die Position Elektrotechnik/Elektronik zu verzeichnen. Der Umsatz erhöhte sich hier auf 461 Prozent. Bei Erzeugnissen des Schwermaschinenbaus war eine Umsatzsteigerung auf das Dreifache erfolgt. Die Exporte von Produkten des allgemeinen Maschinenbaus waren gemessen am Umsatz auf 251 Prozent und der Feinmechanik/Optik auf 208 Prozent gestiegen. Am stärksten hatte sich der Anteil der Elektronik am Gesamtumsatz erhöht. Gravierend hatte aber auch der Anteil des Schwermaschinenbaus zugenommen. Er war schneller gewachsen als der des allgemeinen Maschinenbaus, obwohl der Anteil des letzteren auch 1951 noch überwog. Dagegen hatte sich der Anteil, den die Feinmechanik/Optik am Gesamtexport einnahm, nur unwesentlich verändert.

Interessant ist auch: 1950 machte der Anteil von Erzeugnissen dieser vier Industriezweige am DDR-Export in den RGW-Bereich 33,2 Prozent oder ein Drittel aus; 1950 waren es 48,7 Prozent oder fast die Hälfte. Bereits 1951 hatte die DDR im Export spürbar auf den Bedarf der RGW-Länder reagiert.

Das erste langfristige Handelsabkommen schloß die DDR am 27. März 1951 mit Albanien ab.[44] Das war in der ersten Hälfte der fünfziger Jahre das einzige Abkommen

[43] Die Zahlen beziehen sich zwar auf den Export der DDR in alle sozialistischen Länder, sie sind aber trotzdem für den Export in den RGW repräsentativ. 1950 ist der DDR-Export in sozialistische Länder mit dem Export in den RGW identisch, und 1951 entfielen 97 Prozent des DDR-Handels mit sozialistischen Ländern auf den RGW-Bereich. Vgl. Statistisches Jahrbuch der DDR 1973, a. a. O., S. 284.

[44] Dokumente zur Außenpolitik, a. a. O., Bd. I, S. 474.

der DDR, das eine Laufzeit von fünf Jahren hatte. Auf der ersten RGW-Tagung waren die Vertreter Albaniens mit dem Wunsch nach Unterstützung der wirtschaftlichen Entwicklung ihres Landes an die übrigen Mitgliedsländer herangetreten.[45] An der Industrialisierungshilfe für Albanien beteiligte sich nach ihrem Eintritt zum RGW auch die DDR. In dem Abkommen, das den Zeitraum bis Ende 1955 erfaßte, verpflichtete sich die DDR zum Export von Produktionsausrüstungen besonders für die extraktive Industrie, während Albanien die Lieferung von Rohstoffen, Tabak und Obst zusagte.[46]

Die Anbahnung dieses Abkommens wird sich infolge des vergleichsweise geringen albanischen Außenhandelsvolumens[47] kaum besonders kompliziert erwiesen haben. Höchstwahrscheinlich ist hierin der Grund für das frühzeitige Zustandekommen der Vereinbarung zu suchen.[48] Umfangreiche Vorbesprechungen zur Abstimmung der Warenkontingente und zur Kalkulation der Konsequenzen aus den Lieferverpflichtungen für die Produktion erforderten hingegen Abmachungen, die die DDR mit anderen RGW-Staaten in der Folgezeit traf. Verhandlungen mit der UdSSR, dem Haupthandelspartner der DDR, die sich wiederum über einen längeren Zeitraum erstreckten, leiteten die Reihe von Vereinbarungen ein, die mit den Partnerländern der Wirtschaftsgemeinschaft zur Ausweitung der Warenlieferungen eingegangen wurden.

Die Verhandlungen mit der UdSSR begannen im August und endeten am 27. September 1951 mit der Unterzeichnung eines langfristigen Handelsabkommens für die Zeit von 1952 bis 1955[49] sowie eines Abkommens über die technisch-wissenschaftliche Zusammenarbeit.[50]

Nach den Festlegungen des Handelsabkommens sollte bis 1955 eine Verdreifachung des Jahresumsatzes gegenüber 1950 erfolgen.[51] Dieses Ziel wurde dann im Jahre 1954 erreicht.[52] Hinsichtlich der zu liefernden Waren verpflichtete sich die UdSSR zur Bereitstellung umfangreicher Kontingente an Agrarprodukten und Rohstoffen. Damit übernahm sie einen maßgeblichen Beitrag zur Sicherung der Ernährungsgrundlage und zur Rohstoffversorgung für wichtige Betriebe der Industrie in der DDR. Insgesamt sollten 3,5 Millionen Tonnen Brot- und Futtergetreide neben anderen Agrarprodukten wie

[45] *Faddejew, N. W.*, Der Rat für Gegenseitige Wirtschaftshilfe, a. a. O., S. 124.

[46] Die Wirtschaft vom 30. März 1951, S. 1 und vom 31. August 1951, S. 19.

[47] Der höchste Jahresumsatz, den der albanische Außenhandel in der ersten Hälfte der fünfziger Jahre 1955 erzielte, verhielt sich zu dem der DDR im gleichen Zeitraum wie 2,6 zu 100. Vgl. UN-Handbook of international trade and development statistics 1972, a. a. O., S. 8 f. und S. 16 f.

[48] Der schon 1950 angekündigte Abschluß eines langfristigen Handelsabkommens der DDR mit der Tschechoslowakei konnte – nachdem bereits im Juni 1950 beide Länder Informationen über ihre wirtschaftlichen Perspektiven ausgetauscht hatten – erst ein Jahr später (Ende 1951) erfolgen. Vgl. Die Wirtschaft vom 2. März 1951, S. 21 und vom 26. Oktober 1951, S. 2.

[49] Dokumente zur Außenpolitik . . ., a. a. O., Bd. I, S. 256.

[50] Ebenda. Band IV, Berlin 1957, S. 33.

[51] Die Wirtschaft, vom 19. Oktober 1951, S. 2.

[52] Während die Umsatzhöhe des Handels der DDR mit der UdSSR 1950 1461 Millionen Valuta-Mark betrug, waren es 1954 4382 Millionen Valuta-Mark, was einer Steigerung auf etwa 300 Prozent entspricht. 1955 lag dann der Umsatz mit 3968 Millionen Valuta-Mark niedriger als im Vorjahr. Statistisches Jahrbuch der Deutschen Demokratischen Republik 1973, a. a. O., S. 285. Allerdings ist bei einem Vergleich zu berücksichtigen, daß die Lieferungen der DDR 1950 infolge der Reparationsleistungen höher waren und die Handelsstatistik Lieferungen im Rahmen der Reparationen nicht erfaßte.

Fleisch, Fett, Wolle, Flachs, Tabak und Tee aus der UdSSR bezogen werden.[53] Auf dem Rohstoffsektor sollte der Importbedarf der DDR bei Roheisen zu 64 Prozent, Walzmaterial zu 44 Prozent und Qualitätsstählen zu 75 Prozent sowie bei Eisen-, Mangan- und Chromerzen zu 100 Prozent im Zeitraum bis 1955 durch sowjetische Exporte gedeckt werden.[54] Die vorgesehenen Gegenlieferungen der DDR umfaßten ein breites Spektrum industrieller Fertigprodukte, zu denen Maschinen, Motoren, Meß- und Prüfgeräte, Schiffe im Umfang des gesamten Exportvolumens der DDR und Ausrüstungen für die Nahrungsmittelindustrie sowie die Bauindustrie gehörten.[55]

Unter anderem war die Lieferung von 80 Fabrikausrüstungen für Ziegeleien und von 15 Einrichtungen für die Produktion von Fliesen vereinbart worden. Bis zu 82 Prozent der geplanten Ausfuhr der DDR in die UdSSR entfielen auf Erzeugnisse des Maschinenbaus und der Elektrotechnik.[56]

Oberster Gesichtspunkt beim Abschluß des Abkommens war, die Außenhandelsbeziehungen für die Erfüllung der Fünfjahrpläne beider Länder zu nutzen. Für beide Seiten waren die Festlegungen des Abkommens in der Konsequenz mit einer Einstellung auf die Bedürfnisse des Partnerlandes verknüpft. Das bedeutete, daß Produktionspläne überprüft, neu überdacht und auch ergänzt werden mußten. So nahm die UdSSR ursprünglich nicht für den Export vorgesehene Produkte wie Koks, Ferrolegierungen und bestimmte Maschinen in ihre Lieferverpflichtungen auf.[57] Die DDR forcierte im Hinblick auf den Bedarf der UdSSR Produktionen des Schwermaschinenbaus. Zu ihnen gehörte beispielsweise die Erzeugung großer Karusseldrehbänke. Der Jahresplan der DDR für 1952 sah zunächst die Produktion von 28 solcher Drehbänke vor, von denen drei exportiert werden sollten. Nach dem Abschluß des langfristigen Abkommens wurde das Produktionsziel auf 85 Karusselldrehbänke heraufgesetzt.[58] Es handelte sich folglich bei dem Vierjahresabkommen keinesfalls nur um eine nachträgliche Außenhandelsdisposition gemäß bereits endgültig fixierten Produktionszielen.

Diese Feststellung trifft auch auf weitere langfristige Handelsabkommen zu, die die DDR Anfang der fünfziger Jahre anbahnte. Im Unterschied zu den vorangegangenen kurzfristigen Abkommen wurden in den langfristigen nicht nur solche Waren vertraglich gebunden, die das jeweilige Partnerland bereits für den Export ins Auge gefaßt hatte und anbot.[59] Ein solches Vorgehen schloß die Überprüfung der Produktionspläne beider vertragsabschließender Seiten ein und setzte die Bereitschaft zu Korrekturen der Produktionsprogramme voraus.

Nach bilateralen Konsultationen, dem Austausch von Informationen über die Perspek-

[53] Die Wirtschaft, vom 19. Oktober 1951, S. 2.

[54] *Möschner, Günter*, a. a. O., S. 305.

[55] Die Wirtschaft, vom 19. Oktober 1951, S. 2.

[56] *Möschner, Günter*, a. a. O., S. 305.

[57] Die UdSSR erweiterte ihre Lieferungen während der Laufzeit des Abkommens nach den Bedürfnissen der DDR über die zunächst vereinbarten Mengen hinaus. In einem Zusatzabkommen vom April 1952 erhöhte sie ihre Exportverpflichtungen u. a. für Buntmetalle, Schwarzmetalle und Ferrolegierungen. Die Wirtschaft vom 18. April 1952, S. 1. Auf Wunsch der DDR – das Politbüro der SED hatte sich an das Politbüro der KPdSU gewandt – lieferte die UdSSR im zweiten Halbjahr 1952 außerplanmäßig Maschinen und Ausrüstungen für die Landwirtschaft, das Bauwesen und den Steinkohlenbergbau. Die Wirtschaft vom 25. Juli 1952, S. 2.

[58] Die Wirtschaft vom 19. Oktober 1951, S. 2.

[59] Ebenda, vom 30. November 1951, S. 1.

tivpläne und längeren Verhandlungen schloß die DDR weitere langfristige Handelsabkommen für die Jahre 1952 bis 1955 mit Polen am 10. November 1951[60], mit der Tschechoslowakei am 1. Dezember 1951[61], mit Rumänien am 23. Januar 1952[62] und mit Ungarn am 7. März 1952[63] ab.

Mit dem Übergang zur Vereinbarung langfristiger Handelsabkommen und der erhöhten Außenhandelsintensität im RGW-Bereich der frühen fünfziger Jahre wurde die Lösung von Fragen des internationalen sozialistischen Wirtschaftsrechts akut. Als Empfehlung für die Anbahnung und Abwicklung von Handelsabkommen wurden vom RGW im Jahre 1951 „Allgemeine unifizierte Handelsbedingungen für die gegenseitigen Warenlieferungen der Mitgliedsländer des Rates für Gegenseitige Wirtschaftshilfe" erarbeitet. Sie bildeten das Muster für den Abschluß zweiseitiger Abkommen durch die für den Außenhandel kompetenten Ministerien. In diesen Abkommen einigten sich die RGW-Länder bilateral über die rechtliche Regelung des Warenaustauschs.[64] Mit ihrer Hilfe wurden Fortschritte in der Vereinheitlichung der Rechtsnormen für die Vereinbarung und Realisierung von Wirtschaftsverträgen im RGW erzielt, wobei jedoch Abweichungen in ihrer Handhabung infolge verschiedener Auffassungen nicht vermieden werden konnten.[65] Das machte eine Neuregelung der Lieferbedingungen in der zweiten Hälfte der fünfziger Jahre erforderlich.[66] Doch die Bedeutung der Erstlösung darf deshalb nicht unterschätzt werden. Vertragsabschlüsse nach Mustervorlagen beschleunigten das Zustandekommen der oft sehr komplizierten Wirtschaftskontrakte, weil sie es vereinfachten. Trotz der getroffenen Einschränkung waren die Lieferbedingungen von 1951 ein wichtiger Schritt zur Entwicklung der internationalen Rechtsverhältnisse im RGW, der die Entfaltung des Handels in der Wirtschaftsgemeinschaft förderte.[67]

60 Dokumente zur Außenpolitik ..., a. a. O., Bd. IV, S. 367 sowie Die Wirtschaft vom 16. November 1951, S. 1.

61 Dokumente zur Außenpolitik ..., a. a. O., Bd. IV, S. 393 f. sowie Die Wirtschaft vom 14. März 1952, S. 12 und Die Wirtschaft vom 5. September 1952, S. 8.

62 Dokumente zur Außenpolitik ..., a. a. O., Bd. IV, S. 454 f.

63 Ebenda. S. 439.

64 *Usenko, E. T.*, Sozialistische internationale Arbeitsteilung und ihre rechtliche Regelung, a. a. O., S. 291. Usenko begründet das Erfordernis nach Abkommen über allgemeine Lieferbedingungen wie folgt: „Die Gründe für das Vorhandensein dieser Abkommen in der zwischenstaatlichen Praxis sind darin zu suchen, daß die nationalen Gesetze, die die grundlegenden Quellen der Regelung zivilrechtlicher Verhältnisse im Bereich des internationalen Wirtschaftsrechts darstellen, ein- und dieselbe Frage unterschiedlich regeln. Das aber ruft bedeutende Schwierigkeiten beim Abschluß von Auslandskontrakten hervor." Ebenda, S. 281.

65 Ebenda. S. 291.

66 1958 wurden erneut „Allgemeine Bedingungen für Warenlieferungen zwischen den Außenhandelsorganisationen der Mitgliedsländer des Rates für gegenseitige Wirtschaftshilfe" erarbeitet. Ebenda.

67 In diesem Sinne urteilt auch *Usenko, E. T.*, ebenda. Die erste allgemeingültige Regelung des RGW auf dem Gebit des Wirtschaftsrechts beschränkte sich auf den Warenverkehr. Für Montageleistungen erfolgte eine ähnliche Lösung im Frühjahr 1962. Die „Allgemeinen Bedingungen für die Montage und die Gewährung anderer technischer Dienstleistungen im Zusammenhang mit den gegenseitigen Lieferungen von Maschinen und Ausrüstungen zwischen den Außenhandelsunternehmen der Mitgliedsländer des Rates für gegenseitige Wirtschafthilfe" wurde vom RGW im März 1962 ausgearbeitet; ihre Inkraftsetzung empfahl der RGW ab Juni 1962. Es folgten die „Allgemeinen Bedingungen für den Kundendienst für Maschinen und Ausrüstungen" vom 1. November 1962. Ebenda, S. 292.

Schon Mitte der fünfziger Jahre begannen jedoch einige RGW-Länder, Verträge zur Vereinfachung des Verfahrens zur vertraglichen Bindung von Montageleistungen abzuschließen. Die DDR traf

Wenden wir uns nun der Frage zu, welche Güter auf der Grundlage dieser Bestimmungen vertraglich gebunden und zwischen den RGW-Ländern gehandelt wurden. Ihre Beantwortung ist für die Einschätzung der wirtschaftlichen Zusammenarbeit der RGW-Länder zu Beginn der sozialistischen Industrialisierung wichtig, soll Aufschluß über die internationale Arbeitsteilung innerhalb des RGW-Bereichs jener Zeit gewonnen werden.[68]

Dem Versuch einer Rekonstruktion der Warenbewegungen mittels der Analyse des Exports der RGW-Staaten seien Angaben über den Anteil der Mitgliedsländer am inneren Export der Wirtschaftsgemeinschaft vorangestellt, um an Hand der Umsätze ein Bild vom Gewicht der Exporte zu gewinnen. Solche Angaben liegen für zwei Stichjahre, 1950 und 1960 vor.

Tabelle 43

Export-Anteile der RGW-Länder am gegenseitigen Handel in den Jahren 1950 und 1960*

Länder	1950 Export in den RGW in Mill. Rubel	Anteil am Export des Landes in %	Anteil am Intra-RGW-Export in %	1960 Export in den RGW in Mill. Rubel	Anteil am Export des Landes in %	Anteil am Intra-RGW-Export in %
Bulgarien	97	92	4	413	80	6
DDR	249	68	11	1366	69	19
Polen	319	56	14	655	55	9
Rumänien	171	90	7	423	66	6
Tschechoslowakei	379	54	16	1105	64	16
UdSSR	900	56	39	2643	53	37
Ungarn	195	66	8	483	61	7
RGW	2310	60	100	7088	60	100

* ohne Albanien

Quelle: Berechnet nach Kraje RWPG 1950–1973, Główny Urząd Statystyczny, Warszawa 1974, S. 95 und S. 107.

Der höchste Anteil am Außenhandelsumsatz der RGW-Länder[69] entfiel seit Bestehen der Wirtschaftsgemeinschaft auf die UdSSR. Das gilt auch für den Intra-RGW-Handel, also den Warenaustausch innerhalb des RGW-Bereichs. 1950, wie zehn Jahre darauf, machten die sowjetischen Exporte in den RGW weit über ein Drtitel des Intra-RGW-Exports aus.

das erste derartige Abkommen mit Polen am 14. Februar 1955. Hierzu Die Wirtschaft vom 24. März 1955, S. 11. Im gleichen Jahr wurde ein solches Abkommen auch mit Rumänien unterzeichnet. Die Wirtschaft vom 11. August 1955, S. 11. Diese Abkommen stellten Muster dar, nach denen das Arbeitsverhältnis der ausländischen Fachkräfte, ihre Arbeitsbedingungen aber auch Fragen der Montagevorbereitung im bilateralen Rahmen bestimmt wurden.

68 Die Untersuchung wird erschwert durch die lückenhafte Wirtschaftsstatistik des RGW. Daher wurden Einzelangaben, die die sozialistische Fachpresse und Wirtschaftsliteratur über den Inhalt der langfristigen Abkommen und ihre Realisierung einschließlich der Jahresprotokolle über den gegenseitigen Warenverkehr veröffentlichte, ausgewertet, um so Konturen des Produktionsaustausches für die fünfziger Jahre sichtbar machen zu können.

69 Nach meinen Berechnungen und Schätzungen waren es im Durchschnitt der Jahre 1950 bis 1955 ungefähr 42 Prozent.

Anhaltspunkte über die geographische Struktur der sowjetischen RGW-Exporte lassen sich aus Angaben über drei Stichjahre gewinnen. Der Umfang der Importe aus der UdSSR und damit die Anteile, die die RGW-Partner an der sowjetischen Warenausfuhr hatten, differierten infolge der unterschiedlichen Volumina ihres Außenhandels.

Tabelle 44

Export der UdSSR in die Mitgliedsländer des RGW in den Jahren 1950, 1955 und 1956*

Länder	1950		1955		1956		
	Ausfuhr in Mill. Rubel**	Anteil am RGW-Export der UdSSR	Ausfuhr in Mill. Rubel**	Anteil am RGW-Export der UdSSR	Ausfuhr in Mill. Rubel***	Anteil am RGW-Export der UdSSR	Anteil im Durchschnitt der Jahre 1950, 1955 und 1956
Bulgarien	90	10,1	115	7,2	433,6	6,2	7,8
DDR	167	18,8	431	26,9	2285,4	32,7	26,1
Polen	217	24,4	389	24,3	1429,0	20,4	23,0
Rumänien	103	11,6	241	15,1	848,1	12,1	12,9
Tschechoslowakei	198	22,3	320	20,0	1494,8	21,4	21,2
Ungarn	114	12,8	104	6,5	507,4	7,3	8,9
Insgesamt	889	100	1600	100	6998,3	100	100

* ohne Albanien
** Rubel der gegenwärtigen Währung
*** Rubel der damals gültigen Währung
Quelle: 50 let sowjetskoj wnetschnej torgowli, Moskwa 1967, S. 144 bis 134 und Wneschnjaja torgowlja SSSR sa 1956 god, Statistitscheskii obsor, Moskwa 1958, S. 7 und 8.

Hauptimporteure waren die DDR, Polen und die Tschechoslowakei. Eine Aufgliederung der Exportanteile nach Ländergruppen unter dem Aspekt des damaligen Industrialisierungsgrades zeigt, daß im Durchschnitt der angegebenen Jahre der überwiegende Teil der sowjetischen Ausfuhr, ca. 53 Prozent, in die Agar-Industrieländer Polen, Rumänien, Ungarn und Bulgarien ging.

Die Warenstruktur der sowjetischen RGW-Exporte veränderte sich im Verlauf der fünfziger Jahre. 1950 hatten Maschinen und Ausrüstungen am Export in den RGW einen Anteil von 16 Prozent, 1955 waren es 24 Prozent.[70]

Wesentlich höher lagen die Anteile der Maschinenausfuhr am sowjetischen Export in die früheren Agrarländer des RGW-Bereichs. Von den 1950 im Werte von 524 Millionen Rubel exportierten sowjetischen Waren in diese Länder bezogen sich 124 Millionen Rubel oder 24 Prozent auf Maschinen, Ausrüstungen und Anlagen. Für die folgenden Jahre kann eine starke Verschiebung in der Exportstruktur zugunsten der genannten Warengruppe unterstellt werden. 1955 erreichten die Lieferungen der UdSSR in die Agrarländer des RGW den Umfang von 849 Millionen Rubel, wovon 40 Prozent im Werte von 341 Millionen Rubel auf den Maschinenexport entfielen.[71] Die Lieferungen verteilten sich auf die Mitgliedsländer des RGW wie folgt:

[70] Berechnet nach 50 let sowjetskoj wnetschnej torgowli, a. a. O., S. 114–134.
[71] Ebenda.

Tabelle 45

Export von Maschinen, Ausrüstungen und kompletten Anlagen der UdSSR in die Mitgliedsländer des RGW in den Jahren 1950 und 1955

Importierende Länder	a) Gesamtexport in das Partnerland in Mill. Rubel davon b) Maschinen und Ausrüstungen c) komplette Anlagen d) b + c e) Anteil der Maschinen und Anlagen am Gesamtexport in das Partnerland in % f) Anteil des Partnerlandes am Maschinen- und Anlagenexport der UdSSR in den RGW	1950	1955
Bulgarien	a)	90	115
	b)	22	36
	c)	11	12
	d)	33	48
	e)	37	42
	f)	23	13
DDR	a)	167	431
	b)	8	4
	c)	—	—
	d)	8	4
	e)	5	1
	f)	6	1
Polen	a)	217	389
	b)	38	121
	c)	5	80
	d)	43	201
	e)	20	52
	f)	30	53
Rumänien	a)	103	241
	b)	36	59
	c)	—	16
	d)	36	75
	e)	35	31
	f)	25	20
Tschechoslowakei	a)	198	320
	b)	11	33
	c)	—	3
	d)	11	36
	e)	6	11
	f)	8	9
Ungarn	a)	114	104
	b)	12	13
	c)	—	4
	d)	12	17
	e)	11	16
	f)	8	5

Quelle: Zusammengestellt und berechnet nach Angaben aus 50 let sowjetskoj wnesehnej torgowli, a. a. O., S. 114–134.

Bereits 1950 bildeten Maschinen und Ausrüstungen in Rumänien und Bulgarien ungefähr ein Drittel, in Polen ein Fünftel der Bezüge an sowjetischen Waren. 1955 nahm der Maschinenimport in Rumänien etwas weniger als ein Drittel, in Bulgarien fast die Hälfte und in Polen über die Hälfte des wertmäßigen Umfangs der Einfuhr aus der UdSSR an. Lediglich Ungarn hatte von den Agrarländern des RGW geringere Anteile zu verzeichnen, die jedoch ebenfalls über denen der Industrieländer lagen.

Die Zielrichtung der sowjetischen Maschinenausfuhr in den RGW, die in der Verteilung dieser Exporte zum Ausdruck kommt, tritt noch klarer bei einer Untergliederung nach Ländergruppen hervor.

Tabelle 46

Anteile am sowjetischen Maschinenexport in den RGW

1950			1955		
Agrarländer			*Agrarländer*		
Polen	30%	86%	Polen	53%	90%
Rumänien	25%		Rumänien	20%	
Bulgarien	23%		Bulgarien	13%	
Ungarn	8%		Ungarn	5%	
Industrieländer			*Industrieländer*		
Tschechoslowakei	8%	14%	Tschechoslowakei	9%	10%
DDR	6%		DDR	1%	

Ungefähr die Hälfte des gesamten sowjetischen Maschinen- und Ausrüstungsexports, 49,4 Prozent[72], ging im Jahre 1955 in den RGW-Bereich. Unter den Investgüterexporten der UdSSR in den RGW bildeten im technischen Teil Ausrüstungen für die Schwerindustrie die Hauptposition, und hier wiederum waren es Ausrüstungen für die Metallurgie, die Energiewirtschaft, den Schwermaschinenbau und die extraktive Industrie, die im Vordergrund standen. Beispiellos dürfte in der Wirtschaftsgeschichte des Nachkriegsjahrzehnts der kurzfristig eingeleitete und annähernd im gleichen Zeitabschnitt praktizierte Export einer Reihe großer Hüttenkombinate in eine ganze Ländergruppe sein.

Hüttenwerke für die Schwarzmetallurgie wurden von der UdSSR in jener Zeit in folgende Länder exportiert:

Bulgarien:	Lenin-Hüttenkombinat
Ungarn:	Hüttenkombinat „Dunai-Wasnü"
DDR:	Eisenhüttenkombinat Ost
Polen:	Lenin-Hüttenkombinat „Nowa Huta"
Rumänien:	Hüttenkombinat Galati
Tschechoslowakei:	Ostslowakisches Hüttenkombinat[73]

Neben kompletten Anlagen für Eisen- und Stahl-Kombinate führte die UdSSR weitere Produktionsgüter für die Schwarzmetallurgie wie vollautomatisierte Hochöfen nach

[72] *Iskra, W.*, Rozwój przemysłowy krajów RWPG, Warszawa 1967, S. 378.

[73] Hierzu auch *Mikulski, K. I.*, Die Leninsche Lehre über die Weltwirtschaft und die Gegenwart, Moskau 1974, S. 288. Das Hüttenkombinat Galati wurde in späterer Zeit erbaut.

Ungarn und Polen aus. Mit Hilfe sowjetischer Ausstattungen wurden eine ganze Reihe polnischer Hüttenwerke wie die schlesische Kościuszko-Hütte, die Łabędy-Hütte in Gliwice und die Częstochowa-Hütte modernisiert und ausgebaut. Polen bezog ferner Fabrikeinrichtungen wie Walzwerke, Betriebe für die Zinkelektrolyse und Spezialhüttenwerke wie die Edelstahlhütte Warszawa, die Aluminiumhütte Skawina und die Kupferhütte Legnica aus der UdSSR.

Abgestimmt auf die Elektrifizierungsvorhaben im RGW-Bereich, exportierte die UdSSR Anlagen für Großkraftwerke nach Polen, Ungarn, Rumänien, Bulgarien und Albanien. Sie lieferte darüber hinaus besonders an Rumänien Maschinen zum Aufbau einer eigenen elektrotechnischen Industrie.

Beim sowjetischen Maschinenexport für die extraktive Industrie bildeten Grubenausrüstungen für den Steinkohlenbergbau den Schwerpunkt. Sie wurden nach Ungarn, Polen und Albanien, aber auch in die Tschechoslowakei und die DDR geliefert. Nach Rumänien wurden Geräte und Maschinen für die Erdölförderung und nach Albanien ebenfalls Erdölbohrgeräte sowie Fördermittel für den Kupfer- und Chromabbau ausgeführt. Sowjetische Bohrausrüstungen importierte auch Bulgarien.

Von einem umfangreichen sowjetischen Anlagenexport war besonders der Handel mit Polen gekennzeichnet, das in der ersten Hälfte der fünfziger Jahre den Hauptanteil dieser sowjetischen Ausfuhr in den RGW bezog. In den folgenden Jahren wurden Bulgarien und Rumänien die Hauptimporteure sowjetischer Industrieanlagen. Außer den schon genannten Werken wurden Fabriken für die Chemieindustrie, ein Baumwollkombinat und das Lubliner Lastkraftwagenwerk – dessen Errichtung zu den Schwerpunkten des polnischen Sechsjahrplans gehörte – sowie eine Fabrik zur Produktion landwirtschaftlicher Geräte geliefert. Sowjetische Textilkombinate wurden auch nach Albanien und Ungarn exportiert.

Neben Industrieanlagen und Einzelaggregaten führte die UdSSR Werkzeugmaschinen, Landmaschinen, Kraftfahrzeuge, Verkehrsmittel und Baumaschinen in die RGW-Länder aus.

Die angeführten Zahlen über den Maschinenexport geben, da sie fragmentarisch nur Lieferungen von zwei Jahren erfassen, nur einen ungenügenden Einblick. So sind beispielsweise die Angaben, die sich auf das Jahr 1950 beziehen, für den Anlagenexport der UdSSR in den RGW-Bereich in der ersten Hälfte der fünfziger Jahre nicht charakteristisch. Entscheidende Ausrüstungslieferungen erfolgten gerade in den folgenden Jahren während der Realisierung der Perspektivpläne in den Volksdemokratien. Die Konzentration des sowjetischen Investgüterexports auf die Lieferung kompletter Anlagen, die zu Beginn der Zusammenarbeit im RGW einsetzte, zeugt von einer gezielten Industrialisierungshilfe, mit der die UdSSR die Industrialisierungsprogramme in der Wirtschaftsgemeinschaft förderte. 1950 nahm der Anlagenexport 11 Prozent der sowjetischen Maschinenausfuhr in die RGW-Partnerländer an. 1955 hatten komplette Anlagen hingegen einen Anteil von 30 Prozent an den Ausrüstungsexporten der UdSSR in den RGW. Von diesen Anlagen kam wieder der größte und überwiegende Teil, nämlich 70 Prozent, auf Polen, wobei die Anteile Rumäniens 14 Prozent, Bulgariens 10 Prozent, Ungarns 4 Prozent und der Tschechoslowakei 3 Prozent ausmachten.[74]

Während gegenüber den Agrarstaaten Maschinen- und Produktionsanlagen im sowje-

[74] Vgl. hierzu auch Ekonomika sozialistitscheskich stran f zfirach 1964, Moskau 1965, S. 25.
[75] Die Wirtschaft vom 31. August 1951, S. 17.

tischen Export Bedeutung erlangten, waren es im Handel mit der DDR und der Tschechoslowakei Rohstoffe und Lebensmittel, die den weitaus größten Teil der sowjetischen Ausfuhr einnahmen. Doch für die übrigen RGW-Länder gewann der sowjetische Rohstoffexport ebenfalls an Gewicht. Beispielsweise bezog Polen schon 1950 80 Prozent seiner Baumwollimporte, 65 Prozent des eingeführten Eisenerzes und 40 Prozent seines Imports an Chromerz sowie den gesamten Manganerzimport aus der UdSSR.[75] Infolge der ungleichmäßigen Standortverteilung der Rohstoffvorkommen des RGW wurde mit der einsetzenden Industrialisierung und dem damit einhergehenden Anstieg eines immer breiter gefächerten Rohstoffverbrauchs auch für die sich wandelnden Agrarländer der Bezug bestimmter Materialien aus dem Ausland zu einer wichtigen volkswirtschaftlichen Versorgungsfrage. Daß das Rohstoffproblem nicht nur in der DDR und der Tschechoslowakei, sondern auch in anderen RGW-Ländern bereits zu Beginn der forcierten Industrialisierung akut wurde, erklärt sich bei einigen Rohstoffarten außerdem auch daraus, daß wichtige Lagerstätten erst im Verlauf einer längeren Zeitspanne erschlossen werden konnten und zum Teil anfangs noch gar nicht bekannt waren. Mit Recht spricht der polnische Ökonom Iskra im Zusammenhang mit dem historischen Verlauf des Industrialisierungsprozesses im RGW von der Notwendigkeit, einer strukturellen Rohstoffbarriere zu begegnen, und er verweist darauf, daß die Einfuhr von Rohstoffen bereits 1950 nicht nur in der DDR und der Tschechoslowakei, sondern auch in Ungarn, Rumänien und Bulgarien über die Hälfte des jeweiligen Gesamtimports erreichte.[76]

Es waren vor allem die sowjetischen Rohstoffexporte, die dieser Barriere den Charakter eines unüberwindlichen Hindernisses nahmen. Die fortschreitende Industrialisierung führte im Verlauf der fünfziger und sechziger Jahre zu einem Ansteigen des Rohstoffverbrauchs im RGW-Bereich, der sich bei einer ganzen Reihe wichtiger Erzeugnisse in erhöhten massiven Importbedürfnissen der übrigen RGW-Länder gegenüber der UdSSR äußern sollte. Doch schon in der ersten Hälfte der fünfziger Jahre trugen die sowjetischen Lieferungen maßgeblich zur Deckung des Rohstoffbedarfs der Wirtschaftsgemeinschaft bei; stiegen doch die Importbedürfnisse ihrer Partnerländer an festen und flüssigen Brennstoffen angesichts der zunehmenden Energieproduktion und der Entfaltung der übrigen Industriezweige schnell an. Hinzu kam der Verbrauch des sich mit beschleunigtem Tempo entwickelnden Maschinenbaus an Stahl und Walzerzeugnissen und mit der wachsenden Eigenproduktion von Stahl in den Volksdemokratien und der DDR auch der Importbedarf an Eisenerz und Koks. Weder die DDR noch Ungarn verfügten über nennenswerte Aufkommen an Koks und Eisenerz – die Rohstoffgrundlage der Stahlproduktion. Polen und die Tschechoslowakei besaßen zwar verkokbare Kohle in größeren Vorkommen, ihre Volkswirtschaften waren jedoch in noch stärkerem Umfang als die der DDR und Ungarns von Eisenerzimporten abhängig. Auf die Einfuhr von Eisenerz war außerdem Rumänien angewiesen, wenn auch in vergleichsweise kleinerem Umfang, während nur Bulgarien wegen seiner geringen Kapazitäten auf dem Gebiet der Stahlerzeugung (wie auch Albanien) anfänglich Eisenerz nicht importierte, sondern Roheisen bezog.[77]

[76] Die Anteile der eingeführten Brenn- und Rohstoffe am Import betrugen 1950 in Bulgarien 54 Prozent, in Rumänien 52 Prozent, in Polen 53 Prozent, in Ungarn 73 Prozent, in der Tschechoslowakei 61 Prozent und in der DDR 57 Prozent. Vgl. *Iskra, W.*, Rozwój przemyslowy krajów RWPG, Warszawa 1967, S. 355.

[77] Ebenda, S. 357 ff.

Eisenerz und Koks waren deshalb schon Mitte der fünfziger Jahre Hauptpositionen der sowjetischen Rohstoffausfuhr in die übrigen RGW-Staaten. In welchem Umfang sich die UdSSR auf die Erfordernisse der Partnerländer schon in dieser Zeit einstellte, wird deutlich, wenn man sich vergegenwärtigt, daß bereits 1955 12,2 Prozent des in der UdSSR geförderten Eisenerzes in den RGW-Bereich exportiert wurde.[78] Von den rund 9 Millionen Tonnen Eisenerz, das die UdSSR in jenem Jahr den Mitgliedsländern lieferte, gingen 70 Prozent in annähernd gleichen Mengen – etwa 3 Millionen Tonnen – in die Tschechoslowakei und nach Polen. Jeweils 14 Prozent betrugen die Anteile der DDR und Ungarns am Eisenimport der RGW-Länder aus der UdSSR und lediglich 3 Prozent entfiel auf Rumänien.[79]

Während fast alle Mitgliedsländer des RGW sowjetisches Eisenerz importierten, wurde Koks von Ungarn, Rumänien und der DDR aus der UdSSR bezogen. Außerdem wurden jedoch auch Stahl- und Walzmaterial von der UdSSR vor allem nach der DDR und Rumänien ausgeführt. Zu den Hauptpositionen des sowjetischen Rohstoffexports gehörten ferner Erdöl, das die DDR, die Tschechoslowakei und Ungarn importierten, sowie Baumwolle, die mit Ausnahme Albaniens von allen Partnerländern eingeführt wurde. Steinkohle bezog hingegen lediglich die DDR aus der UdSSR. Der sowjetische Buntmetallexport umfaßte Kupfer, Blei, Zink, Zinn, Chrom, Mangan, Nickel und Aluminium. Buntmetalle lieferte die UdSSR ausnahmslos allen Partnerstaaten der Wirtschaftsgemeinschaft, jedoch waren die Größenordnungen der Bezüge sehr unterschiedlich. Vom sowjetischen Buntmetallexport in den RGW, der 1955 den Umfang von etwa 115 000 Tonnen annahm, kam allein auf die DDR und die Tschechoslowakei zusammengenommen ein Anteil in Höhe von 78 Prozent.[80]

Mit Lebensmitteln und anderen Agrarprodukten belieferte die UdSSR besonders die Tschechoslowakei und die DDR. Auch Chemikalien und Schnittholz gehörten zu den sowjetischen Ausfuhrprodukten. Es war die Breite des sowjetischen Lieferprogramms auf dem Rohstoffsektor, die der Vielfalt der Industrialisierungsbedürfnisse einer ganzen Ländergruppe weitgehend entgegenkam; und es handelte sich bei der Lieferung der sowjetischen Technik vorzugsweise um Bereiche der Industrieproduktion, auf denen die UdSSR technischen Vorlauf und Erfahrungen besaß – denkt man an den Kraftwerksbau und die Metallurgie. Schließlich ist die Konzentration der Lieferungen auf Schwerpunkte zu berücksichtigen. Die sowjetischen Produktionsgüterlieferungen erfolgten, worauf im folgenden vierten Abschnitt der Arbeit noch näher eingegangen wird, zum Teil auf Kredit, der meist langfristig ausgereicht und getilgt wurde. Sie hatten einen maßgeblichen Anteil daran, daß unter den Bedingungen der Blockade der überaus komplizierte Industrialisierungsstart überhaupt möglich wurde. Hierzu trugen auch die Lieferungen an Maschinen und Ausrüstungserzeugnissen der DDR und der Tschechoslowakei nicht nur in die übrigen Volksdemokratien, sondern besonders auch in die UdSSR bei.

Der sowjetische Export von Maschinen und Anlagen in den RGW machte im Jahre 1950 ca. 15 Prozent des gesamten RGW-Exports der UdSSR aus und erreichte die Umsatzhöhe von 133 Millionen Rubel.[81] Der Bezug von Maschinen und Ausrüstungen

[78] Ebenda.

[79] Berechnet nach Angaben von *Iskra, W.*, a. a. O., S. 356.

[80] Ebenda, S. 363.

[81] Alle Angaben erfolgen in Rubel der gegenwärtigen Währung, soweit kein gesonderter Vermerk auf die ehemalige Parität der sowjetischen Währungseinheit verweist.

aus dem RGW-Bereich durch die UdSSR hatte im gleichen Zeitraum einen Anteil von 22 Prozent an den mit 779 Millionen Rubel ausgewiesenen sowjetischen Importen aus den RGW-Ländern und nahm den Umfang von 175 Millionen Rubel an.[82] Im Jahre 1955 exportierte die UdSSR Maschinen und Anlagen in Höhe von 249 Millionen Rubel in die Partnerländer des RGW.[83] Im gleichen Jahr bezog sie Maschinen und Ausrüstungsgüter aus dem RGW-Bereich im Umfang von 660 Millionen Rubel.[84] Drei Viertel der sowjetischen Maschinenimporte aus dem RGW kamen 1955 aus der DDR und der Tschechoslowakei. Eine Aufschlüsselung auf beide Exporteure ergibt, daß über die Hälfte bzw. 54 Prozent der sowjetischen Gesamteinfuhr von Maschinen aus dem RGW im Umfang von 353 Millionen Rubel in diesem Jahr von der DDR geliefert wurde; Maschinen im Werte von 141 Millionen Rubel – also etwas über ein Fünftel bzw. 22 Prozent – kamen aus der Tschechoslowakei.[85]

Im Jahre 1950 hatte die Tschechoslowakei nach der UdSSR den zweithöchsten Anteil am Intra-RGW-Export. Die Umstellung im Außenhandel des Landes auf den Bedarf der RGW-Staaten wird unter anderem an der Zunahme des Maschinenexports erkennbar. Im Gesamtexport der Tschechoslowakei hielten sich 1950 der Umsatzanteil von Maschinen und Ausrüstungen mit 26 Prozent und der Anteil der industriellen Konsumgüter mit 25 Prozent die Waage, wogegen 1955 der Umsatzanteil der ersten Warengruppe mit 44 Prozent den der letzteren mit 11 Prozent um das Vierfache übertraf.[86] Betrachtet man das Verhältnis beider Warengruppen im Hinblick auf ihre Anteile am tschechoslowakischen Export in den RGW, so zeigt sich, daß die Maschinenausfuhr schon 1950 mit 36 Prozent einen mehr als doppelt so hohen Anteil hatte wie der Export industrieller Konsumgüter, dessen Ausfuhranteil lediglich 17 Prozent ausmachte.[87] Die strukturelle Veränderung der Ausfuhr wird auch an Hand der Angaben der Tabelle 47 sichtbar.

Tabelle 47

Anteil der Textilwaren, der Erzeugnisse des Maschinenbaus und der Hüttenindustrie am Export der Tschechoslowakei 1929 bis 1952 (in Prozent)

	1929	1937	1948	1951/1952
Textilwaren	35	25	16	10
Erzeugnisse des Maschinenbaus und der Hüttenindustrie	15	25	33	50

Quelle: Taschenbuch über die Volksdemokratien 1953, a. a. O., S. 222.

82 Berechnet nach Kraje RWPG 1950–1973. Główny Urząd Statystyczny, Warszawa 1974, S. 107 sowie *Bogacka, M./Cieniuch, I./Leszek, T./Soczewica, K.*, Handel wzajemny krajów RWPG w latach 1950–1980. In: Problemy handlu zagranicznego, XXV Lat RWPG, Nr. 5, S. 27.

83 Ekonimika sozjalistitscheskich stran f zifrach 1964, Moskwa 1965, S. 25.

84 Vgl. *Iskra, W.*, Rozwój przemysłowy krajów RWPG, a. a. O., S. 405.

85 Berechnet nach Angaben von *Iskra, W.*, a. a. O.

86 Statistisches Jahrbuch der Mitgliedsländer des Rates für Gegenseitige Wirtschaftshilfe 1971, a. a. O., S. 345.

87 *Bogacka, M./Cienjuch, I./Leszek, T./Soczewica, K.*, Handel wzajemny krajów RWPG w latach 1950–1980, a. a. O., S. 27.

Die Umorientierung im Außenhandel zeigte sich ferner in der Aufnahme von Schwermaschinen in das tschechoslowakische Exportprogramm. Erzeugnisse dieser Art wurden von der Tschechoslowakei in alle RGW-Staaten ausgeführt. Sie bildeten auch einen Schwerpunkt des tschechoslowakischen Exports in die UdSSR. Ein weiteres Anzeichen dafür, daß sich die Tschechoslowakei auf den Bedarf der Wirtschaftsgemeinschaft einstellte, ist in der Hinwendung zum Export von Kraftwerksanlagen zu erblicken. Ausrüstungen für Elektrizitätswerke lieferte die Tschechoslowakei nach Ungarn, Bulgarien und Polen. Außerdem beteiligte sie sich am Bau von Kraftwerken in diesen Ländern. So wurde das polnische Großkraftwerk Zabrze in polnisch-tschechoslowakischer Gemeinschaftsarbeit ausgebaut.[88] Auch das ungarische Großkraftwerk „Inota" wurde unter maßgeblicher Beteiligung der Tschechoslowakei errichtet.[89]

Der Maschinenexport der Tschechoslowakei in den RGW umfaßte die verschiedensten Werkzeug- und Metallbearbeitungsmaschinen, Kraftwagen, Traktoren, Waggons und Landmaschinen bis hin zu Spezialausrüstungen für die Erdölraffinerie, die nach Albanien geliefert wurden. Zu den Exportprodukten gehörten auch diverse Maschinenersatzteile und Autoreifen. Chemikalien importierten Polen, die DDR, Bulgarien, Rumänien und Albanien. Walzwerkserzeugnisse führte die Tschechoslowakei in die DDR sowie nach Polen und Ungarn aus. Kohle und Koks exportierte sie vorzugsweise in die DDR.

Alle RGW-Länder bezogen aus der Tschechoslowakei Konsumgüter wie: Schuhe, Textilien, Radiogeräte, Pharmazeutika, Bier, Glas und Schmuck. Jedoch standen diese Produkte, wie bereits erwähnt, im gegenseitigen Handel im ersten Jahrfünft der Zusammenarbeit nicht im Vordergrund. In späteren Jahren gewann die Ausfuhr dieser Waren dann wieder an Bedeutung. 1960 nahm sie bereits über ein Fünftel der tschechoslowakischen Ausfuhr in den RGW an.[90]

Die geographische Struktur der tschechoslowakischen Ausfuhr in den RGW-Bereich gestaltete sich wie folgt:

Der Absatz in die UdSSR stieg im Jahresdurchschnitt um 15,5 Prozent und damit schneller als die tschechoslowakische Gesamtausfuhr in den RGW-Bereich, die eine Jahresdurchschnittsrate von 12,3 Prozent erreichte. In noch schnellerem Tempo wuchs die Ausfuhr in die DDR mit einer durchschnittlichen Steigerung von 16 Prozent. Der Export in die vier Agrarländer Polen, Ungarn, Rumänien und Bulgarien wies – betrachtet man die Gruppe insgesamt – besonders hohe Steigerungsraten in den Jahren 1952 (25,1 Prozent) und 1953 (36,8 Prozent) auf, er ging aber 1954 stark zurück (– 27,4 Prozent), um dann im folgenden Jahr wieder anzusteigen. Das durchschnittliche Wachstum der Ausfuhr in die Agrarländer (9 Prozent) war – durch den Rückgang im Jahre 1954 bedingt – nicht so hoch wie das Steigerungstempo der Exporte in die Industrieländer. Das scheint im Widerspruch zu stehen mit der Feststellung, daß die Tschechoslowakei sich im Außenhandel auf die sozialistische Industrialisierung umgestellt hatte. Doch eine Schlußfolgerung etwa in der Art, daß ihr Handel mit den Agrarländern im Hinblick auf den Export eine geringe Rolle gespielt habe, gar von untergeordneter Bedeutung war, wäre voreilig. Betrachten wir die Richtung der Exporte und ihre Relationen.

[88] Die Wirtschaft vom 5. Oktober 1951, S. 11.

[89] Die Wirtschaft vom 18. Mai 1951, S. 11.

[90] *Bogacka, M./Cieniuch, I./Leszek, T./Soczewica, K.*, Handel wzajemny krajów RWGP w latach 1950–1980, a. a. O., S. 27.

Tabelle 48

Export der Tschechoslowakei in die Mitgliedsländer des RGW in den Jahren 1950 bis 1955 (zu laufenden Preisen)*

Länder	1950		1951		1952		1953		1954		1955	
	Ausfuhr in Mill. Devisen-Kronen	Anteil am RGW-Export der Tschechoslowakei in Prozent	Ausfuhr in Mill. Devisen-Kronen	Anteil am RGW-Export der Tschechoslowakei in Prozent	Ausfuhr in Mill. Devisen-Kronen	Anteil am RGW-Export der Tschechoslowakei in Prozent	Ausfuhr in Mill. Devisen-Kronen	Anteil am RGW-Export der Tschechoslowakei in Prozent	Ausfuhr in Mill. Devisen-Kronen	Anteil am RGW-Export der Tschechoslowakei in Prozent	Ausfuhr in Mill. Devisen-Kronen	Anteil am RGW-Export der Tschechoslowakei in Prozent
UdSSR	1425	47,4	1833	53	2092	50,4	2313	45,7	2510	52,6	2900	55,2
DDR	297	9,9	256	7,4	371	8,9	441	8,7	584	12,2	574	10,9
Polen	631	21,0	617	17,9	702	16,9	733	14,5	607	12,7	740	14,1
Ungarn	240	8,0	355	10,3	548	13,2	507	10,0	483	10,1	461	8,8
Rumänien	273	9,1	266	7,7	294	7,1	794	15,7	305	6,4	270	5,1
Bulgarien	142	4,7	112	3,3	145	3,5	276	5,5	282	5,9	312	5,9
Insges.	3008	100	3439	100	4152	100	5064	100	4771	100	5257	100

* ohne Albanien

Quelle: Berechnet nach 30 Let CSSR Dlouhodobé Časové Řady, Praha 1975, S. 46.

Eine Berechnung der Anteile an der tschechoslowakischen Ausfuhr im Durchschnitt der Jahre 1950 bis 1955 ergibt nachstehende Reihenfolge:

Tabelle 49

Anteile der RGW-Länder am tschechoslowakischen Export in den RGW-Bereich im Durchschnitt der Jahre 1950 bis 1955 — ohne Albanien (in Prozent)

1. UdSSR	50,9
2. Polen	15,7
3. Ungarn	10,1
4. DDR	9,8
5. Rumänien	8,6
6. Bulgarien	4,9

Den größten Umfang nahm die Ausfuhr in die UdSSR an. Auf sie entfiel ungefähr die Hälfte des tschechoslowakischen RGW-Exports. Der Anteil der Agrarländer Polen, Ungarn, Rumänien und Bulgarien lag zusammengenommen im Jahresdurchschnitt bei etwas über 39 Prozent. Im Jahre 1953 erreichte die tschechoslowakische Ausfuhr in die Gruppe der Agrarländer einen Umfang, der dem Export in die UdSSR gleichkam. Und ein Vergleich des Verhältnisses zwischen dem Anteil der vier Agrarländer am Außenhandel des RGW und ihrer Anteil-Relation, bezogen auf den tschechoslowakischen Export, zeigt, daß die oben berechneten 39 Prozent als überdurchschnittlich hoch einzuschätzen sind. 1950 hatten diese Länder einen Anteil am Außenhandelsvolumen der Wirtschaftsgemeinschaft von 32 Prozent, demgegenüber erreichte ihr Anteil an der tschechoslowakischen Ausfuhr 43 Prozent. 1955 verhielten sich beide Proportionen wie

28 und 34 zu 100.[91] Während ein beträchtlicher Teil der tschechoslowakischen Exporte in die sich industrialisierende Agrarregion des RGW-Bereichs ging, lag der Ausfuhranteil der DDR, bezogen auf den tschechoslowakischen RGW-Export, mit einem knappen Zehntel relativ niedrig, und er erhöhte sich dann erst mit fortschreitender Industrialisierung in der zweiten Hälfte der fünfziger Jahre und in den sechziger Jahren auf 16 bis 17 Prozent.[92]

Während die Tschechoslowakei noch 1950 den zweiten Platz in der Exportstatistik der RGW-Länder einnahm, hatte sich in den folgenden Jahren durch die schnelle Zunahme des Außenhandels der DDR die Reihenfolge geändert. Noch 1950 lag die DDR gemessen an der Umsatzhöhe ihres Exports im RGW an der vierten Stelle; 1955 erzielte sie den zweithöchsten Exportumsatz der Ländergruppe.[93] 1950 hatte die DDR einen Anteil am Welthandel von 0,7 Prozent, 1955 waren es dann 1,3 Prozent. 1950 wurden pro Kopf der Bevölkerung Waren in Höhe von 20 Rubel exportiert; 1955 betrug der Pro-Kopf-Export der DDR 65 Rubel.[94] Gegenüber 1950 hatte sich im Jahr 1955 der DDR-Export in den RGW-Bereich um ungefähr das Dreifache erhöht,[95] und in diesem Jahr nahm die Ausfuhr der DDR in die RGW-Länder an ihrem Gesamtexport den Anteil von 65 Prozent an.[96] In diesem Zeitraum vollzogen sich in der Exportstruktur der DDR gravierende Veränderungen. Ihr hervorstechendes Merkmal war das zunehmende Gewicht, das die Ausfuhr von Maschinen im Export erhielt. Noch 1950 standen die Produkte der Chemieindustrie an erster Stelle der Ausfuhrgüter der DDR. Vom folgenden Jahr ab nahm der Maschinenbau den ersten Platz unter den Exportpositionen ein.[97] Der Exportanteil des Maschinenbaus entwickelte sich wie folgt:

Tabelle 50

Anteil des Maschinenbaus am Export der DDR in den Jahren 1950 bis 1955 (in Prozent)*

Davon	1950	1951	1952	1953	1954	1955
Sozialistische Länder	15,7	23,6	27,5	40,5	43,1	37,7
übrige Welt	3,3	2,1	2,1	2,0	2,1	2,9
Gesamtanteil am Export	19,0	25,7	29,6	43,5	45,2	40,6

* Schwermaschinenbau, Allgemeiner Maschinenbau, Fahrzeugbau und Schiffsbau, Alle Produktionen einschließlich gelieferter Teile.

Quelle: Berechnet nach Statistisches Jahrbuch der Deutschen Demokratischen Republik 1955, Berlin 1956, S. 243f.

91 Vgl. 30 Let ČSSR Dlouhodobé Časové Řady, a. a. O., S. 46 und Statistisches Jahrbuch der Mitgliedsländer des Rates für Gegenseitige Wirtschaftshilfe 1971, a. a. O., S. 341.

92 Vgl. 30 Let ČSSR Dlouhodobé Časové Řady, a. a. O., S. 46.

93 Statistisches Jahrbuch der Mitgliedsländer des Rates für Gegenseitige Wirtschaftshilfe, 1971, a. a. O., S. 341.

94 Rozwój gospodarczy krajów RWPG, 1950–1968, Główny Urząd Statystyczny, Warszawa 1969, S. 27.

95 Berechnet nach Statistisches Jahrbuch der Deutschen Demokratischen Republik, a. a. O., S. 284.

96 Ebenda.

97 Statistisches Jahrbuch der Deutschen Demokratischen Republik, 1955, a. a. O., S. 244.

Im angegebenen Zeitabschnitt erhöhte sich der Anteil des Maschinenbaus an der Gesamtausfuhr der DDR auf das Doppelte, wobei sich die Anteilsteigerung zugunsten der Ausfuhr in die sozialistischen Länder vollzog. Während sich der gesamte Warenabsatz in diese Ländergruppe 1955 gegenüber 1950 auf 340 Prozent erhöht hatte, war die Maschinenausfuhr im Vergleich beider Jahre auf 757 Prozent angestiegen. Das jährliche Durchschnittstempo der Ausfuhrsteigerung in der Periode 1950 bis 1955 erreichte 33 Prozent, das des Maschinenexports dagegen 61 Prozent.[98]

Verfolgen wir nun die Entwicklung der Exportstruktur der DDR für diese Zeit an Hand der Anteile einzelner Erzeugnisgruppen, so fällt sofort auf, daß die Anteile wichtiger Produktionsgüter am Export in sozialistische Länder fast durchweg höher waren als entsprechende Anteilproportionen im Gesamtexport.

Tabelle 51

Export ausgewählter Erzeugnisgruppen der Industrie der DDR in den Jahren 1950 bis 1955

	1950			1951			1952	
Industriezweige	Außenhandelsumsatz in Mill. Rubel*	Anteil am Gesamtexport	Anteil am Export in soz. Länder	Außenhandelsumsatz in Mill. Rubel	Anteil am Gesamtexport	Anteil am Export in soz. Länder	Außenhandelsumsatz in Mill. Rubel	Anteil am Gesamtexport
Chemieindustrie	a) 355,9** b) 243,4***	21,9	22,0	a) 514,1** b) 410,8***	18,0	18,3	a) 523,3** b) 419,7***	17,7
Schwermaschinenbau	a) 83,4** b) 79,5***	5,1	7,1	a) 251,5** b) 249,0 ***	8,8	11,1	a) 296,0** b) 291,4***	10,0
Allgemeiner Maschinenbau	a) 180,9** b) 137,5***	11,1	12,4	a) 392,1** b) 345,3***	13,8	15,4	a) 493,0** b) 452,0***	16,7
Fahrzeugbau	a) 42,8** b) 37,5***	2,6	3,4	a) 87,7** b) 77,1***	3,1	3,4	a) 80,9** b) 65,0***	2,7
Schiffbau	a) 0,1** b) –	–	–	a) 2,7** b) 2,7***	0,1	0,1	a) 3,0** b) 3,0***	0,1
Elektrotechnik	a) 83,4** b) 77,0 ***	5,1	7,0	a) 361,4 ** b) 354,6***	12,7	15,8	a) 349,6** b) 344,8***	11,8
Feinmechanik/ Optik	a) 106,1** b) 75,8***	6,5	6,8	a) 194,2** b) 157,7***	6,8	7,0	a) 214,8** b) 154,9***	7,3
Insgesamt	a) 1624,1** b) 1170,6***	52,5	58,8	a) 2850,8** b) 2249,7***	63,3	71,0	a) 2954,7** b) 2218,6***	66,4

* Die Angaben beziehen sich auf die im erfaßten Zeitraum gültige Währungseinheit
** Gesamtexport der Erzeugnisgruppe
*** Export in sozialistische Länder
Quelle: Berechnet nach Statistisches Jahrbuch der Deutschen Demokratischen Republik 1955, a. a. O., S. 243 und 244.

In einer kurzen Zeitspanne von nur wenigen Jahren veränderte sich das Gewicht einzelner Warengruppen am Export der DDR erheblich, was einen außerordentlich raschen Wandel der Exportstruktur bezeugt. Augenfällig ist die geradezu sprunghafte Zunahme

[98] Ebenda, S. 243 f.

der Ausfuhr von Erzeugnissen des Schwermaschinenbaus. Auf sie entfiel 1953 ein Fünftel des Gesamtexports und sogar ein Viertel der Ausfuhr in sozialistische Länder. Im Jahre 1954 erreichte der Absatz dieser Erzeugnisse mit über 900 Millionen Rubel eine Umsatzhöhe, welche die Jahresumsätze aller anderen Erzeugnisgruppen im erfaßten Zeitraum übertraf. Ab 1953 war der Schwermaschinenbau die dominierende Exportindustrie der DDR, und obwohl sein Anteil an der Warenausfuhr sich dann in der Folgezeit verringerte, behielt er diese Stellung im Handel mit den sozialistischen Ländern auch 1955. Hohe Ausfuhranteile hatten außerdem die Chemieindustrie, der Allgemeine Maschinenbau und auch die Elektrotechnik, deren Exportumsatz und -anteil allerdings 1955 zurückging, während die Anteile der Feinmechanik/Optik – zwischen 6 und 7 Prozent schwankend – infolge einer nur allmählichen Umsatzsteigerung annähernd gleich

	1953			1954			1955		
Anteil am Export in soz. Länder	Außenhandelsumsatz in Mill. Rubel	Anteil am Gesamtexport	Anteil am Export in soz. Länder	Außenhandelsumsatz in Mill. Rubel	Anteil am Gesamtexport	Anteil am Export in soz. Länder	Außenhandelsumsatz in Mill. Rubel	Anteil am Gesamtexport	Anteil am Export in soz. Länder
18,9	a) 562,5**	14,5	13,6	a) 804,4**	15,7	14,6	a) 869,7**	17,0	15,2
	b) 415,6***			b) 585,8***			b) 572,5***		
13,1	a) 774,0***	20,0	25,2	a) 920,6**	18,0	22,6	a) 706,0**	13,8	17,7
	b) 768,8***			b) 907,9***			b) 664,2***		
20,4	a) 721,0**	18,6	22,4	a) 702,6**	13,7	16,3	a) 583,4**	11,4	13,8
	b) 682,7***			b) 655,3***			b) 520,1***		
2,9	a) 127,3**	3,3	3,1	a) 444,9**	8,7	9,9	a) 447,8**	8,8	10,8
	b) 94,5***			b) 395,3***			b) 404,5***		
0,1	a) 20,6**	0,5	0,7	a) 248,2**	4,9	6,2	a) 339,3**	6,6	9,0
	b) 20,6***			b) 248,1***			b) 338,9***		
15,5	a) 486,8**	12,6	15,8	a) 511,5**	10,0	12,5	a) 368,1**	7,2	9,2
	b) 482,7***			b) 499,7***			b) 345,6***		
7,0	a) 256,0**	6,6	6,2	a) 304,2**	5,9	5,9	a) 313,4**	6,1	6,0
	b) 187,5***			b) 234,7***			b) 224,5***		
78,0	a) 3870,0**	76,2	87,0	a) 5120,3**	76,9	87,9	a) 5112,6**	71,0	81,6
	b) 3051,1,,**			b) 4010,3***			b) 3760,8***		

blieben. Strukturelle Verschiebungen im Export traten in den letzten beiden Jahren des erfaßten Zeitraums vor allem durch eine enorme Ausweitung der Umsätze bei Erzeugnissen des Schiffsbaus und auch des Fahrzeugbaus auf. Die in die Übersicht einbezogenen Warengruppen, die überwiegend zu den Produktionsgütern zählen, nahmen im Zeitraum von 1952 bis Ende 1955 den Umfang von ungefähr vier Fünfteln des Exports der DDR[99] in sozialistische Länder an.

[99] Es kann angenommen werden, daß die Exportstruktur der DDR im Handel mit sozialistischen Ländern der des RGW-Handels im großen und ganzen glich. Die Anteile des RGW-Exports der DDR an ihrer Gesamtausfuhr in sozialistische Länder sind wie folgt ausgewiesen: 1951 = 97 Pro-

Der Maschinenexport war infolge des breiten Produktionsprofils, das diesen Industriebereich der DDR kennzeichnete, sehr vielfältig, und man muß hinzufügen, daß sich infolge der Umstellung auf den Investgüterbedarf im RGW das Produktionsprogramm des Maschinenbaus und damit auch das Exportangebot in der Anzahl von Typen noch ausdehnte. Neben den verschiedensten Werkzeugmaschinen und Ausstattungen für die Produktion von Maschinen führte die DDR Ausrüstungen für die Metallurgie nach der UdSSR, der Tschechoslowakei, nach Ungarn und Rumänien aus. Maschinen für die Energiewirtschaft wurden nach Polen, Bulgarien und Ungarn, Bergbauausrüstungen und Anlagen zur Aufbereitung von Produkten der extraktiven Industrie in die UdSSR, die Tschechoslowakei sowie nach Bulgarien, Rumänien, Ungarn und Albanien geliefert. Auch die DDR beschränkte sich nicht lediglich auf den Export von Produktionsgütern, sondern sie half darüber hinaus bei der Gründung neuer Industrien. Beispielsweise unterstützte sie Bulgarien beim Aufbau der Roheisenerzeugung und bei der Entwicklung einer chemischen Produktion auf Braunkohlenbasis. Bulgarien bezog ferner Baumaschinen für die Anlage von Talsperren und Maschinen für den Eisenbahnbau aus der DDR. Obwohl der Anlagenexport in der ersten Hälfte der fünfziger Jahre im Ausfuhrprogramm der DDR noch nicht im Vordergrund stand, wurden jedoch bereits in dieser Zeit derartige Aufträge übernommen. Hierzu gehörten der Bau einer Sodafabrik in Bulgarien, einer Baumwollspinnerei in Ungarn, die Lieferung von Einrichtungen für ein Rohphenolwerk, von Ausstattungen für die Herstellung von Ausgangsprodukten zur Produktion synthetischer Fasern und von Salzelektrolyse-Anlagen nach Polen. Maschinen für die Leichtindustrie wurden nicht nur in die UdSSR, sondern auch nach Ungarn und Alba-

Tabelle 52

Export der DDR in die Mitgliedsländer des RGW in den Jahren 1953 bis 1955

Länder	1953		1954		1955	
	Ausfuhr in Mill. Rubel*	Anteil am RGW-Export der DDR in %	Ausfuhr in Mill. Rubel	Anteil am RGW-Export der DDR in %	Ausfuhr in Mill. Rubel	Anteil am RGW-Export der DDR in %
Albanien	12	0,4	10	0,3	25	0,8
Bulgarien	80	2,9	95	2,7	85	2,6
Polen	434	15,6	536	15,0	495	14,9
Rumänien	125	4,5	103	2,9	99	3,0
Tschechoslowakei	227	8,2	292	8,2	375	11,3
UdSSR	1734	62,3	2347	65,7	2063	62,0
Ungarn	170	6,1	188	5,3	185	5,6
Insgesamt	2782	100	3571	100	3327	100

* Rubel der damaligen Währung, zu laufenden Preisen

Quelle: Berechnet nach Statistisches Jahrbuch der Deutschen Demokratischen Republik 1955, a. a. O., S. 246.

zent, 1952 = 93 Prozent, 1953 = 91 Prozent, 1954 = 89 Prozent und 1955 ebenfalls 89 Prozent. Berechnet nach Statistisches Jahrbuch der Deutschen Demokratischen Republik, 1973, a. a. O., S. 784.

nien exportiert. Traditionelle Ausfuhrprodukte der DDR waren Kalisalze, Stickstoffdünger und Schädlingsbekämpfungsmittel. Erzeugnisse der Chemieindustrie, der Elektrotechnik und der Feinmechanik/Optik wurden von allen RGW-Ländern aus der DDR importiert.

Auch die geographische Struktur der Ausfuhr der DDR in den RGW-Bereich zeigt sehr differenzierte Exportanteile.

Den größten Umfang nahmen die Exporte in die UdSSR an, die jeweils über die Hälfte der Gesamtausfuhr in den RGW umfaßten. Sie lagen im Anteil höher als in Statistiken des RGW-Exports der Tschechoslowakei, Polens, Ungarns und Bulgariens, was von einer stärkeren Ausrichtung der DDR-Exporte auf die UdSSR zeugt. Der zweitwichtigste Handelspartner der DDR war Polen. Die Anteile der Agrarländer des RGW beliefen sich 1953 zusammengenommen auf 30 Prozent, und sie lagen im Durchschnitt der angegebenen Jahre bei 28 Prozent. Das entsprach ungefähr dem Anteil dieser Ländergruppe am gesamten Außenhandel des RGW im Jahre 1955. Im Handel der DDR mit den asiatischen Volksdemokratien erfolgten größere Exporte in diesen Jahren lediglich nach China. Sie lagen in dieser Zeit im Umfang über der Warenausfuhr der DDR in die Tschechoslowakei.[100]

Von allen Agrarländern des RGW hatte Polen das höchste Außenhandelsvolumen. Polen hatte – wie wir gesehen haben – an der Ausfuhr der UdSSR, der Tschechoslowakei und der DDR relativ hohe Anteile. Die geographische Struktur des polnischen Exports in den RGW war mit den Exportstrukturen der drei Industrieländer deckungsgleich. Auf diese Handelspartner entfielen die größten Exportanteile an der polnischen Ausfuhr.

Tabelle 53

Export der VR Polen in die Mitgliedsländer des RGW in den Jahren 1949 bis 1955

Länder	1949		1950		1953		1955	
	Ausfuhr in Mill. Złoty*	Anteil am RGW-Export Polens in %	Ausfuhr in Mill. Złoty	Anteil am RGW-Export Polens in %	Ausfuhr in Mill. Złoty	Anteil am RGW-Export Polens in %	Ausfuhr in Mill. Złoty	Anteil am RGW-Export Polens in %
Albanien	5,0	0,5	11,2	0,8	11,1	0,5	10,6	0,5
Bulgarien	54,7	5,0	46,3	3,3	58,4	2,7	38,3	1,8
DDR	259,0	23,5	352,3	24,8	444,9	20,8	500,3	23,5
Rumänien	37,4	3,4	52,0	3,7	37,8	1,8	50,2	2,4
Tschechoslowakei	213,0	19,3	232,7	16,4	380,9	17,8	301,2	14,2
UdSSR	481,3	43,6	616,3	43,5	1098,1	51,3	1122,0	52,7
Ungarn	54,0	4,9	107,7	7,6	109,7	5,1	105,6	5,0
Insgesamt	1104,4	100	1418,5	100	2140,9	100	2128,2	100

* Devisen — Złoty zu Preisen des jeweiligen Jahres

Quelle: Berechnet nach Rocznik Statystyczny 1959, Warszawa 1959, S. 253 und Rocznik Statystyczny Handlu Zagranicznego 1967, Warszawa 1968, S. 20 und S. 22.

100 Statistisches Jahrbuch der Deutschen Demokratischen Republik 1955, a. a. O., S. 246.

Auch Polens Haupthandelspartner war die UdSSR, die demzufolge exportseitig mit durchschnittlich 48 Prozent den größten Anteil an den Umsätzen der polnischen Warenausfuhr hatte. Die Anteile der DDR und der Tschechoslowakei erreichten im Durchschnitt der angegebenen Jahre die Höhe von 40 Prozent. Der mittlere Anteil der Agrarstaaten des RGW am polnischen Export betrug lediglich 12 Prozent. Das erklärt sich aus dem vergleichsweise geringen Außenhandelsumfang dieser Länder, aber auch aus einer Orientierung der polnischen Ausfuhr schwerpunktmäßig auf die Industrieländer des RGW. Polen konnte – selbst in der Industrialisierung begriffen – nicht über die Breite des Produktionsgüterangebots verfügen, die für einen umfangreichen Investexport erforderlich gewesen wäre. Andererseits hatte Polen wie die anderen Agrarländer über den Außenhandel äquivalente Lieferungen an die Industriestaaten für seine Investimporte als Gegenleistung zu erbringen. Dabei handelte es sich um Ausfuhrprodukte, die in den Industrieländern dringend benötigt und deshalb sehr gefragt waren. Eine derartige Ergänzung begründete beispielsweise auch die exponierte Position, die Polen und die DDR infolge der Ausweitung ihres Handels wechselseitig in den Handelsstatistiken nach der UdSSR einnahmen.

Tabelle 54

Anteil der RGW-Staaten am Außenhandel Polens mit sozialistischen Ländern in den Jahren 1950 bis 1957 (zu laufenden Preisen)*

Länder	Export %	Import %
Sozialistische Länder	100,0	100,0
UdSSR	47,4	58,3
DDR	17,8	24,9
Tschechoslowakei	14,6	16,8
Ungarn	5,3	5,3
Rumänien	2,4	2,7
Bulgarien	1,8	2,0

* ohne Albanien

Quelle: Bożyk, Paweł/Wojciechowski, Bronisław: Handel zagraniczny Polski 1945—1969, Warszawa 1971, S. 141.

Das Hauptausfuhrprodukt Polens war schon in den frühen fünfziger Jahren die Steinkohle. Der Export von Steinkohle und Koks hatte 1950 einen Anteil von 35 Prozent am polnischen Gesamtexport. Der Umsatzanteil der Steinkohlenausfuhr stieg in den folgenden Jahren weiter an und erreichte einschließlich der Kokslieferungen 1955 mit 46 Prozent fast die Hälfte des Ausfuhrvolumens.[101] Hauptimporteure der polnischen Steinkohle waren im RGW-Bereich die UdSSR, die DDR und die Tschecholowakei. Im Jahre 1955 exportierte Polen 24 Millionen Tonnen Steinkohle. Davon wurden 8,2 Millionen Tonnen in die UdSSR, 3,8 Millionen Tonnen in die DDR und 3,7 Millionen Tonnen in die Tschechoslowakei geliefert.[102]

[101] Berechnet nach Rocznik Statystyczny Handlu Zagranicznego 1966, Warszawa 1967, S. 6 und S. 32.

[102] *Iskra, W.*, Rozwój przemsłowy krajów RWPG, a. a. O., S. 372 und S. 373.

Einen weiteren wichtigen Posten der polnischen Ausfuhr bildeten Zink, Zinkkonzentrat und Zinkblech. Diese Erzeugnisse wurden vor allem in die DDR, die UdSSR und die Tschechoslowakei, aber auch nach Bulgarien und Ungarn ausgeliefert. Produkte der Metallurgie wie Walzgut, Schienen und Stahlblech lieferte Polen in die DDR, die UdSSR sowie nach Ungarn, Rumänien und Bulgarien. Chemische Grundstoffe und Erzeugnisse der Chemieindustrie wie Benzol und Farbstoffe sowie andere Chemikalien bezogen die Tschecholowakei, die DDR, Ungarn, Albanien, Bulgarien und Rumänien aus Polen. Textilrohstoffe wurden nach Bulgarien und Agrarprodukte und Lebensmittel wie Zucker, Fleisch, Fische, Eier, Geflügel, Obst, Konserven und Sämereien vorwiegend in die DDR und in die Tschechoslowakei exportiert. Im Handel mit der UdSSR errang die Ausfuhr von Hochseeschiffen und Eisenbahnanlagen Bedeutung. Polnische Lokomotiven und Eisenbahnwagen importierte auch Bulgarien, das neben der Tschechoslowakei auch Werkzeugmaschinen und technische Ausrüstungsgüter aus Polen bezog. Maschinen und Bergwerksausrüstungen wurden auch nach Albanien geliefert. Um die Mitte der fünfziger Jahre ging Polen zum Export von Fabrikanlagen über und lieferte Zuckerfabriken und Zementwerke.

In der Warenstruktur des polnischen Exports dominierten als Ausfuhrposition Agrarprodukte und Rohstoffe.

Tabelle 55

Warenstruktur der Exporte Polens in den Jahren 1950 bis 1955 (in Prozent)

Jahre	Insgesamt	Maschinen und Ausrüstungen	Brennstoffe, Rohstoffe und Materialien	Agrarprodukte und Lebensmittel	Industrielle Konsumgüter
1950	100	7,8	56,0	24,0	12,2
1951	100	6,8	67,8	16,6	8,8
1952	100	10,2	62,2	18,6	9,0
1953	100	12,3	57,8	20,4	9,5
1954	100	11,1	61,6	18,0	9,3
1955	100	13,1	64,4	15,3	7,2
1950 bis 1955	100	10,2	61,6	18,8	9,3

Quelle: Rocznik Statystyczny Handlu Zagranicznego 1966, Warszawa 1967, S. 8.

Ihr Anteil am Gesamtexport Polens belief sich im Durchschnitt der Jahre 1950 bis 1955 zusammengenommen auf 80 Prozent. Der Exportanteil der Maschinen schwankte, doch läßt sich in der Tendenz eine Zunahme ihres Gewichts im polnischen Export erkennen. Hier kündigt sich eine Strukturveränderung an, die auf die fortschreitende Industrialisierung zurückzuführen ist. Daß es sich um einen regelrechten Trend handelte, bestätigte die Entwicklung in den folgenden Jahren. Im Durchschnitt der Jahre 1955 bis 1957 betrug der Anteil der Maschinenausfuhr am Gesamtexport bereits 16,3 Prozent, im Jahresdurchschnitt von 1958 bis 1963 waren es dann 29 Prozent und schließlich überstieg dieser Export im Zeitraum von 1964 bis 1968 mit einem auf Jahre aufgeschlüsselten Durchschnitt von mehr als 35 Prozent ein Drittel des Gesamtexports. Damit hatte die Maschinenausfuhr im polnischen Export die Vorrangstellung unter den in der Tabelle angegebenen vier Warengruppen erlangt.[103]

Im Unterschied zum polnischen Außenhandel spielten in der ungarischen Ausfuhr Maschinen und Ausrüstungen schon zu Beginn der Zusammenarbeit im RGW eine größere Rolle. 1950 hatten sie einen Anteil von 23 Prozent an der Gesamtausfuhr, und im RGW-Export waren es sogar 32 Prozent.[104] Überhaupt war die Zunahme des Anteils der Maschinen am Export wie Import die wichtigste Veränderung in der Warenstruktur des ungarischen Außenhandels im Vergleich zur Vorkriegszeit.

Tabelle 56

Warenstruktur des ungarischen Außenhandels in den Jahren 1938 und 1949 bis 1960 (in Prozent)

Jahre	Warengruppen							
	Maschinen und Ausrüstungen		Industrielle Konsumgüter		Rohstoffe und Halbfertigfabrikate		Agrarprod. einschl. Lebensmittel	
	Import	Export	Import	Export	Import	Export	Import	Export
1949	18,2	17,7	1,6	17,9	76,8	21,4	3,4	43,0
1950	22,0	23,0	1,5	20,3	72,7	17,5	3,8	39,2
1951	21,8	23,3	1,6	23,6	69,0	18,8	7,6	34,3
1952	22,4	26,1	1,5	20,4	70,4	20,2	5,7	33,3
1953	19,6	35,4	1,3	20,2	67,4	19,8	11,7	24,6
1954	15,4	33,0	3,1	17,7	66,6	19,6	14,9	29,7
1955	12,3	29,7	3,0	15,8	67,7	23,8	17,0	30,7
1956	13,6	30,9	2,7	15,2	71,1	23,0	12,6	30,9
1957	12,3	38,9	6,4	13,7	67,8	21,2	13,5	26,2
1958	16,8	35,8	4,6	17,9	70,1	23,5	8,5	22,8
1959	25,5	34,6	4,6	18,8	60,9	23,9	9,0	22,7
1960	27,8	38,0	5,0	17,8	58,9	23,6	8,3	20,6
1938	10,6	9,3	8,8	10,2	73,1	23,5	7,5	57,0
1949 bis 1955	18,8	26,9	1,9	19,4	70,1	20,2	9,2	33,5
1956 bis 1960	19,2	35,6	4,7	16,7	65,8	23,0	10,4	24,6
1949 bis 1960	19,0	30,5	3,1	18,3	68,3	21,4	9,7	29,8

Quelle: Berechnet nach Angaben von Kurowski, Lech, Handel zagraniczny a wzrost gospodarczy Węgier, In: Handel zagraniczny a wzrost krajów RWPG, Warszawa 1969, S. 253.

Ein Vergleich zwischen den Proportionen des ersten und zweiten Jahrfünfts (Durchschnitt) mit dem Vorkriegsstand zeigt: angestiegen ist der Importanteil der Agrarprodukte, wenn auch nicht erheblich; stark erhöht hatte sich vor allem die Maschineneinfuhr anteilmäßig zum Gesamtimport, und das vor allem auf Kosten des Anteils der industriellen Konsumgüter bei gleichzeitiger proportional etwas verringerter Rohstoffein-

[103] *Bożyk, P./Wojciechowski, B.*, Handel zagraniczny Polski, 1945–1969, a. a. O., S. 54.

[104] *Bogacka, M./Cieniuch, I./Leszek, T./Soczewica, K.*, Handel wzajemny krajów RWPG, a. a. O., S. 27.

fuhr. Doch die Rohstoffimporte blieben die dominierende Importposition. Das änderte sich auch im zweiten Jahrfünft nicht, obwohl ihr Anteil etwas zurückging und der der industriellen Konsumgüter anstieg. All das zeugt davon, daß sich die Importstruktur Ungarns als Reaktion auf die Industrialisierungsbedürfnisse verändert hatte.

Noch stärker als in der Einfuhr erhöhte sich aber der Anteil der Maschinen an der Ausfuhr. Hier war ihr Umsatzanteil auf das Dreifache der Vorkriegsproportion angestiegen. Der Exportanteil der industriellen Konsumgüter hatte – anders als in der Entwicklung der tschechoslowakischen Ausfuhrstruktur – zugenommen, während sich die Agrarexporte beträchtlich und der Rohstoffexport weniger stark im Anteil vermindert hatten. Auch diese Tendenzen setzten sich in der zweiten Fünfjahrphase fort – sieht man von Veränderungen im Handel mit industriellen Konsumgütern einmal ab. Nur im Durchschnitt der Jahre 1949 bis 1955 bildeten die Agrarerzeugnisse noch die dominierende Warengruppe des ungarischen Exports. Hierin unterschied sich diese Phase von der folgenden. Und im Durchschnitt des gesamten Jahrzehnts hielten sich der Maschinen- und der Agrarexport bei leichtem Übergewicht des ersteren fast die Waage. Ungarische Agrarerzeugnisse führten in der ersten Hälfte der fünfziger Jahre vor allem die Tschechoslowakei und die DDR ein. Zu den Importeuren gehörten außerdem auch Rumänien und die UdSSR. Getreide führte Ungarn auch nach Albanien aus.

Erzeugnisse des ungarischen Maschinenbaus bezogen ausnahmslos alle RGW-Länder. Beispielsweise importierte die DDR Dieselzüge, Omnibusse, Energiemaschinen, Radialbohrmaschinen und Revolverdrehbänke. In die UdSSR lieferte Ungarn Küsten- und Binnenschiffe, Eisenbahnen, Energiemaschinen und elektrotechnische Ausrüstungen. Rumänien führte Werkzeugmaschinen, elektrotechnische Materialien und, wie die Tschechoslowakei, auch Landmaschinen aus Ungarn ein. Fabrikeinrichtungen wurden nach Albanien und Kraftwerksausrüstungen sowie Verkehrsanlagen nach Bulgarien ausgeführt.

Zu den wichtigsten Ausfuhrprodukten der ungarischen Wirtschaft zählte bereits zu dieser Zeit Bauxit. Von den 6433 tausend Tonnen Bauxit, die Ungarn in den Jahren von 1950 bis 1955 produzierte, wurden 3974 tausend Tonnen oder 62 Prozent exportiert. Fast die gesamte Bauxitausfuhr, 98 Prozent, ging in den RGW-Bereich.[105] Zu den Importeuren gehörten die UdSSR, auf die der Hauptanteil in Höhe von 71 Prozent entfiel, die DDR mit einem Anteil von 23 Prozent und die Tschechoslowakei, deren Anteil nur 7 Prozent ausmachte.

Tabelle 57

Ungarns Produktion und Export von Bauxit in den Jahren von 1950 bis 1955 (in tausend Tonnen)

	1950	1951	1952	1953	1954	1955
Produktion	...	543	725	771	783	554
Export in die UdSSR	560	463	518	525	476	200
Export in die DDR	2	61	136	190	230	261
Export in die Tschechoslowakei	19	9	54	38	63	77

Quelle: Statisztikai Évkönyv 1949–1955, Budapest 1957, S. 74, 75 und S. 274 bis 288.

[105] Statisztikai Évkönyv 1949–1955, a. a. O., S. 74 und 75, 262 und 263 sowie S. 274 und 288.

Tabelle 58

Export Ungarns in die Mitgliedsländer des RGW in den Jahren 1949 bis 1955

Länder	1949		1950		1951		1952		1953		1954		1955	
	Ausfuhr in Mill. Devisen – Forint	Anteil am RGW-Export Ungarns in %	Ausfuhr in Mill. Devisen – Forint	Anteil am RGW-Export Ungarns in %	Ausfuhr in Mill. Devisen – Forint	Anteil am RGW-Export Ungarns in %	Ausfuhr in Mill. Devisen – Forint	Anteil am RGW-Export Ungarns in %	Ausfuhr in Mill. Devisen – Forint	Anteil am RGW-Export Ungarns in %	Ausfuhr in Mill. Devisen – Forint	Anteil am RGW-Export Ungarns in %	Ausfuhr in Mill. Devisen – Forint	Anteil am RGW-Export Ungarns in %
Albanien	18,6	1,2	48,9	1,9	30,7	1,1	40,9	1,2	23,2	0,6	31,5	0,8	45,7	1,1
Bulgarien	63,3	3,9	74,5	2,9	59,7	2,0	84,3	2,4	107,2	2,5	102,2	2,5	102,6	2,4
DDR	60,9	3,8	284,1	11,2	157,0	5,4	352,9	10,0	422,0	9,9	573,7	13,9	762,4	18,0
Polen	134,8	8,4	316,4	12,4	376,0	13,0	420,1	11,9	377,7	8,9	340,7	8,3	374,7	8,9
Rumänien	183,8	11,4	298,4	11,7	171,5	5,9	219,5	6,2	301,4	7,1	177,8	4,3	227,7	5,4
Tschechoslowakei	333,2	20,6	406,8	16,1	614,2	21,0	677,2	19,2	822,1	19,3	884,6	21,4	928,1	21,9
UdSSR	820,5	50,8	1115,3	43,8	1515,5	51,8	1740,6	49,2	2198,2	51,7	2018,0	48,9	1794,9	42,4
Insgesamt	1615,0	100	2544,4	100	2924,6	100	3535,4	100	4251,8	100	4128,5	100	4236,1	100

Quelle: Berechnet nach Statisztikai Évkönyv 1949–1955, Budapest 1957, S. 274–288 (laufende Preise).

Polen und Bulgarien importierten in kleinerem Umfang Aluminiumprodukte, führten jedoch wie Rumänien und Albanien kein Bauxit aus Ungarn ein.

Zur Vollständigkeit sei erwähnt, daß auch Chemikalien und Pharmazeutika einen Bestandteil des ungarischen Exportprogramms bildeten.

Im Zeitraum von 1950 bis 1955 entwickelte sich die Gesamtausfuhr Ungarns langsamer als die der DDR und schneller als die Polens und der Tschechoslowakei. Die jährliche Durchschnittsrate der Exportsteigerung lag in der DDR bei 29 Prozent, in Polen bei 8 Prozent, in der Tschechoslowokei bei 8,7 Prozent und sie erreichte in Ungarn 14 Prozent.[106] Der ungarische RGW-Export entwickelte sich mit einer jährlichen Durchschnittsrate von 11,2 Prozent[107] jedoch langsamer als der Gesamtexport des Landes im Gegensatz übrigens zum Außenhandel der Tschechoslowakei und der DDR, wo die RGW-Exporte schneller anstiegen als die Warenausfuhr insgesamt.[108]

Der Anteil des RGW-Exports an der Gesamtausfuhr Ungarns erreichte im Durchschnitt der Jahre 1949 bis 1955 63 Prozent. Im Jahre 1950 stiegen die ungarischen Exporte in den RGW-Bereich sprunghaft an. Gegenüber dem Vorjahr erfolgte eine Steigerung des Absatzes um 58 Prozent. Besonders stark erhöhte sich die Ausfuhr in die DDR (um 367 Prozent) und nach Polen (um 135 Prozent). Hohe Steigerungsraten wies in diesem Jahr auch die Ausfuhr nach Rumänien (62 Prozent) und in die UdSSR (36 Prozent) auf. Die Entwicklung des ungarischen Exports in den RGW war in den folgenden Jahren durch einen gleichmäßigen Anstieg gekennzeichnet, der dann aber 1954 durch einen Rückgang der Ausfuhr unterbrochen wurde.

Gemeinsamkeiten und Unterschiede der Exportstrukturen Ungarns und Polens treten hervor durch einen Vergleich der Ausfuhranteile im Durchschnitt der angegebenen Jahre.

Tabelle 59

Anteil der RGW-Partner an den Exporten Ungarns in die Wirtschaftsgemeinschaft im Durchschnitt der Jahre 1949 bis 1955			Anteil der RGW-Partner an den Exporten Polens in die Wirtschaftsgemeinschaft im Durchschnitt der Jahre 1949, 1950 1953 und 1955		
UdSSR	48,4%		UdSSR	47,8%	
DDR	10,3%	30,2%	DDR	23,2%	40,1%
Tschechoslowakei	19,9%		Tschechoslowakei	16,9%	
Polen	10,3%	21,5%	Ungarn	5,7%	12,3%
Rumänien	7,4%		Rumänien	2,8%	
Bulgarien	2,7%		Bulgarien	3,2%	
Albanien	1,1%		Albanien	0,6%	

Ungefähr gleich hoch waren die Anteile der UdSSR, die jeweils annähernd die Hälfte des Exportvolumens ausmachten. Eine weitere Gemeinsamkeit bestand darin, daß die

106 Ebenda, S. 262 und 263. Statistisches Jahrbuch der Deutschen Demokratischen Republik 1973, S. 284 sowie UN-Handbook of international trade and development statistics 1972, New York 1972, S. 8 und 9. Berechnet zu laufenden Preisen.

107 Statisztikai Évkönyv 1949–1955, a. a. O., S. 274–288 und S. 262. Berechnet nach laufenden Preisen.

108 Statistisches Jahrbuch der Deutschen Demokratischen Republik, 1973, a. a. O., S. 284. 30 Let Dlouhodobé Časové Řady, a. a. O., S. 46 sowie UN-Handbook of international trade and development statistics 1972, a. a. O., S. 8 und 9.

Anteile der übrigen zwei Industrieländer zusammengenommen höher lagen als die der sich industrialisierenden Agrarländer. Gegenüber der Exportstruktur Polens war jedoch die Agrargruppe in der ungarischen Exportstatistik stärker vertreten. Einerseits war Ungarn zwar auch, aber nicht in gleichem Maße wie Polen, im Austauschverhältnis mit der Tschechoslowakei und der DDR Importeur von Produktionsgütern, andererseits konnte Ungarn infolge seines im Vergleich zu Polen entwickelteren Maschinenbaupotentials im Handel mit den Agrarländern prädestinierter als Exporteur in Erscheinung treten. Jedoch ist auch für Ungarn eine sogar zunehmende Exportorientierung auf die Industriestaaten des RGW in der ersten Hälfte der fünfziger Jahre erkennbar.

Ganz im Gegensatz zum ungarischen Außenhandel trat im Export Rumäniens und Bulgariens infolge des geringen Potentials der Industrie die Maschinenausfuhr zugunsten der traditionellen Landesprodukte völlig in den Hintergrund. Im Unterschied zu Bulgarien verfügte aber Rumänien in größerem Umfang über Möglichkeiten für den nichtagrarischen Rohstoffexport besonders durch seine Erdölvorkommen und Zinklagerstätten. Für die Warenstruktur der rumänischen Ausfuhr war ein Übergewicht der Agrarprodukte und der Erzeugnisse der extraktiven Industrie kennzeichnend. Sie machten zusammen in der ersten Hälfte der fünfziger Jahre fast neun Zehntel des Exports aus.

Tabelle 60

Warenstruktur des rumänischen Exports in den Jahren 1950 und 1955 (in Prozent)

Jahre	Maschinen u. Industrieausrüstungen	Brennstoffe, mineralische Rohstoffe u. Metalle		Chemische Produkte, chemische Düngemittel u. Kautschuk	Baumaterial	Agrarrohstoffe für die Industrie*	Rohstoffe für die Lebensmittelindustrie u. Lebensmittel	Industrielle Konsumgüter
		insgesamt	davon Erdölprodukte					
1950	4,2	33,8	30,1	1,7	4,4	29,7	24,9	1,3
1955	6,1	44,4	36,0	1,3	3,9	20,1	22,9	1,3

* außer Lebensmittelindustrie
** einschließlich Lebendvieh
Quelle: Handel zagraniczny a wzrost krajów RWPG, Warszawa 1969, S. 321.

Die Erdölerzeugung war bis in die Mitte der sechziger Jahre die führende Exportindustrie der rumänischen Wirtschaft. Erdöl und Erdölprodukte wurden im ersten Jahrfünft der Zusammenarbeit in alle RGW-Länder exportiert. Außerdem wurden an nichtagrarischen Rohstoffen Zink und Edelhölzer in den RGW-Bereich ausgeführt, Der Anteil der Agrarprodukte, der 1950 noch über 50 Prozent der Gesamtausfuhr bildete, ging in den folgenden Jahren etwas zurück, ohne daß entscheidende Veränderungen in der Warenstruktur des Exports eintraten.

An technischen Erzeugnissen exportierte Rumänien Eisenbahnwagen in die UdSSR und gegen Mitte der fünfziger Jahre Ausrüstungen für die Erdölindustrie nach Ungarn und Bulgarien, Traktoren ebenfalls nach Bulgarien und elektrotechnisches Material nach Albanien. Die DDR importierte aus Rumänien hauptsächlich Agrarprodukte, Erdöl, Erzeugnisse der Chemieindustrie sowie Roherz und Erzkonzentrat.

Ein Vergleich mit der Entwicklung der ungarischen Ausfuhr zeigt, daß Rumänien bei geringerem Außenhandelsvolumen mit einem Zuwachs von 15 Prozent im Durchschnitt der Jahre 1950 bis 1955 eine etwas höhere Exportintensität in der Gesamtausfuhr zu verzeichnen hatte.

Tabelle 61

Entwicklung des Außenhandels Rumäniens von 1949 bis 1955 (in Mill. Valuta-Lei zu Preisen des jeweiligen Jahres)

Jahr	Insgesamt	Export	Import
1949	2321	1159	1162
1950	2735	1274	1461
1951	3216	1580	1636
1952	4009	1826	2183
1953	4973	2196	2777
1954	4544	2216	2328
1955	5301	2530	2771

Quelle: Comerţul Exterior al Republicu Sozialiste România 1974, culegere de date statistice, S. 15.

Der rasche Anstieg des rumänischen Exports wurde lediglich 1954 unterbrochen. Zur gleichen Zeit gingen auch die Importe gegenüber dem Vorjahr zurück. Die Einfuhr verminderte sich aus der Tschechoslowakei um 62 Prozent,[109] aus Ungarn um 41 Prozent[110] und der DDR um 18 Prozent.[111] Im darauffolgenden Jahr stiegen sowohl die Gesamteinfuhr (um 19 Prozent) als auch die Gesamtausfuhr Rumäniens (um 14 Prozent) wieder an, bei zunehmendem Import aus Ungarn und weiterem leichten Absinken der DDR-Importe und einem sich fortsetzenden erheblichen Rückgang der Einfuhr aus der Tschechoslowakei.[112] Die sich so deutlich abzeichnende Schwankung der Umsätze im Jahr 1954 läßt auf eine Wechselwirkung im Außenhandel Rumäniens mit diesen Partnerländern des RGW schließen, die jedoch durch weitere Angaben nicht belegt werden kann.

Infolge der im Vergleich zur rumänischen Wirtschaft geringeren extraktiven Ressourcen Bulgariens war hier die Ausfuhr in noch höherem Maße von agrarischen Erzeugnissen bestimmt.

Doch schon in der ersten Hälfte der fünfziger Jahre vollzogen sich Veränderungen in der Warenstruktur des bulgarischen Exports. Extraktive Rohstoffe bildeten 1950 nur ein knappes Zehntel der Ausfuhrgüter; fünf Jahre später hatte sich ihr Anteil an der Ausfuhr auf ein Fünftel erhöht. Wir haben es hierbei jedoch mit einer zeitweiligen Erscheinung der bulgarischen Exportentwicklung zu tun. Die Zunahme des Anteils der extraktiven Rohstoffe war durch die Startphase der Industrialisierung bedingt und erklärt sich aus den noch unzureichenden Kapazitäten der Eigenverarbeitung. Auch wurde in Ermangelung anderer Exportgüter auf Rohstofflieferungen als Äquivalent für Invest-

109 30 Let ČSSR Dlouhodobé Časové Řady, a. a. O., S. 46.

110 Statisztikai Évkönyv 1949–1955, a. a. O., S. 274–288.

111 Statistisches Jahrbuch der Deutschen Demokratischen Republik 1955, a. a. O., S. 246.

112 Vgl. hierzu die bereits zitierten Angaben aus der Statistik der Tschechoslowakei, Ungarns und der DDR.

Tabelle 62

Anteil einiger Warengruppen an der bulgarischen Ausfuhr 1951 (in Prozent)

Getreide und Hülsenfrüchte	2,8
Industriepflanzen	36,9
Rohes Obst und Gemüse	11,6
Konserviertes Obst und Gemüse	7,7
Wein, Spiritus, Schnaps	6,8
Viehzuchterzeugnisse und Lederwaren	10,5
Bodenschätze	15,0
Holzerzeugnisse	3,4
Handwerks- und Industriewaren	5,2

Quelle: Taschenbuch über die Volksdemokratien 1953, a. a. O., S. 68.

importe zurückgegriffen. In der zweiten Hälfte der fünfziger Jahre verringerte sich der Exportanteil dieser Warengruppe wieder.

Tabelle 63

Warenstruktur des bulgarischen Exports in den Jahren 1950 bis 1960 zu Preisen des jeweiligen Jahres (in Prozent)*

Warengruppen	1950	1955	1956	1957	1958	1959	1960
1. Maschinen und Ausrüstungen	0,0	2,6	4,0	7,5	8,4	12,0	13,6
2. Brennstoffe, mineralische Rohstoffe und Metalle	9,2	20,7	21,0	17,4	15,0	10,7	9,3
3. Chemische Produkte u. Düngemittel sowie Kautschuk	0,4	1,9	1,4	2,2	2,4	2,5	2,2
4. Baumaterial	1,6	1,6	1,7	1,5	0,9	0,7	0,6
5. Pflanzliche u. tierische Rohstoffe ohne Lebensmittel	41,4	25,5	21,3	19,0	19,1	20,6	18,2
6. Rohstoffe zur Produktion von Lebensmitteln	17,5	9,8	7,5	5,2	3,8	6,3	7,3
7. Zu Lebensmitteln verarbeitete Agrarprodukte	28,0	25,4	27,5	22,5	29,5	29,5	30,9
8. Industrielle Konsumgüter	1,9	12,5	15,4	24,7	20,9	17,7	17,9

* ohne Lebendvieh

Quelle: Wzientek, Leon, Handel zagraniczny a wzrost gospodarczy Bułgarii, In: Autorenkollektiv: Handel zagraniczny a wzrost krajów RWPG, Warszawa 1969, S. 280.

Als kontinuierliche Tendenz wird die Steigerung der Maschinenausfuhr im Überblick des Jahrzehnts durch die Erhöhung ihres Exportanteils erkennbar. 1955 gehörte sie jedoch noch zu den Randgruppen des bulgarischen Exports.

Im Vergleich zum Ausgangsjahr hatte sich der Anteil der Agrarprodukte 1955 vor allem zugunsten der extraktiven Rohstoffe und industriellen Konsumgüter verringert. Die landwirtschaftlichen Erzeugnisse behielten aber auch weiterhin ihre dominierende Position im bulgarischen Export, wobei sich langfristig die Tendenz zur Ausfuhr verarbeiteter Erzeugnisse durchsetzte. Lebensmittel als verarbeitete Agarprodukte bildeten dann ab 1956 die Hauptwarengruppe der bulgarischen Ausfuhr. Doch schon die Eckzahlen für 1950 und 1955 lassen auf den Trend zum Export verarbeiteter landwirtschaftlicher Ausgangsprodukte schließen. Noch 1950 gestaltete sich das Verhältnis zwischen den Agrarwarengruppen 5 bis 7, bezogen auf unverarbeitete und verarbeitete Erzeugnisse, ungefähr 7 zu 3; 1955 verhielten sich beide Erzeugnisarten wie 6 zu 4. Gesondert für Lebensmittel (Gruppen 6 und 7) betrachtet, verhielten sich die Exportproportionen zwischen agrarischen Ausgangsstoffen und zu Lebensmitteln verarbeiteten Erzeugnissen 1950 wie 4 zu 6, 1955 dagegen wie 3 zu 7 und 1960 wie 2 zu 8.

Zu den Agrarprodukten, die in der ersten Hälfte der fünfziger Jahre in die RGW-Partnerländer exportiert wurden, gehörten Brot- und Futtergetreide, Ölsaaten, Pflanzenöl, Schaffelle und Leder, Geflügel, Wein, Weintrauben und anderes Obst sowie Gemüse und auch bereits Konserven. Besondere Bedeutung für die bulgarische Ausfuhr hatte unter den Agrarerzeugnissen der Tabak. Als Rohstoff oder zu Zigaretten verarbeitet wurde er nach Polen, Ungarn, in die Tschechoslowakei, die UdSSR und die DDR exportiert. An extraktiven Rohstoffen wurden Buntmetalle wie Blei- und Zinkkonzentrate nach Ungarn, in die UdSSR, nach Rumänien und Polen sowie in die Tschechoslowakei und die DDR geliefert. Chemische Düngemittel bezogen Ungarn, die Tschechoslowakei und Rumänien aus Bulgarien. Pyrite wurden nach Polen, Asbest nach Rumänien und Zement nach Rumänien und in die UdSSR ausgeführt. Mitte der fünfziger Jahre wurden auch Rohre und Lastkähne in die UdSSR exportiert.

Auf den Handel mit der UdSSR entfiel schon in den Nachkriegsjahren der Hauptanteil des bulgarischen Warenumsatzes. 1947 und 1948 hatten die sowjetischen Lieferungen einen Anteil von ungefähr 60 Prozent an der Gesamteinfuhr Bulgariens, wobei am schnellsten die Importe von Düngemitteln und Maschinen anstiegen.[113] Die Exporte in die UdSSR entsprachen im gleichen Zeitraum 52 Prozent des Ausfuhrvolumens der Volksrepublik.[114] Zweitwichtigster Handelspartner war bereits in dieser Zeit die Tschechoslowakei. Angaben über die geographische Struktur der bulgarischen RGW-Exporte in der folgenden Periode liegen für drei Jahre vor. Vgl. Tabelle 64

Der Anteil der UdSSR war gegenüber den vierziger Jahren weiter angestiegen, und auch die Exportanteile der Tschechoslowakei und der DDR, die im Durchschnitt der angegebenen Jahre mit zusammengenommen 26 Prozent erheblich über denen der Agrargruppe mit insgesamt 16 Prozent lagen, zeugen von einer stärkeren Ausrichtung der bulgarischen Ausfuhr auf die Industrieländer der Wirtschaftsgemeinschaft. Der bulgarische Außenhandel wurde übrigens in der ersten Hälfte der fünfziger Jahre ungefähr zu 90 Prozent mit den RGW-Partnern abgewickelt.[115]

Für die Einschätzung des Handelsverkehrs der Volksrepublik Albanien in den frühen fünfziger Jahren kann von einer vollständigen Orientierung auf die Mitgliedsstaaten des RGW ausgegangen werden. Die Handelsumsätze, die Albanien im Zeitraum von 1949 bis 1952 erzielte, resultierten ausschließlich aus den Wirtschaftsbeziehungen mit der

113 Vgl. Taschenbuch über die Volksdemokratien 1953, a. a. O., S. 69.

114 Ebenda.

115 1951 entfielen ca. 7 Prozent des bulgarischen Außenhandels auf Länder außerhalb des RGW-Bereiches, während 1955 der Gesamtumsatz Bulgariens im RGW-Handel erzielt wurde. Vgl. Taschenbuch über die Volksdemokratien 1953, a. a. O., S. 69 sowie unter Umrechnung von Lei auf Rubel die Exporthöhe mit Angaben des Statistischen Jahrbuchs der Mitgliedsländer des RGW 1971, S. 341.

Tabelle 64

Export Bulgariens in die Mitgliedsländer des RGW in den Jahren 1950, 1951 und 1955 (zu laufenden Preisen)

Länder	1950 Ausfuhr in Mill. Lewa	1950 Anteil am RGW-Export Bulgariens in %	1951 Ausfuhr in Mill. Lewa	1951 Anteil am RGW-Export Bulgariens in %	1955 Ausfuhr in Mill. Lewa	1955 Anteil am RGW-Export Bulgariens in %	Anteil am RGW-Export Bulgariens im Durchschnitt der Jahre 1950, 1951 und 1955
Albanien	0,4	0,3	...	0,8	2,6	1,1	0,7
DDR	7,6	6,0	...	9,9	38,0	15,8	10,6
Polen	13,8	11,0	...	8,2	8,2	3,4	7,5
Rumänien	2,7	2,2	...	3,0	10,9	4,5	3,2
Tschechoslowakei	20,1	16,0	...	17,9	29,8	12,4	15,4
UdSSR	74,6	59,3	...	56,5	139,7	58,0	57,9
Ungarn	6,6	5,3	...	3,7	11,8	4,9	4,6
Insgesamt	125,8	100	...	100	241,0	100	100

Quelle: Für die Jahre 1950 und 1955 Wenschna Torgowia na Narodna Republika Bulgaria statistitscheski danni 1939–1975, Sofia 1976, S, 26. Für 1951 berechnet nach Taschenbuch über die Volksdemokratien 1953, a. a. O., S. 69.

UdSSR und den Volksdemokratien.[116] Und auch für die folgenden Jahre der hier behandelten Entwicklungsphase ist kaum eine Veränderung in Form größerer geographischer Strukturverschiebungen im albanischen Außenhandel anzunehmen – wurden doch gemäß den im RGW getroffenen Absprachen die Exporte der Mitgliedsländer für die Industrialisierung des Landes fortgesetzt.

Mit dem in der Nachkriegszeit erfolgten Wandel der geographischen Struktur des albanischen Außenhandels war auch eine Veränderung seiner Warenstruktur einhergegangen. Sie zeigte sich jedoch vor allem in der Einfuhr. Das macht ein Vergleich der Importe zur Vorkriegszeit sichtbar. Schon 1949 hatte der Import von Produktionsgütern 66 Prozent der albanischen Einfuhr ausgemacht. Vor dem Krieg hatten diese Waren nach dem Stand von 1938 nur einen Anteil von 6 Prozent am Import Albaniens. Und umgekehrt war der Import von Konsumgütern, die 1938 noch ein Anteil von 94 Prozent an der Einfuhr des Landes hatten, 1949 nur noch zu 34 Prozent am Gesamtimport vertreten.[117]

In der Zeit von 1950 bis 1955 wuchsen die Importe Albaniens im Durchschnitt dieser Jahre um 28 Prozent und damit erheblich schneller als seine Exporte, deren durchschnittliche Wachstumsrate 20 Prozent erreichte.

[116] Vgl. Statistische Praxis 1953, Heft 5 und für 1952 *Kohlmey, Gunther,* Der demokratische Weltmarkt, a. a. O., S. 229.

[117] Taschenbuch über die Volksdemokratien 1953, a. a. O., S. 21.

Tabelle 65

Entwicklung des Außenhandels Albaniens in den Jahren 1950 bis 1955 (in Mill. Rubel zu laufenden Preisen)

	1950	1951	1952	1953	1954	1955
Export	5,4	8,1	11,7	9,9	9,0	11,7
Import	19,8	36,0	22,8	36,0	22,5	38,7
Insgesamt	25,2	44,1	34,5	45,9	31,5	50,4
Saldo	−14,4	−27,9	−11,1	−26,1	−13,5	−27,0

Quelle: UN-Handbook of international trade and development statistics 1972, a. a. O., S. 8 und S. 16. Die Angaben wurden für Vergleichszwecke auf Rubel umgerechnet (Kurs 0,90 neue Rubel gleich ein US-Dollar).

Wie die Zahlen zeigen, war die Einfuhr in diesen Jahren insgesamt dreimal so hoch wie die Ausfuhr. Das erklärt sich aus der mit Krediten der Exporteure überbrückten Divergenz zwischen dem Investbedarf und den Liefermöglichkeiten der albanischen Volkswirtschaft.

Albanien exportierte in dieser Zeit überwiegend industrielle und agrarische Rohstoffe. An Metallen wurde Chromerz in alle Mitgliedsländer des RGW, Kupfer in die Tschechoslowakei, die UdSSR sowie nach Ungarn und Rumänien und Blei nach Ungarn exportiert. Bitumen lieferte Albanien in die UdSSR, die DDR und nach Polen, Schmieröl und Teer nach Bulgarien. Nach Polen wurde Erdöl ausgeführt.

Zu den von Albanien exportierten Agrarprodukten gehörte vor allem Tabak, den die DDR, Ungarn, Polen und die Tschechoslowakei einführten. Ferner Rohbaumwolle, die nach Rumänien und Bulgarien geliefert wurde, sowie Felle und Häute, die von der Tschechoslowakei, Rumänien und Ungarn importiert wurden. Arzneipflanzen wurden in die Tschechoslowakei, Drogen in die DDR und Oliven und Zitrusfrüchte nach Bulgarien und Rumänien sowie in die DDR ausgeführt. Die DDR bezog außerdem Holz aus Albanien.

2. Zur Frage des Beginns der Plankoordinierung

Die ersten Jahre der Zusammenarbeit im RGW sind von der wirtschaftshistorischen Forschung bisher nur wenig erschlossen worden. Über die ersten drei Ratstagungen wurden lediglich spärliche Informationen an die Presse gegeben. In den Jahren von 1951 bis 1953 fanden keine RGW-Tagungen statt. Es kommt hinzu, daß die nationale Statistik der RGW-Länder vielfach erst seit Mitte der fünfziger Jahre und zum Teil auch erst gegen Ende dieses Jahrzehnts zur Veröffentlichung detaillierterer Daten über die Außenwirtschaftsbeziehungen überging.

Stößt die Untersuchung der Wirtschaftsbeziehungen der RGW-Länder in den Anfangsjahren ihrer Zusammenarbeit auf Lücken in Berichterstattung und Statistik, die sowohl die Analyse als auch die Synthese erschweren, sind andererseits viele der in den RGW-Ländern publizierten Fakten bisher nur unzureichend ausgewertet worden. Die ungenügende Berücksichtigung des vorliegenden Materials führte im Rückblick auf diese Periode auch zu Einschätzungen, die einer sachlichen Überprüfung nicht standhalten. Verbreitet ist beispielsweise die Auffassung, daß sich der Außenhandel der RGW-Länder innerhalb der Wirtschaftsgemeinschaft auf den Verkauf und Bezug traditioneller Landesprodukte beschränkt und als unkoordinierter Austausch von Überschüssen der Volkswirtschaften vollzogen habe. Bogomolow sieht außerdem eine Funktion des Warenverkehrs im RGW jener Jahre auch in der Überwindung von Engpässen. Er urteilt: „Das Charakteristische dieser Anfangsetappe waren überwiegend Handelsbeziehungen, der Austausch überschüssiger Produkte sowie schließlich gegenseitige Warenlieferungen, die für die Überwindung von wirtschaftlichen Engpässen bestimmt waren. Etwa vom Jahre 1956 an kann man den Zeitpunkt datieren, zu dem die RGW-Länder dieses dem Wesen der Sache nach wenig stabile und planmäßige Stadium der Zusammenarbeit hinter sich ließen und sich der Entwicklung von Produktionsbeziehungen zuzuwenden begannen, die auf der Koordinierung der Perspektivpläne und einer rationellen internationalen Spezialisierung der Industrieproduktion fußten."[118]

Ławrynowicz bezeichnet unter Berufung auf Sielecki und Bożyk diesen Zeitraum als Etappe des einfachen Warenaustauschs und stellt ihn der folgenden Periode gegenüber, die er als Etappe der Koordinierung der nationalen Pläne, der Arbeitsteilung, der Spezialisierung, der Zusammenarbeit in der Produktion und der wissenschaftlich-technischen Zusammenarbeit von den ersten Jahren abhebt. Die wirtschaftliche Zusammenarbeit habe sich zunächst hauptsächlich auf die Sphäre des Austauschs konzentriert, und auch Ławrynowicz schätzt ein, daß dieser als Austausch von Warenüberschüssen erfolgte.[119] Doch dann verweist Ławrynowicz, die mehrjährigen Handelsabkommen negierend – und seiner ersten Behauptung widersprechend –, dennoch auf eine Koordinierung, wenn auch mit Einschränkungen, indem er schreibt: „Dieser Austausch basierte auf kurzfristigen Handelsverträgen (für den Zeitraum eines Jahres), die gewissermaßen eine indirekte Form der abschnittsweisen Koordinierung der Produktion darstellten. Damals war von einer sensu stricto verstandenen Koordinierung der Pläne noch keine Rede. Die Koordinierung der ökonomischen Vorhaben stellte eine nichtlineare Funktion der Entwicklungsstruktur, nicht jedoch des summarisch betrachteten Wirtschaftswachstums dar."[120] Bei sovielen Einwänden bleibt dann doch die Frage, was nun überhaupt in der ersten Hälfte der fünfziger Jahre koordiniert wurde, wenn nur indirekt, abschnittsweise, nicht sensu stricto verstanden usw., um einen „einfachen Warenaustausch" von Überschüssen in die Wege zu leiten.

Beginnen wir mit den Warenüberschüssen. Was sind Überschüsse im internationalen Warenverkehr? Doch offenbar Produkte, die infolge traditionell beheimateter Produktionskapazitäten bzw. günstiger Produktionsbedingungen einer Volkswirtschaft über den eigenen Bedarf hinaus erzeugt wurden und demzufolge zum internationalen Austausch angeboten werden. Oft wird in diesem Zusammenhang auch der Begriff der traditionellen Landesprodukte und Austauschgüter verwendet. Aber auch Erzeugnisse neugeschaffener Produktionskapazitäten, die von vornherein für einen über den Landesbedarf hinausgehenden Produktionsausstoß etabliert wurden, wären Überschußprodukte. Nur sind sie wohl kaum gemeint, wenn vom Handel mit überschüssigen Produkten, bezogen auf die erste Hälfte der fünfziger Jahre, die Rede ist. Und solche Güter, die im eigenen Land verbraucht werden könnten, aber aus bestimmten Gründen für den Export bereit-

[118] *Bogomolow, O. T.*, Theorie und Methodologie der internationalen sozialistischen Arbeitsteilung, Berlin 1969, S. 34.

[119] DDR – VRP Bündnis und Zusammenarbeit, Berlin 1974, S. 108.

[120] Ebenda, S. 109.

gestellt werden, können nicht in die Gruppe der Überschußerzeugnisse eingestuft werden. Schließlich kann ein Erzeugnis lediglich zeitweilig bzw. kurzfristig die Funktion eines überschüssigen Exportprodukts haben, wenn – wie im Fall bestimmter Rohstoffvorkommen in sich industrialisierenden Ländern –, die Kapazitäten zur Verarbeitung erst geschaffen werden müssen und der Eigenbedarf erst mit einem höheren Industrialisierungsniveau die Zweckmäßigkeit eines Exports in Frage stellt.

Natürlich spielte der Handel mit Überschußerzeugnissen in der Anfangszeit des RGW eine große Rolle; daß er charakteristisch und von ausschlaggebender Bedeutung für den gesamten Handel im Intra-RGW-Bereich jener Entwicklungsphase war, ist nicht erwiesen, und ich wage es zu bezweifeln. Polnische Steinkohle, rumänisches Erdöl, ungarisches Bauxit und bulgarische Agrarprodukte waren zum großen Teil Überschußerzeugnisse und auch traditionelle Exportpositionen, die als Gegenlieferungen zum Ausgleich des Investimports nicht nur in diesen, sondern bekanntlich auch in den folgenden Jahren maßgeblich beigetragen haben.[121] Aber die Lieferungen an sowjetischen Maschinen, Ausrüstungen und Anlagen beispielsweise für die Aufnahme der Stahlproduktion und die Erzeugung von Elektroenergie sind wohl schwerlich als Überschußproduktion aufzufassen. Zwar handelte es sich dabei um zu dieser Zeit längst etablierte und schon traditionelle Produkte der sowjetischen Industrie, doch waren es weder traditionelle Exportgüter, noch kann angesichts der Anstrengungen, die damals zum Ausbau der energetischen und metallurgischen Basis in der UdSSR verstärkt wurden, behauptet werden, daß diese Erzeugnisse im Inland nicht gebraucht wurden. Und letzteres gilt natürlich auch zumindest für einen Teil der sowjetischen Rohstoff- und Materialexporte. Traditionelle Ausfuhrerzeugnisse der Tschechoslowokei waren vorwiegend industrielle Konsumgüter, der DDR Ausrüstungen für die Konsumgütererzeugung wie Textilmaschinen sowie Büromaschinen, feinmechanisch-optische Geräte und Kalisalz. Jedoch veränderte sich die Struktur des Ausfuhrangebots beider Länder in Richtung auf den RGW-Bereich schon in dieser Phase sehr stark zugunsten eben jener Exporte, die wiederum nicht in die Kategorie der Überschüsse fallen. Hierbei ist auch auf die Zunahme der ungarischen Maschinenexporte in den RGW zu verweisen. Und letztendlich darf für einen Teil der Ausfuhr der ehemaligen Agrarländer des RGW ein exportbedingter Verzicht auf Eigenverbrauch im Interesse des Industrialisierungsbedarfs nicht ausgeschlossen werden.[122] Auch für diese Länder ist übrigens außerdem in einzelnen und ersten Fällen die Entwicklung industrieller Produktionen auch als Reaktion auf den RGW-Bedarf in Rechnung zu stellen, wie das Beispiel des polnischen Schiffsbaus beweist.

Für die Kennzeichnung der Exporte aus den Industrieländern in den RGW-Bereich ist der Begriff Überschußerzeugnisse weitgehend unzutreffend und deshalb abzulehnen; für das Warenangebot der damaligen Agrarländer ist diese Bezeichnung mit einigen Einschränkungen akzeptabel. Zur Einschätzung des gesamten Intra-RGW-Handels, wie er sich in der ersten Hälfte der fünfziger Jahre entwickelte, ist eine solche Definition ungeeignet, da sie die Problematik des Warenaustauschs in der Anfangszeit der Industrialisierung unzulässig vereinfacht. Sie ist zudem irreführend, weil sie den falschen Eindruck erweckt, als sei überwiegend das gehandelt worden, worüber die Partner ohne

121 Vgl. hierzu auch *Iskra, W.*, Rozwój przemysłowy krajów RWPG, a. a. O., S. 372.

122 Auch dafür gibt es Beispiele. So trat in der Anfangsphase der sozialistischen Industrialisierung Polens eine Differenz zwischen dem Eigenbedarf und den der Wirtschaft zur Verfügung gestellten Kontingenten an Kohle auf. Vgl. *Tomaszewski, J.*, Die wirtschaftliche Entwicklung der Volksrepublik Polen, a. a. O., S. 30.

planmäßige gegenseitige Abstimmung gerade verfügen konnten. Die Warenstruktur und die geographische Orientierung der Exporte im Intra-RGW-Handel zeugen jedoch von einem planmäßigen Vorgehen bei der Entwicklung des gegenseitigen Handels, das der Logik der internationalen Arbeitsteilung jener Anfangsperiode folgte; einer Arbeitsteilung zwischen Industrie- und im Industrialisierungsprozeß begriffenen Agrarstaaten einer verbündeten Gruppe. Die UdSSR nahm infolge ihrer relativ breiten und vom Volumen her umfangreichsten Ausfuhr eine besondere universale Stellung und Schlüsselposition im RGW-Handel ein, wobei ihr Ausrüstungsexport eindeutig auf die Agrarländer der Gemeinschaft ausgerichtet war. Die gegenseitige Exportorientierung der Tschechoslowakei und der DDR war weniger intensiv als gegenüber den damaligen Agrarländern und deren Exporte waren wieder stärker auf die Industrieländer orientiert. Die geographische Struktur der Exporte resultierte nicht nur aus den unterschiedlichen Handelsvolumina der Partner, sie war darüber hinaus in der Warenstruktur des Handels begründet, der sich als Austausch von Investgütern und Rohstoffen gegen industrielle und agrarische Rohstoffe und Lebensmittel vollzog. Diese zeitlich begrenzte und aus den Bedürfnissen des Industrialisierungsstarts sowie den Niveauunterschieden sich ergebende internationale Arbeitsteilung im RGW war auf die Errichtung von Volkswirtschaftskomplexen, nicht auf deren Verflechtung zu integralen Bestandteilen eines Ganzen gerichtet.

Das rechtfertigt jedoch nicht, den Warenverkehr im RGW jener Jahre maßgeblich auf Anforderungen zurückzuführen, die sich infolge von Engpässen einstellten. So berechtigt der Hinweis auf Engpässe sein mag, bezogen auf eine Zeit, in der Präzisionsgewinde mitunter in Diplomatenkoffern transportiert werden mußten, so fragwürdig erscheint es mir jedoch, den Industrialisierungsbedarf und daraus erwachsende Wünsche an die Außenhandelspartner mit der Engpaßproblematik gleichzusetzen.

Wenig überzeugend ist auch die These vom veränderten Stellenwert des Außenhandels in den Wirtschaftsbeziehungen der RGW-Länder, die davon ausgeht, daß Fragen des Warenverkehrs im RGW in der ersten Hälfte des Jahrzehnts größere und in der zweiten dann geringere Bedeutung beigemessen wurde. So erklärt Bogomolow mit dem Blick auf die seit 1956 eingetretenen Veränderungen in der Arbeitsweise des Rates: „Die Probleme des Warenaustausches, denen zuvor das Hauptaugenmerk des RGW gegolten hatte, traten in den Hintergrund."[123]

Wahrscheinlich führte der Umstand, daß in der ersten Hälfte der fünfziger Jahre eine multilaterale Plankoordinierung im RGW-Bereich nicht erfolgte, zu der Meinung, daß anfangs in der Zusammenarbeit der Mitgliedsländer der Außenhandel im Vordergrund gestanden hätte und später dann die Plankoordinierung. Außenhandel und Plankoordinierung werden damit in der Einschätzung der historischen Entwicklung der Wirtschaftsgemeinschaft zeitlich voneinander abgehoben. Diese Auffassung klingt bei den bereits angeführten Aussagen Bogomolows und Ławrynowicz's an, und sie wird auch von Dudinskij vertreten, den Usenko wie folgt zitiert: „Die Marktbeziehungen der sozialistischen Länder und die Koordinierung ihrer Wirtschaftspläne (sind) konkrete Formen und gleichzeitig bestimmte Etappen der Entwicklung der sozialistischen Arbeitsteilung."[124]

[123] *Bogomolow, O. T.,* Theorie und Methodologie der internationalen sozialistischen Arbeitsteilung, a. a. O., S. 74.

[124] *Dudinskij, J. V.,* Das sozialistische Weltsystem und die Gesetzmäßigkeit seiner Entwicklung, Moskau 1961, S. 139 (russ.). Zitiert bei: *Usenko, E. T.,* Sozialistische Internationale Arbeitsteilung und ihre rechtliche Regelung, a. a. O., S. 50.

Plankoordinierung und Außenhandel der RGW-Länder sind jedoch keine gleichartigen Erscheinungen, die einander ersetzen oder zeitlich ablösen und aufeinanderfolgen könnten. Die Plankoordinierung ist die Organisationsform der Arbeitsteilung sozialistischer Länder, der Außenhandel bzw. Warenaustausch ist ihre ökonomische Form.[125] Daß beides keine gleichartigen oder gleichzusetzenden Erscheinungen sind im Sinne einer niederen Etappe – gekennzeichnet durch die Priorität des Außenhandels – und einer höheren – charakterisiert durch eine nun vorherrschende Plankoordinierung – hat Usenko klar herausgearbeitet.[126]

Weder verlor der Außenhandel mit der Weiterentwicklung der Plankoordinierung an Bedeutung, noch ist es einleuchtend, gerade für die ersten Jahre des RGW ein unkoordiniertes Vorgehen in der Produktions-, aber auch der Zirkulationssphäre der Wirtschaftsgemeinschaft anzunehmen; zu einer Zeit, als Grundlagen für entscheidende Industrien geschaffen wurden, noch dazu unter den Bedingungen einer internationalen Wirtschaftsblockade und einer akuten militärischen Bedrohung. Auch in den Anfangsjahren der Perspektivplanung, in der Zeit des Industrialisierungsstarts, konnte der Außenhandel nicht unkoordiniert, nicht isoliert von der Produktionssphäre der RGW-Länder abgewickelt werden. Ohne Koordinierung hätte die UdSSR die übrigen RGW-Länder nicht mit einer ganzen Serie von Stahlwerken und diversen anderen Produktionsgütern beliefern können. Andererseits konnten zum Beispiel die Produktionsziele des polnischen Sechsjahrplans eben unter der Voraussetzung zugesicherter Ausrüstungsimporte vor allem aus der UdSSR fixiert werden. Wichtige Warenimporte waren im Hinblick auf den Industrialisierungsbedarf von den RGW-Ländern langfristig vereinbart worden, wie

125 Ebenda.

126 Ebenda, S. 50. An anderer Stelle schreibt Usenko: „Indem sie die *Vereinbarung von Plänen des Warenverkehrs* zwischen den sozialistischen Ländern mit dem Warenverkehr, mit den Marktbeziehungen selbst und die unmittelbare *Abstimmung* der *Produktionspläne* mit den Produktionsbeziehungen selbst identifizieren, erklären einige Autoren den Übergang von der einen Form der Organisation der Arbeitsteilung zu einer anderen, höheren Form ihrer Organisation als eine Ersetzung der Markbeziehungen durch Produktionsbeziehungen oder auch als einen Übergang von den Marktbeziehungen zur Koordinierung der Volkswirtschaftspläne. Ähnlich wie der Wirtschaftsplan noch kein ökonomisches Verhältnis darstellt, bildet auch die internationale Koordinierung der Volkswirtschaftspläne noch keine internationalen Produktionsverhältnisse. Der Plan stellt die ideelle Wiedergabe *zukünftiger* ökonomischer Beziehungen dar. Die Spezifik sozialistischer ökonomischer Beziehungen besteht darin, daß sie in Übereinstimmung mit dem Plan entstehen, falls natürlich der Plan das objektive Gesetz der planmäßigen proportionalen Entwicklung richtig widerspiegelt. Insofern als der Austausch innerhalb der Gesellschaft die Form der Verbindung zwischen Produktion und Konsumtion (einschließlich der produktiven Konsumtion) darstellt, bildet der Austausch die Form der Produktionsbeziehungen, zumindest soweit er Austausch der für die Produktion erforderlichen Gegenstände ist. Hieraus folgt, daß die ökonomischen Formen der sozialistischen internationalen Arbeitsteilung auch unter den Bedingungen multilateraler Koordinierung der Volkswirtschaftspläne weiterhin der Außenhandel (Außenhandelsverkauf, Warenkredite, technische Hilfe, Seefracht u. a.) und die wissenschaftlich-technische Zusammenarbeit bleiben. Auf der Grundlage der internationalen Arbeitsteilung wird in der Regel auch der gemeinsame Bau von Industrieanlagen verwirklicht. Die internationale Arbeitsteilung bildet also die unmittelbare *Grundlage* des überwiegenden Teils der Wirtschaftsbeziehungen, die sich in den gegenseitigen Beziehungen der sozialistischen Staaten entwickeln. Häufig haben die ökonomischen Beziehungen der sozialistischen Staaten jedoch auch eine einfache Kooperation zur Grundlage." Hervorhebungen von *Usenko, E. T.*, ebenda, S. 51 f.

umgekehrt voraussichtliche Exporte schon bei der Aufstellung, aber auch dann bei der Überarbeitung der Perspektivpläne berücksichtitg werden mußten.[127] In diesem Zusammenhang zeugt die Umstellung der Tschechoslowakei und der DDR auf den RGW-Bedarf ebenfalls von einem koordinierten Vorgehen im RGW.

Auch für die Einschätzung der Zusammenarbeit in den Anfangsjahren der Wirtschaftsgemeinschaft ist deshalb von einem Wechselverhältnis zwischen Produktion und Außenhandel auszugehen. Eine Wechselwirkung zwischen Produktionssphäre und internationalem Warenaustausch im RGW als Teil der Zirkulationssphäre darf nicht negiert werden. Und die spezifische Organisationsform des Warenaustausches zwischen den RGW-Länder war in dieser Zeit die bilaterale Koordinierung, die mit Hilfe der Handelsabkommen als wichtigen Bindegliedern der Produktionspläne umgesetzt wurde. Korrekturen im Sinne der Modifizierung von Produktionsplänen und die erforderliche Präzisierung des langfristig geplanten Warenaustauschs machten neben den mehrjährigen Handelsabkommen auch die Nutzung von Warenprotokollen und Zusatzabkommen für die Koordinierung erforderlich. Doch büßten damit die langfristigen Abkommen als prinzipielle Orientierung in der Zusammenarbeit und vor allem bei der Absicherung des Ausrüstungs- und Anlagenimports keineswegs ihre Funktion ein.

In Anbetracht der Bedeutung, die die wirtschaftliche Zusammenarbeit mit der UdSSR für alle Volkswirtschaften der übrigen RGW-Länder hatte, waren eine Reihe von Plankennziffern der Volksdemokratien und der DDR für die Hauptzweige der Industrie mit dem sowjetischen Wirtschaftsplan abgestimmt.[128] In der Regel wurden dementsprechend die ersten langfristigen Handelsabkommen dieser Länder zuerst mit der UdSSR und dann mit den übrigen Partnerstaaten abgeschlossen. Da das Produktionsprofil der sowjetischen Industrie und damit auch ihr Lieferprogramm und -vermögen von vornherein besser dem Industrialisierungsbedarf der Agrarstaaten entsprach als das der Tschechoslowakei und der DDR, ermöglichte außerdem ein solches Vorgehen einschließlich der Produktionsumstellung beider Länder von Anfang an eine wirksame Industrialisierungshilfe im RGW-Bereich. Neben der Struktur der Sachlieferungen an Maschinen und Anlagen spielten auch Aspekte der Versorgung mit Rohstoffen eine Rolle, wie der sowjetische Reexport von Steinkohle in die DDR belegt, mit der Polen an die UdSSR von dort erhaltene Ausrüstungsimporte bezahlte.

Die Koordinierung des Rates als Organ der Zusammenarbeit konzentrierte sich bis zur Mitte der fünfziger Jahre auf die Lösung von Problemen, die bei der Realisierung der Wirtschaftspläne seiner Mitgliedsländer und der von ihnen getroffenen wirtschaftlichen Abmachungen auftraten.[129] Sie wurde ergänzt durch zweitseitige Konsultationen, die in einigen Fällen mit dem Ziel erfolgten, die jährlichen Volkswirtschaftspläne in einzelnen Fragen abzustimmen. Zu den Ergebnissen dieser konsultativen Kontakte gehörten auch Abkommen über die gemeinsame Errichtung von Produktions- und Verkehrseinrichtungen, die mitunter schon in einem Arbeitsplan des RGW aus dem Jahre 1949 als Vorhaben erfaßt waren.[130] Ein Beispiel bildet das rumänisch-bulgarische Gemeinschaftsprojekt der

[127] Ebenda.

[128] RGW, Bilanz und Perspektiven, Autorenkollektiv. Die Beiträge wurden von Mitarbeitern des Internationalen Instituts für ökonomische Probleme des sozialistischen Weltsystems und des Sekretariats des RGW zuammengestellt. Berlin 1975, S. 46.

[129] Ebenda, S. 47.

[130] *Faddejew, N. W.*, Der Rat für Gegenseitige Wirtschaftshilfe, a. a. O., S. 124 und 125.

Donaubrücke, der damals größten Eisenbahnbrücke Europas, die 1954 unter Beteiligung der meisten RGW-Länder gebaut wurde.[131]

Die gemeinsame Realisierung von Industrieobjekten durch Ungarn und die Tschechoslowakei erfolgte auf der Basis eines eigens hierfür abgeschlossenen langfristigen Abkommens über die Zusammenarbeit zwischen der ungarischen und der tschechoslowakischen Industrie, das im Frühjahr 1951 von den beiden Partnern in Budapest unterzeichnet worden war.[132]

Vereinbarungen, die ein abgestimmtes Vorgehen auf dem Gebiet der Produktion in einzelnen Fällen erforderten und auch mit sich brachten, bestanden ebenfalls zwischen Ungarn und Rumänien. Nach den Festlegungen eines langfristigen Abkommens über wirtschaftliche Zusammenarbeit vom Juni 1952 wurde eine gemischte rumänisch-ungarische Gesellschaft gegründet. Zu ihren Aufgaben gehörte der Bau eines Gas-Chemiekombinats in Rumänien und eines chemischen Kombinats in Ungarn.[133] Weitere Ziele der Zusammenarbeit der beiden Länder bestanden im Verbund der Elektrizitätsnetze sowie in der Realisierung einer Vereinbarung, in der sich die Partner darauf geeinigt hatten, mit Hilfe ungarischer Ausrüstungen in Rumänien neue Produktionskapazitäten der Natronchemie zu schaffen, die für die Versorgung beider Länder mit diesen Chemikalien bestimmt waren.[134]

Übrigens entstand um die gleiche Zeit im Zusammenhang mit den intensiver werdenden Wirtschaftsbeziehungen zwischen der DDR und Rumänien der Gedanke, eine deutsch-rumänische Gesellschaft zur Entwicklung der rumänischen Chemieindustrie zu gründen.[135] Dieses bereits in einem Protokoll vom September 1952 von beiden Ländern vorgesehene Projekt wurde jedoch aus mir unbekannten Gründen nicht verwirklicht.

Die zweiseitige Abstimmung und kooperative Zusammenarbeit wurde in der Regel von bilateralen Wirtschaftskommissionen organisiert. Auf die Tätigkeit dieser Kommissionen gehen auch die ersten Abmachungen über die internationale Produktionsspezialisierung zurück. Im Jahre 1952 schlossen beispielsweise die RGW-Länder Abkommen über die Spezialisierung auf bestimmte Profile von Walzwerkserzeugnissen und den Austausch dieser Produkte ab.[136]

Bilaterale Vereinbarungen wurden auch über die gemeinsame Nutzung von Transportwegen eingegangen. Die von den RGW-Ländern im November 1951 getroffenen Abkommen über den Eisenbahngüter- und Eisenbahnpersonenverkehr verankerten einheitliche Tarifsätze und eine einheitliche Nomenklatur der Frachten. In zweiseitiger Übereinstimmung wurden Maßnahmen wie die wechselseitige Benutzung von Eisenbahnwagen und die gemeinsame Rekonstruktion international benutzter Eisenbahnstrecken durchge-

131 *Dubrowsky, Hans-Joachim,* Die Zusammenarbeit der RGW-Länder auf dem Gebiet des Transportwesens, Berlin 1975, S. 19.

132 Die Wirtschaft vom 11. Mai 1951, S. 12.

133 *Iwanow, N.,* Zum Jahrestag der Gründung des Rates für gegenseitige wirtschaftliche Hilfe. In: Die Wirtschaft vom 22. Januar 1953, S. 11.

134 Ebenda.

135 Vgl. Protokoll über die engere wirtschaftliche Zusammenarbeit mit der Rumänischen Volksrepublik. In: Dokumente zur Außenpolitik der Deutschen Demokratischen Republik, Bd. 1, a. a. O., S. 455 f. sowie Die Wirtschaft vom 26. September 1952, S. 1.

136 *Sawinow, B.,* Die Sowjetunion gab allen demokratischen Ländern das Beispiel. In: Die Wirtschaft vom 2. Januar 1953, S. 11. Vgl. auch Die Wirtschaft vom 25. August 1955, S. 11.

führt.[137] Erst in der zweiten Hälfte der fünfziger Jahre vollzog sich jedoch der Übergang zu einer höheren Form der Zusammenarbeit im Bereich des Verkehrswesens. Es setzten Bestrebungen ein, Transportprobleme im RGW komplex zu lösen.[138] Nun entstanden mit der Bildung neuer Institutionen hierfür auch organisatorische Voraussetzungen. 1956 unterzeichneten die für den Eisenbahnverkehr zuständigen Minister der RGW zum Stand des Jahres 1955 ergibt, daß Strom über fünf Verbundleitungen in erster Organisation für die Zusammenarbeit der Eisenbahnen. Zu den Aufgaben der dann 1957 gegründeten OSShD gehörten neben der Geschäftsführung für die Abkommen über den internationalen Eisenbahnverkehr die Ausarbeitung rationeller Verkehrswege, die Vereinheitlichung der Technik im Eisenbahnverkehr mit entsprechenden Abstimmungen, die Organisation der wissenschaftlich-technischen Zusammenarbeit und auch die Koordinierung der Forschungs- und Entwicklungsfragen.[139] 1957 wurde im RGW eine ständige Arbeitsgruppe für Transportwesen gebildet, aus der dann 1958 die Ständige Kommission Transport hervorging.[140] Etwa gleichzeitig (im Dezember 1957) erfolgte die Gründung der Organisation für die Zusammenarbeit auf dem Gebiet des Post- und Fernmeldewesens (OSS).[141]

Die Kooperation bei der Lösung von Energiefragen führte in einzelnen Fällen schon frühzeitig im RGW zur Verknüpfung der Stromnetze und zum Austausch von Elektroenergie. Neben der bereits erwähnten Zusammenarbeit Ungarns und Rumäniens auf dem Gebiet der Stromversorgung wurden Abkommen zwischen Ungarn und Bulgarien, der Tschechoslowakei und Polen sowie zwischen Ungarn und Polen vereinbart. Sie bezogen sich auf die Schaffung neuer Energiekapazitäten unter Einbeziehung von Ausrüstungslieferungen und den ein- oder wechselseitigen Energieexport.[142]

Auf dem Sektor des Energieaustauschs lassen sich auch erste Bestrebungen zu einem multilateralen Vorgehen für die erste Hälfte der fünfziger Jahre nachweisen.. Anfang 1953 wurden Vorbereitungen zum Ausbau einer 200 kV-Verbindung zwischen Polen, der Tschechoslowakei, der DDR und Ungarn getroffen. Vorbereitet wurden zu diesem Zeitpunkt technisch-organisatorische Voraussetzungen für ein Zusammenwirken bei der Erzeugung und Verteilung von Elektroenergie. Hierzu gehörte die Festlegung von Normen für Turbinen, Generatoren und andere elektrotechnische Ausrüstungen und die Erarbeitung eines Perspektivplanes für ein Hochvoltverbundnetz zwischen den Volksrepubliken.[143]

Von einer bilateralen Zusammenarbeit und Abstimmung zeugt außerdem das gemein-

[137] *Dubrowski, Hans-Joachim,* Die Zusammenarbeit der RGW-Länder auf dem Gebiet des Transportwesens, Berlin 1975, S. 19 f., sowie *Iwanow, N.,* Zum Jahrestag der Gründung des Rates für gegenseitige wirtschaftliche Hilfe. In: Die Wirtschaft vom 23. Januar 1953, S. 11.

[138] Vgl. *Rehbein, Elfriede,* Zur Bedeutung der Zusammenarbeit der sozialistischen Staaten auf dem Gebiet des Verkehrswesens, a. a. O., S. 5.

[139] RGW-Bilanz und Perspektiven, Autorenkollektiv, a. a. O., S. 162 sowie *Faude, Eugen/Heinze, Manuela,* Internationale ökonomische Organisationen sozialistischer Länder. In: Einheit, Heft 6, 1975, S. 673 ff.

[140] *Rehbein, Elfriede,* Zur Bedeutung der Zusammenarbeit der sozialistischen Staaten auf dem Gebiet des Verkehrswesens, a. a. O., S. 5.

[141] RGW Bilanz und Perspektiven, Autorenkollektiv, a. a. O., S. 165.

[142] *Adler, Heinz,* Umfassende Elektrifizierung der europäischen Volksrepubliken. In: Die Wirtschaft vom 17. April 1953, S. 11.

[143] Ebenda.

sam von Polen und der Tschechoslowakei errichtete Kraftwerk von Nowy Dwór, das für die Belieferung der Stromnetze beider Länder konzipiert worden war und nach seiner Fertigstellung auch eingesetzt wurde.[144] Als Exporteur von Elektronergie traten besonders Rumänien gegenüber Bulgarien[145] und Polen gegenüber der Tschechoslowakei in Erscheinung. Doch auch für diese Beispiele gilt, daß wir es mit ersten Anfängen einer solchen Zusammenarbeit zu tun haben. Eine Einschätzung des Energieaustauschs im RGW zum Stand des Jahres 1955 ergibt, daß Strom über fünf Verbundleitungen in erster Linie zur Versorgung von Grenzgebieten und im Umfang von 562 Millionen Kilowattstunden ausgetauscht wurde.[146]

Gegenüber den späteren Koordinierungsmethoden, zu denen schrittweise unter neuen Aspekten besonders in den sechziger Jahren mit einem institutionell ausgebauten und weiterentwickelten Apparat des RGW übergegangen wurde, stellte die Koordinierungspraxis der frühen fünfziger Jahre eine erste und niedere Entwicklungsform dar. Die bilaterale Verknüpfung der nationalen Produktionspläne durch Handelsabkommen ermöglichte überwiegend noch keine multilaterale Produktionsspezialisierung; sie bot jedoch den Rahmen für den zweiseitigen arbeitsteiligen Austausch von Produktionsgütern, speziell derjenigen, die für die Errichtung und Inbetriebnahme von Produktionspotential bestimmt waren. Hierauf beschränkte sich im wesentlichen ihre Funktion, hierin lag aber auch ihre große Bedeutung. Mit der Umstellung der Mitgliedsländer auf den gegenseitigen Warenaustausch vollzog sich im Außenhandel als Teil ihrer Zirkulationssphäre ein tiefgreifender Wandel. Diese bemerkenswerte Veränderung bestand gegenüber der Vorkriegszeit – bezogen auf die kleinen und mittleren osteuropäischen Länder – darin, daß der Außenhandel aus einem industrialisierungshemmenden zu einem die Industrialisierung begünstigenden Faktor wurde. Maßgebliche Bedeutung erlangten hierfür die mit den Planzielen der Agrarstaaten koordinierten Lieferungen der Industrieländer des RGW und besonders die Hilfe und Unterstützung, die die Sowjetunion ihren Partnern im RGW durch die Ausweitung ihrer Handelsbeziehungen gewährte.

Ermöglicht wurde dieser Wandlungsprozeß durch die Herausbildung neuer sozialökonomischer und politischer Verhältnisse in den Mitgliedsstaaten der Wirtschaftsgemeinschaft. Auf ihrer Grundlage konnten sich im RGW-Bereich Außenhandelsbeziehungen eines neuen Typs nach dem Prinzip des sozialistischen Internationalismus entwickeln. Die Gestaltung dieser Beziehungen trug dem Wechselverhältnis zwischen der Produktions- und der Zirkulationssphäre insofern Rechnung, als sie dem Anliegen nach schnellstmöglicher Ausweitung von Produktionskapazitäten besonders der Grundlagenindustrie im jeweiligen nationalen volkswirtschaftlichen Rahmen entsprach.

144 *Faddejew, N. W.*, Der Rat für Gegenseitige Wirtschaftshilfe, a. a. O., S. 125.

145 Im August 1949 wurde die Verbundleitung von Bukarest zum bulgarischen Donauhafen Rousse fertiggestellt. Über eine Kraftstation in Rousse konnte seit dieser Zeit ein Teil Nordbulgariens mit rumänischer Elektrizität versorgt werden. ND vom 31. August 1949, S. 5.

146 *Mikulski, K.*, Die Leninsche Lehre über die Weltwirtschaft und die Gegenwart, Moskau 1974, S. 299.

3. Die wissenschaftlich-technische Zusammenarbeit als neue Form der internationalen Wirtschaftsbeziehungen

„Die Hauptschwierigkeiten der Industrialisierung treten am Anfang auf, wenn das Land weder über die erforderlichen technischen Ausrüstungen noch über geschultes Fachpersonal verfügt."

John D. Bernal (Welt ohne Krieg)

Die Überwindung der wirtschaftlichen Rückständigkeit und das Durchbrechen von Schranken, die eine ebenso bornierte wie kurzsichtige Politik der Westmächte der sozialistischen Industrialisierung errichtete, forderte das Einschlagen unkonventioneller Lösungswege, die nicht selten einen radikalen Bruch mit der bis dahin üblichen Wirtschaftspraxis bedeuteten. So konnten Vorteile genutzt werden, die die neuen gesellschaftlichen Verhältnisse in den sozialistischen Ländern für einen wirtschaftlichen Aufschwung boten.

Hier sind Bestrebungen im RGW zur schnellstmöglichen Verbreitung und Anwendung produktionstechnischer Erkenntnisse einzuordnen. Die Zusammenarbeit auf diesem Gebiet, die an eine progressive Nachkriegspraxis der Ländergruppe anknüpfen konnte und die auf Initiative des Rates kurz nach seiner Gründung intensiviert wurde, entwickelte sich als spezifische Form der Wirtschaftsbeziehungen im RGW. Austausch und Verbreitung des technischen Wissens erfolgten vor allem mit der Absicht, den Auf- und Ausbau des Produktionspotentials im RGW-Bereich zu beschleunigen. Dieser Zusammenhang zwischen der Verbreitung und Anwendung produktionstechnischer Lösungen im RGW und der Industrialisierungsproblematik ist anscheinend Rolf C. Ribi entgangen. Er vertritt die Meinung, daß im RGW „... bis zum Jahre 1956 von einer echten Zusammenarbeit im wissenschaftlich-technischen Sektor nicht die Rede sein kann."[147] Und unter Berufung auf Schenk[148] und Bräutigam[149] erklärt er an anderer Stelle, bezogen auf die Entwicklung des RGW im Zeitraum von 1949 bis 1954:

„Der RGW dürfte lediglich bei der Organisation der technisch-wissenschaftlichen Zusammenarbeit eine gewisse Rolle gespielt haben, allerdings unter einseitiger sowjetischer Einflußnahme. Die damals von der UdSSR gewährte technische Hilfe bestand überwiegend darin, sowjetische Techniker und Wirtschaftsexperten in die europäischen Ostblockstaaten zu entsenden, die dort jeweils Schlüsselpositionen in der Industrie und der Wirtschaftsverwaltung einnahmen und insbesondere zur Durchsetzung der sowjetischen Forderungen bei den nationalen Planungsbehörden eingesetzt wurden. Der Zweck solcher Art technischer Hilfe strebte letztendlich die Einbeziehung der Ostblockländer in das Wirtschaftssystem des Ostblocks an."[150]

Der RGW hat also nach diesen Ausführungen in jenen Jahren eine Rolle gespielt, wenn auch nur eine „gewisse", „lediglich" in der wissenschaftlich-technischen Zusammenarbeit, die aber nun wieder keine „echte" war und von der demzufolge „keine Rede sein kann", erfährt man hier. Ribis unter antisowjetischem Aspekt getroffene Aussage ist nicht nur reichlich verworren, sie steht außerdem im Gegensatz zu den Tatsachen. Übrigens nimmt Ribi dann einige Fakten über die wissenschaftlich-technische Zusam-

[147] *Ribi, Rolf C.*, Das COMECON, Zürich und St. Gallen 1970, S. 414.

[148] *Schenk, Karl-Ernst*, Magie der Planwirtschaft, Köln und Berlin 1960.

[149] *Bräutigam, H. O.*, Wirtschaftliche Zusammenarbeit der Ostblockstaaten im RGW. In: Zeitschrift für Ausländisches öffentliches Recht und Völkerrecht, Bd. 21, Nr. 4, 1961.

[150] *Ribi, Rolf C.*, Das COMECON, a. a. O., S. 99.

menarbeit im RGW und die sowjetische Hilfe in der gleichen Arbeit zur Kenntnis. Und warum blieben sie bei seiner Gesamteinschätzung der Anfangsjahre der Wirtschaftsgemeinschaft ausgespart? Doch wohl kaum im Interesse eines besseren Verständnisses der RGW-Entwicklung beziehungsweise einer objektiven Orientierung über das Wesen des RGW (denn dazu beigetragen zu haben, wird Ribi im Vorwort seines Buches von den Herausgebern wohlwollend bescheinigt), sondern, weil diese Fakten nicht mit dem von Ribi beschriebenen Bild von den Wirtschaftsbeziehungen im „Ostblock" übereinstimmen. Und so ist dann der Verfechter der These vom RGW als „sowjetischer Interessensphäre" auch weit entfernt davon, in der wissenschaftlich-technischen Zusammenarbeit der RGW-Länder progressive Neuerungen zu sehen, die mit Hilfe der Sowjetunion erstmals in der Wirtschaftsgeschichte zur Anwendung kamen. Wenden wir uns also den Tatsachen zu.

Grundsätze für die wissenschaftlich-technische Zusammenarbeit wurden bereits auf der II. Ratstagung des RGW vom August 1949 in Sofia von den Mitgliedsstaaten beschlossen. Der Sofioter Beschluß beschränkte sich nicht auf den unmittelbaren Austausch technischen Wissens, sondern bezog auch andere Probleme, die die wissenschaftlich-technische Seite der Industrialisierung betrafen, ein; Fragen, die in der Folgezeit nach den Erfordernissen der Wirtschaftspraxis im RGW juristisch differenziert gehandhabt, also unterschiedlich geregelt wurden. Im einzelnen hatten sich die RGW-Länder 1949 in folgenden Punkten geeinigt:[151]

- Austausch oder Bereitstellung technischer Dokumentationen;
- Austausch von Informationen und Lizenzen;
- gegenseitige Entsendung von Wissenschaftlern, Experten und Facharbeitern zur Information über wissenschaftliche und technische Lösungen, zur Ausbildung in der Produktion und zur Erweisung technischer Hilfe;
- gegenseitige Einbeziehung wissenschaftlichen Personals in die Arbeit an einzelnen technischen Problemen sowie die Beteiligung an Test- und Experimentierarbeiten;
- Ausbildung von technischem und wissenschaftlichem Personal an Hoch- und Fachschulen;
- gemeinsame Durchführung von Konferenzen zu wissenschaftlichen und technischen Problemen.

Die wissenschaftlich-technische Zusammenarbeit erfolgte bis zur Gründung Ständiger Fachkommissionen des RGW im Jahre 1956 vorwiegend in bilateraler Form. Probleme, die die wirtschaftliche Entwicklung mehrerer Länder tangierten – Faddejew nennt Fragen des Baus von Wasserkraftwerken, Kombinaten und Fabriken sowie die Anlage von Bewässerungssystemen, Kanälen, Straßen und Häfen – wurden zentral auf den Ratstagungen erörtert.[152] In den bilateralen zwischenstaatlichen Wirtschaftsbeziehungen war die UdSSR der Initiator dieser Zusammenarbeit, lange bevor der RGW gegründet wurde. Der erste Vertrag, der überhaupt in der Geschichte der internationalen Wirtschaftsbeziehungen auf Regierungsebene über die gegenseitige Unterstützung in wissenschaftlich-technischen Fragen vereinbart wurde, war das sowjetisch-polnische Abkommen vom 5. März 1947. Ein weiteres Abkommen dieser Art ging die UdSSR am 2. Dezember 1947 mit der Tschechoslowakei ein.[153]

[151] *Faddejew, N. W.*, Der Rat für Gegenseitige Wirtschaftshilfe, Berlin 1975, S. 176.

[152] Ebenda.

[153] Die folgenden Abkommen über wissenschaftlich-technische Zusammenarbeit schloß die UdSSR nach der RGW-Gründung mit Ungarn am 26. Juli 1949, mit der DDR am 27. September 1951,

Der Sofioter Empfehlung folgend, schlossen alle Regierungen der RGW-Länder um die Wende der fünfziger Jahre auf zweiseitiger Basis langfristige, in der Regel fünf bis zehn Jahre umfassende Rahmenabkommen über die wissenschaftlich-technische Zusammenarbeit ab. Mit ihnen übernahmen die Regierungen gegenüber ihrem Vertragspartner Pflichten zur Sicherung dieser Zusammenarbeit. Außerdem sahen diese Regierungsabkommen die Bildung von bilateralen Kommissionen vor, die die Aufgabe hatten, Maßnahmen zur Verwirklichung der wissenschaftlich-technischen Zusammenarbeit auszuarbeiten und deren Umsetzung in die Praxis zu fördern.[154] Solche Abkommen hatte es bis dahin in der Praxis der internationalen Wirtschaftsbeziehungen noch nicht gegeben.[155] Vergegenwärtigen wir uns, daß mit dem Einsetzen der beschleunigten Industrialisierung zwischen den Mitgliedern einer Ländergruppe ein weitverzweigtes Netz mit Kommissionen als Bindegliedern zur Verbreitung wissenschaftlich-technischer Lösungen und damit verbundener Hilfsleistungen aufgebaut wurde. Mit der Begründung dieser Beziehungen und ihrer Ausgestaltung beschritt der RGW einen neuen Weg in der Entwicklung der zwischenstaatlichen Zusammenarbeit.

Die DDR schloß das erste Abkommen dieser Art – wie bereits erwähnt – am 6. Juni 1950 mit Polen ab. In dem in Warschau unterzeichneten Abkommen wurde festgelegt[156]: „Die Hohen vertragschließenden Parteien werden sämtliche Maßnahmen für die Realisierung der technischen und wissenschaftlich-technischen Zusammenarbeit miteinander abstimmen und anwenden. Zu diesem Zwecke werden die Hohen Vertragschließenden Parteien die Formen der technischen und wissenschaftlich-technischen Zusammenarbeit erweitern durch:

a) Ausarbeitung und Zurverfügungstellung der technischen Dokumentationen im Bereich der Konstruktionslösungen, Technologie, Produktionsverfahren und Exploitationslösungen;
b) Zurverfügungstellung der vorhandenen technischen Produktionserfahrungen;
c) Hilfeleistung in Form von Konsultationen und Gutachten;
d) Hilfeleistung bei der Montage und Inbetriebsetzung der Produktion;
e) Zusammenarbeit auf dem Gebiet der Fachschulung;
f) Zusammenarbeit auf dem Gebiet der wissenschaftlich-technischen Forschungen;
g) Austausch von Erfahrungen auf dem Gebiet der Arbeitsorganisation.

Zwecks Ausführung der Bestimmungen des vorliegenden Abkommens wird eine ständige Kommission für technische und wissenschaftlich-technische Zusammenarbeit gebildet, bestehend aus Vertretern, die in gleicher Zahl von den beiden Regierungen ernannt sind. Die Kommission wird ihr Statut ausarbeiten, das von beiden Regierungen innerhalb eines Monats zu bestätigen ist." Derartige Abkommen über die wissenschaftlich-technische Zusammenarbeit vereinbarte die DDR in der Folgezeit auch mit Bulgarien am 19. Juni 1950, mit der Tschechoslowakei am 23. Juni 1950, mit Ungarn am 24. Juni

mit Albanien am 19. April 1952, mit China am 12. Oktober 1954 und am 19. Juni 1961, mit der koreanischen Volksrepublik am 5. Februar 1955, mit Jugoslawien am 19. Dezember 1955, mit der Demokratischen Republik Vietnam am 7. März 1959 und mit der Mongolei am 7. April 1961 ab. *Usenko, E. T.*, Sozialistische internationale Arbeitsteilung und ihre rechtliche Regelung, a. a. O., S. 322.

154 Ebenda, S. 323.

155 Ebenda, S. 318 ff.

156 Dokumente zur Außenpolitik der Regierung der Deutschen Demokratischen Republik, Bd. I, a. a. O., S. 332 f.

1950, mit Rumänien am 22. September 1950, mit der UdSSR am 27. September 1951 und mit Albanien am 26. Februar 1952.[157]

Die bilateralen Kommissionen, die gemäß diesen Vereinbarungen von den RGW-Staaten gebildet wurden, hatten, wie aus dem Vertragsinhalt hervorgeht, einen breiten Aufgabenbereich. Sie entwickelten als Vermittler wissenschaftlich-technischer Erkenntnisse und Hilfsleistungen schon in der ersten Hälfte der fünfziger Jahre zahlreiche Initiativen. Die Kommissionen, deren Mitglied die DDR war, führten in diesem Zeitraum 38 Tagungen durch. Davon bezogen sich allein 12 Beratungstermine auf die Kommission Polen/DDR. Bei den im Rahmen der Kommissionsarbeit stattgefundenen Zusammenkünften der DDR mit ihren RGW-Partnern überwogen die Beratungen mit den schwachindustrialisierten Ländern; denn 30 Konferenzen oder 79 Prozent aller Sitzungen entfielen auf die gemischten Kommissionen der DDR mit Polen, Bulgarien, Ungarn, Rumänien und Albanien.[158]

Kamen die im RGW entwickelten Aktivitäten auf wissenschaftlich-technischem Gebiet besonders den damaligen Agrar-Industrieländern der Wirtschaftsgemeinschaft zustatten, darf nicht übersehen werden, daß diese Zusammenarbeit auch für die Industriestaaten von Vorteil war.

Das belegen viele Beispiele aus der Wirtschaftsgeschichte der DDR. Sowjetische Experten, Ingenieure und Facharbeiter, wie der bekannte Schnelldreher Pawel Bykow[159] und der Fachmann für Arbeitsorganisation im Präzisionsgerätebau Nikolai Alexejewitsch Rossijski[160], die schon 1950 die DDR besuchten, vermittelten ihre Erfahrungen und halfen bei der Anwendung neuer technischer Verfahren und Arbeitsmethoden. Der Lokomotivfahrer Paul Heine übernahm eine vom polnischen Ingenieur Gabriel Milerowski ausgearbeitete kostensparende Behandlungs- und Pflegemethode für Lokomotiven.[161] Aus Polen übernahm die DDR auch die von polnischen Maurerbrigaden beim Wiederaufbau Warschaus als „Drei-Mann-Methode" popularisierte Form der Arbeitsorganisation im Bauwesen.

Beim Aufbau des Eisenhüttenkombinats Ost waren im Jahre 1951 Ingenieure aus der

157 Dokumente der Außenpolitik der Regierung der DDR, Band IV, S. 33 f., S. 248 ff., S. 378 f., S. 419 f., S. 459 f. und S. 547 f.

158 Berechnet nach Angaben von *Falk, Waltraud/Müller, Hans/Reißig, Karl,* Die Übergangsperiode vom Kapitalismus zum Sozialismus in der DDR – Bestandteil des revolutionären Weltprozesses. In: Jahrbuch für Wirtschaftsgeschichte, Teil II, Berlin 1972, S. 17.

159 Bykow, der nach Absolvierung von Spezialkursen 1932 in einer Schleifmaschinenfabrik in Moskau die Arbeit als Dreher aufnahm, führte in der sowjetischen Metallindustrie das Schnelldrehen ein. Seine Methode ermöglichte eine erhebliche Produktivitätssteigerung ohne Mehrbeanspruchung der menschlichen Arbeitskraft. Während im Arbeitsprozeß des Metalldrehens 1929 mit einer Geschwindigkeit von 1200 Metern in der Minute gearbeitet wurde, konnte durch die Anwendung von Bykows Methode 1950 eine Leistung von 2300 Metern in der Minute erzielt werden. Im Maschinenbau der DDR wurde das von Bykow entwickelte Schnelldrehen von Wirth und Zabel eingeführt. Seine Durchsetzung ermöglichte im DDR-Maschinenbau im Jahre 1950 eine durchschnittliche Leistungssteigerung um 34 Prozent. Vgl. Die Wirtschaft vom 8. Dezember 1950, S. 1.

160 Rossijskij setzte als Obermeister im Moskauer Meßinstrumentewerk „Kalibr" 1948 das Fließbandsystem in der Fertigung von Präzisionsgeräten durch. Mit seiner neuen Arbeitsorganisation gelang es ihm, die monatliche Fertigung dieser Geräte von 1500 auf 12000 Stück zu steigern. Die Wirtschaft vom 5. Januar 1951, S. 5.

161 ND vom 29. November 1950, S. 5.

Tschechoslowakei eingesetzt.[162] Schwierigkeiten, die bei der Ausnutzung der Kapazität des Werkes im Frühjahr 1952 auftraten, halfen sowjetische Ingenieure überwinden. Beratungstätigkeit leisteten Experten aus der UdSSR auch im Steinkohlebergbau. Polen und die Tschechoslowakei übergaben der DDR Dokumentationen für den Auf- und Ausbau von Rohrwalzwerken, wodurch Projektierungs- und Entwicklungsarbeiten eingespart wurden. Polen übermittelte der DDR einen technischen Bericht über Dolomit-Röstöfen sowie eine Rezeptur für ein neuartiges industrielles Holzleimverfahren. Von der Tschechoslowakei erhielt die DDR die kompletten Konstruktionsunterlagen für die Aufnahme der Produktion von Löffelbaggern.

Wurden bisher lediglich Beispiele für den Empfang von Leistungen seitens der DDR angeführt, so versteht sich von selbst, daß diese Beziehungen wechselseitig waren. Während die Tschechoslowakei der DDR technische Hilfe bei geologischen Aufgaben, im Bergbau, bei der Herstellung von Turbinen, von Elektrolokomotiven, aber auch solcher Produkte wie Flachglas und Schuhwaren leistete, vermittelte die DDR Erfahrungen beim Erschließen von Großtagebauen, in verschiedenen Zweigen der chemischen Industrie und bei der Herstellung von Elektronen-Meßgeräten.[163]

Die DDR stellte Rumänien technische Unterlagen über die Erzgewinnung und die Erzeugung von Roheisen, für chemische Verfahren, den Maschinenbau und Produktionen der Leicht- und Lebensmittelindustrie zur Verfügung. Sie gab rumänischen Fachleuten Gelegenheit, Betriebsanlagen dieser Industrien kennenzulernen und Produktionstechniken und -methoden auf diesen Gebieten zu studieren. Von Rumänien erhielt die DDR Informationen über Bohranlagen, den Bau von Lokomotiven, Zementöfen, landwirtschaftliche Bearbeitungsmethoden, Verfahren der Leicht- und Lebensmittelindustrie sowie Dokumentationen aus der Chemieindustrie.[164] An Polen übergab die DDR technische Dokumente für die Elektrolyse sowie Konstruktionszeichnungen für Texilmaschinen und Eisenbahnausrüstungen.[165]

Zahlreiche Beispiele lassen sich auch für die wissenschaftlich-technische Zusammenarbeit zwischen den anderen RGW-Ländern anführen. In der ersten Hälfte der fünfziger Jahre nahm Polen die Produktion der in der UdSSR entwickelten elektrisch betriebenen automatischen Steinschrammaschine auf, die erstmalig beim Bau der Moskauer Untergrundbahn eingesetzt worden war. Auch die unter der populären Bezeichnung „Entenschnabel“ bekannt gewordene Donbaskohlenfräsmaschine wurde in Polen nach sowjetischen Unterlagen nachgebaut.[166] Darüber hinaus leistete die UdSSR technische Unterstützung bei der Etablierung wichtiger polnischer Industriezweige und -produktionen. Sowjetische Lizenzen bildeten beispielsweise den Ausgangspunkt für die Entwicklung des polnischen Schiffbaus, des Traktorenbaus und der Automobilproduktion.[167] Sowjetische Technik erleichterte auch das Anknüpfen an die in der Vorkriegszeit begründeten Traditionen der polnischen Flugzeugproduktion.

Rumänien erhielt von der Tschechoslowakei Dokumentationen für die Herstellung

[162] Hierzu und im folgenden: Die Wirtschaft vom 2. Januar 1953, S. 3.

[163] *Pavlovsky, I.*, Die Wirtschaftsbeziehungen zwischen der ČSR und der DDR. In: Die Wirtschaft vom 9. Juni 1955, S. 11.

[164] Die Wirtschaft vom 16. Januar 1954, S. 1 und Die Wirtschaft vom 16. Juni 1955, S. 3.

[165] *Iskra, W.*, Rozwój przemysłowy krajów RWPG, a. a. O., S. 430.

[166] Die Wirtschaft vom 8. Dezember 1950, S. 12.

[167] *Iwanow, N.*, Zum Jahrestag der Gründung des Rates für gegenseitige wirtschaftliche Hilfe. In: Die Wirtschaft vom 23. Januar 1953, S. 11.

von Niederdruck- und Hochdruckkompressoren, Turbogeneratoren, Wasserturbinen, Präzisionspumpen, Zerspanungsmaschinen und keramischen Erzeugnissen.[168] Polen verwendete neben sowjetischen Unterlagen auch technische Dokumentationen aus der Tschechoslowakei für den Bau von Hüttenanlagen und übernahm die Technologie der Polystyrolproduktion, während die Tschechoslowakei polnische Unterlagen für die Herstellung von Stickstoff, von Grubenlokomotiven sowie über die Anwendung hydraulischer Methoden im Kohlebergbau nutzte. Rumänien wurden von polnischer Seite die Verfahrenstechniken für die Zinkelektrolyse, die Herstellung von Rohren, Farbstoffen und zur Nutzung von Methan in Martinöfen übermittelt.

Die Gemeinschaftsarbeit in wissenschaftlich-technischen Fragen erwuchs aus Produktionsbedürfnissen, und sie war auch vielfach mit einer Zusammenarbeit in der Produktion verbunden. Die Erfolgschancen für die besonders in der Anfangsphase der RGW-Entwicklung typische Verpflanzung von Industrieproduktionen in Gegenden, die oft keinerlei industrielle Traditionen hatten, waren in der Regel geradezu abhängig von einem komplexen Zusammenwirken. Auch die Bereitstellung von Dokumentationen konnte für den empfangenden Partner meist nur dann von Nutzen sein, wenn seine Fachleute Produktionserfahrungen an Ort und Stelle kennenlernen konnten, wenn technisches Personal dort ausgebildet oder umgeschult wurde, wo die jeweilige Produktion ursprünglich beheimatet war.[169] Komplikationen bei der Inbetriebnahme neuer Produktionskapazitäten erforderten die Unterstützung durch Experten der Exporteure, zahlreiche Fragen des Service und der Ersatzteilproduktion bedingten eine breite Zusammenarbeit.

Aber darüber hinaus führte dieses Zusammenwirken in einzelnen Fällen auch über gegenseitige Absprachen in den bilateralen Kommissionen zur Produktionskooperation. Beispielsweise übernahm die Tschechoslowakei infolge von Erfordernissen, die sich bei der Entwicklung des Schwermaschinenbaus in der DDR einstellten, die Bearbeitung großer Schmiedestücke für die DDR.[170]

Eine andere Form der Zusammenarbeit bei der Entwicklung der Produktion und bei der Anwendung neuer Produktionstechnik bildeten die internationalen gemischten Gesellschaften, die kurz nach Beendigung des zweiten Weltkrieges und zum Teil auch in den Anfangsjahren der Industrialisierung unter Beteiligung der UdSSR in Ungarn, Bulgarien und Rumänien gegründet worden waren. Sie entstanden anfänglich auf der Grundlage der früheren deutschen Vermögenswerte in diesen Ländern. Dabei handelte es sich einerseits um Produktionsanlagen, von deren Demontage die UdSSR absah, zum anderen aber auch um Neugründungen von Betrieben, wobei die Investitionen von beiden Partnerstaaten zu gleichen Teilen aufgebracht wurden.[171] In jedem Fall waren die Gesellschaften paritätisch zusammengesetzt, und beide Partner waren zu 50 Prozent Anteilseigner.[172]

168 Hier und im folgenden vgl. *Iskra, W.*, Rozwój przemysłowy krajów RWPG, a. a. O., S. 430 f. Die Angaben beziehen sich auf das erste Jahrzehnt der Zusammenarbeit im RGW.

169 So wurden beispielsweise allein für die Arbeit im Hüttenkombinat Nowa Huta 700 polnische Fachleute in der UdSSR ausgebildet. *Usenko, E. T.*, Sozialistische internationale Arbeitsteilung und ihre rechtliche Regelung, a. a. O., S. 285.

170 Die Wirtschaft vom 2. Januar 1953, S. 3.

171 Die Wirtschaft vom 3. November 1950, S. 12.

172 *Mahler, Hans Georg*, DDR im Rat für gegenseitige wirtschaftliche Hilfe. In: Die Wirtschaft vom 6. Oktober 1950, S. 12.

In Rumänien bestanden bis zur Mitte der fünfziger Jahre zwölf gemischte Gesellschaften mit sowjetischer Beteiligung,[173] darunter Erdöl-, Metall-, Landmaschinen- und Transportunternehmen sowie eine Gesellschaft mit ungarischem Anteil. Mit der DDR vereinbarte die UdSSR 1953 die Umwandlung der Wismut AG in eine gemischte sowjetisch-deutsche Gesellschaft.[174]

Ein Teil des technischen und leitenden Personals dieser Betriebe bestand aus sowjetischen Ingenieuren und Technikern, die organisatorische bzw. betriebswirtschaftliche Erfahrungen und technische Kenntnisse auf die Experten des Partnerlandes übertrugen.[175] Diese Betriebe wurden auch in der Regel mit sowjetischer Technik ausgestattet. Beispielsweise wurde die 1945 gegründete sowjetisch-rumänische Erdölgesellschaft „Sowrompetrol“ mit modernsten Ausrüstungen, wie Spezialbohrtürmen, Bohrkränen, Elektropumpen und Zementierungsaggregaten versehen. Mit Hilfe der sowjetischen Einrichtungen konnte erstmals in Rumänien das Turbo-Bohrverfahren angewendet werden.[176] Mittels dieses Verfahrens gelang es, die Bohrgeschwindigkeit zu erhöhen und die Arbeit in Erdölrevieren mit vorherrschend harten Böden zu erleichtern.[177]

Die internationalen gemischten Gesellschaften haben die Ausweitung von Produktionskapazitäten in den früher schwachindustrialisierten Staaten des RGW ermöglicht und gleichzeitig die Durchsetzung progressiver technischer Lösungen und Methoden gefördert. Dadurch leisteten sie einen wichtigen Beitrag sowohl zur Bewältigung der wirtschaftlichen Probleme, die während der Nachkriegsjahre in diesen Ländern auftraten, als auch beim Anlaufen der forcierten Industrialisierung.

Nach der V. Ratstagung, die im Juni 1954 in Moskau stattfand, wurden die gemischten Gesellschaften aufgelöst[178] und die Stammländer erwarben die ausländischen Anteile.[179] Dieser Schritt erklärt sich nicht nur aus Fortschritten, die die Industrialisierung in diesen Ländern gemacht hatte. Zu berücksichtigen ist vor allem die Frage, auf welche Weise die Betriebe in die Volkswirtschaften der jeweiligen Länder eingeordnet wurden. Die Gesellschaften waren keine exterritorialen Einrichtungen.[180] Produktion und Absatz dieser Betriebe waren der Planung des Stammlandes untergeordnet. Hieraus erwuchsen unter den Bedingungen einer niederen Stufe der Plankoordinierung in jenen Jahren jedoch auch Schwierigkeiten, die wahrscheinlich zu den Gründen gehörten, die Mitte der fünfziger Jahre zur Aufgabe dieser Betriebe im RGW veranlaßten.

Kormnow schreibt hierzu: „In der Tätigkeit der gemeinsamen Gesellschaften traten bisweilen schwierige Situationen auf, die dadurch hervorgerufen wurden, daß die Regierungen der Länder, auf deren Territorium sich diese Organisationen befanden, aktiv

[173] Die Wirtschaft vom 1. Oktober 1954, S. 1.

[174] *Kohlmey, Gunther,* Der demokratische Weltmarkt, a. a. O., S. 187.

[175] Die Wirtschaft vom 24. August 1950, S. 21.

[176] Die Wirtschaft vom 12. Juni 1953, S. 12.

[177] Durch die Anwendung sowjetischer Methoden und Erfahrungen des Schnellbohrens konnte die Bohrzeit wesentlich verkürzt werden. So wurde zum Beispiel im Gebiet von Pitesti nördlich von Bukarest 1952 im Bohrvorgang eine Zeiteinsparung von 50 Tagen erreicht. Ebenda.

[178] Hierzu auch *Rutkowski, Józef,* Światowy rynek kredytowy, Warszawa 1964, S. 254.

[179] Im Sptember 1954 vereinbarten die UdSSR und Rumänien die Auflösung ihrer gemischten Gesellschaften. Die UdSSR trat ihre Anteile der rumänischen Regierung zu günstigen Bedingungen ab. Die Wirtschaft vom 1. Oktober 1954, S. 1.

[180] *Iwanow, N.,* Zum Jahrestag der Gründung des Rates für gegenseitige wirtschaftliche Hilfe, a. a. O., sowie *Mahler, Hans-Georg,* DDR im Rat für gegenseitige wirtschaftliche Hilfe, a. a. O.

auf sie eingewirkt haben. Die von ihnen gefaßten Beschlüsse und herausgegebenen Weisungen sowie die gesetzgeberischen Akte ergaben für die Partner im sozialistischen Ausland manchmal schwierige Bedingungen. Wenn beispielsweise die Industrieabgabepreise für Rohstoffe, Material, Elektroenergie und Dienstleistungen oder die Löhne stark erhöht wurden, dann konnte der gemeinsamen Gesellschaft anstelle eines geplanten Gewinns ein unvorhergesehener Verlust entstehen. Eine solche Situation machte die Beteiligung des ausländischen Partners an der Gesellschaft ökonomisch sinnlos. Umgekehrt konnte in anderen Fällen infolge einer Preissenkung ein außerplanmäßiger Gewinn entstehen, obwohl er nicht mit der Tätigkeit der Gesellschaft im Zusammenhang stand. All das führte zu internationalen Abkommen über Planungs- und Finanzierungskennziffern der gemeinsamen Gesellschaften und transformierte so oder so die Zusammenarbeit der Wirtschaftsorganisationen auf die zwischenstaatliche Ebene."[181]

Später wurde unter veränderten Bedingungen auf diese Form der Zusammenarbeit mit der 1959 zwischen Polen und Ungarn gegründeten Haldexgesellschaft, der bulgarisch-ungarischen Gesellschaft Intransmasch und der von Polen und der DDR gegründeten Baumwollspinnerei Zawiercie (vereinbart im Juli 1972) zurückgegriffen.[182] Zum Teil weichen die neuen Lösungen natürlich von den historischen ab, die Grundform ist jedoch die gleiche.

Die langfristigen Abkommen über die wissenschaftlich-technische Zusammenarbeit, die die Bereitschaft und Verpflichtung der Regierungen zum Austausch entsprechender Leistungen dokumentierten, trugen keinen Warencharakter, sondern sind als deklaratorische Grundlage für die Gestaltung der zwischenstaatlichen Beziehungen im RGW aufzufassen. Die auf ihnen basierenden Aktivitäten, wie die Gewährung technischer Hilfe beim Bau oder der Nutzung von Produktionsanlagen und die Entsendung von Experten, wurden in den jeweiligen objektgebundenen Einzelabkommen als Dienstleistungen fixiert und wie bei Warenverträgen üblich abgerechnet.[183]

Unentgeltlich wurden hingegen gemäß der Sofioter Empfehlung den Partnern technische Dokumentationen zur Verfügung gestellt, also Lizenzen, jegliche Angaben über Produktionstechnologien, Arbeitsmethoden und Produktionserfahrungen sowie die Resultate wissenschaftlich-technischer Forschungen. Berechnet wurden dem Empfänger lediglich Kosten, die durch Kopier-, Transport- beziehungsweise Übersendungsleistungen entstanden.[184] Ausgenommen vom Prinzip der äquivalentlosen Bereitstellung wissenschaftlich-technischen Wissens waren nur Ergebnisse solcher Forschungs- und Projektierungstätigkeit, die entsprechend den Bedürfnissen des Empfängerlandes über die bis dahin existierenden Resultate hinaus vom Partner neu erarbeitet werden mußten. Sie wurden voll in Rechnung gestellt.[185] Jedoch stand in dieser Zeit die Übergabe von Unterlagen für bereits abgeschlossene technische Verfahren im Vordergrund.[186]

Einen besonders hohen Anteil an der Verbreitung wissenschaftlich-technischer Er-

181 *Kormnow, J. F.*, Spezialisierung und Kooperation der RGW-Länder, Berlin 1974, S. 261.

182 Vgl. ebenda sowie *Faddejew, N. W.*: Der Rat für Gegenseitige Wirtschaftshilfe, Berlin 1975, S. 135 und 136.

183 *Usenko, E. T.*, Sozialistische internationale Arbeitsteilung und ihre rechtliche Regelung, a. a. O., S. 165 ff.

184 Ebenda, S. 278 f.

185 Ebenda, S. 325.

186 *Bogomolow, O. T.*, Theorie und Methodologie der internationalen sozialistischen Arbeitsteilung, a. a. O., S. 88.

Tabelle 66

Unentgeltlich zwischen der UdSSR und ihren RGW-Partnern ausgetauschte wissenschaftlich-technische Dokumentationssätze in den Jahren 1948 bis 1961

RGW-Länder	Dokumentationssätze insgesamt		Verhältnis der aus der UdSSR erhaltenen zu den an sie übergebenen Dokumentationssätzen	davon							
				Projekte von Investitionsobjekten		Konstruktionsunterlagen für Maschinen		Technologische Dokumentationen		Ressortdokumente einschl. Rechenschaftsberichte von Forschungsinstituten	
	Aus der UdSSR erhalten	An die UdSSR übergeben		aus der UdSSR erhalten	an die UdSSR übergeben	aus der UdSSR erhalten	an die UdSSR übergeben	aus der UdSSR erhalten	an die UdSSR übergeben	aus der UdSSR erhalten	an die UdSSR übergeben
Bulgarien	2831	204	13,9:1	276	20	1359	50	451	71	745	63
Rumänien	1761	755	2,3:1	211	70	662	214	336	202	552	269
Polen	2752	1043	2,6:1	197	43	808	295	304	220	1443	485
Ungarn	1517	811	1,9:1	133	16	487	243	255	246	642	306
Tschechoslowakei	3044	3393	0,9:1	226	124	1070	1143	497	776	1251	1350
DDR	1422	1439	1:1	80	22	450	567	282	353	610	497
Insgesamt	13327	7645	1,7:1	1123	295	4836	2512	2125	1868	5243	2970

Quelle: Zusammengestellt und berechnet nach Angaben von Iskra, Wiesław, Rozwój przemysłowy krajów RWPG, a. a. O., S. 432.

kenntnisse im RGW hatte die UdSSR. Allein eine Bilanzierung des Austauschs wissenschaftlich-technischer Dokumentationen zwischen der UdSSR und den übrigen RGW-Ländern zeigt, daß sie in der wissenschaftlich-technischen Zusammenarbeit mit den schwachindustrialisierten Staaten und demzufolge auch generell wesentlich mehr Materialien übergab, als sie erhielt.

Am größten war die Differenz beim Austausch von Unterlagen für Investitionsobjekte. Hier verhielt sich die Proportion zwischen erteilten und empfangenen Unterlagen wie 3,8 zu 1. Gemessen an der Anzahl der übermittelten Dokumentationssätze waren die Beziehungen zwischen der UdSSR und der Tschechoslowakei am intensivsten. An zweiter Stelle lag Polen, das mehr als doppelt so viel Dokumentationen empfing als übergab. Jedoch ist die Anzahl der bereits in diesem Zeitraum auch von polnischer Seite zur Verfügung gestellten Materialien bemerkenswert. Überhaupt wird allein durch eine Gegenüberstellung mit der UdSSR ersichtlich, daß auch ehemals wirtschaftlich schwach entwickelte Länder nach Maßgabe ihrer Möglichkeiten zum Austausch beitrugen. Betrachtet man die Angaben über die Investitionsunterlagen gesondert, erweist sich Bulgarien als Hauptempfänger der sowjetischen Hilfe. Auf Bulgarien entfielen ein Viertel der von der UdSSR in dieser Zeit an die RGW-Partner kostenlos übergebenen Investprojektierungen. Überdurchschnittlich hohe Anteile hatten außerdem die Tschechoslowakei, Rumänien und Polen. Doch die Angaben über die Menge der Dokumentationsunterlagen bilden natürlich keine exakte Grundlage für die Einschätzung der Vorteile, die die RGW-Länder aus diesen Leistungen zogen. Unabhängig von der Anzahl der übermittelten Lizenzen, Projektierungen und Forschungsberichte kann eingeschätzt werden, daß alle RGW-Partner der UdSSR über diesen Austausch Ergebnisse eines Forschungspotentials nutzen konnten, welches vergleichbare Kapazitäten in der Wirtschaftsgemeinschaft auf vielen Gebieten weit übertraf.[187] In den Jahren von 1948 bis 1961 wurde im wechselseitigen Verkehr zwischen der UdSSR und den volksdemokratischen Staaten annähernd 35 000 Spezialisten die Gelegenheit gegeben, sich über Arbeits- und Forschungsergebnisse der Nachbarländer zu unterrichten beziehungsweise ihr Wissen zu erweitern. Im Zuge dieses Austauschs wurden von der UdSSR an 6000 Themen zur Kenntnisnahme unterbreitet, während sich sowjetische Experten in den Volksdemokratien über ca. 2900 Themen informierten.[188]

Die Höhe des Nutzens, der der Wirtschaftsgemeinschaft aus dem Erfahrungsaustausch, aus der Delegierung von Spezialisten, der Schulung von Fachkräften, der Anwendung neuer ausländischer Arbeitsmethoden, der Verbreitung von Fachpublikationen und dergleichen erwuchs, kann schlechterdings nicht rechnerisch festgestellt werden. Das wäre höchstens möglich für die kostenlos bereitgestellten Dokumentationen. Doch exakte und umfassende, das heißt die Leistungen aller Mitgliedsländer der Gemeinschaft berücksichtigende Berechnungen, die sich auf den RGW beziehen, liegen meines Wissens hierüber nicht vor. Nach Angaben von Usenko[189] betrug der Gesamtwert der Unterlagen, die die UdSSR allen sozialistischen Ländern bis 1959 übergab, 9,1 Milliarden neuer Valutarubel.[190] Das entspricht auch der Einschätzung von Kohlmey, der die im Zeit-

187 Vgl. auch RGW – DDR 25 Jahre Zusammenarbeit, a. a. O., S. 75.

188 *Iskra, W.*, Rozwój przemysłowy krajów RWPG, a. a. O., S. 431 und 434.

189 Zu Weltmarktpreisen ermittelt, zitiert bei *Stepanow, S./Kalit, G.*, Eine neue Etappe in der Entwicklung des sozialistischen Weltsystems. In: Außenhandel, 1961, Heft 7.

190 Vgl. *Usenko, E. T.*, Sozialistische internationale Arbeitsteilung und ihre rechtliche Regelung, a. a. O., S. 321.

raum von 1948 bis 1960 bereitgestellten sowjetischen Dokumentationen wertmäßig mit 10,5 Milliarden Valutarubeln angibt.[191]

Ohne Zweifel hat die wissenschaftlich-technische Zusammenarbeit schon beim Übergang zur Politik der forcierten Industrialisierung eine große Rolle gespielt, sowohl, was die Möglichkeit zur Ingangsetzung des Prozesses betraf, als auch durch den Zeitgewinn, der im Prozeßverlauf erreicht werden konnte. Angesichts der historischen Entwicklungsbedingungen der Wirtschaftsgemeinschaft und ihren in den fünfziger Jahren erzielten Resultaten können diese Faktoren kaum überschätzt werden; denn ohne ein wirksames wechselseitiges Zusammenwirken der RGW-Länder, an dem die UdSSR einen maßgeblichen Anteil hatte, wäre es kaum möglich gewesen, die zahlreichen Großinvestitionen schon in der ersten Hälfte dieses Zeitraums in Angriff zu nehmen und erfolgreich zu realisieren. Gerade hier liegt der Widerspruch in der anfangs zitierten Darstellung Ribis, der diese Zusammenarbeit negiert und der UdSSR eine Art Gendarmeriefunktion in der Geschichte des RGW zugedacht hat.

Das Ausklammern des Austauschs wissenschaftlich-technischer Ergebnisse aus den Warenbeziehungen der RGW-Länder war für den Prozeß der sozialistischen Industrialisierung mit wesentlichen Vorteilen verbunden. Es handelte sich bei dieser bis dahin nicht erprobten Praxis nicht um das Aufdecken von Industrialisierungsreserven im üblichen Sinn, da ein ansonsten stets unvermeidbarer zusätzlicher Aufwand wie beim agrarischen Freisetzungseffekt oder der Erschließung von Bodenressourcen nicht auftrat – abgesehen von den vergleichsweise minimalen Ausgaben für eine Übertragung der Dokumente. Gerade dieser Umstand ist aber für die ökonomisch schwachentwickelten Länder angesichts einer kostspieligen und kräftezehrenden Aufstiegsphase von großer Bedeutung.

Trug der Austausch, der besonders den aufholenden Ländern des RGW den Anschluß an das Niveau ihrer Partner erleichterte, zur Beschleunigung des wirtschaftlichen Aufschwungs der Gemeinschaft bei, so war die Nutzung dieser Wachstumsreserve allerdings auch schon in den fünfziger Jahren von negativen Nebenwirkungen begleitet. Liegen die Vorzüge beispielsweise im Fall der Übergabe von Unterlagen für die Errichtung eines Elektrizitätswerkes auf der Hand, erweist sich die Einschätzung der Übertragung von Verfahren der verschiedensten verarbeitenden Industrien als wesentlich komplizierter. Denn hier konnte die Möglichkeit, beliebige Dokumentationen kostenlos zu erhalten, auch zur Entwicklung ungerechtfertigter, weil im Gesamtmaßstab des RGW unrationeller Parallelproduktion führen. Das zeigte sich zum Beispiel auf dem Gebiet der Farbstoffproduktion. Der in den fünfziger Jahren zwischen den Mitgliedsstaaten erfolgte Austausch von Verfahren zur Herstellung von Farbstoffen bewirkte die Aufnahme dieser Produktion in relativ geringem Umfang auf der Grundlage der gleichen Rezepturen in mehreren Ländern. Damit verringerten sich auf diesem Gebiet die Chancen für eine Spezialisierung und den aus ihr hervorgehenden Produktenaustausch. Die Tendenz, Produktionen für den Eigenbedarf aufzunehmen, erklärt sich zum Teil auch aus der ursprünglich mit der Übernahme von Verfahrenstechniken verbundenen Bedingung, diese „ausschließlich für die Produktion in den Grenzen des Empfängerlandes der Dokumentation" zu verwenden.[192] Diese Klausel orientierte, wie der sowjetische Wirtschaftswissenschaftler Kormnow mit Recht feststellte, „objektiv auf die Herausbildung einer uneffektiven Kleinserienproduktion, bedingt durch die engen Märkte der sozialistischen Länder,

[191] RGW DDR 25 Jahre Zusammenarbeit, a. a. O., S. 75.

die die Dokumentation erhalten hatten".[193] Später, als langjährige Erfahrungen in der Zusammenarbeit vorlagen, wurde auf der 62. Tagung des Exekutivkomitees eine Abänderung dieser Bestimmung vorgenommen.[194]

4. Die Entwicklung sozialistischer Kreditbeziehungen zwischen den RGW-Ländern – Wirtschaftshilfe nach dem Prinzip des sozialistischen Internationalismus

Der Übergang von Agrarländern zur beschleunigten Industrialisierung ist mit einem erhöhten Importbedarf an Produktionsgütern verbunden, dessen Befriedigung durch Kredite erleichtert werden kann. Inwieweit sie die Industrialisierung fördern, hängt allerdings von verschiedenen Faktoren ab, unter anderem auch von den Bedingungen, zu denen sie erteilt werden. Die Wirtschaftsgeschichte auch der osteuropäischen Länder belegt für die Zeit vor dem zweiten Weltkrieg Kreditbeziehungen, die sich auf die wirtschaftliche Entwicklung in diesem Raum eher hemmend als fördernd ausgewirkt haben dürften. Schulbeispiele für eine solche Situation bieten vor allem die Wirtschaftsgeschichte Rumäniens und Bulgariens vor 1945. Von den südosteuropäischen Staaten wurden seit der zweiten Hälfte des 19. Jahrhunderts Auslandsanleihen aufgenommen, deren Tilgung immer weitere Kreditbelastungen nach sich zogen. Kredite reihten sich als eine Kette von Schuldverpflichtungen aneinander. So nahm beispielsweise Rumänien von 1864 bis 1914 44 Anleihen in Höhe von insgesamt 3,6 Milliarden Lei auf. Trotz ständiger Abzahlung betrug Rumäniens öffentliche Schuld im Jahre 1914 immer noch 1,8 Milliarden Lei, und die in diesem Jahr zu leistende Rückerstattung in Höhe von 115 Millionen Lei beanspruchte 20 Prozent des rumänischen Staatshaushalts.[195] In der

[192] *Kormnow, J. F.*, Spezialisierung und Kooperation der Produktion der RGW-Länder, Berlin 1974, S. 104.

[193] Ebenda.

[194] Auf der 62. Tagung des Exekutivkomitees wurde das Dokument „Die organisatorisch-methodischen, ökonomischen und rechtlichen Grundlagen der wissenschaftlich-technischen Zusammenarbeit der RGW-Mitgliedsländer und der Tätigkeit der RGW-Organe auf diesem Gebiet" angenommen. In ihm wurde zwar die Einschränkung beibehalten, daß unentgeltlich übernommene Dokumentationen lediglich zur Nutzung derselben in den Grenzen des Empfängerlandes berechtigen; aber eine Exportproduktion für Drittländer wurde nicht ausgeschlossen. Für einen solchen Fall wurde der Abschluß einer gesonderten Vereinbarung der beteiligten Länder zur Bedingung gemacht. Ebenda, S. 94. Im „Komplexprogramm für die weitere Vertiefung und Vervollkommnung der Zusammenarbeit und Entwicklung der sozialistischen ökonomischen Integration der Mitgliedsländer des RGW" wurde im Hinblick auf den Austausch wissenschaftlich-technischer Dokumentationen festgelegt: „Die Übergabe von Ergebnissen wissenschaftlich-technischer Forschungen erfolgt nach Vereinbarung zwischen den interessierten Ländern. Dabei können diese in Abhängigkeit vom Niveau der Ergebnisse der wissenschaftlich-technischen Forschungen und ihres Wertes sowohl unentgeltlich als auch zu Bedingungen der finanziellen Entschädigung gemäß der erzielten Übereinkunft übergeben werden, und zwar so, daß bei dieser Übergabe die nationalen Interessen jedes Landes sowie die gemeinsamen Interessen aller Mitgliedsländer des RGW berücksichtigt werden." Dokumente RGW, Berlin 1971, S. 44.

[195] *Sitescu, P. M.*, Der rumänische Wirtschaftsraum, a. a. O., S. 20. Vgl. auch *Spiru, B.*, Freiheit die sie meinen ..., a. a. O., S. 27.

Zeit zwischen den Weltkriegen stiegen in Rumänien die öffentlichen Schulden[196] und die Auslandsschulden sogar noch an. Die mit den Auslandsverpflichtungen verbundene Tilgung verschlang einen immer größeren Teil der Budgeteinnahmen. Zeitweilig mußte in Rumänien wie in den Jahren 1931 und 1932 über ein Viertel der Haushaltsmittel (25,8 bis 26,9 Prozent) für die Abzahlung von Auslandsschulden verwandt werden.[197] Die von Bulgarien im Zeitraum von 1888 bis 1928 aufgenommenen 9 großen Staatsanleihen brachten dem Auslandskapital nach Berechnungen von Stojanow einen Profit in Höhe von 47,9 Millionen Gold-Franc.[198] Die Zinsen lagen vor dem ersten Weltkrieg zum Teil bei 4,5 Prozent,[199] häufiger aber bei 5 und 6 Prozent, und sie erhöhten sich bei Anleihen, die in der Zwischenkriegszeit aufgenommen wurden, teilweise auf 7 und 7,5 Prozent.[200] Die realen Zinsen schwankten zwischen 5,4 und fast 9 Prozent.[201] Des öfteren mußten von Bulgarien nach 1912 kurzfristige Auslandsanleihen zu einem Zinssatz von 8 Prozent aufgenommen werden, um Verpflichtungen aus langfristigen Krediten nachkommen zu können.[202] Im Hinblick auf die ungünstigen Bedingungen, zu denen südosteuropäische Länder vor 1945 Kredite erhielten, wird mit Recht von Wucheranleihen gesprochen. Basil Spiru führt in diesem Zusammenhang als Beispiel die 1864 von Rumänien aufgenommene Stern-Brother-Anleihe an, deren Abgeltung alles in allem das Dreifache der ursprünglich erhaltenen Summe ausgemacht haben soll.[203]

Wie an anderer Stelle bereits dargestellt wurde, beschränkten sich die Maßnahmen, die nach dem zweiten Weltkrieg unter dem Einfluß der USA zur Behinderung der wirtschaftlichen Ambitionen sozialistischer Länder ergriffen wurden, nicht auf Ausfuhrverbote für amerikanische und westeuropäische Unternehmen. Sie erstreckten sich in der Zeit des kalten Krieges außerdem auf die Unterbindung der Kreditgewährung, wobei es auch zur Rücknahme von Kreditzusagen kam. Oft wurde dabei die Ablehnung des Marshallplans durch die UdSSR und die Volksdemokratien als eine Art „moralisches Alibi" von westlicher Seite ins Feld geführt. Die Spekulation auf die propagandistische Wirksamkeit dieser Argumentation konnte sich auf die Manipulation der öffentlichen Meinung in den USA und Westeuropa stützen; waren doch Ziele und Hintergründe des Projekts sowie die Ursachen, die zu seiner Ablehnung durch die sozialistischen Staaten geführt hatten, in der Bevölkerung jener Staaten der westlichen Hemisphäre wenig bekannt.

Analog den Ausfuhrverboten lief auch die Reduzierung der Kreditgewährung auf die Restriktion des Warenverkehrs in West-Ost-Richtungen hinaus. Zwar kam der Kreditverkehr auch in der Zeit des kalten Krieges nicht völlig zum Erliegen. Jedoch war der Umfang der Kredite, die kapitalistische Staaten in diesen Jahren an Länder des RGW-

196 *Leon, Gh. N.*, Struktur und Entwicklungsmöglichkeiten der rumänischen Volkswirtschaft. Kieler Vorträge. Jena 1941, S. 7.

197 *Leonties, D.*, Die Auswirkungen der staatlichen Industrieförderungsmaßnahmen ..., a. a. O., S. 114. Vgl. auch *Iskra, W.*, Rozwój przemysłowy krajów RWPG, a. a. O., S. 421.

198 Wobei sich die Summe unter Berücksichtigung sonstiger Bankanleihen aus dem Ausland auf 55,4 Millionen Gold-Franc erhöht. Stojanow, N.: Matematičesko proučwane na bulgarskite drshawni emisionni saemi. Zitiert bei Čakalow, Asen: Formi rasmer i deinost na čushdija kapital u Bulgarija 1978–1944, a. a. O., S. 21 f.

199 Für Jugoslawien vgl. *Jurkowić, B.*, Das ausländische Kapital in Jugoslawien, a. a. O., S. 448 ff.

200 *Čakalow, A.*, a. a. O., S. 20.

201 Ebenda.

202 Ebenda, S. 38.

203 *Spiru, B.*, Freiheit, die sie meinen, a. a. O., S. 21 und 27.

Bereichs erteilten, gering. Es handelte sich vorwiegend um kleinere kurz- oder mittelfristige Warenkredite, die in Verbindung mit einigen Handelstransaktionen vereinbart wurden.[204]

Obwohl kommerzielle Interessen an der Ausreichung von Krediten in der Wirtschaftsgemeinschaft nicht bestanden, konnten die Mitgliedsländer in den fünfziger Jahren auf Kredite aus dem RGW-Bereich zurückgreifen. Sie wurden zur Realisierung von Investitionsobjekten, aber auch für die Überbrückung wirtschaftlicher Schwierigkeiten zur Verfügung gestellt. Beispielsweise gewährte die UdSSR der DDR zur Überwindung von Komplikationen, die bei der Durchführung des ersten Fünfjahrplans auftraten, im Jahre 1953 einen Kredit in Höhe von 485 Millionen Rubel zu einem Zinssatz von 2 Prozent.[205] Die im RGW erteilten Kredite waren hauptsächlich Warenkredite. In einzelnen Fällen wurden auch Kredite in konvertierbarer Valuta und Gold gegeben. So bestand zum Beispiel ein Teil des 1953 von der DDR bei der UdSSR aufgenommen Kredits (in Höhe von 135 Millionen Rubel) aus frei verfügbaren Valutamitteln.[206] Insgesamt gab die UdSSR der DDR in der Zeit von 1953 bis 1958 konvertierbare Devisenkredite in Höhe von mindestens 1255 Millionen Rubel der damaligen Währung beziehungsweise 314 Millionen Dollar.[207] Goldkredite gewährte die UdSSR 1947 Polen im Umfang von 111,2 Millionen Rubel sowie zweimal der Tschechoslowakei, und zwar 1948 im Werte von 132,4 Millionen Rubel und dann 1957 nochmals 54 Millionen Rubel. Mit verschiedentlichen Krediten in freien Devisen, die Bulgarien bis 1958 in Höhe von 180,5 Millionen Rubel erhielt, beliefen sich die von der UdSSR an RGW-Länder ausgereichten Anleihen an konvertierbarer Valuta und Gold im Zeitraum von 1947 bis 1958 auf mindestens 1733 Millionen Rubel der alten Währungseinheit beziehungsweise 433 Millionen Dollar.[208] Das waren ca. 17 Prozent der Kredite, die die UdSSR insgesamt in jenen Jahren an Länder des RGW-Bereichs vergab.

Ein Teil der zwischen den RGW-Ländern vermittelten Warenkredite wurde als Investitionskredite bezeichnet, sofern sie im Zusammenhang mit der Lieferung von Produktionsgütern für bestimmte Objekte zwischen den Partnern vereinbart worden waren. Wir haben es folglich bei den übrigen Warenkrediten teilweise ebenfalls mit kreditierten Investlieferungen zu tun, die aber nicht speziell als Investitionskredit erfaßt wurden.[209] Kreditierte Lieferungen von Investgütern erfolgten in der Regel auf der Grundlage von langfristigen Kreditabkommen und waren wie alle Warenlieferungen auf Kredit mit vereinbarten Lieferterminen gekoppelt, die die Durchführung der Investvorhaben von dieser Seite her absicherten.[210] Einen Überblick über den Kreditverkehr innerhalb der Wirtschaftsgemeinschaft für das letzte Drittel der vierziger und für die fünfziger Jahre gibt folgende Tabelle:

[204] *Rutkowski, J.*, Swiatowy rynek kredytowy, Warszawa 1964, S. 268. Zu ersten nennenswerten Krediten von westlicher Seite kam es erst in den Jahren 1957 bis 1959 mit einer amerikanischen Anleihe Polens in Höhe von 225 Millionen Dollar und 1970 mit einem Kredit im Umfang von 171 Millionen Dollar, den Polen für den Ankauf amerikanischer Agrarüberschüsse zu dem günstigen Zinssatz von 2 Prozent erhielt. Ebenda

[205] RGW DDR 25 Jahre Zusammenarbeit, Autorenkollektiv, a. a. O., S. 97.

[206] Ebenda.

[207] *Ciamaga, Lucjan:* Od współpracy do integracij, Warszawa 1965, S. 39 und 40.

[208] Ebenda.

[209] *Usenko, E. T.*, Sozialistische internationale Arbeitsteilung und ihre rechtliche Regelung, a. a. O., S. 257. [210] Ebenda, S. 258.

Tabelle 67

*Kreditverkehr im RGW-Bereich in den Jahren 1947 bis 1960 (in Millionen Rubel)**

Kredit-gewährende Länder	insgesamt	Kreditempfangende Länder						
		Albanien	Bulgarien	Tschechoslowakei	DDR	Ungarn	Polen	Rumänien
UdSSR								
1947–1949	2636	49	423	132	•	•	1912	120
1950–1953	1706	373	345	•	485	103	400	•
1954–1957	5345	191	610	54	1120	1150	1680	540
1958–1959	1596	526	250	•	110	710	•	•
1960	650	•	650	•	•	•	•	•
	11933							
Tschechoslowakei								
1950–1953	320	•	320	—	•	•	•	•
1954–1957	562	•	•	—	•	102	460	•
1958–1959	361	•	•	—	111	•	250	•
1960**	495	•	•	—	•	•	495**	•
	1738							
DDR								
1950–1953	52	52	•	•	—	•	•	•
1954–1957	681	38	73	•	—	60	400	110
1960	254	•	•	•	—	•	254**	•
	987							
übrige Länder								
1947–1949	29	•	29	•	•	•	•	•
1950–1953	100	40	60	•	•	•	•	•
1954–1957	81	34	•	•	•	47	•	•
1958–1959		•	•	•	•	•	•	•
1960		•	•	•	•	•	•	•
	210							

* in alter Währung. 1 Rubel=0,25 US-Dollar
** ein Teil der 1960 vereinbarten Kredite wurde 1961 realisiert.

Quelle: Rutkowski, Józef, Światowy rynek kredytowy, a. a. O., S. 251 sowie ergänzt mit Hilfe von: Obsor Ekonimitscheskogo Poloshenija Jewropy 1957, Genf 1958, UN, Teil VI, S. 58 bis 60.

Im angeführten Zeitraum wurden nach diesen Angaben im RGW-Bereich Kredite in Höhe von 14 868 Millionen Rubel der alten Währung beziehungsweise 3579 Millionen Dollar gewährt.[211] Mit Ausnahme der UdSSR nahmen alle RGW-Länder Kredite aus der Wirtschaftsgemeinschaft in Anspruch. Die Anteile, die die Debitoren an der insgesamt geleisteten materiellen und finanziellen Hilfe hatten, weisen die ehemaligen

[211] Es handelt sich um das Kreditminimum, das resultiert aus den wichtigsten belegbaren Krediten. Über eine Reihe von nachweisbaren Kreditleistungen liegen jedoch infolge der lückenhaften Statistik keine genauen Angaben vor.

Agrarländer des RGW Albanien, Bulgarien, Polen und Ungarn als hauptsächliche Empfänger von Krediten aus.

Tabelle 68

Absoluter Anteil der Debitoren an den von 1947 bis 1960 im RGW erteilten Krediten

Kreditempfangende Länder	Höhe der aufgenommenen Kredite in Mill. alter Rubel	Anteil in %
1. Polen	5851	39
2. Bulgarien	2760	19
3. Ungarn	2172	15
4. DDR	1826	12
5. Albanien	1303	9
6. Rumänien	770	5
7. Tschechoslowakei	186	1

Allein auf Polen, Bulgarien und Ungarn kamen mit 73 Prozent fast drei Viertel aller statistisch erfaßten RGW-Kredite dieser Jahre, wobei der Anteil Polens, des von den Kriegsfolgen am stärksten betroffenen Landes dieser Gruppe, sehr hoch lag. Ermittelt man die Anteile auf der Grundlage von Pro-Kopf-Berechnungen, ergeben sich Relationen, die das obige Bild modifizieren:

Tabelle 69

*Relativer Anteil der Debitoren an den von 1947 bis 1960 im RGW erteilten Krediten nach Pro-Kopf-Berechnungen** (Polen = 100)

1. Albanien	431
2. Bulgarien	168
3. Ungarn	101
4. Polen	100
5. DDR	46
6. Rumänien	20
7. Tschechoslowakei	7

* Zugrundegelegt wurde die Bevölkerungsgröße im Durchschnitt der Jahre von dem Beginn der Kreditierung bis 1960.

Die Relativierung verdeutlicht, daß sich die Kreditgewährung im RGW auf die im Industrialisierungsprozeß befindlichen Mitgliedsländer konzentrierte, lediglich Rumänien nahm absolut wie relativ vergleichsweise wenig Kredite in Anspruch.

Als Kreditoren traten vor allem die Industrieländer des RGW in Erscheinung – die UdSSR, die Tschechoslowakei und die DDR. Hauptkreditgeber war mit Abstand die UdSSR, aus der 80 Prozent aller im RGW ausgeliehenen Kredite kamen. Zusammen mit den an die asiatischen Volksrepubliken vergebenen Krediten in Höhe von 7850 Millionen Rubel[212] nahm die Kredithilfe der UdSSR für die sozialistischen Länder in den

[212] China erhielt von 1950 bis 1957 Kredite im Unfang von 4620 Millionen Rubel alter Währung. Obsor Ekonomitscheskogo Poloshenija Jewropy 1957, a. a. O., S. 60. Außerdem erteilte die

Jahren 1947 bis 1960 den Umfang von mindestens zwanzig Milliarden Rubel alter Währung beziehungsweise fünf Milliarden Dollar an.[213]

Betrachtet man die sowjetische Kredithilfe unter kumulativem Aspekt, zeigt sich, daß 72 Prozent dieser zwanzig Milliarden in der Zeit von 1950 bis 1957 aufgebracht wurden. Das bedeutet, rechnet man um, daß die UdSSR im Durchschnitt während dieser Zeit jährlich Werte in Höhe von 445 Millionen Dollar sozialistischen Ländern zur Verfügung stellte. Und das waren nicht irgendwelche Überschüsse, auf die das Land – unlängst noch von einer verheerenden Aggression heimgesucht und gezwungen, einer neuen, unter Umständen noch verheerenderen vorzubeugen – zeitweilig aus Solidarität verzichtete.

Außerdem leistete die UdSSR Entwicklungshilfe für andere Länder. Beispielsweise beliefen sich ihre Kedite für Entwicklungsländer in der Zeit von 1957 bis 1960 auf eine Summe von mindestens 2,3 Milliarden Dollar.[214]

Übrigens annullierte die UdSSR 1957 Albanien Kredite in Höhe von 348 Millionen Rubel, die in den Jahren von 1948 bis 1953 zur Unterstützung der wirtschaftlichen Entwicklung ausgereicht worden waren sowie einen anderen Kredit im Umfang von 74 Millionen Rubel (zusammen 422 Millionen alte Rubel beziehungsweise 105,5 Millionen Dollar), dessen Abzahlung ursprünglich ab 1. 1. 1957 vorgesehen war.[215] Ein Jahr zuvor hatte die UdSSR Polen Tilgungsverpflichtungen aus Krediten in Höhe von 2,1 Milliarden Rubel alter Währung (525 Millionen Dollar) im Zusammenhang mit nachträglichen Preiskorrekturen für polnische Steinkohlenexporte aus den Jahren 1946 bis 1953 annulliert.[216] Rumänien wurde von der UdSSR der Begleichung einer Kreditsumme im Umfang von 600 Millionen Rubel der damaligen Währung enthoben.[217] Im Oktober 1960 traf sie die Entscheidung über die Aufhebung der Rückzahlung von Krediten, die der koreanischen Volksrepublik erteilt worden waren.[218] Der Mongolei wurde die Rück-

UdSSR in den Jahren von 1950 bis 1960 der Mongolei und den Volksrepubliken Korea und Vietnam insgesamt Kredite in Höhe von 3230 Millionen Rubel in alter Währung. Vgl. *Rutkowski, J.*, Światowy rynek kredytowy, a. a. O., S. 251.

213 Tatsächlich ist die Gesamtsumme der Kredite, die die UdSSR den sozialistischen Ländern gewährte, höher gewesen. Die UNO-Materialien enthalten über eine ganze Reihe von Krediten, die die UdSSR, die Tschechoslowakei und die DDR erteilen, zwar Daten über die Ausreichung, jedoch nicht die Kreditsumme, da ausreichende Informationen aus diesen Ländern fehlten. Vgl. Obsor Ekonomitscheskogo Poloshenija, Jewropy 1957, UN, Genf, 1958, Teil VI, S. 58–60. Die oben angegebenen Zahlen beziehen sich folglich nur auf diejenigen Kredite, zu denen vollständige Angaben vorliegen. Kann davon ausgegangen werden, daß in der hier angegebenen Summe der weitaus überwiegende Teil der Kredite erfaßt wurde, ist die Gesamtsumme oft höher angesetzt worden. Bodnar schätzt beispielsweise, daß die UdSSR bis 1957 allein Kredite in Höhe von 28 Milliarden alter Rubel beziehungsweise 7 Milliarden Dollar an europäische und asiatische Volksdemokratien ausreichte, wovon ungefähr 6 Milliarden Rubel annulliert worden seien. Vgl. *Bodnar, A.*, Gospodarka europejskich krajów socjalistycznych, a. a. O., S. 40 und 41.

214 Es handelte sich um Kredite an Ägypten, Indien, den Irak, Afghanistan, Indonesien, Argentinien, Ceylon, Äthiopien, Guinea, Kuba und Ghana. Vgl. *Bodnar, A.*, Gospodarka europejskich krajów socjalistycznych, Warszawa 1962, S. 47.

215 *Ciamaga, L.*, Od wsółpracy do integracij, a. a. O., S. 40.

216 Ebenda sowie hierzu im weiteren *Tomaszeski, J.*, Die wirtschaftliche Entwicklung der Volksrepublik Polen, a. a. O., S. 31 f. und *Kostrowicka, I./Landau, Z./Tomaszewski, J.*, Historia gospodarcza Polski XIX. i XX. wieku, Warszawa 1975, S. 529.

217 *Bodnar, A.*, Gospodarka europejskich krajów socjalistycznych, a. a. O., S. 42.

218 *Rutkowski, J.*, Swiatowy rynek kredytowy, a. a. O., S. 254,

erstattung von Krediten im Umfang von 225 Millionen Dollar erlassen, die in den Jahren 1946 bis 1956 bei der UdSSR aufgenommen worden waren.[219]

Die mir bekannten Kreditannullierungen der UdSSR zugunsten der sozialistischen Länder beliefen sich mithin – bezogen auf die Zeit bis zur Wende zu den sechziger Jahren – auf eine Gesamtsumme von vier Milliarden und zweiundzwanzig Millionen alter Rubel beziehungsweise eine Milliarde Dollar.

Hinsichtlich der Wirksamkeit der sowjetischen Kredithilfe sind die außerordentlich günstigen Bedingungen zu berücksichtigen, zu denen sie ausgereicht wurden. Die im RGW-Bereich üblichen niedrigen Jahreszinsen, meistens zu 2 und manchmal sogar nur 1,5 oder 1 Prozent, werden in vielen Fällen Verluste, die dem Kreditor durch den zeitweiligen Entzug materieller Güter oder Devisen entstanden, kaum voll aufgewogen haben.[220]

Zudem wurden die Zinsen nicht für die Gesamtsumme des Kredits, sondern jeweils nur für den noch nicht getilgten, zur Zeit ausstehenden Teil berechnet, so daß sich mit allmählicher Rückerstattung die Bezugsbasis für die Zinskalkulation sukzessive verringerte.[221]

Angesichts dieser unkommerziellen Verfahrensweise gelangt der polnische Wirtschaftswissenschaftler Rutkowski zu der Feststellung, daß den im RGW vereinbarten Zinssätzen mehr symbolische Bedeutung beizumessen ist.[222] Von vornherein wurden folglich die Bedingungen für die Debitorenländer unter dem Aspekt der Entwicklungshilfe so fixiert, daß einer eventuellen Kreditbelastung vorgebeugt wurde, die bei der sonst üblichen Praxis im internationalen Kreditverkehr nur all zu oft die geleistete Hilfe in Frage stellt.

In der Regel gewährte die UdSSR Kredite mit einem langen Tilgungszeitraum, nicht selten von zehn und zum Teil auch fünfzehn Jahren. Bei der bis zum Jahre 1958 an die Partnerländer der Wirtschaftsgemeinschaft vermittelten sowjetischen Kredithilfe handelte es sich – bezogen auf den Gesamtumfang – zu ungefähr 95 Prozent um langfristige Kredite.[223] Der Umfang dieser Kredite geht aus Tabelle 70 hervor.

Die sowjetischen Kredite trugen zum großen Teil den Charakter einer Investitionshilfe. Nach Einschätzung von Rutkowski bezogen sich 52 Prozent der langfristigen Kredite, die die UdSSSR im oben angegebenen Zeitraum den RGW-Ländern zur Verfügung stellte, auf Investitionsgüter, 34 Prozent auf andere Waren – hauptsächlich Rohstoffe – und 14 Prozent auf Gold und Devisen.[224]

Es kann als sicher gelten, daß sich die Zusammensetzung der Kredite entsprechend der Wirtschaftsstruktur der Debitoren und davon abgeleiteten Kreditbedürfnissen für die einzelnen Partner der UdSSR unterschiedlich gestaltete und jeweils von der erwähnten Gesamtproportion abwich. Beispielsweise wird der Anteil der Investitionsgüter an den Krediten, die die DDR aufnahm, geringer gewesen sein als derjenige der Rohstoff-

219 Ebenda, S. 255.

220 *Usenko, E. T.*, Sozialistische internationale Arbeitsteilung und ihre rechtliche Regelung, a. a. O., S. 256.

221 Ebenda, S. 264.

222 *Rutkowski, J.*, Światowy rynek kredytowy, a. a. O., S. 253.

223 Geschätzt nach Angaben von *Ciamaga, L.*, Od współpracy do integracji, a. a. O., S. 39/40 und *Rutkowski, J.*, ebenda, S. 255.

224 *Rutkowski, J.*, ebenda.

Tabelle 70

Langfristige Kredite der UdSSR an RGW-Länder im Zeitraum von 1946 bis 1958 (in Millionen Dollar)

Jahre / Länder	1946 bis 1950	1951 bis 1954	1955	1956	1957	1958	Annullierte Kredite	insgesamt
Albanien	•	•	–	–	47,8	75,0	105,5*	228,3
Bulgarien	65,0	86,5	–	92,5	100,0	42,5	–	386,5
Tschechoslowakei	30,5	–	–	–	•	–	–	30,5
DDR	–	121,2	–	20,0	260,0	27,5	–	428,7
Ungarn	–	25,7	–	25,0	262,5	102,5	–	415,7
Polen**	478,0	–	–	300,0	120,0	–	•	898,0
Rumänien**	30,0	26,0***	–	103,5	–	–	–	159,5
Insgesamt	603,5	259,4	–	541,0	790,3	247,5	105,5	2547,2

* 1948–1953
** annullierte Kredite sind unter Zeitangaben erfaßt
*** ohne einen Handelskredit in Höhe von 24 Millionen Dollar.
Quelle: Rutkowski, Józef, Światowy rynek kredytowy, a. a. O., S. 255.

kredite; und Investitionskredite werden im Fall von Albanien und Bulgarien dominiert haben.

Relationen zwischen der Höhe sowjetischer Kredite und dem Investitions- bzw. Produktionsumfang unterstützter Länder lassen die Bedeutung erkennen, die die Hilfe der UdSSR für die wirtschaftliche Entwicklung in der ersten Phase der sozialistischen Industrialisierung annahm. Beispielsweise deckten sich die bis 1957 an Bulgarien gewährten sowjetischen Kredite mit nicht weniger als 27 Prozent des gesamten Investitionsaufwandes, den das Land von 1947 bis 1957 zu verzeichnen hatte.[225] Der Wert der von Albanien aus der UdSSR empfangenen und später annullierten Kredite entsprach 26 Prozent der albanischen Industrieproduktion des Jahres 1956.[226] Die von Ungarn in der Zeit bis 1957 aufgenommenen Kredite kamen ungefähr 7 Prozent der ungarischen Industrieinvestitionen der Jahre 1950 bis 1957 gleich.[227]

Bis zum Jahre 1960 wurden allein in den ursprünglichen Agrarländern des RGW einschließlich der Mongolei 308 Industriebetriebe und etwa 93 industrielle Produktionsabteilungen mit Hilfe sowjetischer Kredite errichtet. Diese Anlagen gliederten sich wie folgt auf die einzelnen Länder auf: siehe Tabelle 71.

Eine weitere günstige Bedingung bestand darin, daß Kredite im RGW generell mit Erzeugnissen aus der Landesproduktion rückerstattet werden konnten. Hierin sieht Ribi keinen Vorzug. Er stellt vielmehr fest, daß die sozialistische Kreditpraxis „... zu einer langfristigen Belastung des Schuldnerlandes führen kann, das während vielen Jahren unter Umständen erhebliche Lieferungen aus der laufenden Produktion abführen muß, was zu einer Verlangsamung des wirtschaftlichen Aufbaus führen kann."[228] Von wo,

225 *Bodnar, A.*, Gospodarka europejskich krajów socjalistycznych, a. a. O., S. 42.
226 Ebenda, S. 41 f.
227 Berechnet nach Angaben von *Bodnar, A.*, ebenda, S. 42.
228 *Ribi, Rolf C.*, Das COMECON, a. a. O., S. 374.

Tabelle 71

Mit Hilfe sowjetischer Kredite errichtete industrielle Produktionsstätten im RGW-Bereich von 1947 bis 1960

Länder	Industrie-betriebe	Industrielle Produktionsabteilungen
Albanien	76	23
Polen	67	8
Rumänien	63	23
Bulgarien	54	25
Ungarn	27	4
Mongolei	21	10

Quelle: Bodnar, Artur, Europejskich krajów socjalistycznych, a. a. O., S. 43.

wenn nicht aus der „laufenden Produktion", hat nun aber der Kreditor die Waren aufgebracht? „Erheblichen Rückerstattungen" müssen doch wohl erhebliche Warenkreditierungen vorausgegangen sein. Ribi hat folglich den Nachteil der Kreditgewährung im RGW erkannt, der darin besteht, daß Kredite in der Regel – zurückerstattet werden müssen. Wie soll nun aber erklärt werden, daß eine Begleichung in Raten über einen langen Zeitraum ungünstiger ist als eine kurzfristige Rückerstattung, wenn nicht auf das Argument von Wucherzinsen zurückgegriffen werden kann? Auch da weiß Ribi Rat. Nach der einleitenden Versicherung, daß er die wachsende Zinslast gerade der Entwicklungsländer nicht zu bagatellisieren beabsichtige, nennt er als Vorzug kapitalistischer Kreditpraxis, daß „... die den westlichen Industriestaaten zum Vorwurf gemachte Reinvestierung zurückgezahlter Kapitalien und Zinsen in den betreffenden Ländern zu einer Verbesserung der Beschäftigungslage, zum Aufbau der Infrastruktur und damit zur allgemeinen wirtschaftlichen Entwicklung beitragen kann."[229] Historische oder aktuelle Beispiele, wo all das oder doch das eine oder andere – beispielsweise die Verbesserung der Beschäftigungslage – auch tatsächlich eintrat, gibt er nicht. Und das sollte auch schwerfallen; denn bei den Marshallplanmitteln handelte es sich ja um Kredite, die – abgesehen von solchen Staaten, wie der Türkei oder Griechenland – an hochentwickelte Industrieländer erteilt und dort reinvestiert wurden. Nach Logik der Dinge unterläßt Ribi es dann auch, die wachsende Zinslast der Entwicklungsländer mit der Wirksamkeit der Kredite, die übrigens nur zu einem geringen Teil wirklich zur Reinvestition führen, in Einklang zu bringen.

Denn eine der problematischen, weil widersprüchlichen Seiten westlicher Kreditpolitik – beileibe nicht die einzige – besteht eben darin, daß ein beträchtlicher *Kapitalabfluß* aus den Entwicklungsländern die Wirksamkeit, die dem Kapitalzufluß unterstellt wird, in Frage stellt. Aus der offiziellen Statistik geht das oft nicht einmal hervor. Myrdal bemerkt treffend, „... daß die DAC-Statistiken[230], die *überall als maßgebend zitiert werden, das Problem völlig offen lassen, wie hoch der gesamte Nettozufluß privater Kapitalhilfen von den entwickelten zu den unterentwickelten Ländern ist, und vor allem,*

[229] Ebenda, S. 374.

[230] DAC – Development Assistance Committee, Entwicklungshilfe – Kommission der OECD.

ob ein solcher Nettozufluß in vielen unterentwickelten Ländern überhaupt vorhanden ist und nicht vielmehr ein Abfluß. Daß dieser Nettozufluß oder -abfluß für die Schuldenexplosion und die Last des Schuldendienstes in unterentwickelten Ländern und daher für Möglichkeiten dieser Länder, eine Entwicklung anzukurbeln, relevant ist, wurde ... gezeigt."[231] Und bezüglich der Kapitalbewegungen zwischen entwickelten kapitalistischen Staaten und unterentwickelten Ländern konstatiert Myrdal: „... Die Finanzhilfe aus den entwickelten Ländern stellt eine Art des Kapitalzuflusses dar. Seit vielen Jahren schon stagniert diese Hilfe und ist sogar rückläufig. Da die Finanzhilfe darüber hinaus in wachsendem Umfang in Form von Krediten gewährt wird, verursacht sie spätere Abflüsse in der Form von Zins- und Tilgungszahlungen. Diese Folge ist in gewissem Umfang abgeschwächt worden, indem man den Tilgungszeitraum stark ausdehnte, tilgungsfreie Zeiten und einen niedrigen Zinsfluß gewährte. In den letzten Jahren jedoch ist der durchschnittliche Zinssatz wieder gestiegen, die durchschnittliche Tilgungsdauer der neuen Kredite und die tilgungsfreie Periode sind gekürzt worden."[232] Würde der von Ribi erwähnte Reinvestierungseffekt sich auf die Entwicklung der wirtschaftliche Hilfe benötigenden Länder günstig auswirken, müßte die durch ihn nun florierende Wirtschaft ermöglichen, die aus den Krediten erwachsene Schuldlast abzutragen. Das Gegenteil ist der Fall. Myrdal beschreibt die Situation der Entwicklungsländer wie folgt: „Es ist errechnet worden, daß die akkumulierten Schulden dieser Länder von 10 Milliarden Dollar im Jahre 1950 auf 40 Milliarden Dollar im Jahre 1965 gestiegen sind, daß sie weiterhin ansteigen und es auch in Zukunft tun werden. Die jährlichen Zins- und Tilgungszahlungen sind im selben Zeitraum von 0,8 Milliarden Dollar auf ungefähr 3,6 Milliarden Dollar gestiegen. Das Verhältnis der Schuldendienstzahlungen zu den Exporterlösen stieg von weniger als 4 Prozent Mitte der fünfziger Jahre auf 9 Prozent im Jahre 1965. Es ist vorauszusehen, daß bei einer Fortsetzung des gegenwärtigen Trends die gesamten Kapitalzuflüsse von den Abflüssen, einschließlich Schuldendienst, aufgezehrt werden – irgendwann Anfang der siebziger Jahre."[233]

Angesichts dieser Entwicklung mutet Ribis Aussage, das Problem nicht bagatellisieren zu wollen, einigermaßen kurios an, und die Zweifel an der Sachlichkeit seiner Einschätzungen der sozialistischen Kreditbeziehungen werden nicht gerade zerstreut. Dabei ist bemerkenswert: Daß die Kredithilfe, die im RGW besonders den schwachentwickelten Ländern gewährt wurde, den Niveauangleich in der Wirtschaftsgemeinschaft förderte, hat auch Ribi nicht negieren können, wenn er sie auch fälschlicherweise als Kapitalhilfe bezeichnet. Doch aus dem Umstand, daß die UdSSR in den fünfziger Jahren die Partner im RGW auch angesichts schwieriger politischer Situationen durch Kredite unterstützte, zieht Ribi eine überraschende Schlußfolgerung. Wörtlich schreibt er: „Wenn auch mit großer Sicherheit angenommen werden kann, daß die Kapitalhilfe des weitaus größten Kreditgebers im Ostblock den genannten Angleichungsprozeß begünstigt hat, so wird dieser Investitionshilfe infolge ihres offenbar weitgehend politischen Charakters immerhin der Nymbus genommen, im Namen des proletarischen Internationalismus erfolgt zu sein."[234] Da Wirtschaftshilfe nach unkommerziellen Gesichtspunkten gewährt wurde,

[231] *Myrdal, Gunnar,* Politisches Manifest über die Armut in der Welt, Frankfurt am Main, 1970, S. 188.

[232] Ebenda, S. 175.

[233] Ebenda, S. 176.

[234] *Ribi, Rolf C.,* Das COMECON, a. a. O., S. 375.

müssen es schon politische Motive gewesen sein, die dem zugrunde lagen. Gerade hierin zeigte sich eben Solidarität in den internationalen Beziehungen in Form des sozialistischen Internationalismus, der ja bekanntlich ein politisches Handlungsprinzip ist, das sich äußert sowohl in planmäßiger Unterstützung und auch als außerplanmäßige Hilfe in schwierigen Situationen.

Ich komme in diesem Zusammenhang noch einmal auf Myrdal zurück. „Tatsache ist", schreibt er im politischen Manifest über die Armut in der Welt, „daß ... der internationale Handel – und der Kapitalstrom – im allgemeinen dahin tendiert, Ungleichheit zu erzeugen, und daß diese Tendenz sich um so stärker durchsetzt, wenn substantielle Ungleichheiten bereits etabliert sind."[235] Und an anderer Stelle heißt es: „Die Kapitalbewegungen in die und aus den unterentwickelten Ländern sind entweder Reflexe oder Modifikationen dessen, was sich in ihrem Außenhandel abspielt, speziell in ihren Exporten. Das durch die Schuldenexplosion und die rapide steigende Schuldenlast akzentuierte Hauptproblem liegt in der Frage, *wie die Handelsposition der unterentwickelten Länder verbessert werden kann.* Genau wie in der Kolonialzeit *hat die Handelspolitik der entwickelten Länder die unterentwickelten Länder auf verschiedene Arten weiter diskriminiert.* (Hervorgehoben von Myrdal)[236]

Genau der gleiche Sachverhalt, dieselbe Problematik konnte für die historische Entwicklung der kleinen und mittleren Staaten Osteuropas festgestellt werden, und zwar für die Zeit vor der Gründung von Volksdemokratien. Wer aber wie Ribi die ehemalige Donaumonarchie als eine großräumige Wirtschaftszone interpretiert, in der „zwischen dem industrialisierten Westen und dem überwiegend agrarischen Osten ein sinnvoller Ausgleich bestand,"[237] wer aus dem Prozeß der Emanzipierung osteuropäischer Völker die „Erkenntnis" ableitet, daß das dadurch entstandene Nationalitätenproblem im ostmitteleuropäischen Raum zwei Weltkriege ausbrechen ließ[238], und wer schließlich die historische Entwicklung der ersten sozialistischen Wirtschaftsgemeinschaft unter dem Aspekt der „Sowjetisierung Ostmitteleuropas" betrachtet,[239] der kann den Tatbestand, daß im RGW die Entwicklungshilfe für wirtschaftlich schwachentwickelte Mitgliedsländer im Vordergrund stand, wiederum nur als schwer einzuordnenden und die Gesamtdarstellung überaus störenden Fakt behandeln.

Es ist natürlich kein Zufall, daß die im RGW betriebene Handelspolitik nicht auf die Diskriminierung der schwachentwickelten Länder, sondern im Gegenteil auf deren Förderung orientierte und sie auch bewirkte. Unverkennbar stand die Kredithilfe mit dieser Handelspolitik im Einklang und war mit ihr regelrecht verknüpft. Waren die Exporte der entwickelten Länder auf die Investitionsvorhaben der schwachentwickelten Staaten zugeschnitten, so gilt das auch für den überwiegenden Teil der Warenkredite, die dann mit Waren aus der sich entwickelnden Wirtschaft der Debitoren wieder abgegolten wurden.

Und auch die technische Hilfe und die Unterstützung mit Krediten standen in einem direkten Zusammenhang, der sich zwangsläufig aus dem Anliegen der Industrialisierungsförderung ergeben mußte. Anfangs bildeten sogar die zwischen der UdSSR und

235 Derselbe, a. a. O., S. 168.
236 Ebenda, S. 177.
237 *Ribi, Rolf C.*, Das COMECON, a. a. O., S. 10.
238 Ebenda, S. 11.
239 Ebenda, S. 1.

den Volksdemokratien abgeschlossenen Verträge über die technische Hilfe in der Regel nur eine Unterart entsprechender Kreditabkommen[240], das heißt, sie wurden als Einheit betrachtet, weil Leistungen dieser Art zunächst meistens kreditiert wurden.

Ohne Zweifel war der Beitrag, den die UdSSR zur Unterstützung sowohl der asiatischen Volksdemokratien als auch der osteuropäischen Länder leistete, mit Opfern verbunden, und auch der DDR und der Tschechoslowakei fielen die Umstellungen ihrer Volkswirtschaften unter Berücksichtigung des Industrialisierungsbedarfs im RGW nicht leicht. Eine wirksame Industrialisierungshilfe wäre jedoch ohne solidarische Bereitschaft der entwickelteren Länder zu solchen Opfern nicht möglich gewesen. Gerade das versucht Ribi mit seinem „Nymbus des proletarischen Internationalismus" zu überspielen. Er hat dafür seine Gründe. Denn, wie Myrdal nüchtern und desillusionierend feststellt: „In den entwickelten Ländern des Westens herrscht eine Atmosphäre der Unaufrichtigkeit und sogar der Heuchelei in der Diskussion über ihre Beziehungen zu unterentwikkelten Ländern."[241] Und etwas weiter: „Es ist eine Tatsache, daß bis jetzt kein entwikkeltes Land des Westens irgend welche Opfer bei den von ihm übernommenen Hilfeleistungsverpflichtungen gegenüber den unterentwickelten Ländern auf sich genommen hat. Auch sind die entwickelten Länder im großen und ganzen nicht bereit gewesen, auf kleinere Handelsvorteile zu verzichten, die nachweisbar ohnehin nicht im langfristigen Interesse eines entwickelten Landes liegen."[242]

Bevor indes der Begriff der Entwicklungshilfe entstand, bevor sie in den westlichen Industriestaaten überhaupt zur Sprache kam, wurde sie im RGW zur Förderung schwach entwickelter Länder praktiziert. Der Weg, der dabei eingeschlagen wurde, erwies sich als ebenso neu im Sinne von unkonventionell, wie die methodische Verbreitung von Produktionstechnik und technischem Wissen.

5. Die Erweiterung der Aufgaben des RGW als Institution zur Organisation der wirtschaftlichen Zusammenarbeit seiner Mitgliedsländer

Wurde die gegenseitige Wirtschaftshilfe und Zusammenarbeit im RGW ursprünglich von den Erfordernissen der anlaufenden sozialistischen Industrialisierung bestimmt, konfrontierte die in Gang gekommene Industrialisierung die Wirtschaftsgemeinschaft außerdem mit Anforderungen, die der laufende Prozeß an die planmäßige Gestaltung der arbeitsteiligen Beziehungen stellte. Die Bemühungen zur Lösung der daraus entstehenden Fragen setzten im RGW Mitte der fünfziger Jahre ein mit Versuchen zur multilateralen Plankoordinierung und zur internationalen Spezialisierung der Industrieproduktion.

Gleichzeitig hiermit begann die erste Phase beim Ausbau des Rates als Institution zur

240 Das gilt beispielsweise für das zwischen der UdSSR und Bulgarien getroffene Abkommen vom 23. August 1947 über die Lieferung sowjetischer Industrieausrüstungen auf Kredit sowie auch für das sowjetisch-polnische Abkommen gleichen Inhalts vom 26. Januar 1948. Erst in den fünfziger Jahren wurden allmählich Abkommen über technische Hilfe unabhängig von der Art ihrer Bezahlung als selbständige Abkommen geschlossen. Jedoch war die technische Hilfe der UdSSR auch in der Folgezeit häufig mit Krediten verbunden. Vgl. *Usenko, E. T.*, Sozialistische internationale Arbeitsteilung und ihre rechtliche Regelung, a. a. O., S. 271.

241 *Myrdal, Gunnar*, Politisches Manifest über die Armut in der Welt, a. a. O., S. 184.

242 Ebenda, S. 185.

Organisierung der Zusammenarbeit, in der auch sein wirtschaftsjuristischer Status fixiert wurde und die Aufstellung von Statuten erfolgte.

All das hebt die Entwicklung des RGW in der zweiten Hälfte der fünfziger Jahre von der in der Anfangszeit ab. Folgte man der Auffassung, daß sich Mitte der fünfziger Jahre ein Übergang zum koordinierten Zusammenwirken in der Produktionssphäre als prononcierter Wandel vollzog, würde dieser Zeitpunkt als Zäsur in der Geschichte des RGW anzusehen sein. Mir scheint eine scharfe Trennung beider Zeitabschnitte nicht gerechtfertigt, da vieles dafür spricht, daß wir es mit zwei Teilstrecken einer Entwicklungsphase zu tun haben, deren gemeinsame Merkmale stärker zu berücksichtigen sind als die Besonderheiten, die sie ohne Zweifel aufweisen.

In den meisten Mitgliedsländern des RGW stand die Schaffung von materiell-technischen Grundlagen der sozialistischen Gesellschaft weiterhin im Vordergrund der Wirtschaftspolitik, während in der Sowjetunion zum Aufbau der materiell-technischen Basis des Kommunismus übergegangen wurde. Nach wie vor ging es im RGW in erster Linie um die Zusammenarbeit bei der Erweiterung von Produktionskapazitäten grundlegender Industrien. Die extensive Periode des Wirtschaftsaufbaus war längst nicht abgeschlossen. Dominierendes Anliegen der Wirtschaftsgemeinschaft blieb weiterhin die gegenseitige Industrialisierungshilfe als Unterstützung bei der Bildung von Volkswirtschaftskomplexen. Bestimmend war auch in der zweiten Hälfte der fünfziger Jahre die Arbeitsteilung zwischen sich industrialisierenden und industriell entwickelten Ländern als Austausch von Investgütern und Produktionsmaterialien gegen industrielle und agrarische Rohstoffe und Lebensmittel.

Mit fortschreitender Industrialisierung vollzog sich jedoch eine graduelle Akzentverschiebung in den Motiven für die Gestaltung der internationalen Arbeitsteilung und damit auch in den Aufgaben und der Arbeitsweise des RGW. Neben den mit der Industrialisierungshilfe verbundenen arbeitsteiligen Beziehungen gewann die Planung und Organisation der Arbeitsteilung im Bereich der Industrieproduktion als Zielstellung Bedeutung. Das äußerte sich unter anderem im Suchen und Erproben geeigneter multilateraler Formen der Zusammenarbeit als Ergänzung der beibehaltenen bilateralen Praxis. Das kam in der Intensivierung der RGW-Arbeit zum Ausdruck, die mit der IV. Ratstagung im März 1954 einsetzte, für die dann aber die Moskauer Konferenz von 1958 die Perspektive absteckte.

Neben der Fortsetzung der Industrialisierungshilfe waren es vor allem zwei Aufgaben bzw. Probleme, mit denen die Wirtschaftsgemeinschaft um die Mitte der fünfziger Jahre konfrontiert wurde und die Anlaß zur Diskussion über die weitere Entwicklung der Zusammenarbeit gaben. Das erste Problem – ohne mit der Reihenfolge zu werten - bestand in folgendem: Trotz des Ausbaus der Grundstoffindustrie traten in den Jahren 1953 und 1954 Disproportionen zwischen dem Rohstoff- und Energieaufkommen und dem angestiegenen Bedarf der verarbeitenden Industrien im RGW auf.[243] Das betraf vor allem die Volkswirtschaften der Tschechoslowakei, der DDR, Ungarns und Polens. Es wurde erkennbar, daß die bis dahin praktizierte bilaterale Abstimmung wirtschaftlicher Ziele und gegenseitiger Warenlieferungen nicht ausreichte, um diese Fragen zu lösen.

Das zweite Problem ergab sich aus der Entwicklung der verarbeitenden Industrie selbst. Die Anfangsjahre der sozialistischen Industrialisierung hatten in allen RGW-

243 Vgl. hierzu auch Sozialistisches Weltwirtschaftssystem, Autorenkollektiv, a. a. O., Bd. 2, S. 317 f.

Ländern zur Aufnahme zahlreicher neuer Industrieproduktionen geführt. Der Auf- und Ausbau des Industriepotentials wurde demzufolge von einer Verbreiterung des Produktionsprofils der Bereiche und Zweige innerhalb der Volkswirtschaften begleitet. Das zeigte sich im Hinblick auf einzelne Produktionszweige besonders im Maschinenbau. So wurde in Rumänien im Verlaufe des Jahres 1952 die Produktion von 68 neuen Maschinentypen aufgenommen.[244] In Bulgarien gelangten in den Jahren 1949 bis 1953 400 Arten von Maschinen erstmalig zur Produktion.[245] In Polen erweiterte sich im gleichen Zeitraum das Produktionsprogramm jährlich um etwa 100 Typen von Maschinen und Aggregaten.[246] Auch in den traditionellen Industrieländern des RGW-Bereichs nahm die Erzeugnisbreite des Maschinenbaus zu. Beispielsweise dehnte die Tschechoslowakei während des ersten Fünfjahrplanzeitraums das Sortiment im Zuge der Umstrukturierung ihrer Wirtschaft aus. Zu den neuaufgenommenen Erzeugnissen gehörten 29 Typen schwerer und 36 Typen leichter und mittlerer Metallzerspanungsmaschinen, 31 Typen schwerer Schmiedepressen, Dampfturbinen, Bagger, Erdpumpen, physikalische Meßgeräte, Rechenmaschinen, 88 Typen von Textilmaschinen und eine ganze Reihe von Werkzeugmaschinen sowie neue Typen landwirtschaftlicher Maschinen.[247] Eine erhebliche Ausweitung erfuhr auch das sowjetische Maschinenbauprogramm. Im Jahre 1952 entwickelte der sowjetische Maschinenbau ca. 600 neue Maschinentypen, darunter an 200 Typen von Werkzeugmaschinen. Im darauffolgenden Jahr wurden in der UdSSR etwa 700 neue Baumuster von Maschinen für die Produktion erarbeitet.[248]

War ein solcher Ausbau der Maschinenproduktion in der UdSSR angesichts der von vornherein gegebenen Möglichkeiten zur Großserienproduktion vieler Erzeugnisse ökonomisch gerechtfertigt, so warf die Aufnahme neuer Produktionstypen in das Programm der kleinen und mittleren RGW-Länder die Frage der Rationalität breiter Profile auf. Denn nicht selten wurden die neuen Maschinentypen in diesen Ländern zunächst nur für den Eigenbedarf und dementsprechend in kleinen Serien produziert. Wurden beispielsweise im polnischen Textilmaschinenbau vor dem zweiten Weltkrieg 40 Maschinentypen hergestellt, so waren es nach der Realisierung des Sechsjahrplans 227 Typen; wobei in den Anfangsjahren einzelne Maschinen zum Teil nur eine jährliche Produktionszahl von 10 bis 20 Stück erreichten.[249] Kleine Serien wurden auch im Textilmaschinenbau anderer RGW-Länder produziert, und diese Erscheinung beschränkte sich nicht auf diesen Produktionszweig.

[244] Für dauerhaften Frieden, für Volksdemokratie, 30. 1. bis 5. 2. 1953, S. 3.

[245] Ebenda, 23. 11. bis 3. 12. 1953, S. 3.

[246] *Bierut, B.*, Für die schnelle Hebung des Lebensstandards der werktätigen Massen, Referat auf dem 9. Plenum des ZK der PVAP am 29. und 30. 10. 1953. Ebenda, 20. 11. bis 26. 11. 1953, S. 2.

[247] *Simunek, O.*, Die Volkswirtschaft der Tschechoslowakei im Aufstieg. Ebenda, 21. bis 27. 1. 1955, S. 4.

[248] Ebenda, 30. 1. bis 5. 2. 1953, S. 2 und Mitteilung der Zentralen Statistischen Verwaltung beim Ministerrat der UdSSR über die Ergebnisse der Erfüllung des staatlichen Planes zur Entwicklung der Volkswirtschaft der UdSSR im Jahre 1953. Ebenda, 5. bis 11. 2. 1954, S. 2.

[249] *Kurenkow*, Der Textilmaschinenbau in den volksdemokratischen Ländern, Moskau 1961 (russ.). Zitiert bei *Hongst, Fritz*, Die Entwicklung des Textilmaschinenbaus in den Ländern des RGW und die Vervollkommnung der internationalen sozialistischen Arbeitsteilung in diesem Zweig als Bestandteil der Leitungstätigkeit der Vereinigung Volkseigener Betriebe. Diss., Hochschule für Ökonomie, Berlin 1964, S. 96.

Die Diskussion, die diese Problematik in den fünfziger Jahren im RGW auslöste, wurde unter dem Gesichtspunkt geführt, Möglichkeiten zur Einschränkung paralleler Produktionsentwicklungen zu erschließen und Autarkietendenzen durch die planmäßige Vertiefung der internationalen Arbeitsteilung zwischen den Partnerländern entgegenzuwirken. Schon zu Beginn des Jahres 1954 wurde in einem Leitartikel der ersten Februarausgabe vom Organ des Informationsbüros der Kommunistischen und Arbeiterparteien auf eine sorgfältigere Planung neuer Investitionen, die sparsame Nutzung bereits bestehender Produktionskapazitäten und die Beseitigung von Tendenzen einer unbegründeten Autarkie orientiert.[250] Diese Fragen wurden besonders in Ungarn von der Partei analysiert und frühzeitig von Ökonomen aufgegriffen.[251] Sie spielten auch auf dem III. Parteitag der Partei der Ungarischen Werktätigen im Mai 1954 eine Rolle. Im Rechenschaftsbericht des Zentralkomitees an den Parteitag wurde der Zusammenhang zwischen der Fortsetzung der sozialistischen Industrialisierung des Landes und der Weiterentwicklung der Zusammenarbeit mit den RGW-Partnern hervorgehoben. Im wirtschaftlichen Zusammenwirken und besonders in der Koordinierung der Pläne im RGW wurde die Möglichkeit gesehen, die wirtschaftlichen Ressourcen Ungarns, seine spezifischen Bedingungen und die bereits geschaffenen Produktionsausrüstungen rationeller zu nutzen sowie den schädlichen Parallelismus zu beseitigen.[252] Auf diesem Parteitag konnten bereits die Ergebnisse der IV. RGW-Tagung ausgewertet werden, die vom 26. bis 27. März 1954 in Moskau abgehalten worden war.

Nachdem drei Jahre keine Ratstagungen stattgefunden hatten, was sich unter anderem aus den Anstrengungen der sozialistischen Länder zur Abwehr der Aggression gegen die Volksrepublik Korea erklärt[253], wandten sich nun die RGW-Staaten verstärkt der Schaffung organisatorischer Voraussetzungen für die multilaterale Zusammenarbeit zu. Die Empfehlungen der IV. Ratstagung sahen vor, zur direkten mehrseitigen Abstimmung der Produktionsprogramme der Mitgliedsstaaten überzugehen[254] und Maßnahmen einzuleiten, um die Zunahme paralleler Produktionsentwicklungen im RGW-Bereich einzuschränken.[255] In diesem Zusammenhang war auch festgelegt worden, daß der Rat größeren Einfluß auf die Plankoordinierung der RGW-Länder nehmen sollte.[256] Sowohl

250 Für dauerhaften Frieden, für Volksdemokratie, 5. bis 11. 2. 54, S. 1.

251 In einer ungarischen Analyse über die wirtschaftliche Entwicklung Ungarns im Zeitraum von 1950 bis 1954 war kritisch eingeschätzt worden: „Die Wirtschaftsressourcen des Landes und jene großen Möglichkeiten, die sich aus einer besseren Organisation der Zusammenarbeit mit der UdSSR und den anderen sozialistischen Ländern ergeben könnten, wurden nicht nach Gebühr berücksichtigt. Das Industrieprogramm des Fünfjahrplans wies eine Autarkietendenz auf: einzelne Industrien entwickelten sich in einer Vielzahl von Richtungen, man berücksichtigte ungenügend nicht nur die vorhandenen Roh- und Brennstoffreserven, Arbeitskräfte und Produktionserfahrungen, sondern auch die Interessen und Möglichkeiten anderer Länder des sozialistischen Lagers." Periodica politechnika, Nr. 2, 1959, S. 164, zitiert bei *Mikulski, K. I.*, Die Leninsche Lehre über die Weltwirtschaft und die Gegenwart, a. a. O., S. 249.

252 Vgl. Rechenschaftsbericht des Zentralkomitees an den III. Parteitag der Partei der Ungarischen Werktätigen, in: Für dauerhaften Frieden, für Volksdemokratie, 28. 5. bis 3. 6. 1954, S. 2.

253 RGW DDR 25 Jahre Zusammenarbeit, Autorenkollektiv unter Leitung von *Kohlmey, Gunther* a. a. O., S. 64.

254 Klassenkampf, Tradition, Sozialismus, Autorenkollektiv unter Leitung von *Diehl, Ernst*, Berlin 1974, S. 628.

255 *Faddejew, N. W.*, Der Rat für Gegenseitige Wirtschaftshilfe, a. a. O., S. 125.

256 Ebenda.

für die IV. Ratstagung als auch für die folgenden Tagungen wurde kennzeichnend, daß die Überlegungen über die Intensivierung der Zusammenarbeit auf die Erweiterung der Aufgaben und Funktionen des Rates ausgerichtet waren und damit auch auf den Aus- und Aufbau seiner Organe abzielten.

Bereits auf der IV. RGW-Tagung wurden die Funktionen des Rates neu fixiert. Sie bestanden nach Angaben von Faddejew[257]

- in der Unterstützung von Maßnahmen zur gegenseitigen Abstimmung der Volkswirtschaftspläne der europäischen volksdemokratischen Länder mit den ökonomischen Entwicklungsplänen der UdSSR;
- der Ausarbeitung und Unterstützung von Maßnahmen zur Weiterentwicklung des gegenseitigen Warenumsatzes, des Tranports und der Transitbeförderung;
- der Behandlung von Problemen der finanziellen Beziehungen der RGW-Länder;
- der Ausarbeitung von Plänen für die Entwicklung der wissenschaftlich-technischen Zusammenarbeit einschließlich der Standardisierung und des Austauschs technischer Erfahrungen sowie
- in der Kontrolle der im RGW vereinbarten Maßnahmen.

Als Hauptaufgabe des Rates wurde neben der Plankoordinierung die Förderung der Spezialisierung und Kooperation hervorgehoben.[258]

Eine erste organisatorische Veränderung erfolgte durch die Einführung der Tagung von Ländervertretern.[259] Auf Beschluß der IV. Ratstagung nominierten die RGW-Staaten nun ständige Delegierte, und zwar stellvertretende Regierungschefs, als Abgeordnete für den RGW. Vertreter dieser von den Mitgliedsländern delegierten Politiker nahmen mit Beratern und Mitarbeitern ihren ständigen Sitz beim Sekretariat des RGW in Moskau ein und führten monatliche Beratungen zur Realisierung der Gemeinschaftsarbeit in der Zeit zwischen den Ratstagungen durch.[260]

Im Rahmen der neu abgesteckten Aufgaben setzten Aktivitäten des RGW bereits auf der IV. Ratstagung ein. Auf ihr und der schon drei Monate später durchgeführten V. Ratstagung wurden die ersten Festlegungen zur Plankoordinierung für den Zeitraum von 1956 bis 1960 vereinbart. Sie bezogen sich auf die Auswahl der für die Abstimmung vorgesehenen industriellen und landwirtschaftlichen Produktionen. Schwerpunkte bildeten der Maschinenbau, die Metallurgie und die Chemieindustrie.[261]

Außerdem wurde damit begonnen, das Aufkommen und den Bedarf der RGW-Länder für ausgewählte Produkte in Bilanzen zu erfassen. Mit der zunächst jährlich organisierten Abstimmung der Produktionspläne und Lieferungen besonders von Rohstoffen, aber auch Fertigerzeugnissen nach Schlüsselpositionen konnten die ersten Erfahrungen auf dem Gebiet der multilateralen Bilanzierung und Koordinierung gewonnen werden.

[257] Ebenda, S. 63 f.

[258] *Faddejew, N. W.*, Der Rat für Gegenseitige Wirtschaftshilfe – das kollektive Organ der Zusammenarbeit der sozialistischen Länder. (Historischer Abriß). In: Sowjetwissenschaft, Gesellschaftswissenschaftliche Beiträge, Heft 1, 1972, S. 15.

[259] Vgl. auch Handbuch der internationalen Organisationen, Berlin 1969, S. 59. Im Jahre 1962 wurde auf Beschluß der XVI. Außerordentlichen RGW-Tagung das ständige Exekutivkomitee als Hauptvollzugsorgan des RGW geschaffen, das an die Stelle der Beratung von Ländervertretern trat.

[260] *Faddejew, N. W.*, Der Rat für Gegenseitige Wirtschaftshilfe, a. a. O., S. 67.

[261] RGW Bilanz und Perspektiven, Autorenkollektiv, a. a. O., S. 47.

Die Bilanzierungsergebnisse bildeten dann auch Anhaltspunkte für die perspektivische Abstimmung der Versorgung der RGW-Länder mit wichtigen Roh- und Grundstoffen.[262]

Die hauptsächlichen Entwicklungsrichtungen, die die einzelnen Mitgliedsländer für ihre Volkswirtschaften im Hinblick auf die zweite Hälfte der fünfziger Jahre anstrebten, wurden auf der V. RGW-Tagung vom 24. bis 25. Juni 1954 beraten.[263] Die eigentliche Abstimmung wurde dann im wesentlichen in der zweiten Hälfte des Jahres 1955 mit Hilfe sowjetischer Experten vorgenommen.[264] Im Ergebnis der Koordinierungsarbeit für die Zeit bis 1960 wurden Maßnahmen konzipiert, die sich nicht nur auf Industrie- und Agrarprodukte, sondern auch auf den Eisenbahn- und Seetransport und den Außenhandel erstreckten.[265] Vom 7. bis 11. Dezember des Jahres 1955 fand in Budapest die VI. Ratstagung statt, auf der Schlußfolgerungen für die Anbahnung neuer mehrjähriger Handelsvereinbarungen gezogen wurden.[266] Anfang des folgenden Jahres waren die Arbeiten zur Abstimmung der Pläne abgeschlossen. Auf der VII. Tagung des Rates, die für die Zeit vom 18. bis 22. Mai 1956 nach Berlin einberufen worden war, erfolgte die Bestätigung der Konzeption. Erstmals in der Geschichte des RGW wurden für einen Perspektivplan mehrseitig abgestimmte Empfehlungen über die Produktionshöhe sowie gegenseitige Lieferungen der wichtigsten Maschinen, Ausrüstungen, Rohstoffe, Brennstoffe und Lebensmittel erteilt.[267]

Die Empfehlungen bezogen sich auf den Maschinenbau, die Feinmechanik/Optik, die Eisen- und Buntmetallurgie, die Kohle-, Erdöl- und Gasindustrie, die chemische Industrie, die Leichtindustrie und die Landwirtschaft.[268] Beachtung fand die Roh- und Grundstoffproblematik des RGW-Bereichs; die Entwicklung der Rohstoffbasis für die Eisenmetallurgie, die Förderung von Eisenerzen und Kokskohle sowie die Rohstoffgrundlage der Buntmetallurgie. Für die Rohstoffversorgung der europäischen Volksrepubliken und der DDR sollten nach dieser Konzeption Polen als Lieferant von Steinkohle und die UdSSR als Eisenerzexporteur auch weiterhin eine wichtige Rolle spielen.[269] Ein Komplex von Maßnahmen zur Entwicklung der Landwirtschaft des RGW-Bereichs umfaßte u. a. Festlegungen für die Produktionssteigerung besonders von Getreide sowie Empfehlungen für die Erweiterung der Mineraldüngerindustrie und die Perspektive des Agrarmaschinenbaus.[270]

In der Folgezeit vereinbarten die RGW-Länder langfristige Handelsabkommen für die Jahre 1958 bis 1960. Unterstützung leistete hierbei die 1956 gebildete RGW-Kom-

262 Sozialistisches Weltwirtschaftssystem, Bd. 2, a. a. O., S. 317 f.

263 *Faddejew, N. W.*, Der Rat für Gegenseitige Wirtschaftshilfe – das Kollektive Organ der Zusammenarbeit . . ., a. a. O., S. 15.

264 *Roesler, Jörg*, Die Entwicklung der Perspektivplanung der DDR in der Übergangsperiode, a. a. O., S. 297 f.

265 Sozialistisches Weltwirtschaftssystem, Bd. 2, a. a. O., S. 318.

266 *Faddejew, N. W.*, Der Rat für Gegenseitige Wirtschaftshilfe – das Kollektive Organ der Zusammenarbeit . . ., a. a. O., S. 15.

267 Kommuniqué über die VII. Tagung des Rates für Gegenseitige Wirtschaftshilfe vom 18. bis 25. Mai 1956 in Berlin. In: Unter dem Banner des proletarischen Internationalismus. Dokumente und Materialien zur Geschichte der internationalen Arbeiterbewegung, Februar 1956 – Dezember 1959, Berlin 1960, S. 91.

268 Ebenda.

269 Ebenda.

270 Ebenda.

mission für Außenhandel.[271] Jedoch konnten die mit den Empfehlungen vorgegebenen Ziele nicht konzeptionsgetreu durchgesetzt werden. Das ist auf mehrere Gründe zurückzuführen:

1. Die konkreten historischen Umstände erwiesen sich für die Realisierung der Empfehlungen als denkbar ungünstig. Die Gefahr des von imperialistischer Seite drohenden Atomkrieges hatte sich in der zweiten Hälfte der fünfziger Jahre gegenüber der ersten vermindert; – eine Folge der Veränderung des Kräfteverhältnisses zugunsten der sozialistischen Länder, ihrer gestiegenen Wirtschaftskraft und Verteidigungsfähigkeit sowie der Erfolge, die die Weltfriedensbewegung im Kampf gegen die Kriegsgefahr errungen hatte.[272] Auf dem XX. Parteitag der KPdSU im Februar 1956 wurde eingeschätzt, daß reale Möglichkeiten zur Verhinderung eines Krieges entstanden waren und demzufolge davon ausgegangen werden könne, daß es eine schicksalhafte Unvermeidbarkeit von Kriegen nicht gibt.[273] Es wurde jedoch auch auf die noch bestehende Gefahr für den Frieden verwiesen. Auch unter den neuen Bedingungen behielt, wie es hieß „natürlich die Leninsche These Gültigkeit, daß, solange der Imperialismus existiert, auch die ökonomische Grundlage für die Entstehung von Kriegen erhalten bleibt".[274] Aufgezeigt wurde die Realität der von der UdSSR verfolgten Entspannungspolitik, aber auch die Schwierigkeiten für ihre Durchsetzung, die in den zurückliegenden zwei Jahren deutlich geworden waren.

Nur acht Tage, nachdem am 27. Juli 1953 in Korea der Waffenstillstand vereinbart worden war, hatte die UdSSR in einer Note vom 4. August 1953 Frankreich, Großbritannien und den USA die Durchführung einer Außenministerkonferenz vorgeschlagen. Auf ihr sollten Maßnahmen zur Rüstungsbeschränkung und der Abschluß eines deutschen Friedenvertrages beraten werden. Der Konferenz, die dann vom 25. 1. bis 18. 2. in Berlin stattfand, unterbreitete der sowjetische Außenminister u. a. als Alternative zur Europäischen Verteidigungsgemeinschaft (EVG) den Vorschlag, einen Gesamteuropäischen Vertrag über die kollektive Sicherheit in Europa abzuschließen. Er wurde jedoch wie die anderen Vorschläge der UdSSR von den Westmächten abgelehnt, die die Remilitarisierung der BRD und deren Einbeziehung in die NATO beabsichtigten.[275] Im gleichen Jahr war der auf Initiative der USA angebahnte Militärbündnisvertrag zur Schaffung der SEATO (Südostasienpaktorganisation) unter Verletzung der Beschlüsse der Genfer Indochinakonferenz unterzeichnet worden. Im Oktober 1954 wurden die Pariser Verträge unterschrieben, nach denen die BRD in die Nato aufgenommen werden sollte. Im Jahre 1955 wurde ein weiteres von den USA inspiriertes Militärbündnis, der Bagdadpakt, gebildet. Zu Beginn des gleichen Jahres trat die BRD der NATO bei.

Um das sozialistische Lager gegen die vom imperialistischen System ausgehende Kriegsgefahr zu schützen, schlossen die UdSSR, Albanien, Bulgarien, Ungarn, die DDR, Polen

[271] *Faddejew, N. W.*, Der Rat für Gegenseitige Wirtschaftshilfe, Berlin 1975, S. 236.

[272] Vgl. hierzu auch *Roesler, Jörg*, Erfordernisse der Wirtschaftsentwicklung und Aufgaben der Wirtschaftsplanung. Zur Widerspiegelung neuer Entwicklungstendenzen der Produktivkräfte in der Perspektivplanung 1956 bis 1959. In: Jahrbuch für Wirtschaftsgeschichte, 1976, Teil IV, S. 25.

[273] Aus der Entschließung des XX. Parteitages der Kommunistischen Partei der Sowjetunion zum Rechenschaftsbericht des Zentralkomitees, angenommen am 24. Februar 1956. In: Unter dem Banner des proletarischen Internationalismus – Dokumente und Materialien . . ., a. a. O., S. 60.

[274] Ebenda.

[275] Vgl. hierzu Geschichte der deutschen Arbeiterbewegung, Autorenkollektiv, Bd. 7, Berlin 1966, S. 250 f.

und Rumänien sowie die Tschechoslowakei am 14. Mai 1955 in Warschau daraufhin den Vertrag über Freundschaft, Zusammenarbeit und gegenseitigen Beistand ab. Die Staaten des Warschaunr Vertrages einigten sich über die Bildung eines gemeinsamen Kommandos ihrer Streitkräfte.[276] Der erstmals im Juli 1955 unterbreitete Vorschlag dieser Länder, zwischen den Teilnehmerstaaten des Warschauer Vertrages und der NATO einen Nichtangriffspakt abzuschließen, wurde von der Gegenseite abgelehnt.[277]

Im Jahre 1956 wurde offensichtlich, daß die Entspannungstendenzen, die sich nach der Beendigung des Koreakrieges abgezeichnet hatten, von einer erneuten Verschärfung der weltpolitischen Lage unterbrochen wurden.[278] Erstmals nach dem Koreakrieg stiegen in den USA die Rüstungsausgaben der Regierung 1956 wieder an.[279] Es kam mit der Suezkrise zu einer erneuten imperialistischen Aggression. Spürbar wurden jedoch auch Aktivitäten der Westmächte, die auf eine Störung der innenpolitischen Situation in den sozialistischen Ländern gerichtet waren.[280]

In Ungarn und Polen versuchten antisozialistische Kräfte, die nach einer Periode außerordentlicher Anspannungen beim Wirtschaftsaufbau aufgetretenen Wachstumsschwierigkeiten und die Unzufriedenheit der Werktätigen über Mängel für einen Umsturz zu nutzen.[281] Beide Länder standen, bedingt durch die konterrevolutionären Ereignisse im Jahre 1956, vor einer neuen politischen und wirtschaftlichen Situation. Hieraus ergaben sich Umdisponierungen auch im Warenaustausch der RGW-Länder. So wandte sich János Kádár im Auftrag der Revolutionären Arbeiter- und Bauernregierung in einem Appell vom 5. November 1956 – einen Tag nach der Regierungsneubildung – an die Regierungen der sozialistischen Länder mit der Bitte um wirtschaftliche Hilfssendungen.[282] Hieraufhin übersandte die sowjetische Regierung Ungarn Lebensmittel, Bau-

276 Vgl. Unter dem Banner des proletarischen Internationalismus – Dokumente und Materialien ..., a. a. O., S. 21.

277 Geschichte der deutschen Arbeiterbewegung, Autorenkollektiv, Bd. 7, a. a. O., S. 304.

278 Vgl. Mitteilung über ein Treffen von Vertretern der Kommunistischen und Arbeiterparteien und der Regierungen Bulgariens, Rumäniens, der Sowjetunion, der Tschechoslowakei und Ungarns vom 1. bis 4. Januar 1957 in Budapest. Ebenda, S. 157 ff. sowie Gemeinsame Erklärung der Regierungsdelegationen der Deutschen Demokratischen Republik und der Union der Sozialistischen Sowjetrepubliken, unterzeichnet am 7. Januar 1957 in Moskau, S. 161 ff. Hierzu auch *Laschke, Michael,* Probleme des Verlaufs der sozialistischen Industrialisierung in den europäischen Mitgliedsländern des RGW. Studien zur Wirtschaftsgeschichte sozialistischer Länder, Heft 6, Hochschule für Ökonomie „Buno Leuschner" Berlin 1977, S. 56 f.

279 Vgl. hierzu Angaben über die staatlichen Aufwendungen für den Kauf von Gütern und Dienstleistungen in den USA 1929 bis 1970 bei *Roskamp, Karl, W.*, Die amerikanische Wirtschaft 1929 bis 1970, Stuttgart 1975, S. 140 f.

280 Angaben hierzu in Geschichte der deutschen Arbeiterbewegung, Autorenkollektiv, Bd. 8, a. a. O., S. 57.

281 Ebenda. S. 57 ff. Vgl. ferner Erklärung des Zentralkomitees der Sozialistischen Einheitspartei Deutschlands vom 6. November 1956 zum Sieg der ungarischen Werktätigen über die Konterrevolution. In: Unter dem Banner des proletarischen Internationalismus – Dokumente und Materialien ..., a. a. O., S. 136 ff. sowie Erklärung über die Verhandlungen zwischen den Delegationen der Kommunistischen Partei der Sowjetunion und der Ungarischen Sozialistischen Arbeiterpartei, unterzeichnet am 28. März 1957 in Moskau. Ebenda, S. 201 ff. Vgl. auch *Tomaszewski, J.*, Die wirtschaftliche Entwicklung der Volksrepublik Polen, a. a. O., S. 30 f.

282 Unter dem Banner des proletarischen Internationalismus – Dokumente und Materialien ..., a. a. O., S. 133.

material, Walzblech und Eisenwalzgut. Außerdem stellte die UdSSR Materialien, Roh- und Brennstoffe sowie andere Waren vorfristig bereit, deren Lieferung zum Teil erst für 1957 vorgesehen war.[283] Hilfe leisteten auch die anderen RGW-Staaten. Die DDR lieferte im Rahmen von Hilfsmaßnahmen Baustoffe, Dieselkraftstoff, Textilien und Lebensmittel.[284].

Sowohl in Ungarn als auch in Polen mußten infolge der konterrevolutionären Ereignisse die Fünfjahrpläne abgeändert bzw. neue wirtschaftliche Zielstellungen erarbeitet werden. In Ungarn mußte infolge der zeitweisen schweren Schädigungen der Volkswirtschaft der laufende Fünfjahrplan (1956–1960) abgebrochen und durch einen Dreijahrplan ersetzt werden.[285]

Auch der DDR erwuchsen 1956 durch den plötzlichen Ausfall von Steinkohlen-, Koks- und Eisenerzimporten wirtschaftliche Schwierigkeiten. Trotz kurzfristig vereinbarter zusätzlicher Lieferungen der UdSSR ging die Einfuhr der DDR bei Steinkohle um 700 000 Tonnen und Steinkohlenkoks um 350 000 Tonnen gegenüber dem Vorjahr zurück.[286] Erforderlich wurden dadurch nicht nur Umstellungen in der Energieversorgung und im Transportwesen, sondern auch Einschränkungen in der Chemieindustrie.[287] Infolgedessen konnte der Volkswirtschaftsplan der DDR für 1956 in wichtigen Teilen nicht erfüllt werden.[288] Die sowjetische Regierung erklärte sich angesichts der Importschwierigkeiten der DDR Anfang 1957 zu einer 30prozentigen Erhöhung ihrer Warenlieferungen bereit und sicherte besonders die Ausweitung der Bezüge an Steinkohle, Erzen, Walzwerkerzeugnissen und Rohöl zu.[289]

Nur kurze Zeit nach der Verabschiedung der Empfehlungen durch die Berliner Ratstagung hatten sich mit Plankorrekturen die Wirtschaftsziele einiger RGW-Länder und auch die vormals fixierten Austauschgrößen im Außenhandel der Partner verändert. Auf der VIII. RGW-Tagung in Warschau (18. bis 22. Juni 1957) standen deshalb die für den Perspektivzeitraum 1956 bis 1960 getroffenen Empfehlungen über die Produktionshöhe und die gegenseitigen Lieferungen erneut zur Diskussion. Die RGW-Länder einigten sich, angesichts der veränderten Bedingungen zur Sicherung der Versorgung mit Kohle, Erdöl, Erdölprodukten, metallurgischem Koks, Eisen und Buntmetallen sowie anderen wichtigen Erzeugnissen neue Maßnahmen als Empfehlung auszuarbeiten.[290]

283 Ebenda, S. 134. 284 Ebenda, S. 140.

285 *Roesler, Jörg,* Die Entwicklung der Perspektivplanung der DDR in der Übergangsperiode, a. a. O., S. 311.

286 *Müller, Hans/Reißig, Karl,* Wirtschaftswunder DDR, a. a. O., S. 259.

287 Ebenda.

288 Klassenkampf, Tradition, Sozialismus ..., a. a. O., S. 650.

289 Ebenda. In kollektiver Zusammenarbeit wurden in den folgenden Jahren im RGW neue Wege zur Deckung des Rohstoffbedarfs beschritten, Das erste Projekt, die Beteiligung der DDR an der Erschließung der Braunkohlenvorkommen in Polen, wurde 1957 in einem Vertag zwischen der VR Polen und der DDR vereinbart. Die DDR lieferte Polen Maschinen für Braunkohlentagebaue und leistete Projektierungsarbeiten auf Kredit in Höhe von 90 Millionen Rubel. Polen tilgte den Kredit mit Steinkohlen- und Kokslieferungen. 1958 erteilte die Tschechoslowakei Polen einen Kredit im Umfang von 56 Millionen Rubel u. a. für die Erschließung von Kohlenlagerstätten, den Polen durch Lieferungen von energetischer Kohle tilgte. *Faddejew, N. W.,* Der Rat für Gegegenseitige Wirtschaftshilfe, a. a. O., S. 129.

290 Kommuniqué über die VIII. Tagung des Rates für Gegenseitige Wirtschaftshilfe vom 18. bis 22. Juni 1957 in Warschau. In: Unter dem Banner des proletarischen Internationalismus – Dokumente und Materialien ..., a. a. O., S. 260 f.

2. Durch die Veränderung der Perspektivpläne einzelner Länder ab 1956 waren Abweichungen von den Empfehlungen, die die VII. Ratstagung als Resultat der mehrseitigen Abstimmung erteilt hatte, unvermeidbar. Wurde hierdurch die Umsetzung der Berliner Empfehlungen erschwert, von vornherein eingeschränkt und in einigen Fragen illusorisch, ist andererseits zu berücksichtigen, daß der erste multilateral angelegte Koordinierungsversuch mit methodischen Unzulänglichkeiten behaftet war. Die Abstimmung erfolgte aus der Sicht des Planungsprozesses erst zu einem Zeitpunkt, als die Plandirektiven schon ausgearbeitet waren.[291] Außerdem fehlte sowohl eine gemeinsame Grundkonzeption zur Entwicklung der internationalen Arbeitsteilung zwischen den RGW-Ländern[292] als auch ein System einheitlicher Kennziffern zur gegenseitigen Orientierung bei der Koordinierungsarbeit. Erwuchsen doch der Plankoordinierung sowohl in den fünfziger als auch in den sechziger Jahren Schwierigkeiten durch die Unterschiede der nationalen Statistik und Planungsmethodologie.[293] Bereits die Auffassungen über die Berechnung und Planung wichtiger Kennziffern wie des Nationaleinkommens, der industriellen und landwirtschaftlichen Produktion, der Investitionen und Erzeugniskosten wichen voneinander ab. Der Roh-, Brennstoff- und Ausrüstungsbedarf wurde unterschiedlich in den RGW-Ländern kalkuliert; ganz abgesehen von der Verschiedenheit der Preisbildung und Valutakursberechnung.[294] Nur allmählich konnten Grundsätze und Methoden der historisch neuen und komplizierten Aufgabe, wie sie die multilaterale Koordinierung von langfristigen Wirtschaftsplänen souveräner Staaten darstellt, von den RGW-Ländern seit Mitte der fünfziger Jahre gelöst werden, wie Usenko einschätzt.[295]

Erste Vorstellungen über die Weiterentwicklung der Plankoordinierung wurden schon in Warschau auf der VIII. Ratstagung beraten. Bereits damals wurde die Notwendigkeit hervorgehoben, Arbeiten zur Abstimmung der perspektivischen Entwicklung von volkswirtschaftlichen Hauptzweigen der Mitgliedsländer für den Zeitraum von zehn bis fünfzehn Jahren im Rahmen des RGW aufzunehmen.[296] Zu diesem Zweck sollten in den RGW-Ländern Analysen über den Stand der Ökonomie von Volkswirtschaftszweigen erarbeitet werden, von denen auch ein Nachweis der bereits existierenden zwischenstaatlichen Verbindungen erwartet wurde.[297] Alle Partnerstaaten sollten außerdem ihre Vorstellungen über die technischen Hauptentwicklungsrichtungen der Industriezweige konkretisieren und im RGW darlegen.[298] Gemeinsame Schritte zur Langzeitkoordinierung wurden zwei Monate nach der VIII. Ratstagung eingeleitet. Im September 1957 trafen sich leitende Mitarbeiter und Experten der Planungsorgane und Ministerien der RGW-Länder in Prag. Auf dieser Beratung wurden Maßnahmen zur Durchführung von Koor-

291 Hierzu auch *Beljajew, J.*, Wirtschaftszusammenarbeit der RGW-Länder, a. a. O., S. 86.

292 Hierauf macht auch Jörg Roesler aufmerksam. Vgl. Die Entwicklung der Perspektivplanung der DDR in der Übergangsperiode, a. a. O., S. 299.

293 *Bogomolow, O. T.*, Theorie und Methodologie der internationalen sozialistischen Arbeitsteilung, a. a. O., S. 71.

294 Ebenda.

295 *Usenko, E. T.*, Sozialistische internationale Arbeitsteilung und ihre rechtliche Regelung, a. a. O., S. 47 f.

296 Kommuniqué über die VIII. Tagung des Rates für Gegenseitige Wirtschaftshilfe vom 18. bis 22. Juni 1957 in Warschau, a. a. O., S. 261.

297 *Roesler, Jörg*, Die Entwicklung der Perspektivplanung der DDR in der Übergangsperiode, a. a. O., S. 298.

298 Ebenda.

dinierungsarbeiten, bezogen auf die zehn bis fünfzehnjährige Perspektive volkswirtschaftlicher Hauptzweige, festgelegt.[299] Ein Ergebnis dieser Arbeiten war unter anderem das Chemieprogramm, das dann auf der X. Ratstagung in Prag beschlossen werden konnte.[300]

3. Abschließend ist zur Frage der frühen multilateralen Plankoordinierung noch auf einen weiteren Umstand zu verweisen, der Mitte der fünfziger Jahre die Lösung dieser ohnehin komplizierten Zielstellung organisatorisch erschwerte. Eine mehrseitige Planabstimmung erfordert eine multilateral organisierte ständige Verbindung zwischen den nationalen Planungsbehörden, also Institutionen zur Pflege und zum Ausbau der entsprechenden Kontakte. Die Arbeiten zur ersten mehrseitige Koordinierung wurden zu einer Zeit aufgenommen, als der Wirtschaftsgemeinschaft noch keine speziellen Organe für diese Aufgabe zur Verfügung standen.[301] In diesem Fall gingen folglich die Aktivitäten des RGW zur Realisierung eines Projekts dem institutionellen Ausbau voraus. Das gilt auch für die Anfänge der mehrseitigen Produktionsspezialisierung.

Die 1954 aufgenommenen Versuche zur multilateralen Produktionsspezialisierung konzentrierten sich zunächst auf den Maschinenbau. Einen Beschluß hierüber hatte bereits die V. RGW-Tagung gefaßt.[302] Aufschluß über die Anfänge der zu dieser Zeit eingeleiteten Arbeiten gibt Bogomolow. Nach seinen Angaben konzentrierten sich die ersten Bestrebungen auf Kraftfahrzeuge, Traktoren, Landmaschinen und Waggons.[303] Die Auswahl dieser Porduktionen erklärt sich aus der damaligen Überlegung, daß Spezialisierungsmaßnahmen für solche Erzeugnisse, die zur Massenfertigung besonders geeignet sind, leichter erarbeitet und durchgesetzt werden könnten. Die bei der Spezialisierung der Kraftfahrzeugproduktion gewonnenen Erfahrungen sollten dann auf andere Produktionsgebiete übertragen werden. Wie bei diesem Spezialisierungsvorhaben vorgegangen wurde, beschreibt Bogomolow folgendermaßen:

„Der RGW nahm die gestellte Aufgabe mit einer Klassifizierung der hergestellten Kraftfahrzeuge nach Typengrößen in Angriff. Die auf nationaler Ebene gemachten Erfahrungen sprachen für die Notwendigkeit einer vorhergehenden Typisierung, der Aufstellung einer einheitlichen Typenreihe. Dadurch sollte die unbegründete Vielfalt der in den RGW-Ländern hergestellten Kraftfahrzeugarten beseitigt und alle für die Volkswirtschaft notwendigen Fahrzeugklassen in einigen Hauptgruppen vereinigt werden. Für Lastkraftwagen wurden solche Reihen aufgrund der Tragfähigkeit aufgestellt. Fahrzeuge mit einer Tragfähigkeit bis zu einer Tonne wurden beispielsweise in einer Gruppe vereinigt, LKW mit 1 bis 2,5 Tonnen in einer zweiten, von 2,5 bis 4 Tonnen in einer dritten Gruppe usw. Bei Personenkraftwagen wurde als Klassifizierungsmerkmal für die Typenreihe der Hubraum der Motoren zugrunde gelegt."[304] Diese Klassifizierung sollte es ermöglichen, die Kraftfahrzeugproduktion auf die RGW-Partner aufzuteilen.[305] Ent-

299 Kommuniqué über die Beratung der Leiter der staatlichen Planungsorgane der Teilnehmerländer des Rates für Gegenseitige Wirtschaftshilfe vom 25. bis 27. September 1957 in Prag. In: Unter dem Banner des proletarischen Internationalismus – Dokumente und Materalien ..., a. a. O., S. 302.

300 *Roesler, Jörg,* Die Entwicklung der Perspektivplanung der DDR in der Übergangsperiode, a. a. O., S. 298.

301 Ebenda.

302 RGW Bilanz und Perspektiven, Autorenkollektiv, a. a. O., S. 63.

303 Hier und im weiteren *Bogomolow, O. T.,* Theorie und Methodologie der internationalen sozialistischen Arbeitsteilung, a. a. O., S. 81.

304 Ebenda.

305 Ebenda.

gegen den ursprünglichen Vorstellungen hat sich die Spezialisierung der Kraftfahrzeugproduktion im RGW als äußerst schwierig erwiesen. Bekanntlich entschieden sich die RGW-Länder meist für die Beibehaltung bzw. Entwicklung der Produktion verschiedener Kraftfahrzeugtypen, und bis zur Gegenwart bildet Ungarn mit einer konsequenten Beschränkung auf diesem Gebiet die Ausnahme unter den europäischen sozialistischen Staaten. Bedeutung erlangte jedoch dieser Versuch insofern, als die Methode der Aufstellung von Typenreihen in der Folgezeit für die Spezialisierung auf anderen Produktionsgebieten im RGW – beispielsweise in der Wälzlagerindustrie – mit Erfolg angewendet werden konnte. Große Beachtung fanden Fragen der wirtschaftlichen Zusammenarbeit im RGW auf dem XX. Parteitag der KPdSU. Hervorgehoben wurde der Gedanke der Produktionsspezialisierung entsprechend den günstigsten natürlichen und wirtschaftlichen Voraussetzungen der europäischen Volksdemokratien.[306] Die SED wertete die Ergebnisse dieses Parteitages auf ihrer 26. ZK-Tagung und auf der 3. Parteikonferenz aus, die im März 1956 stattfanden. Es wurde die Bereitschaft zum Ausdruck gebracht, gemäß den Bedürfnissen der DDR und des ganzen sozialistischen Lagers Industriezweige wie die Braunkohlenindustrie, die Eisen- und Buntmetallurgie und die Kaliindustrie weiter schnell zu entwickeln, die chemische Industrie auszubauen und den Maschinenbau auf technisch und qualitativ hochwertige Erzeugnisse umzustellen. Betont wurde die Notwendigkeit, die sozialistische Arbeitsteilung zwischen den RGW-Ländern besonders im Maschinenbau zu organisieren.[307]

Organisatorische Voraussetzungen für die Spezialisierung der Produktion entwickelten sich in der zweiten Hälfte der fünfziger Jahre. Eine wichtige Entscheidung für die Organisation der multilateralen wirtschaftlichen und wissenschaftlich-technischen Zusammenarbeit wurde 1956 auf der VII. Ratstagung in Berlin getroffen, als erste Erfahrungen sowohl der mehrseitigen Planabstimmung als auch der Produktionsspezialisierung vorlagen. Auf dieser Tagung fiel der Beschluß zur Bildung von ständigen Fachkommissionen für sieben Volkswirtschaftszweige und – wie bereits erwähnt – der Kommission für Außenhandel. Ausgewählt worden waren die Wirtschaftsbereiche, die im wesentlichen zu den ersten Koordinierungsschwerpunkten gehört hatten. Die neuen RGW-Organe wurden in den Hauptstädten der Mitgliedsländer angesiedelt. In Moskau konstituierten sich die Kommissionen Schwarzmetallurgie und Außenhandel, in Budapest die Kommission für Buntmetallurgie, in Warschau die Kommission für Kohleindustrie, in Bukarest die Kommission für Erdöl und Gas, in Prag die Kommission für Maschinenbau, in Sofia die Kommission für Landwirtschaft und in Berlin die Kommission für Chemieindustrie. Die Kommissionen untergliederten sich in Sektionen beziehungsweise Arbeitsgruppen. So bildete beispielsweise die Kommission für chemische Industrie 19 Arbeitsgruppen, von denen eine für die Perspektivplanung in der Chemieindustrie der RGW-Länder und die übrigen für die einzelnen Erzeugnisgruppen der Chemie, wie Kunststoffe, synthetische Fasern, Petrolchemie, Farbstoffe usw. zuständig waren.

Den Kommissionen wurden nicht nur Aufgaben für die multilaterale Plankoordinierung übertragen, sondern auch für die Lösung der 1954 vom Rat auf der IV. RGW-Tagung hervorgehobenen zweiten Hauptaufgabe, der Förderung des Anliegens, die RGW-

306 Vgl. Unter dem Banner des proletarischen Internationalismus, Dokumente und Materialien ..., a. a. O., S. 83.

307 Vgl. Protokoll der Verhandlungen der 3. Parteikonferenz der Sozialistischen Einheitspartei Deutschlands, 24. März bis 30. März 1956 zu Berlin, Berlin 1956, Band 1, S. 65 f.

Produktion stärker zu spezialisieren und kooperativer zu gestalten.[308] Den Kommissionen oblag auch von Anfang an die Vorbereitung beziehungsweise Ausarbeitung von Spezialisierungsempfehlungen. Beide Aufgaben, die Planabstimmung und die Produktionsspezialisierung, waren im Sinne der angestrebten Vertiefung der Arbeitsteilung und der Minderung paralleler Produktionsentwicklungen inhaltlich miteinander verknüpft.

Auch auf dem Gebiet der Produktionsspezialisierung im RGW leitete die Berliner (VII.) Ratstagung eine neue Entwicklung ein. Auf ihr wurden zum ersten Mal eine größere Anzahl Empfehlungen für die Spezialisierung der Industrieproduktion bestätigt.[309] Die ersten Spezialisierungsbestrebungen galten neben den bereits angeführten Produktionen (Kraftfahrzeug- und Traktorenbau sowie Eisenbahnfahrzeugen und Landmaschinen) den Ausrüstungen für die Erdölindustrie, den Bergbau, die Energetik, die Schwarz- und Buntmetallurgie sowie der Erzeugung spanabhebender Werkzeugmaschinen, von Schmiede- und Preßausrüstungen, Wälzlagern und Ausrüstungen für die Leicht- und Nahrungsgüterindustrie.[310] Nach den Empfehlungen der VII. RGW-Tagung sollten sich beispielsweise

- die DDR auf Ausrüstungen zur chemischen Verarbeitung von Braunkohlen und Anlagen zur Herstellung synthetischer Fasern spezialisieren;
- Polen auf Apparaturen für die chemische Verarbeitung von Steinkohle;
- Ungarn auf Anlagen zur Gewinnung von Aluminium auf Bauxitbasis und
- Rumänien auf die Produktion von Erdölförderungs- und Verarbeitungsanlagen.

Weitere Spezialisierungsempfehlungen, die von den RGW-Fachkommissionen nach ihrer Gründung ausgearbeitet wurden, nahm die IX. Ratstagung 1958 an.

Der überwiegende Teil der Empfehlungen bezog sich auf den Maschinenbau. Die ersten Spezialisierungsempfehlungen wurden in der Regel für komplette Erzeugnisse und nicht für Erzeugnisteile ausgearbeitet. Die Spezialisierung der Produktion von Wälzlagern bildete die Ausnahme. Im Vordergrund stand also die produktbezogene Spezialisierung.[311] Insofern wurden die Möglichkeiten zur Entwicklung der Arbeitsteilung nicht voll ausgenutzt.

Vieles spricht dafür, daß sich die Spezialisierungsempfehlungen nicht maßgeblich auf die Vertiefung der internationalen Arbeitsteilung zwischen den RGW-Ländern auswirkten. Entwickelte sich doch auf dem Gebiet des Maschinenbaus im RGW die Produktion schneller als der Außenhandel. Während die Maschinenbauproduktion von 1955 bis 1962 um 252 Prozent anstieg, erhöhte sich der Austausch von Maschinenerzeugnissen unter den Partnerländern in dieser Zeit um 233 Prozent.[312] Nur ein Teil der Empfeh-

[308] Im weiteren erhielten die Kommissionen auch Bedeutung für die Vorbereitung methodologischer Grundsatzdokumente. Vgl. RGW Bilanz und Perspektiven, Autorenkollektiv, a. a. O., S. 78.

[309] *Stobbe, Erwin,* Probleme der Perspektivplanung der internationalen sozialistischen Zusammenarbeit auf dem Gebiet des Maschinenbaus. In: Internationale sozialistische Arbeitsteilung und Perspektivplanung. Protokoll des Seminars „Internationale sozialistische Arbeitsteilung und Perspektivplanung" des internationalen Symposiums zu Fragen der Perspektivplanung, das vom 27. September bis 1. Oktober an der Hochschule für Ökonomie in Berlin stattfand. Veröffentlicht in Schriftenreihe Sozialistische Weltwirtschaft, Nr. 4, Berlin 1961, S. 104.

[310] RGW Bilanz und Perspektiven, Autorenkollektiv, a. a. O., S. 63.

[311] *Bogomolow, O. T.,* Theorie und Methodologie der internationalen sozialistischen Arbeitsteilung, a. a. O., S. 84.

[312] Sozialistisches Weltwirtschaftssystem, Autorenkollektiv, Band 3, a. a. O., S. 427.

lungen, weniger als die Hälfte, zielte auf die Zuordnung von Erzeugnissen auf eine Landesproduktion ab. Während 45 Prozent der bis 1962 von der Maschinenbaukommission ausgearbeiteten und durch die Ratstagungen bestätigten Empfehlungen die Produktion einer Erzeugnisart nur einem Land nahelegten, sahen 30 Prozent der Spezialisierungsvorschläge die Herstellung eines Produkts weiterhin in drei und mehr Ländern vor.[313]

Einschätzungen, die sechs bis acht Jahre nach dem Arbeitsbeginn der RGW-Kommission von Politikern und Ökonomen der Wirtschaftsgemeinschaft zur Wirksamkeit der Spezialisierungsempfehlungen getroffen wurden, laufen ebenfalls darauf hinaus, daß tiefgreifende Veränderungen in der Situation des Maschinenbaus nicht erreicht werden konnten.[314] So urteilte beispielsweise Bruno Leuschner: „In den vergangenen Jahren haben die ständigen Kommissionen des RGW umfangreiche Arbeiten zur Entwicklung der internationalen sozialistischen Arbeitsteilung geleistet. Es wurden mehr als tausend Empfehlungen zur Spezialisierung der Produktion ausgearbeitet und von den zuständigen Ratsorganen gebilligt. Es handelt sich insbesondere um Erzeugnisse der Industriezweige Maschinenbau, Elektrotechnik, Chemie sowie der Schwarz- und Buntmetallurgie. Obwohl die Produktion der spezialisierten Erzeugnisse in den jeweils dafür vorgesehenen Ländern sowie der Umfang der gegenseitigen Lieferungen zwischen den Mitgliedsländern von Jahr zu Jahr erweitert wurden, ist die Wirkung der Spezialisierungsempfehlungen auf die gesamte Entwicklung der einzelnen Industriezweige noch gering. Die Festlegungen zur internationalen Spezialisierung beeinflussen noch ungenügend die Entwicklung und Organisation der Massenfließfertigung sowie die Produktion großer Serien, insbesondere in den Maschinenbaubetrieben der RGW-Länder. Die bisherige Arbeit auf diesem Gebiet konzentrierte sich ungenügend auf die Schwerpunkte der ökonomischen Entwicklung der RGW-Länder."[315]

Obwohl die Wirkung der ersten Spezialisierungsempfehlungen beschränkt blieb, ist ihre Analyse für die wirtschaftshistorische Forschung von großem Interesse. Im behandelten Zeitraum wurden 859 Empfehlungen zur Produktionsspezialisierung erteilt, und zwar 614 auf der VII. und 245 auf der XI. Ratstagung.[316] Außerdem wurden in den Jahren 1957 und 1958 Empfehlungen zur Einstellung entweder der Produktion oder der technischen Entwicklung von mehr als 1500 Positionen des Werkzeug- und Gießereimaschinenbaus ausgesprochen.[317]

Von den oben angeführten 859 Spezialisierungsempfehlungen waren 528 oder 62 Prozent unter anderem auf die Produktion der DDR gerichtet.

313 Berechnung nach Angaben von *Senin, M. W.*, Sozialistische Integration, a. a. O., S. 248.

314 Vgl. *Stobbe, Erwin*, Probleme der Perspektivplanung der internationalen sozialistischen Zusammenarbeit auf dem Gebiet des Maschinenbaus, a. a. O., S. 104; sowie *Schinkow, N. N.*, Aktuelle Fragen der internationalen Arbeitsteilung, ebenda, S. 41 ff.

315 *Leuschner, Bruno*, Aktuelle Fragen der Zusammenarbeit der sozialistischen Länder im RGW. In: ND, 24. 4. 1964, S. 5. Bruno Leuschner, Mitglied des Politbüros der SED, bekleidete zu dieser Zeit die Funktion eines Stellvertretenden Vorsitzenden des Ministerrates der DDR und war außerdem Mitglied des Exekutivkomitees des RGW.

316 Angaben bei *Stobbe, Erwin*, Probleme der Perspektivplanung ..., a. a. O., S. 104 sowie *Meischneider, Dieter*, Der Charakter der Spezialisierungsempfehlungen des Rates für Gegenseitige Wirtschaftshilfe und die Möglichkeiten zur Erhöhung ihrer Wirksamkeit. Diss. Hochschule für Ökonomie, Berlin 1963, S. 12.

317 *Faddejew, N. W.*, Der Rat für Gegenseitige Wirtschaftshilfe, a. a. O., S. 206.

Ein Ausweis des prozentualen Anteils der RGW-Länder an den allein von der VII. Ratstagung gebilligten Empfehlungen zur Produktionsspezialisierung ergibt[318]:

DDR	73 Prozent
Tschechoslowakei	60 Prozent
Polen	45 Prozent
Ungarn	22 Prozent
Rumänien	9 Prozent
Bulgarien	7 Prozent

Folgende Kriterien wurden der Zuordnung von Spezialisierungsempfehlungen zur Produktion einzelner Länder zugrunde gelegt[319]:

1. die Existenz entsprechender Produktionskapazitäten;
2. das technische Niveau der etablierten Produktion;
3. der Bestand eines qualifizierten Personals;
4. ein möglichst geringer Investitionsbedarf;
5. die niedrigsten Produktionskosten und
6. die höchste Arbeitsproduktivität.

Vorwiegend wurde mit der jeweiligen Spezialisierungsempfehlung lediglich der bis dahin existierende Produktionsstandort und Produktionszustand im RGW-Bereich bestätigt.[320] Ein positiver Nebeneffekt der Spezialisierungsbestrebungen bestand in der mit ihnen verbundenen verstärkten Information über den Entwicklungsstand der Produktion und die Exportpläne.[321] Dadurch konnte beispielsweise die Nomenklatur der Lieferungen an Maschinen und Ausrüstungen präzisiert werden.[322] Ein weiterer Vorteil wird ferner darin gesehen, daß es gelang, die Unzweckmäßigkeit bestimmter Produktionsentwicklungen nachzuweisen.[323] Jedoch konnten Einschätzungen über die Berechtigung oder die Unzweckmäßigkeit der Entwicklung einer Produktion – unter dem Aspekt der Rationalität gefaßt– auch auf Gegeninteressen der Länder stoßen, die im Industrialisierungsprozeß Terrain aufzuholen hatten.

Bogomolow führt eine Reihe von Gründen an, die in den sich industrialisierenden RGW-Ländern für die Aufnahme der verschiedensten Produktionen – hier konkret auf die Kraftfahrzeug- und Traktorenerzeugung bezogen – sprachen. Er hebt hervor, daß wichtige Aspekte aus Bedürfnissen resultierten, die sich im Verlauf des Industrialisierungsprozesses einstellten. Ohne Zweifel spielte die Bestrebung eine wichtige Rolle, mit der Industrialisierung eine solche Industriestruktur zu erreichen, die eine höhere Produktivität der gesellschaftlichen Arbeit nicht nur auf bestimmten Produktionsgebieten, sondern generell in der gesamten Volkswirtschaft ermöglichte.[324] Außerdem dürfte der

[318] *Bogomolow, O. T.*, Theorie und Methodologie der internationalen sozialistischen Arbeitsteilung, a. a. O., S. 82; unter Hinzuziehung von Angaben bei *Meischneider, Dieter*, Der Charakter der Spezialisierungsempfehlungen ..., a. a. O., S. 12.

[319] Zu 1 bis 4: RGW Bilanz und Perspektiven, Autorenkollektiv, a. a. O., S. 63. Zu 5 und 6: *Bogomolow, O. T.*, Theorie und Methodologie der internationalen sozialistischen Arbeitsteilung, a. a. O., S. 82.

[320] *Mikulski, K. J.*, Die Leninsche Lehre über die Weltwirtschaft und die Gegenwart, a. a. O., S. 286. *Faddejew, N. W.*, Der Rat für Gegenseitige Wirtschaftshilfe, Berlin 1975, S. 206.

[321] RGW Bilanz und Perspektiven, Autorenkollektiv, a. a. O., S. 63.

[322] *Mikulski, K. J.*, Die Leninsche Lehre über die Weltwirtschaft und die Gegenwart, a. a. O., S. 286.

[323] *Faddejew, N. W.*, Der Rat für Gegenseitige Wirtschaftshilfe, Berlin 1975, S. 206.

[324] *Bogomolow, O. T.*, Theorie und Methodologie ..., a. a. O., S. 83.

Wunsch, Importe im Interesse des Ausgleichs der Zahlungsbilanz zu beschränken, als Beweggrund in Rechnung zu stellen sein.[325] Abgesehen davon spielte auch das Erfordernis, Arbeitskräfte schnell in den Produktionsprozeß einzugliedern, bei der Aufnahme bestimmter Erzeugnisse in das Produktionsprogramm eine Rolle.

Argumentationen, die sich auf diese Gründe stützten, widersprachen nicht selten der Auffassung von einer Spezialisierung der Produktion nach den Kriterien, von denen bei der Erarbeitung der Empfehlungen ausgegangen wurde.

Denn so berechtigt einerseits das Anliegen war, die Industrieproduktion im RGW nach rationellen Kriterien zu spezialisieren, um für einen größeren Teil der Fertigung zu großen Serien und den damit verbundenen Vorteilen der Kostensenkung und Produktivitätssteigerung zu gelangen, so wichtig war es andererseits, zu berücksichtigen, daß sich trotz großer Industrialisierungsfortschritte ein Niveauangleich zwischen den Mitgliedsländern nur in einem längeren Zeitraum vollziehen konnte.

Kormnow formulierte das Problem zugespitzt wie folgt: „Der schnelle Sieg des Sozialismus im Wettbewerb mit dem Kapitalismus als der strategischen Aufgabe des Weltkommunismus erfordert, die Produktion auf dem Territorium der Länder der sozialistischen Gemeinschaft so zu verteilen, daß minimale Selbstkosten gesichert werden. Wenn allein dieses Prinzip gültig wäre, dann müßte die gesamte Produktion in den Ländern mit der höchsten Arbeitsproduktivität, zum Beispiel in der DDR, der UdSSR und der ČSSR konzentriert werden. Dann aber würden die industriell weniger entwickelten Länder niemals ihre Industrie und ihren Maschinenbau aufbauen können, und die Unterschiede im ökonomischen Entwicklungsnivau würden niemals verringert werden. Damit würde die andere strategische Aufgabe der Länder der sozialistischen Gemeinschaft nicht gelöst werden, die im mehr oder weniger gleichzeitigen Übergang zum Kommunismus, zu einer Gleichheit in den materiellen Produktionsbedingungen besteht. Daher erfordert die Angleichung des ökonomischen Entwicklungsstandes begründete Ausnahmen vom Prinzip der maximalen Zeiteinsparung in der gegenwärtigen Periode, wenn die Varianten der internationalen Spezialisierung der Produktion im Rahmen des Systems der sozialistischen Staaten ausgewählt und abgestimmt werden.[326]

Bei ungleichem Industrialisierungsstand waren die Interessen an der Produktionsspezialisierung nicht in allen RGW-Ländern gleich stark, und ferner bestanden in den einzelnen Volkswirtschaften der Gemeinschaft für die Einbeziehung in Spezialisierungsvorhaben auch unterschiedliche Voraussetzungen. Es ist kein Zufall,

- daß die ersten Spezialisierungsempfehlungen hauptsächlich den bestehenden Produktionsstandort fixierten;
- daß sich der größte Teil der Empfehlungen auf die stärker industrialisierten RGW-Staaten konzentrierte;
- und daß sich die im Industrialisierungsprozeß aufholenden Länder, konfrontiert mit der Argumentation von einer auf Rentabilitätskriterien fußenden Spezialisierung, trotzdem für Produktionen entschieden, die das Industrieprofil ihrer Wirtschaft verbreiterten.

Gegenwärtig besteht unter den sozialistischen Ökonomen Einhelligkeit darüber, daß Unterschiede im wirtschaftlichen Entwicklungsniveau die internationale Spezialisierung

[325] Ebenda.

[326] *Kormnow, J. F.*, Spezialisierung und Kooperation der Produktion der RGW-Länder, a. a. O., S. 67 f.

und die Kooperation zwischen den RGW-Ländern erschwerten. Mikulski bezieht diese Aussage – meines Erachtens zu Recht – auch auf die Zweigstrukturen der Volkswirtschaften, deren Ähnlichkeit er nicht als Hindernis für die gegenseitige Ergänzung der Industrieproduktionen im RGW ansieht. Er schreibt: „Die großen Unterschiede in den Zweigstrukturen der nationalen Wirtschaften sind aber der Auswertung der Vorzüge der internationalen sozialistischen Arbeitsteilung hinderlich, sie schränken die Möglichkeiten für die gegenseitig vorteilhafte Zusammenarbeit zwischen den industriell entwickelten und den ökonomisch weniger entwickelten Ländern ein. Die Grundlage für echte Komplementarität geben nicht etwa krasse Unterschiede in der Zweigstruktur der nationalen Wirtschaften ab, sondern, im Gegenteil, deren Vielgestaltigkeit, die in jedem Lande vorhandenen Hauptzweige der Wirtschaft – unter der Voraussetzung, daß verschiedene Industriegruppen vertreten sind und daß insbesondere die Sortimentsstruktur der Produktion in jedem Zweig Unterschiede aufweist."[327]

Folgt man dieser Auffassung, mußten mit der Herausbildung einer annähernd ähnlichen Strukturbreite in den Volkswirtschaften der Partnerländer die Möglichkeiten für ihre gegenseitige Spezialisierung im Einzelnen, also im Sortiment der Erzeugnisgruppen und Einzelteile beziehungsweise Baugruppen, wachsen. So gesehen haben wir es – bezogen auf die zweite Hälfte der fünfziger Jahre – trotz ähnlicher Investitionsrichtungen der Mitgliedsländer im vorangegangenen Zeitraum mit frühzeitigen Spezialisierungversuchen zu tun. Sie wurden zu einem Zeitpunkt eingeleitet, als die Breite der Industriezweigstruktur in mehreren RGW-Ländern zunächst noch notwendigerweise zunehmen mußte, während andererseits die Typenanzahl der Erzeugnisse beispielsweise im Maschinenbau der Tschechoslowakei und der DDR bereits außerordentlich hoch war[328] und in den anderen Partnerstaaten ständig anstieg. Sie setzten ein, als Traditionen der Industrieproduktion in den wirtschaftlich aufholenden Ländern auf verschiedenen Gebieten erst begründet wurden und sich Voraussetzungen für die Erfüllung der Kriterien, auf denen die Spezialisierungsempfehlungen basierten, in einigen Volkswirtschaften erst entwickeln mußten. Zur Auswertung der frühen Spezialisierungbestrebungen schreibt Bogomolow: „Eine wichtige Lehre, die die RGW-Länder aus den ersten Erfahrungen bei der internationalen Spezialisierung der Produktion gezogen haben, besteht darin, daß neben dem ökonomischen Nutzeffekt für alle Beteiligten unbedingt die Aufgaben der Industrialisierung berücksichtigt werden müssen. Insbesondere gilt es zu beachten, daß in Ländern mit einem niedrigen ökonomischen Entwicklungsstand ganze Industriezweige neu aufgebaut werden müssen. Werden die Interessen dieser Länder ignoriert, so wird der Wirkungsbereich der Spezialisierung auf einige Länder eingeengt und das Finden optimaler Lösungen in den übrigen Ländern erschwert. Gleichzeitig bringt die Beteiligung von im Stadium der Industrialisierung befindlichen Staaten an der internationalen Zusammenarbeit auch eine Reihe spezifischer Schwierigkeiten mit sich, die hauptsächlich mit der Sicherung einer angemessenen Qualität und eines hohen technischen Niveaus der

[327] *Mikulski, K. J.*, Die Leninsche Lehre über die Weltwirtschaft und die Gegenwart, a. a. O., S. 279.

[328] Kunz schrieb Anfang der sechziger Jahre, daß 70 bis 80 Prozent des Weltsortiments an Werkzeugmaschinen in der Tschechoslowakei und in der DDR erzeugt wurden. *Kunz, Willi*, Grundfragen der internationalen Wirtschaftszusammenarbeit der Länder des Rates für Gegenseitige Wirtschaftshilfe, Habil-Schrift, Hochschule für Ökonomie, Berlin 1963, S. 15. In der Presse der DDR wurde schon 1954 darauf hingewiesen, daß 80 Prozent der Produktionsvorhaben im Werkzeugmaschinenbau beider Länder parallel liefen. Vgl. Die Wirtschaft, Nr. 38, 17. 9. 1954, S. 12.

Erzeugnisse sowie ihrer ständigen Modernisierung zusammenhängen."[329] Es war weder akzeptabel, die Spezialisierungsarbeit generell hinauszuschieben, bis die Industrie der wirtschaftlich aufholenden Länder „auf innerer Grundlage ein bestimmtes Entwicklungsniveau erreicht und ihre industrielle Struktur sich in den Grundzügen herausgebildet" hatte (Bogomolow)[330], noch entsprach es dem Anliegen und den Prinzipien der Wirtschaftsgemeinschaft, die Arbeitsteilung in der Industrieproduktion auf die traditionellen Industrieländer zu beschränken.

Wie dieses komplizierte Problem gelöst werden konnte, war in vielen Fragen theoretisch und dementsprechend auch praktisch noch ungeklärt, als die ersten Spezialisierungsmaßnahmen ausgearbeitet worden waren. Auch die Plankoordinierung, auf deren Grundlage in späteren Jahren Spezialisierungsempfehlungen durchgesetzt wurden, befand sich – wie bereits dargelegt wurde – noch im Anfangs- bzw. Versuchsstadium. Und wie für die ersten Versuche der multilateralen Plankoordinierung ist für die Anfänge bei der Ausarbeitung von Spezialisierungsempfehlungen festzustellen, daß sich das Fehlen einer theoretisch fundierten Konzeption und anderer Voraussetzungen wie vergleichbaren Wertkennziffern[331] erschwerend auswirkte. Erkenntnisse über die Gestaltung der arbeitsteiligen Wirtschaftsbeziehungen im RGW wurden im Prozeß weiterer praktischer Schritte und in Diskussionen über die damit zusammenhängenden theoretischen Fragen in den sechziger Jahren erarbeitet. Auf einem internationalen wirtschaftswissenschaftlichen Symposium, das 1960 an der Hochschule für Ökonomie in Berlin zu diesem Fragenkomplex stattfand, hob der ungarische Ökonom Imre Vajda die Notwendigkeit von Maßnahmen zur planmäßigen Vertiefung der sozialistischen Arbeitsteilung und der entsprechenden Bemühungen im RGW nachhaltig hervor. Er sagte: „Die Verwirklichung der sozialistischen internationalen Arbeitsteilung und der Einheit des soialistischen Weltwirtschaftssystems ist kein automatischer Prozeß, sondern ein Prozeß, dem bei aller Objektivität seiner Gesetzmäßigkeit zum Durchbruch verholfen, der also *bewußt verwirklicht werden muß.*" (Hervorgehoben von Vajda)[332]

Mit den Anfängen der Spezialisierungsarbeit wurde eine Entwicklung eingeleitet, in deren Verlauf wichtige Erfahrungen für diesen Prozeß gewonnen werden konnten.

Eine erhöhte Informations- und Beratungsinitiative der RGW-Staaten in der zweiten Hälfte der fünfziger Jahre bedingte, daß Formen der politischen, wirtschaftlichen und kulturellen Zusammenarbeit und die Prinzipien des sozialistischen Staatenbündnisses neu überdacht wurden – ein Entwicklungsprozeß, der in die Ausarbeitung der Grundprinzipien der internationalen sozialistischen Arbeitsteilung einmündete. In einer Erklärung

329 *Bogomolow, O. T.*, Theorie und Methodologie der internationalen sozialistischen Arbeitsteilung, a. a. O., S. 83.

330 Ebenda.

331 Vgl. hierzu *Schinkow, N. N.*, Aktuelle Fragen der internationalen sozialistischen Arbeitsteilung, a. a. O., S. 42 f.

332 *Vajda, Imre,* Zu einigen Entwicklungsproblemen des sozialistischen Weltwirtschaftssystems. In: Protokoll des Seminars „Internationale sozialistische Arbeitsteilung und Perspektivplanung, a. a. O., S. 72. Auch Mikulski schreibt: „Die unbegründete Doppelarbeit in der Produktion verschiedener Länder wird ... automatisch nicht beseitigt, ja sie kann unter gewissen Bedingungen noch krasser in Erscheinung treten. Zu ihrer Beseitigung bzw. Verhütung muß intensiv an der Vertiefung der internationalen Spezialisierung und Kooperation der Produktion auf der Grundlage der Koordinierung der Volkswirtschaftspläne der sozialistischen Länder gearbeitet werden." *Mikulski, K. J.*, Die Leninsche Lehre über die Weltwirtschaft und die Gegenwart, a. a. O., S. 280.

vom 30. 10. 1956 hatte die Regierung der UdSSR zu den Grundlagen der Entwicklung und der weiteren Festigung der Freundschaft und Zusammenarbeit zwischen der Sowjetunion und den anderen sozialistischen Staaten Stellung genommen.[333] Im November 1957 trafen sich die Vertreter der kommunistischen und Arbeiterparteien aller sozialistischen Länder zu einem Meinungsaustausch über die weltpolitische Lage und Probleme der internationalen kommunistischen Bewegung in Moskau. Im Ergebnis der Beratungen wurden die Auffassungen der Parteien über die grundlegenden Fragen der sozialistischen Revolution und des sozialistischen Aufbaus bestätigt. Es wurde eingeschätzt, daß der Übergang vom Kapitalismus zum Sozialismus, eingeleitet durch die Große Sozialistische Oktoberrevolution, der Hauptinhalt unserer Epoche ist.[334] Auf der Beratung wurde bekräftigt, daß die gegenseitigen Beziehungen nach den Prinzipien der vollen Gleichberechtigung, der Respektierung der territorialen Integrität, der staatlichen Unabhängigkeit und Souveränität und der Nichteinmischung in die inneren Angelegenheiten des anderen gestaltet werden. Hervorgehoben wurde jedoch auch, daß sich das Wesen der Beziehungen in diesen Grundsätzen nicht erschöpft, sondern daß zu ihrem unabdingbaren Bestandteil auch die gegenseitige Hilfe gehört, in der das Prinzip des sozialistischen Internationalismus wirksam zur Geltung kommt.[335] Es wurde zum Ausdruck gebracht, daß die sozialistischen Staaten ihre wirtschaftliche und kulturelle Zusammenarbeit auch künftig erweitern und vervollkommenen werden.[336]

Konkrete Festlegungen hierzu wurden ein halbes Jahr später von den Parteisekretären und Regierungschefs der RGW-Länder beschlossen. Vom 20. bis 23. Mai 1958 tagte in Moskau die Konferenz von Vertretern der kommunistischen und Arbeiterparteien der Mitgliedstaaten des RGW.[337] Diese für die Entwicklung der Wirtschaftsgemeinschaft so bedeutsame Konferenz fand zu einem Zeitunkt statt, als die ersten Ergebnisse und Probleme der 1954 eingeleiteten Aktivitäten des RGW erkennbar geworden waren. Nun ging es darum, auf der Basis der Analyse der überschaubar gewordenen Fragen Schlußfolgerungen für die Perspektiven der Wirtschaftsgemeinschaft zu ziehen, und zwar sowohl für die Ausgestaltung der sozialistischen Wirtschaftsbeziehungen als auch für die Befähigung des Rates zu ihrer Förderung. Die Resultate der in den vorangegangenen Jahren eingeleiteten Maßnahmen wurden einer kritischen Wertung unterzogen. Es wurde festgestellt, daß wichtige Probleme der wirtschaftlichen Entwicklung aufgedeckt, aber noch nicht gelöst werden konnten.[338] Mängel auf dem Gebiet der Spezialisierung der Produktion im RGW wurden analysiert. Verwiesen wurde auf das unzureichende Entwicklungstempo der Produktion an Roh- und Brennstoffen sowie Energie.[339] Das Projekt der 1956 in Berlin angenommenen Plankoordinierung wurde als erster noch nicht ausgereif-

[333] Unter dem Banner des proletarischen Internationalismus, Dokumente und Materialien ..., a. a. O., S. 116 ff.

[334] Erklärung der Beratung von Vertretern der Kommunistischen und Arbeiterparteien der sozialistischen Länder, die vom 14. bis 16. November 1957 in Moskau stattfand. In: Unter dem Banner des proletarischen Internationalismus, Dokumente und Materialien ..., a. a. O., S. 316 und S. 323.

[335] Ebenda, S. 322.

[336] Ebenda.

[337] Kommuniqué der Konferenz von Vertretern der Kommunistischen und Arbeiterparteien der Mitgliedsländer des Rates für Gegenseitige Wirtschaftshilfe vom 20. bis 23. Mai 1958 in Moskau, ebenda, S. 401.

[338] Sozialistisches Weltwirtschaftssystem, Autorenkollektiv, Band 2, S. 318.

[339] *Kohlmey, Gunther,* DDR und RGW. In: Jahrbuch für Wirtschaftsgeschichte, 1972, Teil II, S. 50.

ter Versuch eingeschätzt.[340] Mit Genugtuung wurde vermerkt, daß die Wirtschaftsbeziehungen zwischen den Mitgliedstaaten sich gefestigt hatten, vielseitiger geworden waren und daß sich der Rat verstärkt Fragen der internationalen sozialistischen Arbeitsteilung, der rationellen Spezialisierung und Kooperation der Produktion zugewandt hatte.[341] Die Konferenz erkannte ferner an, daß der Rat und seine ständigen Kommissionen bei der Vorbereitung von Empfehlungen für die Aufstellung von Perspektivplänen eine bedeutsame Arbeit geleistet hatten.[342] Ein Resultat der weiteren Bemühungen auf dem Gebiet der mehrseitigen Planabstimmung war, daß die Konferenz eine Information über die Tätigkeit der staatlichen Planungsorgane der RGW-Länder bei der Ausarbeitung der Perspektivpläne zur Entwicklung der Hauptzweige der Volkswirtschaften entgegennehmen konnte.[343] Als grundlegende Orientierung für die Weiterentwicklung der Plankoordinierung und der Produktionsspezialisierung wurde auf der Konferenz festgelegt: „Die Vertreter der kommunistischen und Arbeiterparteien bestätigten einmütig die Notwendigkeit, die gewaltigen Möglichkeiten der sozialistischen Länder maximal auszunutzen und ihre gegenseitigen Interessen bei der Ausarbeitung der Perspektivpläne umfassend zu berücksichtigen sowie die gegenseitig vorteilhaften Formen der Zusammenarbeit zur Hebung des Niveaus der Industrialisierung der Länder mit wenig entwickelter Industrie zu erweitern."[344] Die Konferenz hatte sich damit – langjährig praktizierten Grundsätzen der RGW-Arbeit getreu – für einen Weg entschieden, der die Vertiefung der Arbeitsteilung unter Einbeziehung des Aspekts der Industrialisierungshilfe und des Niveauangleichs vorsah. Die Konferenz beschloß eine Reihe von Empfehlungen, die die Perspektive der Wirtschaftsgemeinschaft vor allem für die Anwendung der neuen Formen der multilateralen Zusammenarbeit absteckten. Die Empfehlungen wurden dem Rat zur Ausarbeitung praktischer Maßnahmen übergeben.[345] Die Konferenzbeschlüsse und -hinweise sowie erste Auswirkungen auf die RGW-Arbeit lassen sich in folgende Punkte zusammenfassen:

1. Der Rat wurde beauftragt, als theoretische Konzeption für die weitere wirtschaftliche Zusammenarbeit Grundprinzipien der sozialistischen internationalen Arbeitsteilung auszuarbeiten. Die Arbeiten wurden auf Beschluß der IX. Ratstagung (Juni 1958 in Bukarest) aufgenommen. Das Dokument wurde auf der Moskauer Konferenz von Vertretern der kommunistischen und Arbeiterparteien des RGW 1962 gebilligt. In ihm wurde die sozialistische internationale Arbeitsteilung als ein nach den objektiven Gesetzmäßigkeiten des Sozialismus bewußt gestalteter Prozeß gekennzeichnet, der auf die Erhöhung der Effektivität der Produktion, des wirtschaftlichen Wachstumstempos und die Überwindung wirtschaftlicher Niveauunterschiede zwischen den sozialistischen Ländern abzielt. Bei der Festlegung der Grundsätze für die Gestaltung des Prozesses wurde vom Prinzip des sozialistischen Internationalismus ausgegangen. Die RGW-Länder entschieden sich für eine Produktionsspezialisierung in Verbindung mit der komplexen Anlage der Volkswirtschaften, also der Entwicklung von Mehrzweigstrukturen.[346]

2. Empfehlungen zur Entwicklung der Organisation und der Methoden der multilateralen Plankoordinierung und der Spezialisierung der Produktion.

340 Sozialistisches Weltwirtschaftssystem, Autorenkollektiv, Bd. 2, a. a. O., S. 318.

342 Ebenda.

343 Ebenda.

344 Ebenda, S. 402.

345 Ebenda, S. 403.

346 Vgl. ND vom 17. 6. 1962.

Die Planabstimmung für die Zeit bis 1965, die auf der XII. RGW-Tagung im Dezember 1959 abgeschlossen wurde, erfolgte nach einer gegenüber dem ersten Versuch modifizierten Koordinierungsmethode. Probleme der Produktionsspezialisierung fanden stärker Beachtung. Dem XIII. Ratstag (Budapest 1960) lag eine „Ordnung zur Durchführung der Arbeiten zur Koordinierung der Volkswirtschaftspläne" vor, die methodologische Erfahrungen erstmals zusammenfaßte und verallgemeinerte.[347]

3. Orientierung auf Maßnahmen zur Verstärkung der Kooperation und Spezialisierung der Produktion, besonders auf dem Gebiet des Maschinenbaus.

Die X. RGW-Tagung (Prag 1958) verabschiedete Spezialisierungempfehlungen für chemische Erzeugnisse sowie für Walzstahl und Rohre, beriet über den koordinierten Aufbau neuer Walzstraßen im Zeitraum bis 1965 und faßte den Beschluß zum Bau der Erdölleitung „Freundschaft".[348] Auf der XI. RGW-Tagung (Tirana 1959) wurden Spezialisierungsempfehlungen für Bergbau- und Walzwerkausrüstungen, Spezialmaschinen für Wälzlagerindustrie, Erdölausrüstungen und Lademaschinen erteilt.[349] Der XII. Ratstagung (Sofia 1959) bestätigte im Hinblick auf die Chemievorhaben des RGW-Bereichs Empfehlungen für die Spezialisierung der Produktion von Ausrüstungen der Chemieindustrie. Außerdem wurden Spezialisierungsempfehlungen zur Produktion von Maschinen für die Papierindustrie, die fleischverarbeitende Industrie und erstmals auch für die landwirtschaftliche Produktion bestätigt.[350]

4. Hinweis auf die Notwendigkeit, die Rohstoffzweige der Volkswirtschaft und die Energiewirtschaft bedeutend zu erweitern. Auf der IX. Ratstagung (Bukarest 1958) stand die Entwicklung der Rohstoffzweige und der Energiewirtschaft auf der Tagesordnung. Die Tagung beriet Möglichkeiten zur Erhöhung der Produktion von Kohle, Koks, Schwarz- und Buntmetallen sowie Erdöl und damit verbundene Transportfragen.[351] Es wurde ein Entwurf gebilligt, der Maßnahmen zur Entwicklung der Energiesysteme sowie deren Verbindung für die Perspektive von 1961 bis 1965 vorsah. Der Bau der vorgesehenen 220 kV-Verbundleitungen für die Energieübertragung zwischen der DDR, Polen, Ungarn, der CSSR, Bulgarien, Rumänien und der UdSSR konnte 1960 abgeschlossen werden.[352] Auf der XI. RGW-Tagung (Tirana 1959) wurden Maßnahmen zur Versorgung der Schwarzmetallurgie und der Chemieindustrie mit Kokskohle[353] sowie zur Er-

[347] *Roesler, Jörg,* Die Entwicklung der Perspektivplanung der DDR in der Übergangsperiode, a. a. O., S. 299; sowie Sozialistisches Weltwirtschaftssystem, Autorenkollektiv, a. a. O., S. 318. Schwierigkeiten, die die mehrseitige Abstimmung der Pläne auch in den sechziger Jahren bereitete, führten dazu, bei der Plankoordinierung für den Zeitraum von 1966 bis 1970 ökonomische Fragen zunächst wieder zweiseitig abzustimmen, um anschließend dann, soweit notwendig, ausgewählte Aufgaben interessierter Länder multilateral zu koordinieren. Vgl. Ebenda, S. 324.

[348] Kommuniqué der X. Tagung des RGW vom 11. bis 13. Dezember 1958 in Prag. In: Unter dem Banner des proletarischen Internationalismus. Dokumente und Materialien ..., a. a. O., S. 528 f.

[349] Kommuniqué der Tagung des RGW vom 13. bis 16. Mai 1959 in Tirana, ebenda, S. 621 ff.

[350] Kommuniqué der XII. Tagung des RGW vom 10. bis 14. Dezember 59 in Sofia, ebenda, S. 698 ff.

[351] Kommuniqué über die IX. Tagung des RGW vom 26. bis 30. Juni 1958 in Bukarest; sowie *Kunz, Willi,* Einführung zu „Der Rat für Gegenseitige Wirtschaftshilfe. Kleine Dokumentensammlung, Berlin 1960, S. 10.

[352] *Faddejew, N. W.,* Der Rat für Gegenseitige Wirtschaftshilfe, Berlin 1975, S. 132 f.

[353] Die Erhöhung des Aufkommens an Kokskohle wurde in kooperativer Zusammenarbeit stark forciert, weil mit der Entwicklung der Schwarzmetallurgie und der Chemieindustrie im RGW Engpässe in der Kohleversorgung aufgetreten waren. Schlußfolgerungen aus dem erhöhten Bedarf an Koks waren bei der Abstimmung der Entwicklung der Kohleindustrie des RGW für die Zeit von

schließung der Schwarz- und Buntmetallurgie des RGW-Bereichs bis 1965 getroffen.[354] Die XII. RGW-Tagung (Sofia 1959) empfahl Maßnahmen für eine zusätzliche Steigerung von metallurgischen Rohstoffen sowie von Brennstoffen.[355]

5. Hinweis auf die Notwendigkeit, die Rolle des RGW und seiner Organe bei der Organisation der wirtschaftlichen Zusammenarbeit zu heben.

Auf der IX. Ratstagung (Bukarest 1958) wurde die Durchführung periodischer Beratungen der Ländervertreter festgelegt und die Reorganisation des Sekretariats beschlossen.[356] Die Aufgaben des Sekretariats, nun in einem gesonderten Statut fixiert, wurden in der Vorbereitung der Ratstagungen und der Beratungen der Ländervertreter sowie in der Berichterstattung über die Arbeit der RGW-Organe an das höchste Gremium der Gemeinschaft gesehen.[357] 1958 wurden neue ständige Kommissionen gegründet, und zwar für Elektroenergie (Sitz Moskau)[358], für Transport (Sitz Warschau), für Bauwesen (Sitz Berlin)[359] sowie für Leicht- und Lebensmittelindustrie (Sitz Prag)[360]. Eine weitere Reaktion auf den Konferenzbeschluß war die Ausarbeitung des RGW-Status[361] und der Konvention über die Rechtsfähigkeit, Privilegien und Immunitäten des RGW.[362] Beide Dokumente wurden auf der XII. RGW-Tagung (Sofia 1959) angenommen.[363]

Mit den Zielen und Aufgaben, die im Statut des RGW festgelegt wurden, knüpfte die Wirtschaftsgemeinschaft an die Motive und Prinzipien ihrer bisherigen Praxis an und bestimmte gleichzeitig die Richtung für ihre weitere Arbeit. Im Artikel I des Statuts setzte sich der RGW das Ziel „... durch Vereinigung und Koordinierung der Bemühungen der Mitgliedsländer des Rates zur planmäßigen Entwicklung der Volkswirtschaft, zur Beschleunigung des wirtschaftlichen und technischen Fortschritts in diesen Ländern,

1961 bis 1965 gezogen worden. Ebenda, S. 129. Nach den Empfehlungen der XI. Ratstagung wurde in der UdSSR die Kohle- und Koksindustrie ausgebaut; Polen beschleunigte die Erschließung der Kokskohlelagerstätten im Ribnica-Kohlenrevier; die Tschechoslowakei baute Kapazitäten im Ostravaer Karvin-Becken aus. *Mikulski, K. J.*, Die Leninsche Lehre über die Weltwirtschaft und die Gegenwart, a. a. O., S. 124.

354 Kommuniqué über die XI. Tagung des RGW vom 26. bis 30. Juni 1958 in Bukarest, a. a. O., S. 424.

355 Kommuniqué der XII. RGW-Tagung vom 10. bis 14. Dezember 1959, Sofia, a. a. O., S. 699 f. Der in den Volksdemokratien angestiegene Bedarf an Eisenerz führte mit Weiterentwicklung der Schwarzmetallurgie zu erhöhten Importen. Einige RGW-Länder beteiligten sich deshalb an der Erschließung sowjetischer Erzvorkommen. Die CSSR schloß 1960 mit der UdSSR ein Abkommen über die kreditierte Lieferung tschechoslowakischer Ausrüstungen im Umfang von 34 Millionen Rubeln. Die Tilgung erfolgte durch sowjetische Lieferungen von Eisenerz und Buntmetall. *Faddejew, N. W.*, Der Rat für Gegenseitige Wirtschaftshilfe, Berlin 1975, S. 129 f.

356 Ebenda, S. 68. Später wurde auf der XVI. außerordentlichen RGW-Tagung (Moskau 1962) das Exekutivkomitee gebildet, das an die Stelle der Ländervertreter trat und Aufgaben realisiert, die von den Ratstagungen beschlossen werden.

357 Ebenda.

358 RGW Bilanz und Perspektiven, Autorenkollektiv, a. a. O., S. 145.

359 Kommuniqué der IX. Tagung des RGW vom 26. bis 30. Juni 1958 in Bukarest, a. a. O., S. 425.

360 Kommuniqué der X. Tagung des RGW vom 11. bis 13. Dezember 1958 in Prag, a. a. O., S. 529.

361 Dokumente RGW, a. a. O., S. 146 ff. In der ursprünglichen Fassung: Der Rat für Gegenseitige Wirtschaftshilfe, mit einer Einleitung von *Kunz, Helmut,* Kleine Dokumentensammlung, a. a. O., S. 19 ff.

362 Ebenda, S. 34 ff.

363 Kommuniqué der XII. Tagung des RGW vom 10. bis 14. Dezember 1959 in Sofia, a. a. O., S. 698 f.

zur Hebung des Standes der Industrialisierung in den Ländern mit einer weniger entwickelten Industrie, zur ununterbrochenen Steigerung der Arbeitsproduktivität und ständigen Hebung des Wohlstandes der Völker der Mitgliedsländer des Rates beizutragen."[364] Erstmals in der Geschichte der internationalen Writschaftsbeziehungen hatte die sozialistische Wirtschaftsgemeinschaft in den zurückliegenden Jahren Industrialisierungshilfe wirksam praktiziert; und sie war auch die erste Vereinigung von Nationen, die die Förderung der industriellen Entwicklung und damit den Angleich des wirtschaftlichen Niveaus als erklärtes Ziel der Zusammenarbeit im Statut verankerte. Auch bei der Abfassung der in den folgenden Jahren vom RGW beschlossenen Grundsatzdokumente wie der Grundprinzipien der sozialistischen internationalen Arbeitsteilung und des Komplexprogramms für die weitere Vertiefung und Vervollkommnung der Zusammenarbeit und Entwicklung der sozialistischen ökonomischen Integration gingen die Mitgliedsländer des RGW von dieser Zielstellung aus.[365]

Die Bilanz einer zehnjährigen wirtschaftlichen Zusammenarbeit zog die XI. RGW-Tagung, die im Mai 1959 in Tirana stattfand. In einem Beschluß, den die Tagung aus diesem Anlaß faßte, konnte festgestellt werden, daß sich zwischen den RGW-Partnern Wirtschaftsbeziehungen eines neuen Typs herausgebildet hatten und daß der RGW im zurückliegenden Jahrzehnt eine beträchtliche Arbeit zur Entwicklung dieser Beziehungen leistete.[366] Im Ergebnis gemeinsamer Anstrengungen war die Industrieproduktion in schnellem Tempo gestiegen, und der Außenhandelsumsatz der RGW-Länder hatte sich im Jahre 1958 gegenüber 1950 auf das Zweieinhalbfache gesteigert.[367] Im Beschluß wurde eingeschätzt, daß die Konferenz der Vertreter der kommunistischen und Arbeiterparteien vom Mai 1958 in Moskau eine höhere Etappe der ökonomischen Zusammenarbeit einleitete, da sie „... die Wege der weiteren Entwicklung und Vervollkommnung der Formen der wirtschaftlichen Zusammenarbeit zwischen den sozialistischen Ländern und der maximalen Ausnutzung der Vorzüge des sozialistischen Weltwirtschaftssystems für die Entwicklung der Produktivkräfte eines jeden sozialistischen Landes und (zur) Festigung der Wirtschaftsmacht des sozialistischen Lagers insgesamt" festlegte.[368]

Ende der fünfziger Jahre konnte die Wirtschaftsgemeinschaft auf einen Zeitabschnitt zurückblicken, in dem sie den schwierigen Start zur sozialistischen Industrialisierung gemeistert und durch die Stärkung ihrer Wirtschafts- und Verteidigungskraft sowie eine konsequente Friedenspolitik den Ausbruch eines neuen Weltkrieges verhindert hatte. Als nicht weniger kompliziert sollte sich die Lösung der neuen Aufgaben erweisen, die sie sich stellte: die planmäßige Gestaltung multilateraler arbeitsteiliger Wirtschaftsbeziehungen souveräner Staaten unter der Voraussetzung einer fortschreitenden Industrialisierung und auch weiterhin unter der Bedingung der Konfrontation mit dem Kapitalismus. Auf die schrittweise Lösung dieser Aufgaben vorbereitet zu haben, hierin liegt die Bedeutung der Moskauer Konferenz von 1958 für das folgende Jahrzehnt, in welchem sich die spätere Integration als Tendenz ankündigte.

364 Statut des Rates für Gegenseitige Wirtschaftshilfe. In: Der Rat für Gegenseitige Wirtschaftshilfe. Kleine Dokumentenammlung, a. a. O., S. 20.

365 Vgl. Dokumente RGW, a. a. O., S. 13 ff.

366 Beschluß der XI. Tagung des RGW vom 13. bis 16. Mai 1959 in Tirana. In: Unter dem Banner ..., Dokumente und Materialien, a. a. O., S. 617.

367 Ebenda, S. 617 f.

368 Ebenda, S. 619 f.